Teorias do símbolo

Título original:
Théories du Symbole

Tradução: Maria de Santa Cruz

Revisão: Inês Guerreiro

Capa: FBA

Depósito Legal n.º 438642/18

Biblioteca Nacional de Portugal – Catalogação na Publicação

TODOROV, Tzvetan, 1939-2017

Teorias do símbolo. - (Todorov)
ISBN 978-972-44-2039-4

CDU 808

Paginação:
João Félix – Artes Gráficas

Impressão e acabamento:
PENTAEDRO, LDA.
para
EDIÇÕES 70
em
Março de 2018 (1979)

ISBN: 978-972-44-2039-4
ISBN da 1.ª edição: 972-44-0675-X

EDIÇÕES 70, uma chancela de Edições Almedina, S.A.
Avenida Engenheiro Arantes e Oliveira, 11 – 3.º C – 1900-221 Lisboa/Portugal
e-mail: geral@edicoes70.pt

www.edicoes70.pt

Tzvetan Todorov

Teorias do símbolo

70

Depois de muito refletir sobre o assunto, parece-me que um historiador deve também e necessariamente ser poeta, pois só os poetas podem entender esta arte que consiste em ligar os factos com habilidade.

Novalis

EXPLICAÇÃO DO TÍTULO

O *símbolo* constitui o objeto deste livro: como coisa, não como palavra. Não encontrarão aqui uma história do termo «símbolo», mas estudos dedicados àqueles que refletiram sobre certos factos a que, atualmente, chamamos, muitas vezes, «simbólicos». Como, além disso, se trata, na maior parte dos casos, de teorias sobre o símbolo verbal, este será, geralmente, oposto ao signo. O estudo das diferentes maneiras de apreender e definir os factos «simbólicos» é o que constitui este livro; portanto, seria descabido postular aqui uma definição liminar; basta indicar que a evocação simbólica se vem inserir na significação direta e que certas utilizações da linguagem, como a poesia, a cultivam mais do que outras. Esta noção não pode ser estudada isoladamente; e trataremos, nas páginas que se seguem, tanto do símbolo como de signo e de interpretação, de utilizar e de fruir, de tropos e de figuras, de imitação e de beleza, de arte e de mitologia, de participação e de semelhança, de condensação e deslocamento, e ainda de outros termos.

Se dermos à palavra «signo» um sentido genérico que englobe o de símbolo (que, desde logo, o especifica), poderemos dizer que os estudos sobre o símbolo dependem da teoria geral dos signos, ou semiótica; e o meu próprio estudo depende da história da semiótica. É preciso acrescentar imediatamente que também aqui se trata da coisa e não da palavra. A reflexão sobre o signo realizou-se em várias tradições distintas e até isoladas, tais como: filosofia da linguagem, lógica, linguística, semântica, hermenêutica, retórica, estética, poética. O isolamento das disciplinas e a variedade terminológica fizeram que ignorássemos a unidade de uma tradição que é das mais ricas da história ocidental. Procuro revelar a continuidade dessa tradição, e só acidentalmente me ocupo de autores que empregaram a palavra «semiótica».

Teoria — é para ser tomada em sentido lato; a palavra opõe-se, aqui, a «prática», mais do que a «reflexão não teórica». Na maior parte dos casos, as teorias consideradas não se inscreviam no âmbito de uma ciência (que, de resto, não existia na época), e a sua formulação não tem o caráter de uma «teoria» no sentido restrito.

O *s* do plural, acrescentado à palavra «teoria», é essencial. Significa, em primeiro lugar, que se trata de várias descrições convergentes dos factos simbólicos. Mas, conjugado com a ausência de artigo definido, indica sobretudo o caráter parcial desta pesquisa: não se trata, evidentemente, de uma história completa da semiótica (ou mesmo de uma das suas partes) — não nos debruçamos sobre todas as teorias do símbolo, nem talvez sobre as mais importantes. Esta escolha do parcial explica-se tanto por uma inclinação pessoal como por uma impossibilidade física: a tradição que estudo é tão abundante que, mesmo reduzindo ao mínimo o seu desenvolvimento no Ocidente — em vez de a limitar a um só país —, não pode ser conhecida ao longo de toda uma vida humana. Escrevi, na melhor das hipóteses, alguns capítulos da história da semiótica ocidental.

Quaisquer capítulos? Afirmá-lo seria hipócrita ou ingénuo. De facto, este livro organiza-se a partir de um período de *crise*, que é o final do século XVIII. Nessa época opera-se uma mudança radical na reflexão sobre o símbolo (embora essa mudança se tivesse preparado progressivamente desde há muito), entre uma conceção que dominara o Ocidente durante séculos e outra que, segundo creio, triunfou até aos nossos dias. Assim, é possível, no espaço de cinquenta anos, apreender simultaneamente a antiga conceção (a que muitas vezes, e por comodidade, chamo «clássica») e a nova, à qual dou o nome de «romântica». Foi esta condensação da história num período relativamente curto que me fez escolher o ponto de partida.

Esta escolha inicial explica a composição do livro. O primeiro capítulo situa-se fora da problemática que acabo de expor; apresenta-se mais como uma série de páginas destinadas a um manual e que resumiriam o conhecimento semiótica comum — tal como se encontra à disposição de qualquer pessoa. Com esse objetivo, parti de um momento que julgo privilegiado (outra crise): o nascimento da semiótica na obra de Santo Agostinho.

Os quatro capítulos seguintes exploram diferentes aspetos da doutrina «clássica», em dois domínios particulares: retórica e estética. Deixei de lado a história da hermenêutica, cujo estudo revela resultados semelhantes. O primeiro desses quatro capítulos contém, além disso, um resumo sobre a problemática de todo o livro.

O sexto capítulo, o mais longo, apresenta, de novo, uma perspetiva sintética do conjunto. Procura resumir e sistematizar a nova doutrina, aquela que engendra a crise; descrevo aquilo que me parece ser o momento do meu desabrochar — o romantismo alemão. As citações são numerosas, tanto neste capítulo como no primeiro; achei que seria útil pôr ao critério do leitor os mesmos textos que estudo, dado que nunca foram reunidos, nem, na maior parte dos casos, traduzidos. Sem pretender compor uma antologia, gostaria que este livro pudesse também ser utilizado como recurso documental.

Os quatro capítulos seguintes dedicam-se especialmente a autores posteriores à crise romântica. Mas não se trata de outras instâncias da mesma atitude. Escolhidos entre os mais influentes do nosso tempo, os autores aqui estudados apresentam, pelo contrário, novas variantes em relação à grande dicotomia entre clássicos e românticos, tomam posições que complicam, mais do que esclarecem, a problemática.

Em cada período, preferi estudar o domínio que me parecia mais revelador; daí, sem dúvida, a impressão de descontinuidade que se poderá notar na leitura destes capítulos. O primeiro fala de semiótica, os dois seguintes, de retórica; vêm em seguida três capítulos dedicados à estética, tratando os últimos quatro de disciplinas que pertencem hoje às ciências humanas: antropologia, psicanálise, linguística e poética. Mas revelar a unidade de uma problemática, dissimulada por tradições e terminologias divergentes, é, precisamente, uma das tarefas deste livro.

A pluralidade das teorias examinadas dá a este trabalho um caráter histórico. De boa vontade o teria classificado como «história-ficção», se não suspeitasse que é o caso de toda a história, e que, sobre isso, o meu parecer coincide com a íntima convicção de todos os historiadores. O facto histórico que, à primeira vista, parece ser apenas um dado revela-se como sendo inteiramente construído. Duas ideias preconcebidas vieram juntar-se, no decurso do trabalho, a esta primeira constatação quase inevitável. Por um lado, pretendi descrever a história do advento das ideias, e não a da sua primeira formulação; apreendê-las no momento da sua *receção*, mais do que no momento da sua *produção*. Por outro lado, não creio que as ideias, sozinhas, possam engendrar outras ideias; sem avançar muito em domínios que conheço mal, pretendi indicar que a mutação das ideias podia ser posta em relação com a das ideologias e sociedades.

Devo acrescentar que não me considero um historiador imparcial. Pus-me em contacto com as teorias antigas do símbolo no decurso do meu trabalho sobre o simbolismo linguístico, e delas tomei conhecimento com o mais vivo interesse: procurava nelas uma explicação para os factos que apercebia mas não conseguia compreender. Escolhi, portanto, nos autores do passado, o que de melhor encontrava, aquilo que ainda continuava a ser eficaz. Atraiçoei-os, sem dúvida; consolo-me com a ideia de que só se atraiçoam os vivos.

Não escrevi este livro para uso dos eruditos (daqueles que são apenas eruditos), e por essa razão procurei simplificar ao máximo o conjunto de notas e referências, o que, no entanto, é inevitável numa obra deste género; apesar desta forma reduzida, permite, pelo menos, encontrar as fontes citadas ou ter acesso a outros estudos sobre o mesmo problema. Citei, tanto quanto possível, as traduções francesas existentes de textos escritos em línguas estrangeiras, modificando-as quer no sentido de uma maior literalidade, quer com o intuito de unificar a terminologia.

1

O NASCIMENTO DA SEMIÓTICA OCIDENTAL

As tradições particulares. Semântica. Lógica. Retórica. Hermenêutica. *A síntese agostiniana.* Definição e descrição do signo. Classificação dos signos. 1. Segundo o modo de transmissão. 2. Segundo a origem e o uso. 3. Segundo o estatuto social. 4. Segundo a natureza da relação simbólica. 5. Segundo a natureza do designado, signo ou coisa: *a)* As letras; *b)* A utilização metalinguística. *Algumas conclusões.*

O título ambicioso em epígrafe obriga-me a começar por uma restrição. Parti de uma noção sumária do que é a semiótica. Importam aqui dois dos seus componentes: o facto de a analisarmos utilizando um discurso cujo objetivo é o conhecimento (e não a beleza poética ou a pura especulação) e o facto de o seu objeto ser constituído por signos de espécies diferentes (e não unicamente por palavras, por exemplo). Parece-me ser Santo Agostinho o primeiro a satisfazer plenamente estes dois requisitos. Mas Agostinho não inventou a semiótica; pelo contrário, poderíamos dizer até que ele não inventou quase nada e que se limitou a combinar ideias e noções vindas de horizontes diferentes. Era imperioso, portanto, procurar a origem das suas «fontes» — que encontramos na teoria gramatical e retórica, ou na lógica, etc. Não se trata, no entanto, de fazer a resenha histórica completa de cada uma dessas disciplinas até à época de Agostinho — mesmo que, noutras épocas da semiótica, elas tenham podido inspirar a esta novos desenvolvimentos. A tradição anterior a Agostinho não é considerada aqui senão na medida em que parece reencontrar-se nas suas teorias; daí a impressão (ilusória) que podem dar estas páginas de que toda a Antiguidade conduz a Agostinho. Isto é, evidentemente, falso, e, para não citar mais que um exemplo, se a filosofia epicurista da linguagem não vai ser analisada aqui, é simplesmente porque a sua relação com a semiótica de Agostinho é pouco significativa.

Estas considerações explicam o plano adotado na exposição: uma destas partes é dedicada aos precursores de Agostinho, reagrupados em rubricas que se devem mais à coerência de um discurso do que a tradições realmente isoladas; a outra, ao estudo da semiótica agostiniana propriamente dita.

AS TRADIÇÕES PARTICULARES

Semântica

Que me perdoem o começar com uma exposição sobre Aristóteles; encontrá-lo-ão, aliás, em várias rubricas. De momento, ocupar-me-ei da sua teoria da linguagem, tal como aparece, sobretudo, nos primeiros capítulos do tratado *Sobre a Interpretação*. A passagem-chave é a seguinte:

> Os sons emitidos pela voz são os símbolos dos estados de espírito, e as palavras escritas, os símbolos das palavras emitidas pela voz. E, assim como todos os homens escrevem de maneira diferente, também as palavras pronunciadas não são as mesmas, embora os estados de espírito cujas expressões são os signos imediatos sejam idênticos em todos os homens, como também são idênticas as coisas de que esses estados são a imagem (16 a).

Neste breve parágrafo, se o compararmos a outros desenvolvimentos paralelos, podemos distinguir várias afirmações.

1. Aristóteles fala de *símbolos*, de que as palavras são um caso particular. É um termo a reter; o termo «signo» é utilizado na segunda frase como um sinónimo; no entanto, é importante o facto de não figurar na definição inicial; como em seguida se verá, «signo» tem para Aristóteles outro sentido técnico.

2. A espécie de símbolos, que se emprega imediatamente como exemplo, é formada pelas palavras; estas são definidas como uma relação a três termos: os sons; os estados de espírito; e as coisas. O segundo termo serve de intermediário entre o primeiro e o terceiro, que não comunicam diretamente. Assim, estabelece duas relações de natureza diferente, como os próprios termos. As coisas são idênticas a si próprias, sempre e em toda a parte; os estados de espírito também são idênticos em todos os indivíduos: estão, portanto, unidos por uma relação motivada em que, como diz Aristóteles, um é a *imagem* do outro. Os sons, pelo contrário, não são os mesmos nas diferentes nações; a sua relação com os estados de espírito é imotivada: um significa o outro, sem ser a sua imagem.

Somos assim conduzidos à antiga controvérsia sobre o poder cognitivo dos nomes e, correlativamente, sobre a origem da linguagem, natural ou convencional, sendo a exposição mais célebre sobre o assunto a que se encontra em *Crátilo*, de Platão. Este debate foca sobretudo os problemas de conhecimento ou de origem, de que não nos ocuparemos aqui, e só diz respeito às palavras e não a qualquer outra espécie de signo; no entanto, devemos reter a articulação, pois pode dizer-se (e não faltará quem o diga) que os signos são ou naturais ou convencionais. Será já o caso de Aristóteles, que adere, nesta controvérsia, à hipótese convencionalista. A afirmação repete-se muitas vezes nas suas teorias; é ela, especialmente, que permite distinguir a linguagem dos gritos dos animais, que são também vocais e interpretáveis. «*Significação convencional*, escreve Aristóteles, porque nada é, por natureza, um nome, só o é quando se torna símbolo, pois mesmo quando os sons inarticulados, como os dos animais, significam alguma coisa, nenhum deles constitui, no entanto, um nome» (*ibid.*). Os símbolos subdividem-se, portanto, em «nomes» (convencionais) e «signos» (naturais). Observaremos, a propósito, que na *Poética*, em 1456 b, Aristóteles baseia de outra forma a distinção sons humanos-sons naturais: é que estes últimos não podem combinar-se em unidades significativas maiores; mas esta sugestão parece não ter tido consequências no pensamento dos Antigos (em contrapartida, aponta para a teoria da dupla articulação).

Acrescentemos que, partidário da relação imotivada entre sons e sentido, Aristóteles é sensível aos problemas de polissemia e de sinonímia, que a ilustram; fala deles várias vezes, como, por exemplo, nas *Refutações Sofísticas*, em 165 a, ou na *Retórica*, III, em 1405 b. Estas discussões evidenciam a não-coincidência entre sentido e referente. «Não é exato, como pretendia Bryson, que não existam palavras obscenas, pois dizer isto em vez de aquilo significa sempre a mesma coisa; é um erro; porque uma palavra pode ser mais precisa, mais semelhante, mais própria para nos pôr a coisa sob os olhos»

(1405 b; cf. outro exemplo em *Física*, 263 b). Muito mais vezes, mas também de forma mais complexa, o termo *logos* designa, em certos textos, aquilo que a palavra significa, por oposição às próprias coisas, cf., por exemplo, *Metafísica*, 1012 a: «A noção, significada pelo nome, é a própria definição da coisa.»

3. Por ser citado imediatamente como exemplo privilegiado de símbolo, as palavras não são o único caso (é nisso, precisamente, que o texto de Aristóteles ultrapassa o quadro de uma semântica estritamente linguística); o segundo exemplo citado são as letras. Não insistiremos aqui no papel secundário atribuído às letras em relação aos sons; é um tema muito conhecido depois dos trabalhos de J. Derrida. Observemos, antes, como seria difícil imaginar a subdivisão tripartida do símbolo (sons — estado de espírito — coisas) aplicada a esses símbolos particulares que são as letras; fala-se aqui apenas de dois elementos, as palavras escritas e as palavras pronunciadas.

4. Mais uma observação sobre o conceito central desta descrição: os estados de espírito. Notamos, primeiramente, que se trata de uma entidade psíquica, algo que não está na palavra, mas, no espírito dos utilizadores da linguagem. Em segundo lugar, por ser um estado psíquico, esse estado de espírito não é, de forma alguma, individual: é idêntico em todos os homens. Esta entidade depende, portanto, de uma «psicologia» social ou até mesmo universal, e não de uma «psicologia» individual.

Resta somente um problema, que aqui será apenas formulado, pois não podemos estudá-lo: é o da relação entre os «estados de espírito» e a significação tal como aparece, por exemplo, no texto da *Poética*, em que o nome é definido como «um composto de sons significantes» (1457 a). Pareceria (mas abstenho-me de fazer qualquer afirmação categórica) poder falar-se de dois estados da linguagem: em potência, como é encarada na *Poética*, em que está ausente qualquer perspetiva psicológica; e em ato, como no texto da *Interpretação*, em que o sentido se torna um sentido vivido. Seja como for, a existência da significância limita a natureza psíquica do sentido em geral.

São estes os primeiros resultados de que dispomos. Podemos apenas falar de uma conceção semiótica: o símbolo é definido como sendo mais lato do que a palavra, mas não nos parece que Aristóteles tenha encarado seriamente a questão dos símbolos não linguísticos, nem que tenha procurado descrever a variedade dos símbolos linguísticos.

Encontra-se um segundo momento de reflexão sobre o signo, no pensamento dos Estoicos. Sabe-se que o conhecimento deste pensamento é extremamente difícil, pois apenas dispomos de fragmentos, tirados, além disso, de autores que, em geral, consideravam os Estoicos com hostilidade. Teremos, por isso, de nos contentar com algumas indicações sucintas. O fragmento mais importante encontra-se em *Contra os Matemáticos*, VIII, 11–12, de Sexto Empírico:

> Os Estoicos dizem que há três coisas ligadas: o significado, o significante e o objeto. Destas coisas, o significante é o som, por exemplo «Dion»; o significado é a própria coisa que é revelada e que nós entendemos como subsistindo em dependência do nosso pensamento, mas que os Bárbaros não compreendem, embora sejam capazes de ouvir a palavra pronunciada, enquanto o objeto é o que existe no exterior: por exemplo, Dion em pessoa. Duas destas coisas são corpóreas, o som e o objeto, e a outra é incorpórea, é a entidade que é significada, o dizível (*lekton*), que é verdadeiro ou falso.

Destaquemos, de novo, alguns pontos importantes.

1. Notar-se-á que aparecem aqui os termos significante e significado (um sentido que Saussure, note-se, não vai manter), mas não o termo signo. Esta ausência, como veremos em breve, não se deve ao acaso. O exemplo dado é uma palavra, mais exatamente um nome próprio, e nada indica que se admita a existência de outras espécies de símbolos.

2. Tanto aqui como em Aristóteles são consideradas simultaneamente três categorias; notaremos que, nos dois textos, o objeto, embora exterior à linguagem, é necessário à definição. Nenhuma diferença notória separa, nestas duas exposições, os primeiros e os terceiros elementos, som e objeto.

3. Se há diferença, está no *lekton*, dizível ou significado. Na literatura moderna fizeram-se muitas extrapolações sobre a natureza desta entidade; como nesses debates não se chegou a nenhuma conclusão, achamos melhor conservar o termo grego. É conveniente lembrarmos primeiro que o seu estatuto de «incorpóreo» é excecional na filosofia resolutamente materialista dos Estoicos. O que significa que é impossível concebê-lo como uma impressão no espírito, mesmo convencional: tais impressões (ou «estados de espírito») são, para os Estoicos, corpóreas; os «objetos», pelo contrário, não têm de pertencer necessariamente ao mundo observável pelos sentidos; tanto podem ser físicos como psíquicos. O *lekton* não se situa no espírito dos locutores, mas na própria linguagem. A referência aos Bárbaros é reveladora. Estes ouvem o som e veem o homem, mas ignoram o *lekton*, ou seja, o próprio fator de esse som evocar esse objeto. O *lekton* é a capacidade do primeiro elemento designar o terceiro; neste sentido, o facto de ter como exemplo um nome próprio é altamente significativo, pois o nome próprio, ao contrário das outras palavras, não tem sentido, mas, como as outras palavras, tem uma capacidade de

designação. O *lekton* depende do pensamento, mas não se confunde com ele; não é um conceito, e ainda menos, como se pretendeu poder afirmar, uma ideia platónica; é aquilo sobre o que opera o pensamento. Ao mesmo tempo, a articulação interna desses três termos não é a mesma que aparece em Aristóteles — já não existem duas relações radicalmente distintas (de significação e de imagem); o *lekton* é aquilo que permite aos sons relacionarem-se com as coisas.

4. As últimas palavras de Sexto, segundo as quais o *lekton* pode ser verdadeiro ou falso, levam-nos a atribuir-lhe as dimensões de uma proposição; no entanto, o exemplo citado, que é uma palavra isolada, aponta para um sentido diferente. Para este caso, outros fragmentos citados quer por Sexto, quer por Diógenes Laércio permitem-nos uma visão mais clara do assunto.

Por um lado, o *lekton* pode ser completo (proposição) ou incompleto (palavra). Eis o texto de Diógenes: «Os Estoicos distinguem os *lekta* completos dos incompletos. Os segundos são aqueles cuja expressão é incompleta, por exemplo "escreve". Nós perguntamos: quem? Os completos são os que têm um sentido completo: "Sócrates escreve"» (*Via*, VII, 63). Esta definição existia já nos textos de Aristóteles e conduz à teoria gramatical das partes do discurso; não nos ocuparemos aqui deste assunto.

Por outro lado, as proposições não são necessariamente verdadeiras ou falsas: isso só se aplica às afirmações, mas também há o imperativo, o interrogativo, o juramento, a imprecação, a hipótese, o vocativo, etc. (*ibid.*, 65); isto era, na época, outro lugar-comum.

Como nos textos de Aristóteles, também aqui não podemos falar de uma teoria semiótica explícita; apenas o signo linguístico está em jogo, neste momento.

Lógica

Há algo de arbitrário ao considerar rubricas independentes como «semântica» ou «lógica», quando a distinção não foi feita pelos autores antigos. Mas vemos assim mais claramente a autonomia dos textos que, de um ponto de vista posterior, tratam problemas semelhantes. Analisaremos os mesmos autores.

Para Aristóteles, a teoria lógica do signo é apresentada nos *Princípios Analíticos* e na *Retórica*. Primeiramente, a definição: «O ser cuja existência ou produção causa a existência ou a produção de outra coisa, quer anterior, quer posterior, é um signo da produção e da existência de outra coisa» (*An. pr.*, 70 a). Exemplo que ilustra esta noção e que será muito repetido: esta mulher tem leite — é o signo de que deu à luz.

Primeiro é preciso situar esta noção de signo no seu contexto. Para Aristóteles, o signo é um silogismo truncado: aquela a que falta a conclusão. Uma das premissas (a outra pode estar igualmente ausente, como veremos) serve de signo; o designado é a conclusão (ausente). Impõe-se aqui uma primeira correção: para Aristóteles, o silogismo ilustrado pelo exemplo precedente em nada se distingue do silogismo habitual (do tipo «Se todos os homens são mortais...»). Sabemos hoje que isso não é assim; o silogismo tradicional descreve a relação dos atributos no interior da proposição (ou a dos atributos que aparecem nas proposições vizinhas), ao passo que o exemplo citado pertence à lógica proposicional e não atributiva ou predicativa; as relações entre atributos deixam de ser pertinentes; para essa lógica só contam as relações interproposicionais. É aquilo que a lógica antiga dissimulava sob o vocábulo «silogismo hipotético», destinado a descrever casos como este.

Que se passe de uma proposição («esta mulher tem leite») a outra («esta mulher deu à luz»), e não de um atributo a outro (de «mortais» a «homens»), é essencial, pois passa-se logo da substância para o acontecimento; o que vai conseguir mais facilmente que se tome em consideração o simbolismo não linguístico. Além disso, como já vimos, a definição de Aristóteles falava de coisas e não de proposições (noutros textos apresenta-se o caso inverso). Por conseguinte, não nos surpreende constatar que Aristóteles encara explicitamente os signos não linguísticos, mais precisamente os signos visuais (70 b); o exemplo imaginado é: as grandes extremidades podem ser um signo de coragem, nos leões. Aqui, a perspetiva de Aristóteles é mais epistemológica do que semiótica: interroga-se sobre a possibilidade de obter um conhecimento a partir de tais signos; deste ponto de vista, Aristóteles distinguirá o signo necessário (*tekmêrion*) do signo apenas provável. Também deixaremos de lado esta perspetiva de reflexão.

Outra classificação trata do conteúdo dos atributos em cada proposição. «Entre os signos, um apresenta a relação do individual com o universal; o outro, do universal com o particular» (*Retórica*, I, 1357 b). O exemplo da mulher que deu à luz ilustra este último caso; um exemplo do primeiro tipo é: «Um signo de que os doutos são justos é que Sócrates era douto e justo.» Vemos aqui, mais uma vez, as consequências nefastas da confusão entre lógica dos atributos e lógica das proposições: se Sócrates é, com efeito, o individual em relação ao universal (douto, justo), em contrapartida, que essa mulher tenha leite e que tenha dado à luz são dois factos do mesmo nível lógico: são dois «particulares» em relação à lei geral — «se uma mulher tem leite é porque deu à luz».

No plano da linguagem, os signos são proposições subentendidas; mas nem toda a proposição subentendida, previne-nos Aristóteles, é evocada por «signo». Existem, com efeito, proposições implícitas que vêm quer da memória coletiva, quer da lógica do léxico («por exemplo, quando se diz "é um homem", dizemos também que é um animal, que é animado, que é bípede e que é suscetível de possuir razão e ciência»: *Tópicos*, 112 a); por outras palavras, existem proposições sintéticas e proposições analíticas. Para que exista um signo, é necessário algo mais do que esse sentido implícito, mas Aristóteles não refere o quê.

Em nenhum momento a teoria do signo lógico se articulou com a do símbolo linguístico (nem com a do tropo retórico, como veremos mais tarde). Até os termos técnicos são diferentes: emprega-se signo, num caso, e símbolo, no outro.

Assim acontecerá nos textos dos Estoicos. Eis uma das transcrições de Sexto Empírico:

> Os Estoicos, ao quererem apresentar a noção de signo, dizem que é uma proposição que é o antecedente da premissa maior e que descobre o consequente. [...] Chamam anterior à primeira proposição de um silogismo que começa pelo verdadeiro para acabar no verdadeiro. Ela faz descobrir o consequente porque a proposição «uma mulher tem leite» parece indicar esta: «ela deu à luz.» Nesse silogismo: se uma mulher tem leite, ela deu à luz (*Esboços Pirrónicos*, II, XI).

Encontramos aqui muitos dos elementos da análise aristotélica e até o exemplo-chave. A teoria do signo tem muitas semelhanças com a teoria da demonstração; e, uma vez mais, o que interessa a estes autores é a natureza do conhecimento que delas se obtém. A única diferença — mas que é muito importante — é que os Estoicos, que usam a lógica das proposições e não a das classes, estão conscientes das propriedades lógicas desse tipo de raciocínio. As consequências desta atenção que é dada, de preferência, à proposição são surpreendentes: é por causa dela, como já notámos a propósito de Aristóteles, que se começa a prestar uma atenção duradoira àquilo a que chamaríamos signos não linguísticos. A lógica das classes, de Aristóteles, «é própria de uma filosofia da substância e da essência» (Blanchet); a lógica proposicional entende os factos na sua transformação, como acontecimentos. Ora acontece que são precisamente os acontecimentos (e não as substâncias) que irão ser tratados como signos. A mudança no objeto de conhecimento (classes — proposições) implica, portanto, um alargamento no plano da matéria considerada (ao linguístico vem juntar-se o não-linguístico).

A falta de articulação entre esta teoria e a precedente (a da linguagem) é, aqui, ainda mais notória, por causa da semelhança dos termos utilizados. Verificámos que, na sua teoria semântica, os Estoicos não falavam de signo, mas unicamente de significante e de significado; o parentesco é, no entanto, evidente, e o cético Sexto Empírico não deixou de o notar. É nesta crítica, que explica a necessidade de juntar as diversas teorias do signo, que reside um novo e importante passo para a constituição da semiótica. Sexto parece acreditar que se trata, em ambos os casos, de um único e mesmo «signo»; ora, ao comparar o par significante-significado com o de antecedente e consequente, observa várias diferenças; o que o leva a formular as seguintes objeções:

1. O significante e o significado são simultâneos, enquanto o antecedente e o consequente são sucessivos: como poderemos dar às duas relações o mesmo nome?

> O antecedente não pode descobrir o consequente porque é, em relação ao signo, a coisa significada e porque, por conseguinte, é entendido ao mesmo tempo. [...] Se o signo não é entendido antes da coisa significada, não pode descobrir o que é entendido com ele e não depois dele... (*Esboços*, II, XI, 117–118).

2. O significante é «corpóreo», ao passo que o antecedente, sendo uma proposição, é «incorpóreo».

> Os significantes são distintos dos significados. Os sons significam, mas os *lekta* são significados, incluindo-se neles as proposições. E, como as proposições são significadas e não significantes, o signo não pode ser uma proposição (*Contra*, 264).

3. A passagem do antecedente ao consequente é uma operação lógica; ora, qualquer pessoa pode interpretar os factos que observa; até os animais o podem fazer.

> Se o signo é um raciocínio e um antecedente de uma premissa maior válida, aqueles que não têm nenhuma ideia sobre o raciocínio e nunca estudaram as técnicas lógicas deveriam ser completamente incapazes de interpretar os signos. Mas não é o que acontece; muitas vezes, os pescadores analfabetos e os camponeses, que não conhecem teoremas lógicos, interpretam muito bem os signos: uns, os signos do mar, prevendo as rajadas e as calmarias, a tempestade e a bonança; os outros, os signos do campo, prevendo as boas e as más colheitas, a seca e a chuva. De resto, para que falar de homens, quando alguns Estoicos consideraram até que certos animais compreendem os signos? Porque, com efeito, o cão, quando segue a caça pelo rasto, interpreta signos; mas não tira essa conclusão do raciocínio «se há rasto, há caça». O mesmo se passa com o cavalo, que, ao sentir a espora ou o chicote, se lança para diante e começa a correr; mas não forma um raciocínio lógico com uma premissa, algo como «se bateram com o chicote, devo correr». Portanto, o signo não é um raciocínio em que o antecedente seria a premissa maior verdadeira (*ibid.*, 269–271).

É preciso confessar que, se muitas vezes as críticas de Sexto são puras querelas sobre a forma, aqui elas não deixam de ter razão. A assimilação das duas espécies de signos levanta realmente muitos problemas. Imaginemos que Sexto tenha procurado não a inconsistência da doutrina dos Estoicos, mas a articulação das duas teorias. As suas objeções tornam-se outras tantas críticas construtivas, que podem ser reformuladas assim:

1. A simultaneidade e a sucessão são consequências de uma diferença mais fundamental: é que, no caso do signo linguístico (palavra ou proposição), o significante evoca diretamente o seu significado; no caso do signo lógico, o antecedente, na qualidade de segmento linguístico, tem o seu sentido, que será mantido; só em segundo lugar evoca também outra coisa: o consequente. É a diferença entre signos diretos e indiretos, ou, numa terminologia oposta à de Aristóteles, entre signos e símbolos.

2. Os signos diretos são compostos de elementos heterogéneos: sons, *lekton* incorpóreo, objeto; os símbolos indiretos são compostos de entidades da mesma natureza: um *lekton*, por exemplo, evoca outro *lekton*.

3. Esses símbolos indiretos tanto podem ser linguísticos como não-linguísticos. No primeiro caso, tomam a forma de duas proposições; no segundo, de dois acontecimentos; sob esta última forma, são acessíveis não só aos lógicos, mas também às pessoas incultas e até aos animais. A substância do símbolo não decide da sua estrutura. Não se confundirá, por outro lado, uma capacidade (a indução) com a possibilidade de falar dela (o discurso do lógico).

Se voltarmos a pensar na classificação dos *lekta* em completos e incompletos, apercebemo-nos de que é possível reconstituir um quadro com uma casa vazia:

	PALAVRA	PROPOSIÇÃO
direto	*lekton* incompleto	*lekton* completo
indireto	?	signo

Esta ausência é muito mais estranha (talvez a culpa seja, simplesmente, do estado fragmentário dos escritos dos Estoicos que chegaram até nós), se pensarmos que os Estoicos são os fundadores de uma tradição hermenêutica que se baseia no sentido indireto das *palavras* — na *alegoria*. Mas isso leva-nos já para o âmbito de outra disciplina.

Antes de deixarmos a teoria lógica dos Estoicos, devemos mencionar outro problema. Sexto diz que eles dividem os signos em duas classes: comemorativos e reveladores. Esta subdivisão resulta de uma categorização prévia das coisas, segundo a qual estas são ou evidentes ou obscuras, e, neste último caso, completamente obscuras, ou obscuras em determinado momento, ou, ainda, obscuras por natureza. As duas primeiras classes que daí resultam, a das coisas evidentes e a das coisas completamente obscuras, não fazem que o signo intervenha; são as duas últimas que fazem intervir o signo, estando assim na base de duas espécies de signos:

> As que são obscuras por um momento e as que são incertas por natureza podem entender-se pelos signos, mas não pelos mesmos signos: as primeiras por signos comemorativos (ou de lembrança), as segundas por signos reveladores (ou de indicação). Chama-se signo comemorativo ao signo que, tendo sido observado manifestamente ao mesmo tempo que a coisa, significada, logo que o sentimos, por mais obscura que seja a coisa, faz que nos lembremos

> daquilo que foi observado ao mesmo tempo que ele, mesmo que não o sintamos manifestamente, como acontece com o fumo e o fogo. O signo revelador, segundo o que afirmam, é aquele que não foi observado manifestamente ao mesmo tempo que a coisa significada, mas que pela sua própria natureza e constituição indica aquilo de que é signo, como os movimentos do corpo são o signo da alma (*Esboços*, II, X, 99–101).

Outros exemplos destas espécies de signos: comemorativos — a cicatriz é signo da ferida, a punção do coração é signo da morte; reveladores — os suores são signo dos poros da pele.

Esta distinção não parece pôr em jogo a estrutura propriamente semiótica dos signos e apenas levanta um problema epistemológico. No entanto, na sua crítica da distinção, Sexto conduz o debate para um terreno que nos é mais familiar, porque não acredita na existência de signos reveladores. Assim, vai modificar, primeiro, a relação destas duas classes, elevando uma — a dos signos comemorativos — à categoria de género e relegando a outra — a dos signos reveladores — para a categoria de espécie, na existência da qual, aliás, não acredita (*Contra*, 143). A partir daí, a sua discussão vai pôr em jogo duas outras oposições: signos polissémicos e monossémicos; signos naturais e convencionais. O debate pode ser assim resumido: Sexto contesta a existência de signos reveladores afirmando que estes não permitem obter nenhum conhecimento certo, pelo facto de uma coisa poder simbolizar, potencialmente, uma infinidade de outras coisas; portanto, não é um signo. Ao que os Estoicos replicam: mas os signos comemorativos (cuja existência foi admitida por Sexto) podem, igualmente, ser polissémicos e evocar várias coisas ao mesmo tempo. Sexto admite de facto esse estado, mas mostra que ele tem outra base: os signos comemorativos só podem ser polissémicos por força de uma convenção. Ora, os signos reveladores são, pela sua própria definição, naturais (existem como coisas, antes de serem interpretados). Os signos comemorativos são: ou naturais (como o fumo é signo do fogo), sendo, nesse caso, monossémicos; ou então convencionais, e neste caso podem ser ou monossémicos (como as palavras) ou polissémicos (como o archote aceso, que tanto pode anunciar a chegada dos amigos como a dos inimigos). De resto, aqui está o texto de Sexto:

> Em resposta àqueles que tiram conclusões sobre o signo comemorativo e citam o caso do archote ou o dos sons do sino [que podem anunciar o início do mercado da carne ou a necessidade de regar os caminhos], temos de declarar que não é paradoxal serem tais signos capazes de anunciar várias coisas ao mesmo tempo. Porque esses signos são determinados pelos legisladores, e temos o poder de os fazer revelar uma ou várias coisas. Mas, como o signo revelador é considerado como o que sugere sobretudo a coisa significada, deve necessariamente indicar uma única coisa (*Contra*, 200–210).

Esta crítica de Sexto não é apenas interessante por testemunhar a ideia de que o signo perfeito deve ter apenas um sentido ou a preferência de Sexto pelos signos convencionais. Vimos que a oposição natural-convencional se aplicava, até aí, à origem das palavras e que era preciso optar por uma *ou* por outra solução (ou por um compromisso entre as duas). Sexto aplica-a aos signos em geral (de que as palavras são apenas um caso particular) e, além disso, concebe a existência simultânea de uma *e* de outra espécie de signos, naturais e convencionais; a diferença é capital. Por tudo isto, tem os requisitos de uma perspetiva propriamente semiótica. Terá sido por acaso que esta teve necessidade de um certo ecletismo (aqui, o de Sexto) para se desenvolver?

Retórica

Vimos que, se o «signo», no sentido de Aristóteles, era tratado no âmbito da retórica, a sua análise pertencia de facto à lógica. Passaremos agora a estudar não o «signo», mas os sentidos indiretos, ou *tropos*.

Mais uma vez temos de começar por Aristóteles, pois é na sua obra que se origina a oposição próprio-transposto que nos interessará em primeiro lugar. Mas, na sua origem, a oposição não é aquilo em que se tornará mais tarde. Não só porque está ausente, da descrição que dela faz Aristóteles, qualquer perspetiva semiótica, mas também porque esta oposição não desempenha o papel preponderante que estamos habituados a vê-la desempenhar. A transposição, ou metáfora (termo que designa, na obra de Aristóteles, o conjunto dos tropos), não é uma estrutura simbólica que possuiria, entre outras, uma manifestação linguística, mas uma espécie de palavra: aquela em que o significado é diferente do significado habitual; aparece numa lista das classes lexicais, que comporta, pelo menos à primeira vista, oito termos; é uma espécie complementar do neologismo ou inovação no significante. Na verdade, as definições existentes são um pouco mais ambíguas. Lê-se na *Poética*: «A transposição é a referência a um nome deslocado» (1457 b); e uma passagem paralela dos *Tópicos* — mas em que o termo metáfora (transposição) não aparece — diz: «O mesmo acontece quando se dão às coisas nomes deslocados (chamando, por exemplo, ao plátano *homem*), transgredindo assim o uso corrente» (1109 a). Na *Retórica* fala, a propósito da operação trópica, de «o que não nomeamos, nomeando-o» (1405 a). Como vemos, Aristóteles hesita entre duas definições da metáfora ou então define-a como essa mesma duplicidade: ela é ou o sentido impróprio de uma palavra (transferência, transgressão do uso corrente), ou a expressão imprópria para evocar um sentido (um nome deslocado, uma denominação que evita a denominação própria). Seja como for, a metáfora continua a ser uma categoria puramente linguística; mais ainda, é uma subclasse de palavras. Escolher uma metáfora em vez de um termo não metafórico explica-se pela mesma tendência que nos faz escolher um sinónimo em vez de outro: procura-se sempre o que é apropriado e conveniente. Aqui está uma passagem que revela esse ponto de vista:

> Se se deseja exaltar o objeto, é necessário ir buscar a metáfora àquilo que, no mesmo género, existe de mais relevante; se se quiser censurar, iremos procurá-la naquilo que tiver menos valor. Quero dizer, por exemplo — já que os contrários são do mesmo género —, que afirmar, num caso, que aquele que mendiga pede e, noutro caso, que aquele que pede mendiga, sendo, tanto uma como outra destas ações, pedidos, é fazer aquilo que acabámos de dizer (*Retórica*, III, 1405 a).

A transposição é um meio estilístico entre outros (apesar de ser o preferido por Aristóteles) e não um modo de existência do sentido, que seria necessário articular com a significação direta. O sentido próprio, por sua vez, não é o direto, mas o apropriado. Compreende-se que, nestas condições, não possamos ainda encontrar na teoria da transposição uma abertura para uma tipologia dos signos.

As coisas não ficarão por aqui. Desde a época dos discípulos de Aristóteles, como Teofrasto, as figuras de retórica começaram a desempenhar um papel cada vez mais importante;

sabe-se que esse movimento só terminará com a morte da retórica, que a atingirá quando ela se transformar no estudo exclusivo das figuras. A própria multiplicação dos termos é significativa. Ao lado de «transposição», utilizada sempre no sentido genérico, aparecem *tropo* e *alegoria*, *ironia* e *figura*. As suas definições não se afastam muito da de Aristóteles. Por exemplo, o pseudo-Heraclito escreve: «A figura de estilo que diz uma coisa mas significa outra, diferente da coisa dita, tem como nome próprio alegoria»; e Trifon: «O tropo é uma maneira de falar afastada do sentido próprio.» Define-se assim o tropo e seus sinónimos como o aparecimento de um sentido segundo — e não como a substituição de um significante por outro. Mas são o lugar e a função global dos tropos que se modificam lentamente, tendendo estes a tornar-se, cada vez mais, num dos dois polos possíveis da significação (sendo o outro a expressão direta). A oposição é, por exemplo, muito mais forte em Cícero do que em Aristóteles.

Examinemos rapidamente o último anel da cadeia retórica no mundo antigo, segundo aquele que faz a síntese da tradição: Quintiliano. Como em Aristóteles, também não encontraremos aqui um exame semiótico dos tropos. Graças à amplitude do seu tratado, acaba por aceitar no seu discurso várias sugestões nesse sentido; mas a sua falta de rigor impede-o de formular explicitamente os problemas. Enquanto a expressão indireta era colocada por Aristóteles entre outros meios lexicais, Quintiliano tem tendência para a apresentar como um dos dois modos possíveis da linguagem: «Gostamos mais de fazer entender as coisas do que de dizê-las abertamente» (*Instituição Oratória*, VIII, AP, 24). Mas a sua tentativa de teorizar a oposição entre «dizer» e «fazer entender», que passa pelas categorias do próprio e do transposto, não é conseguida; no fim de contas, os tropos são, igualmente, próprios: «As metáforas razoáveis também são chamadas próprias» (VIII, 2, 10).

É curiosa a presença da onomatopeia entre os tropos. Teremos dificuldade em entender que a onomatopeia pertença aos tropos, se nos reportarmos à definição de tropo como a mudança de sentido (ou escolha de um significante impróprio, pois encontramos as duas conceções em Quintiliano). A única explicação possível reside, precisamente, numa conceção semiótica do tropo, a saber: que é um signo motivado: é o único traço comum à metáfora e à onomatopeia. Mas esta ideia não é formulada por Quintiliano. É preciso esperar pelo século XVIII para que seja enunciada por Lessing.

Quintiliano consagra longas páginas à alegoria; mas esta importância quantitativa não tem equivalente teórico. A alegoria é definida, como o era por Cícero, como uma sequência de metáforas, como uma metáfora tecida. Isto, por vezes, levanta problemas que encontramos na definição do exemplo; porque este, ao contrário da metáfora, mantém o sentido da asserção inicial que o contém, e, no entanto, para Quintiliano, tem semelhanças com a alegoria. Mas este problema (subdivisões dentro dos signos indiretos) passa despercebido, tal como a fronteira entre tropos e figuras de pensamento, que fica ainda indefinida.

O próprio domínio retórico não inclui teorias semióticas. No entanto, prepara-as, pois está muito atento ao fenómeno do sentido indireto. Graças à retórica, a oposição próprio-transposto torna-se familiar ao mundo antigo (apesar de haver dúvidas quanto ao seu conteúdo).

Hermenêutica

A tradição hermenêutica é particularmente difícil de entender, por ser demasiado abundante e multiforme. O próprio reconhecimento do seu objeto parece ter sido adquirido desde a mais remota Antiguidade, mesmo apenas sob a forma de uma oposição entre dois regimes da linguagem, direto e indireto, claro e obscuro, *logos* e *muthos*, e, como consequência, entre dois modos de receção: a compreensão, em relação a um; a interpretação, em relação ao outro. É testemunho disso o famoso fragmento de Heráclito, que descreve a palavra do oráculo em Delfos: «O mestre cujo oráculo está em Delfos não diz nada e nada esconde, mas significa.» Evoca-se com termos semelhantes, o ensinamento de Pitágoras: «Quando conversava com os seus familiares exortava-os umas vezes, desenvolvendo o seu pensamento, outras, usando símbolos» (Porfírio). Esta oposição será mantida nos escritos posteriores, mas sem tentativa de justificação; eis um exemplo tirado de Dinis de Halicarnasso: «Alguns ousam pretender que a forma figurada não é permitida nos discursos. Segundo eles, seria preciso dizer ou não dizer, mas sempre de forma simples, e renunciar de agora em diante a falar usando subentendidos» (*Arte Retórica*, IX).

No interior deste quadro conceptual extremamente geral vêm inserir-se numerosíssimas práticas exegéticas, que nos contentaremos em dividir em duas séries bastante afastadas uma da outra: o *comentário* dos textos (sobretudo o de Homero e o da Bíblia) e a *adivinhação*, sob as formas mais variadas (mânticas).

Poderia surpreender-nos ver figurar a adivinhação entre as práticas hermenêuticas; trata-se, no entanto, da descoberta de um sentido, para objetos que não o tinham, ou de um segundo sentido, para os outros. Constatemos, em primeiro lugar — estará aqui o primeiro passo para uma conceção semiótica —, a própria variedade das substâncias que se tornam o ponto de partida para uma interpretação: da água ao fogo, do voo dos pássaros às entranhas dos animais, tudo parece suscetível de se tornar um signo e assim fazer nascer e interpretação. Podemos afirmar, além disso, que esse tipo de interpretação está aparentado com aquele a que nos obrigam os modos indiretos da linguagem, ou seja, a alegoria. Uma tradição extremamente heterogénea pode ser aqui testemunhada por dois autores.

Primeiramente, Plutarco, quando procura caracterizar a linguagem dos oráculos — aproxima-a inevitavelmente da expressão indireta; assim:

> Com esta clareza dos oráculos, produziu-se, em relação a eles, na opinião, uma evolução paralela às outras mudanças: outrora, o seu estilo estranho e singular, completamente ambíguo e perifrástico, era motivo para a multidão acreditar no seu caráter divino, pois enchia-a de admiração e dedicavam-lhe um respeito religioso; mas, mais tarde, gostavam de aprender todas as coisas de forma clara e fácil, sem ênfase nem recurso à ficção, e acusou-se a poesia, que rodeava os oráculos, de se opor ao conhecimento da verdade, misturando obscuridade e sombra às revelações do deus; até se suspeitava já de que as metáforas, os equívocos, os enigmas fossem para a adivinhação como que subterfúgios, utilizados para que permitissem ao adivinho fugir ou esconder-se neles em caso de erro (*Sobre os Oráculos da Pítia*, 25, 406–F407 B).

A linguagem dos oráculos assemelha-se aqui à linguagem transposta e obscura dos poetas.

Segundo testemunho: Artemidoro de Éfeso, autor da mais célebre *Chave dos Sonhos*, que resume e sistematiza uma tradição já rica. Primeiro, a interpretação dos sonhos é constantemente posta em relação com a das palavras, tanto por semelhança:

> Assim como os mestres de gramática, depois de ensinarem às crianças o valor das letras, lhes mostram também

> como é necessário empregá-las todas juntas, também eu vou acrescentar ao que disse algumas breves indicações finais que se devem seguir para que quem quer que seja encontre no meu livro a sua instrução (III, Conclusão).

como por contiguidade:

> Também é preciso, quando os sonhos são truncados e não oferecem, por assim dizer, nenhuma pista, que o onirócrita acrescente alguma coisa da sua invenção, e sobretudo nos sonhos em que se veem ou letras que não apresentam o sentido completo, ou uma palavra que não tem relação com a coisa; então, o onirócrita deve fazer ou metáteses, ou mudanças, ou adições de letras ou sílabas (I, II).

Além disso, Artemidoro abre o seu livro com uma distinção entre duas espécies de sonhos, e essa distinção anuncia claramente a sua origem: «Entre os sonhos, uns são *teoremáticos*, outros *alegóricos*. São teoremáticos aqueles cuja realização tem uma semelhança completa com aquilo que fizeram ver. [...] Alegóricos, pelo contrário, são os sonhos que significam certas coisas por meio de outras coisas» (1, 2). Esta oposição foi, provavelmente, decalcada da de próprio e transposto, duas categorias retóricas; mas aqui aplica-se a uma matéria não linguística. De resto, encontramos uma aproximação, talvez involuntária, entre imagens oníricas e tropos retóricos, mesmo no próprio Aristóteles, que, por um lado, afirma que «fazer boas metáforas é aperceber as semelhanças» (*Poética*, 1459 a) e, por outro, que «o mais hábil intérprete dos sonhos é aquele que consegue observar as semelhanças» (*Da Adivinhação no Sono*, 2); Artemidoro também escrevia: «A interpretação dos sonhos não é mais do que a aproximação do que é semelhante daquilo de que é semelhante» (II, 25).

Voltemos agora à atividade hermenêutica principal: a exegese textual. É, ao princípio, uma prática que não implica nenhuma teoria particular do signo, mas antes aquilo a que poderíamos chamar interpretação, variável de escola para escola. Foi necessário esperar por Clemente de Alexandria para encontrar, no seio da tradição hermenêutica, uma tentativa na direção da semiótica. Em primeiro lugar, Clemente enuncia muito explicitamente a unidade do domínio simbólico — marcada, aliás, pelo emprego sistemático da palavra «símbolo». Eis um exemplo da enumeração das variedades do simbólico:

> Essas formalidades que são usadas entre os Romanos para os testamentos, como a presença das balanças e das moedas mais pequenas para evocar a justiça; uma cerimónia de castração de animais para representar a partilha dos bens e o toque nas orelhas para convidar alguém para servir de medianeiro (*Estrómato*, V, 55, 4).

Todos esses processos são simbólicos, tal como a linguagem indireta:

> Aéteas, rei dos Citas, ao povo de Bizâncio: Não impeçam a recolha das contribuições, caso contrário os meus cavalos irão beber a água dos vossos rios. O Bárbaro anunciava-lhes assim, por meio de uma linguagem simbólica, a guerra que iria empreender na terra deles (V, 31, 3).

Se, neste caso, se faz a assimilação entre simbolismo não linguístico e simbolismo linguístico, por outro lado mantém-se uma distinção nítida entre linguagem simbólica e não simbólica (indireta e direta): a Escritura contém passagens escritas tanto numa como noutra, mas seremos iniciados na sua leitura por especialistas diferentes, o Didascálio para uma, o Pedagogo para a outra.

Clemente também é autor de algumas reflexões sobre a escrita dos Egípcios, que influenciaram profundamente a interpretação desta escrita ao longo dos séculos que se lhe seguiram; são um exemplo revelador da sua tendência para abordar, com os mesmos termos, substâncias diferentes e, mais particularmente, para aplicar a terminologia retórica a outras espécies de simbolismo (neste caso, o visual). Clemente afirma a existência de várias espécies de escrita egípcia; uma delas é o método hieroglífico. Aqui está a sua descrição:

> O género hieroglífico exprime em parte as próprias coisas (ciriologicamente) por meio das letras primárias e, em parte, é simbólico. No método simbólico, uma das espécies exprime as próprias coisas por imitação, outra espécie exprime-as, por assim dizer, de uma forma trópica, enquanto uma terceira espécie é francamente alegórica, usando certos enigmas. Assim, se os Egípcios querem escrever a palavra «sol», fazem um círculo; e, para escreverem a palavra «lua», desenham a figura de um quarto crescente, isto no género ciriológico. Escrevem de forma trópica, desviando o sentido e transpondo os signos, em relação a uma certa analogia; em parte substituem-nos por signos e em parte modificam-nos de diferentes maneiras. É assim que, ao quererem transmitir os panegíricos dos reis por mitos religiosos, inscrevem-nos em baixos-relevos. Eis um exemplo da terceira espécie, a que utiliza os enigmas: representam os outros astros por serpentes, por causa do seu movimento sinuoso; o Sol, pelo contrário, é representado por um escaravelho, porque este molda com estrume de boi uma forma redonda que rola diante dele (V, 4, 20–21).

Neste célebre texto, há vários pontos a reter. Primeiro, a própria possibilidade de encontrar as mesmas estruturas em substâncias diferentes: a linguagem (metáforas e enigmas), a escrita (hieróglifos), a pintura (imitação). Este tipo de unificação é já um passo para a constituição de uma teoria semiótica. Por outro lado, Clemente propõe uma tipologia de todo o domínio dos signos; a brevidade dessa proposição obriga-nos a certas reconstruções hipotéticas. Podemos resumir assim a classificação:

escrita hieroglífica	ciriológica (própria)	
	simbólica	por imitação (ciriológica)
		trópica
		por alegoria ou enigma

Há dois pontos que, evidentemente, tornam difícil esta divisão: o facto de o método próprio, ciriológico, aparecer, no quadro, em dois lugares distintos; e o de a alegoria, considerada na retórica como tropo, formar aqui uma classe à parte. Para tentar manter a coerência do texto, poderíamos propor, baseando-nos nos exemplos citados, a seguinte explicação: Primeiro, o género ciriológico e a espécie simbólica ciriológica têm, ao mesmo tempo, traços comuns e traços divergentes. Têm em comum o facto de essa relação ser *direta*: a letra designa o som, como o círculo o Sol, sem qualquer desvio; não possuem outra significação anterior a esta. No entanto, também se distinguem: a relação entre a letra e o som é *imotivada*, ao passo que a do Sol e do círculo é *motivada*; esta diferença pode, por sua vez, resultar de outras causas a que se não alude aqui. Assim, a oposição entre os géneros ciriológico e simbólico é a do imotivado e motivado, enquanto a oposição entre a espécie ciriológica e as outras espécies, no seio do simbólico, é a do direto e indireto (transposto).

Por outro lado, o decifrar da escrita trópica implica duas ações: o pictograma designa um objeto (por imitação direta); este, por sua vez, evoca outro, por semelhança, ou participação, ou contradição, etc. Aquilo a que Clemente chama enigma, ou alegoria, implica, em contrapartida, três relações: entre o pictograma e o escaravelho, imitação direta; entre o escaravelho e a bola de estrume, uma relação de contiguidade (metonímica); por fim, entre a bola de estrume e o Sol, uma relação de semelhança (metafórica). A diferença entre tropos e alegoria está, portanto, no comprimento da cadeia: um só desvio no primeiro caso, dois no segundo. A retórica definia já a alegoria como uma metáfora prolongada; mas, para Clemente, esse prolongamento não segue a superfície do texto, opera-se, de certa maneira, no mesmo lugar, em profundidade.

Se aceitarmos que a diferença entre escrita trópica e escrita alegórica está em duas *ou* três relações, aclara-se a posição da escrita simbólica ciriológica: em primeiro lugar porque exige a constituição de uma única relação, aquela que há entre o círculo e o Sol, a imagem e o seu sentido (não conhece o desvio). Tal interpretação explicaria a classificação proposta por Clemente e mostraria, ao mesmo tempo, a teoria dos signos que lhe está subjacente.

Mesmo pondo de parte esta contribuição teórica essencial (mas hipotética), Clemente continua a ser uma figura muito importante, pois prepara o caminho de Santo Agostinho em dois pontos essenciais, ao afirmar:

1. Que a variedade material do simbolismo, que pode passar por qualquer dos sentidos, que pode ser linguística ou não, não diminui a sua unidade estrutural. 2. Que o símbolo

se articula com o signo, como o sentido transposto com o sentido próprio — portanto, os conceitos retóricos podem aplicar-se a signos não verbais.

A SÍNTESE AGOSTINIANA

Definição e descrição do signo

Santo Agostinho não tem ambições de semiólogo; a sua obra organiza-se à volta de um objetivo de caráter completamente diferente (religioso); é apenas no percurso e por necessidades desse outro objetivo que enuncia a sua teoria do signo. No entanto, o interesse que dedica à problemática semiótica parece maior do que aquilo que ele próprio confessa ou até do que pensa: com efeito, ao longo de toda a sua vida, regressa aos mesmos problemas. As suas ideias sobre o assunto não são constantes, e será necessário observar a sua evolução. Os textos mais importantes, ao que nos parece, são: um tratado da juventude, considerado por vezes como não sendo autêntico, *Princípios de Dialética* ou *Sobre a Dialética*, escrito em 387; *A Doutrina Cristã*, texto central em todos os sentidos, escrita, a parte que nos interessa, em 397; e *Sobre a Trindade*, que data de 415; mas existem, além destes, numerosos textos com preciosas indicações.

Em *Sobre a Dialética*, lê-se a seguinte definição: «Um signo é o que se mostra a si mesmo ao sentido e que, para além de si, mostra ainda alguma coisa ao espírito. Falar é dar um signo com a ajuda de um som articulado» (V). Focaremos algumas particularidades desta definição. Primeiro, é aqui que aparece uma propriedade do signo que terá uma grande importância no seguimento do trabalho: a de uma certa não-identidade do signo consigo próprio, que se baseia no facto de o signo ser originariamente duplo, sensível e inteligível (não encontrávamos nada de semelhante na descrição do símbolo dos textos de Aristóteles). Por outro lado, mais fortemente do que no passado, afirma-se o facto de todas as palavras não serem senão uma espécie do signo; esta afirmação será sempre acentuada nos escritos posteriores de Agostinho; ora, é ela a fundadora da perspetiva semiótica.

A segunda frase importante é a seguinte (que inicia o capítulo V de *Sobre a Dialética*): «A palavra é o signo de uma coisa que pode ser compreendida pelo auditor quando é proferida pelo locutor.» É mais uma definição, mas dupla definição, pois põe em evidência duas relações distintas: a primeira, entre o signo e a coisa (está no quadro da designação e da significação); a segunda, entre o locutor e o auditor (e está no quadro da comunicação). Agostinho une as duas numa só frase, como se essa coexistência não constituísse qualquer problema. A instância sobre a dimensão comunicativa é original: não existia nos textos dos Estoicos que constituíam uma pura teoria da significação, e fora muito menos acentuada por Aristóteles, que falava, é certo, de «estados de espírito», portanto, dos locutores, mas que deixava completamente na sombra esse contexto de comunicação. Temos aqui um primeiro indício das duas principais tendências da semiótica agostiniana: o seu ecletismo e o seu psicologismo.

A própria ambiguidade produzida aqui pela justaposição de várias perspetivas repete-se na análise do signo nos seus elementos constituintes (numa página particularmente obscura do tratado). «Há estas quatro coisas a distinguir: a palavra, o exprimível (*dizível*), a expressão (*dictio*) e a coisa.» Da explicação que se segue (tornada difícil pelo facto de Agostinho tomar como exemplo de coisa a *palavra*) considerarei o que permite compreender a diferença entre *dizível* e *dictio*. Aqui estão dois excertos:

> Numa palavra, tudo o que é percebido, não pelo ouvido, mas pelo espírito, e que o espírito guarda em si próprio, chama-se *dizível*, exprimível. Quando a palavra sai da boca, não em relação a ela, mas porque significa qualquer coisa, chama-se *dictio*, expressão.

E:

> Suponhamos, pois, que um gramático interroga assim uma criança: a que parte do discurso pertence a palavra *arma* (*), armas? A palavra arma é aqui enunciada em relação a si mesma, quer dizer, é uma palavra enunciada em relação à própria palavra; o que se segue — a que parte do discurso pertence essa palavra? — é acrescentado não por si, mas em relação à palavra *arma*; a palavra é compreendida e apreendida pelo espírito antes da enunciação, então é o *dizível*, exprimível, e, pelas razões que apontei, se se manifesta no exterior pela voz, torna-se *dictio*, expressão. *Arma*, que é aqui apenas uma palavra, era, quando pronunciada por Virgílio, uma expressão. Com efeito, foi pronunciada, não em relação a si própria, mas para significar ou as guerras que Eneias fez, ou o escudo e outras armas que Vulcano fabricava para Eneias.

No plano lexical, esta série de quatro termos é visivelmente resultante de uma amálgama. Como demonstrou J. Pépin, *dictio* traduz *lexis*; *dizível* é o equivalente exato de *lekton*, e *res* pode estar aqui em lugar de *tughanon*; de onde

(*) Em latim no original. [*N. da T.*]

resultaria uma imitação latina da tripartição dos Estoicos: significante, significado e coisa. Por outro lado, a oposição entre *res* e *verba* é familiar, como veremos, à retórica de Cícero e Quintiliano. O encaixe das duas terminologias cria um problema, pois dispomos agora de dois termos para designar o significante, *dictio* e *verbum*.

Agostinho parece resolver esta confusão terminológica aproximando-a de outra ambiguidade que já nos é familiar: a do sentido, pertencendo simultaneamente ao processo de comunicação e ao de designação. Por um lado, portanto, temos um termo a mais; por outro, um duplo conceito: assim, *dizível* será reservado ao sentido vivido (em desacordo, neste ponto, com a terminologia dos Estoicos), *dictio* aponta para o sentido referente. *Dizível* será vivido tanto por aquele que fala («compreendido e apreendido pelo espírito, antes da enunciação») como por aquele que ouve («o que é apercebido pelo espírito»). *Dictio*, pelo contrário, é um sentido que funciona não entre os interlocutores, mas entre o som e a coisa (como o *lekton*); é aquilo que a palavra significa, independentemente de quem a usa. Assim, *dizível* participa da sucessão: primeiro o locutor concebe o sentido, em seguida enuncia sons, e por fim o auditor apercebe, primeiro os sons, em seguida o sentido. *Dictio* funciona na simultaneidade: o sentido referente realiza-se ao mesmo tempo que a enunciação dos sons: a palavra só se torna *dictio* se (e quando) «se manifestar no exterior pela voz». Por fim, o dizível é relativo às proposições encaradas de forma abstrata; enquanto o *dictio* pertence a cada enunciação particular de uma proposição (a referência realiza-se nas proposições *token* e não *type*, em termos de lógica moderna).

Ao mesmo tempo, *dictio* não é simplesmente sentido: é a palavra enunciada (o significante), dotada da sua capacidade denotativa; é «a palavra que sai da boca», aquilo que «se manifesta no exterior pela voz». Reciprocamente, *verbum* não é a simples sonoridade, como seríamos levados a supor, mas a designação da palavra como palavra, o uso metalinguístico da linguagem; é a palavra que «se utiliza em relação a si própria, quer dizer, numa pergunta ou discussão sobre a própria palavra [...]. Aquilo a que chamo *verbum* é uma palavra e significa uma palavra».

Num texto de alguns anos mais tarde, *Sobre a Ordem*, o compromisso será formulado de maneira diferente: a designação torna-se um instrumento da comunicação:

> Não podendo o homem construir uma sociedade sólida sem o recurso à palavra, pela qual, de certo modo, transmite a sua alma e os seus pensamentos aos outros, a razão compreendeu que era necessário dar nomes às coisas, ou seja, certos sons dotados de significação, para que, já que não se podia perceber sensivelmente o espírito, os homens se servissem, para unir as suas almas, dos sentidos como intérpretes (II, XII, 35).

No capítulo VII de *Sobre a Dialética*, Agostinho dá outro exemplo do seu espírito sintético. Introduz uma discussão sobre aquilo a que chama a força (*vis*) de uma palavra. A força é o que é responsável pela qualidade de uma expressão entendida como expressão, e que determina a sua perceção pelo destinatário: «Existe em razão da impressão que as palavras produzem naquele que ouve.» Por vezes, a força e o sentido são considerados como duas espécies de significação: «Da nossa análise resulta que uma palavra tem duas significações, uma para expor a verdade, a outra para velar pela sua conveniência.» Suspeitamos de que se trata, aqui, de uma integração da oposição retórica entre clareza e beleza numa teoria da significação (integração, de resto, problemática, pois a significação de uma palavra não se confunde com a maneira como é figurada ou com a sua percetibilidade). As espécies desta «força» fazem lembrar igualmente o contexto retórico: manifesta-se pelo som, pelo sentido ou pela concordância entre ambos.

Podemos ver um desenvolvimento do mesmo tema em *Sobre o Mestre*, escrito em 389. Aqui, as duas «significações» parecem tornar-se propriedades tanto do significante como do significado: a função do primeiro é agir sobre os sentidos, a do segundo, assegurar a interpretação. «Tudo o que é emitido como um som de voz articulada com uma significação [...] vem impressionar o ouvido para poder ser apercebido e é confiado à memória para poder ser conhecido» (V, 12). Esta relação será explicada com a ajuda de um raciocínio pseudo-etimológico. «Porque é que a palavra deve a sua denominação à primeira destas duas coisas e o nome à segunda? Porque "palavra" pode ter derivado de tom de voz (*verberare-verbum*), e "nome" de *conhecer* (*noscere-nomen*), de maneira que o primeiro termo se chamaria assim em função do ouvido, e o segundo em função da alma» (*ibid.*). Neste duplo processo, a perceção está submetida à inteleção porque, desde o momento em que compreendemos, o significante torna-se, para nós, transparente. «Tal é a lei, naturalmente dotada de uma força muito grande: quando os signos são entendidos, a atenção volta-se para as coisas significadas» (VIII, 24). Esta segunda formulação, pertencente ao tratado *Sobre o Mestre*, parece recuar, se a compararmos à que se encontrava em *Sobre a Dialética*, pois Agostinho já aqui não concebe que o significado possa ter também uma forma percetível (uma «força»), que chame a atenção.

Passemos agora ao tratado central, *A Doutrina Cristã*. Dada a sua importância para o nosso contexto, justifica-se uma breve referência ao seu plano de conjunto. Trata-se de uma obra consagrada à teoria da interpretação — e, em menor grau, à teoria da expressão — dos textos cristãos. O desenvolvimento da exposição articula-se em torno de várias oposições: signos-coisas, interpretação-expressão, dificuldades provenientes da ambiguidade ou da obscuridade. Poderíamos representar o seu plano sob a forma de um esquema, em que os algarismos designam as quatro partes do tratado (tendo o final da terceira e da quarta sido escritos somente em 427, trinta anos depois dos três primeiros):

coisas (1)		obscuridade (2)
	interpretação	
signos		ambiguidades (3)
	expressão (4)	

Não nos deteremos aqui sobre o teor das ideias de Agostinho quanto à maneira de compreender e enunciar discursos (H.-I. Marrou demonstrou a sua originalidade); aquilo em que principalmente nos deteremos será no processo sintetizante, já presente no plano. O projeto de Agostinho é, à partida, hermenêutico; mas junta-lhe uma parte produtiva (a quarta parte), que se torna a primeira retórica cristã; além disso, coloca o todo numa teoria geral do signo, em que um processo verdadeiramente semiótico engloba aquilo que distinguimos acima nas rubricas «lógica» e «semântica». Este livro, mais do que qualquer outro, deve ser considerado como o primeiro trabalho propriamente semiótico.

Retomemos agora a teoria do signo que nele se formula. Se a compararmos com a que figurava em *Sobre a Dialética*, apercebemo-nos de que já não existe outro sentido além do vivido; assim, a incoerência do esquema diminui. O que é mais surpreendente ainda é o desaparecimento da «coisa» ou referente. Com efeito, Agostinho fala das coisas e dos signos neste tratado (e nisso é fiel à tradição retórica, tal como ela se mantém a partir de Cícero), mas não considera as primeiras como o referente dos segundos. O mundo divide-se em signos e coisas, dependendo do valor transitivo ou não transitivo do objeto de perceção. A coisa participa no signo na qualidade de significante, não na qualidade de referente. Notemos, antes de prosseguir, que esta afirmação global é moderada por outra asserção, que é, no entanto, mais um princípio abstrato do que uma característica própria do signo: «É pelos signos que se aprendem as coisas» (I, II, 2).

A articulação dos signos e das coisas prossegue na articulação de dois processos essenciais, usar e fruir. Com efeito, esta segunda distinção situa-se no interior das coisas; mas as coisas a usar são transitivas como os signos, e as coisas de que fruímos, intransitivas (ora, aí está uma categoria que permite opor as coisas aos signos):

> Fruir, com efeito, é apegar-se a uma coisa por amor dela. Usar, pelo contrário, é submeter o objeto de que se faz uso ao objeto que se ama, se, todavia, ele for digno de ser amado (I, IV, 4).

Esta distinção tem um prolongamento teológico importante: no fim de contas, nenhuma coisa a não ser Deus merece ser fruída ou amada por si própria. Agostinho desenvolve esta ideia ao falar do amor que o homem pode dedicar ao homem:

> Trata-se de saber se o homem deve ser amado pelo homem, por si mesmo ou por outra coisa. Se é por si mesmo, fruímo-lo, se é por outra coisa, usamo-lo. Ora, parece-me que deve ser amado por outra coisa. Pois é no Ser que deve ser amado por si próprio que se encontra a felicidade.

> Embora não gozemos essa felicidade, no entanto, a esperança de a possuir consola-nos aqui na Terra. Mas maldito seja aquele que põe a sua esperança no homem (*Jr*, XVII, 5). Todavia, ao examiná-lo com precisão, ninguém deve chegar ao ponto de se fruir a si próprio; porque o seu dever é amar-se não pelo que é, mas por Aquele que se deve fruir (I, XXII, 20–21).

Segue-se que a única coisa que não é, em absoluto, signo (por ser objeto de fruição por excelência) é Deus; o que, na nossa cultura, vai dar, reciprocamente, a aparência de divindade a todo o significado último (aquilo que é significado sem, por sua vez, significar).

Estando a relação entre signos e coisas assim articulada, eis a definição do signo: «O signo é uma coisa que nos faz pensar em qualquer outra coisa para além da impressão que a própria coisa causa nos nossos sentidos» (II, I, 1). Não estamos longe da definição dada em *Sobre a Dialética*; simplesmente, o «pensamento» substituiu o «espírito». E outra fórmula mais explícita: «A nossa única razão para significar, ou seja, para fazer signos, é produzir e fazer passar para o espírito de outro o que está no espírito daquele que faz o signo» (II, II, 3). Já não se trata de uma definição do signo, mas da descrição das razões da atividade significante. Não é menos revelador observar que já não se trata aqui, de forma alguma, da relação de designação, mas unicamente da de comunicação. O que os signos trazem ao pensamento é o sentido vivido: é aquilo que o enunciador tem no seu espírito. Significar é exteriorizar.

O esquema da comunicação será precisado e desenvolvido em alguns textos posteriores. Assim acontece em *A Catequese dos Neófitos* (de 405), em que Agostinho parte do problema do atraso da linguagem em relação ao pensamento. Constata a sua frequente insatisfação quando enuncia um pensamento e explica-a assim:

> A razão disto está sobretudo no facto de essa conceção intuitiva inundar a minha alma como um rápido clarão, enquanto o meu discurso é lento, longo e muitíssimo diferente dela. Além disso, enquanto se desenrola o discurso, essa conceção vai-se escondendo no seu retiro. Deixa, no entanto, na memória, de uma forma maravilhosa, um certo número de marcas, que subsistem ao longo da breve expressão das sílabas e que nos servem para dar forma aos signos fonéticos chamados linguagem. Essa linguagem é latim, ou grego, ou hebraico, etc., tanto quanto os signos são pensados pelo espírito, como quando se exprimem pela voz. Mas as marcas não são nem latinas, nem gregas, nem hebraicas, nem pertencem em definitivo a nenhuma nação (II, 3).

Agostinho, portanto, considera um estado do sentido em que este não pertence ainda a nenhuma língua (não é completamente claro se existe ou não um significado latino, grego, etc., para além do sentido universal; parece que não, já que a linguagem é descrita na sua única dimensão fonética). A situação não é muito diferente da que Aristóteles descrevia: tanto nesta como naquela, os estados de espírito são universais, e as línguas, particulares. Mas Aristóteles explicava essa identidade dos estados psíquicos pela própria identidade do objeto-referente; ora, no texto de Agostinho, não se trata de modo nenhum do objeto. Destacaremos também a natureza instantânea da «conceção» e a duração necessária do discurso (linear); de forma mais geral: a necessidade de pensar a atividade linguística como dotada de uma dimensão temporal (assinalada pela função das marcas). Aí estão, de novo, outras tantas características do processo de comunicação (toda a página testemunha, de resto, uma análise psicológica muito difusa).

A teoria do signo apresentada em *Sobre a Trindade* é ainda um desenvolvimento da que se encontra na *Catequese* (e também da que figura no livro XI das *Confissões*). O esquema continua a ser, aqui, puramente comunicativo.

> Falaremos nós ao próximo? Continuando o verbo a ser imanente, utilizamos a palavra ou um signo sensível para provocar na alma do nosso interlocutor, por meio dessa evocação sensível, um verbo semelhante àquele que está na nossa alma enquanto falamos (IX, VII, 12).

Esta descrição está muito próxima da do ato de significar, apresentada em *A Doutrina Cristã*. Por outro lado, Agostinho distingue aqui, com maior clareza, aquilo a que chama o *verbo* anterior à divisão das línguas e os *signos* linguísticos que nos levam a conhecê-lo.

> Um é o sentido do *verbo*, esta palavra cujas sílabas — quer se pronunciem ou pensem — ocupam um certo espaço de tempo; outro é o sentido do *verbo* que se imprime na alma através de qualquer objeto de conhecimento (IX, X, 15). Este [último] verbo, com efeito, não pertence a nenhuma língua, a nenhuma daquelas a que chamamos *linguae gentium*, entre as quais se encontra a nossa língua latina. [...] O pensamento que se formou a partir daquilo que já sabemos é o verbo pronunciado no fundo do coração: verbo que não é grego nem latino, que não pertence a nenhuma língua, mas, logo que surge a necessidade de o levar ao conhecimento daqueles a quem falamos, recorremos a algum signo para o fazer entender (XV, X, 19).

As palavras não designam diretamente as coisas: apenas exprimem. Todavia, o que exprimem não é a individualidade do locutor, mas um verbo interior, pré-linguístico. Este, por sua vez, é determinado por outros fatores, que, segundo parece, são dois. São, por um lado, as marcas deixadas na alma pelos objetos de conhecimento. E, por outro, o conhecimento imanente, cuja fonte só pode ser Deus.

> Precisamos, portanto, de alcançar o verbo do homem [...] que não é proferido com um som, nem pensado como um som, que está necessariamente implicado em toda a linguagem, mas que, anterior a todos os signos com que se traduz, nasce de um saber imanente à alma, quando esse saber se exprime, tal como é, numa palavra interior (XV, XI, 20).

Este processo humano de expressão e de significação, considerado no seu todo, forma o análogo ao Verbo de Deus, cujo signo exterior não é a palavra, mas o mundo; as duas fontes de conhecimento ligam-se, finalmente, numa só, na medida em que o mundo é a linguagem divina.

> O verbo que soa no exterior é, portanto, o signo do verbo que ilumina o interior e que, mais do que qualquer outro, merece esse nome de verbo. O que proferimos com a boca é apenas a expressão vocal do verbo: e, se chamamos verbo a essa expressão, é porque o verbo a assume para a traduzir para o exterior. O nosso verbo torna-se, assim, de alguma forma, voz material, assumindo essa voz para se manifestar aos homens de modo sensível: como o Verbo de Deus se fez carne, assumindo essa carne para, também ele, se manifestar aos homens de modo sensível (XV, XI, 20).

Vemos formular-se aqui a doutrina do simbolismo universal, que dominará a tradição medieval.

Em resumo, poderíamos estabelecer o seguinte circuito (que se repete, simetricamente invertido, tanto no emissor como no recetor):

poder divino → { saber imanente / objectos de conhecimento } → verbo interior → verbo exterior pensado → verbo exterior proferido

Nota-se que a relação palavra-coisa se encontra carregada de sucessivas mediações.

No que respeita à teoria semiótica, concluímos que a doutrina materialista dos Estoicos, que se baseava na análise da designação, se encontra, nos textos de Agostinho, progressiva mas firmemente substituída por uma doutrina da comunicação.

Classificação dos signos

É sobretudo em *A Doutrina Cristã* que Agostinho se dedica à classificação dos signos e, portanto, a considerar gradualmente a própria nação de signo; os outros escritos permitem precisar certos pormenores. O que chama imediatamente a atenção, nas classificações agostinianas, é precisamente o seu número elevado (mesmo fazendo certos reagrupamentos, dispomos, pelo menos, de cinco oposições), assim como a ausência de coordenação real entre elas: aqui, como noutros textos, Agostinho prova que é um ecuménico teórico, justapondo o que poderia ser articulado. Examinaremos, portanto, uma por uma, essas classificações e as oposições que as causam.

1. Segundo o modo de transmissão

Esta classificação, destinada a tornar-se canónica, é já um exemplo do espírito sintético de Agostinho: já que o significante deve ser sensível, podem dividir-se todos os significantes segundo o sentido pelo qual são apercebidos. A teoria psicológica de Aristóteles junta-se assim à descrição semiótica. Há aqui dois factos que merecem a nossa atenção. Primeiro, a função limitada dos signos que passam por outros sentidos que não são a vista e o ouvido: Agostinho considera a sua existência por razões teóricas evidentes, mas minimiza-lhes imediatamente o interesse. «Entre os signos de que os homens se servem para comunicar entre si, e que eles sentem, alguns dependem da vista; a maior parte, do ouvido; muito poucos dependem dos sentidos» (II, III, 4). Bastará um único exemplo para ilustrar os outros canais de transmissão:

> O Senhor deu um signo, pelo odor do perfume espalhado a seus pés (*João*, XII, 3–7). Ele significou a sua vontade, pelo Sacramento do seu Corpo e do seu Sangue, sendo o primeiro a saboreá-lo (*Lucas*, XXII, 19–20). Também deu uma significação ao gesto da mulher, que, ao tocar a fímbria da sua túnica, ficou curada (*Mateus*, IX, 21) (*ibid.*).

Estes exemplos servem para destacar o caráter excecional dos signos que dependem do olfato, do gosto ou do tato.

Em *Sobre a Trindade*, já não se trata senão de dois modos de transmissão dos signos — pela vista e pelo ouvido; Agostinho compraz-se em sublinhar a sua semelhança.

> Esse signo, na maior parte das vezes, é um som; algumas vezes, é um gesto: o primeiro dirige-se ao ouvido, o segundo ao olhar, para que signos corpóreos transmitam aos sentidos igualmente corpóreos aquilo que temos no espírito. Fazer um signo gestual não será, efetivamente, falar de maneira visível? (XV, X, 19).

A oposição da vista e do ouvido permite incluir, numa primeira aproximação, as palavras entre os signos (e é este o segundo ponto que nos interessa aqui). Com efeito, para Agostinho, a linguagem é fónica por natureza (voltaremos a falar nisto quando tratarmos da descrição da escrita). Portanto, a grande maioria dos signos é fónica — porque a grande maioria dos signos é constituída por palavras. «O número incalculável de signos que permitem aos homem descobrir os seus pensamentos é constituído por palavras» (*Doutrina*, II, III, 4). O privilégio das palavras não é, aparentemente, senão quantitativo.

2. Segundo a origem e o uso

Outra distinção provoca dois pares de espécies de signos; mas é possível reuni-los, como faz o próprio Agostinho, numa única categoria. Essa distinção é preparada no primeiro livro de *A Doutrina Cristã*. Esta parte da obra começa por uma divisão entre signos e coisas. Depois de ser feita, a distinção é imediatamente abolida, pois os signos, longe de se oporem às coisas, fazem parte delas — considerando-se «coisa», no sentido mais lato, tudo o que existe. «Todo o signo é também uma coisa, sem a qual ele não seria nada» (I, II, 2). A oposição só se pode reconstituir a outro nível — funcional e já não substancial. Um signo, com efeito, pode ser considerado de dois pontos de vista: como coisa ou como signo (é a ordem que segue a exposição de Agostinho).

> Escrevendo sobre as coisas, adverti anteriormente que apenas se atentaria naquilo que elas são, e não naquilo que elas significam fora de si próprias. Do mesmo modo, ao tratar dos signos, previno que não se terá em atenção aquilo que as coisas são, mas, pelo contrário, os signos que elas representam, ou seja, o que elas significam (II, I, 1).

A oposição não se estabelece entre coisas e signos, mas entre puras coisas e coisas-signos. No entanto, existem coisas que não devem a sua existência senão ao facto de serem utilizadas como signos; o que, evidentemente, mais as aproxima dos signos puros (sem que se consiga atingir o limite). É esta possibilidade de os signos porem entre parênteses a sua natureza de coisas que permite a nova categorização introduzida por Agostinho.

Com efeito, este vai opor os signos naturais aos signos intencionais (*data*). Por vezes, esta oposição foi mal compreendida, quando se julgou tratar-se de outra, mais comum na Antiguidade, entre natural e convencional; um estudo de Engels esclareceu este ponto, de forma muito útil. Agostinho escreve: «Entre os signos, uns são naturais, os outros intencionais. Os signos naturais são aqueles que, sem intenção ou desejo de significar, dão a conhecer, por si próprio, algo mais do que aquilo que são em si mesmos» (II, I, 2). Os exemplos de signos naturais são: o fumo, signo do fogo, a pegada do animal, o rosto do homem. «Os signos intencionais são aqueles que todos os seres vivos fazem uns aos outros para mostrar, tanto quanto é possível, os movimentos da sua alma, ou seja, tudo aquilo que sentem e tudo aquilo que pensam» (II, II, 3). Os exemplos de signos intencionais são sobretudo humanos (as palavras); mas a eles juntam-se também os gritos dos animais, anunciando a presença de alimento ou simplesmente a presença do emissor de signos.

Vemos em que medida a oposição entre signos naturais e intencionais se liga à que existe entre coisas e signos. Os signos intencionais são coisas que foram produzidas tendo em vista a sua utilização como signo (origem) e que só são utilizadas com esse fim (uso); por outras palavras, são coisas em que a função de coisa está reduzida ao mínimo. É portanto aquilo que mais se aproxima dos signos puros (inexistentes). Esses signos intencionais não são forçosamente humanos, e não há nenhuma correlação obrigatória entre o caráter natural ou intencional e o seu modo de transmissão (a classificação desses modos surgiu a propósito dos signos intencionais; mas não vemos bem por que razão). Notemos também que as palavras são signos intencionais, o que, depois do fonetismo, constitui a sua segunda característica.

Vemos nesta oposição o eco daquela que encontramos numa passagem de Aristóteles comentada anteriormente. No entanto, o exemplo dos gritos dos animais, que aparecem tanto neste como no outro texto, mas em classes opostas, permite situar melhor a posição de Agostinho. Para Aristóteles, o facto de esses gritos não terem necessidade de nenhuma instituição era suficiente para nos levar a considerá-los como «naturais». Para Agostinho, pelo contrário, a intenção comprovada de significar permite incluí-los entre os signos intencionais: intencional não é igual a convencional. Pode supor-se que esta distinção pertence a Agostinho: ao basear-se na ideia da intenção, enquadra-se no seu projeto geral, que, como vimos, é psicológico e orientado para a comunicação. Permite-lhe superar a objeção que Sexto dirigia aos Estoicos — a existência de signos não implica necessariamente que a intenção os engendre: certos signos são dados pela natureza.

Apercebemo-nos também de que se produz aqui a integração das duas espécies de signos que ficavam completamente isoladas nas teorias dos precursores de Agostinho: o signo de Aristóteles e dos Estoicos torna-se «signo natural», o símbolo de Aristóteles e a combinação de um significante e de um significado dos Estoicos tornam-se «signos intencionais» (os exemplos são, aliás, os mesmos). O termo «natural» é um pouco dececionante: seria talvez mais claro opor os signos *já existentes* como coisas àqueles que são *criados expressamente* tendo em vista a significação.

3. Segundo o estatuto social

Tal precaução terminológica seria mais desejável, pois Agostinho introduz, algures, no seu texto, a subdivisão dos signos — muito mais familiar, como vimos — em naturais (e universais) e institucionais (ou convencionais). Os primeiros são compreensíveis de maneira espontânea e imediata; os segundos exigem uma aprendizagem. De facto, em *A Doutrina Cristã*, Agostinho só considera o caso dos signos por instituição, e isto a propósito de um exemplo que vai aparentemente no sentido inverso.

> Os signos que fazem, ao dançar, os histriões não teriam sentido se o não devessem à natureza e não à instituição e ao acordo dos homens. Sem o que o pregoeiro público, quando, nos primeiros tempos, um mímico dançava, não teria anunciado ao povo de Cartago aquilo que o dançarino queria exprimir. Muitos anciãos recordam ainda esse detalhe, e nós ouvimo-los contar. Ora, devemos acreditar neles, porque, ainda hoje, quando alguém entra no teatro sem ter sido iniciado em semelhantes puerilidades, em vão

> presta toda a sua atenção e nada entende se não aprender com outro a significação dos gestos dos atores (II, XXV, 38).

Até mesmo a pantomina, signo natural à primeira vista, precisa de uma convenção e, portanto, de uma aprendizagem. Assim, Agostinho retoma, na sua tipologia, a oposição habitualmente aplicada à origem da linguagem (como Sexto já fizera).

Esta oposição não é explicitamente mais articulada às outras do que as precedentes. Podemos supor que, se Agostinho não dá aqui nenhum exemplo de signo natural (no sentido que acabamos de ver), é porque o seu tratado é expressamente consagrado aos signos intencionais; ora, os signos naturais não poderiam encontrar-se senão entre os signos já existentes; o signo criado intencionalmente implica a aprendizagem e, portanto, a instituição. Mas será qualquer signo já existente natural, ou seja, suscetível de se apreender sem qualquer convenção? Agostinho não o afirma, e lembramo-nos logo dos contraexemplos. Acontece que, em *A Catequese dos Neófitos*, descreve como natural um signo que figurava, em *A Doutrina Cristã*, entre os signos não intencionais.

> As expressões são uma produção do espírito, como o rosto é uma expressão do corpo. De facto, a cólera, *ira* (*), é, em latim, designada de um modo, de outra maneira em grego, e de outra forma em outros lugares, por causa da diversidade das línguas. Mas a expressão do rosto de um homem em cólera não é latina nem grega. Assim, se alguém disser *Iratus sum*, nenhum povo, com exceção dos Latinos, o compreende. Mas, se a paixão da sua alma em fogo lhe sobe ao rosto, e lhe transforma a expressão, todos os espectadores comentam: «Aqui está um homem encolerizado» (II, 3).

(*) Em latim no original. [*N. da T.*]

A mesma afirmação em *As Confissões*:

> Os gestos são como que a linguagem natural de todos os povos, feita de jogos da fisionomia, de piscadelas de olho e de movimentos dos outros membros, e também do tom de voz que trai o sentimento da alma na perseguição, na possessão, na rejeição ou na fuga das coisas (I, VIII, 13).

Os signos naturais (o exemplo, no entanto, é contestável, segundo a nossa opinião) partilham aqui da universalidade das marcas da alma, de que já vimos as propriedades. Agostinho, nisto bastante próximo de Aristóteles, vê a relação entre palavras e pensamentos como arbitrária (convencional), e a relação entre pensamentos e coisas como universal, e, portanto, natural.

Esta instância sobre a natureza necessariamente convencional da linguagem deixa-nos adivinhar a pouca esperança que Agostinho tem na motivação: a seus olhos, esta não pode substituir o conhecimento da convenção.

> Toda a gente procura uma certa semelhança na sua maneira de significar, de modo que os próprios signos reproduzem, tanto quanto possível, a coisa significada. Mas, como uma coisa se pode parecer com outra de muitas maneiras, tais signos só podem ter para os homens um sentido determinado quando esse sentido resulta de um acordo unânime (*Doutrina*, II, XXV, 38).

A motivação não dispensa a convenção; o argumento aqui resumido numa frase é longamente desenvolvido em *Sobre o Mestre*, em que Agostinho demonstra que nunca podemos estar certos do sentido de um gesto sem a ajuda de um comentário linguístico, e portanto da instituição que é a linguagem.

Por essa mesma razão, Agostinho nega qualquer importância decisiva à oposição natural-convencional (ou arbitrário); as tentativas do século XVIII, retomadas por Hegel e Saussure, de nisso basearem a oposição entre signos (arbitrários) e símbolos (naturais) estão já ultrapassadas.

Este «arbitrário do signo» conduz, naturalmente, à polissemia.

> Como as coisas são semelhantes sob múltiplos aspetos, não devemos aceitar como regra que uma coisa significa sempre o que, por analogia, significa em qualquer lugar. De facto, o Senhor emprega a palavra «fermento» no sentido de uma censura, quando diz «Desconfiai do fermento dos fariseus» (*Mateus*, XVI, 11), e no sentido de um louvor, quando diz: «O reino dos céus é semelhante a uma mulher que pôs fermento em três medidas de farinha para fazer com que toda a massa levedasse» (*Doutrina*, II, XXV, 35).

4. Segundo a natureza da relação simbólica

Depois das classificações distinguindo intencional-não intencional e convencional-natural, Agostinho considera pela terceira vez os mesmos factos, e consegue uma articulação diferente: a dos signos *próprios* e dos signos *transpostos* (*translata*). A origem retórica desta oposição é evidente, mas Agostinho — como Clemente, antes dele, mas de forma mais clara — generaliza, referindo-se aos signos, o que a retórica dizia do sentido das palavras.

Eis como é introduzida a oposição:

> De facto, os signos são: ou próprios, ou transpostos. Chamamos-lhe próprios quando se empregam para

> designar os objetos em relação aos quais foram criados. Por exemplo, dizemos «um boi» quando pensamos no animal que todos os homens de língua latina designam por esse nome(*). Os signos são transpostos quando os próprios objetos que designamos pelos seus termos próprios são utilizados para designar outro objeto. Por exemplo, dizemos «um boi» e compreendemos, por meio dessas duas sílabas, o animal que habitualmente é designado por esse nome. Mas, em contrapartida, esse animal faz-nos pensar no evangelista que a Escritura, segundo a interpretação do Apóstolo, designou com estas palavras: «Tu não porás freio ao boi que esmaga o grão» (I, *Cor.* IX, 9) (*Doutrina*, II, X, 15).

Os signos próprios são definidos da mesma maneira que os signos intencionais: foram criados para serem usados como signos. Mas a definição do signo transposto não é extremamente simétrica; não são signos «naturais», quer dizer, aqueles que têm uma existência anterior à sua utilização como signos. São definidos, de forma mais geral, pela sua secundariedade: um signo é considerado transposto quando o seu significado se torna, por sua vez, um significante; por outras palavras, o signo próprio assenta numa única relação, o signo transposto, em duas operações sucessivas (vimos que esta ideia era já apontada por Clemente).

De facto, estamos, à primeira vista, entre os signos intencionais (já que Agostinho se ocupa exclusivamente deles), e é neles que se reitera a operação que serviu para os isolar: os signos próprios são, simultaneamente, criados expressamente para serem usados como significantes e utilizados segundo essa intenção inicial. Os signos transpostos são igualmente signos intencionais (os únicos exemplos dados são palavras),

(*) Como já foi notado, Agostinho escrevia em latim. [*N. da T.*]

mas, em vez de serem utilizados segundo o seu destino inicial, são deslocados para uma utilização segunda — do mesmo modo que as coisas, ao tornarem-se signos.

Esta analogia estrutural — que não é uma identidade — explica a afinidade entre signos transpostos (linguísticos, portanto) e signos não intencionais («naturais» e não linguísticos). Não é por acaso que os exemplos de ambos comunicam: o boi não deve a sua existência a uma finalidade semiótica, mas *pode* significar; portanto, é, ao mesmo tempo, signo natural e (ingrediente possível de um) signo transposto. Esta terceira aproximação do mesmo fenómeno é, do ponto de vista formal, a mais satisfatória: já não é uma contingência empírica que serve para distinguir os signos (já existentes ou criados expressamente para significar, imediatamente compreensíveis ou sendo-o apenas por força de uma convenção), mas uma diferença de estrutura: a relação simbólica simples ou dupla. Pela mesma razão, a linguagem deixa de formar uma classe à parte no seio dos signos: uma parte dos signos linguísticos (as expressões indiretas) encontra-se do mesmo lado dos signos não linguísticos. Podemos dizer que a formulação desta oposição, fundada numa análise da forma e não da substância, representa a aquisição teórica mais importante da semiótica agostiniana. Observemos ao mesmo tempo que esta articulação contribui para dissolver parcialmente a diferença entre estes dois fenómenos, que estavam muito mais separados nas teorias de Aristóteles (símbolo *versus* signo), dos Estoicos (significante-significado *versus* signo) ou de Clemente (linguagem direta *versus* simbolismo).

A origem da oposição próprio-transposto é retórica; mas a diferença entre Agostinho e a tradição retórica não está só na extensão que nos conduz da palavra ao signo; é a própria definição do «transposto» que é nova: já não é uma palavra que muda de sentido, mas uma palavra que designa um objeto;

que, por sua vez, é portador de um sentido; esta descrição aplica-se, com efeito, ao exemplo citado (tal como o boi, o evangelista, etc.), que não se assemelha aos tropos retóricos. No entanto, na página seguinte, Agostinho dá outro exemplo de signo transposto, que está perfeitamente conforme com a definição retórica. Mais do que de uma confusão entre duas espécies de sentido indireto, trata-se provavelmente de uma tentativa que Agostinho faz para alargar a categoria do sentido transposto, para poder incluir nela a alegoria cristã. Ao falar das dificuldades que surgem ao longo da interpretação, considera duas espécies, que correspondem a essas duas formas de sentido indireto; a oposição será formulada de forma mais correta em *Sobre a Trindade*, onde Agostinho concebe duas espécies de alegoria (ou seja, de signos transpostos), segundo as palavras ou segundo as coisas. A origem desta distinção está talvez numa frase de Clemente, que, no entanto, julga tratar-se de duas definições alternativas de uma única e mesma noção.

Outra tentativa de subdivisão dentro do sentido transposto conduzirá mais tarde à célebre doutrina dos quatro sentidos da Escritura. A questão continua controversa, pois não se sabe se Agostinho está ou não na origem desta doutrina. Dispomos aqui de várias séries de textos. Numa delas, representada por *De utilitate credendi*, 3, 5, e por uma passagem muito paralela, mas mais breve, de *De Gen. ad lit. lib. imperf.*, 2, distinguem-se de forma muito nítida quatro termos: a história, a etiologia, a analogia e a alegoria. Mas não é certo que sejam sentidos propriamente ditos; tratar-se-ia antes das diferentes operações a que se submete o texto a interpretar. A analogia, em particular, é o processo que consiste em recorrer a outro texto para explicar o texto. A etiologia tem um estatuto problemático: consiste em procurar a causa do acontecimento, do facto, evocados pelo texto. É uma explicação, portanto, um sentido, mas não temos a certeza de que pertença propriamente ao texto analisado; talvez seja, antes, completado pelo comentador. Não restam, portanto, mais do que dois sentidos: histórico (literal) e alegórico; os exemplos que Agostinho dá deste último indicam sobretudo que não distingue as espécies da alegoria como as distinguirá a tradição posterior. Esses exemplos incluem: Jonas dentro da baleia como Cristo no túmulo (tipologia, na tradição posterior); os castigos dos Judeus durante o Êxodo como incitação a não pecar (tropologia); as duas mulheres, símbolo das duas Igrejas (anagogia). Deve acrescentar-se que Agostinho também não distingue sentido espiritual de sentido transposto (atribui a mesma definição a ambos). Se o compararmos à tradição posterior, codificada por São Tomás, constata-se a seguinte redistribuição:

<table>
<tr><th></th><th>SENTIDO PRÓPRIO</th><th>SENTIDO TRANSPOSTO</th><th>SENTIDO ESPIRITUAL</th></tr>
<tr><td>Santo Agostinho</td><td>sentido próprio</td><td colspan="2">sentido transposto</td></tr>
<tr><td>São Tomás</td><td colspan="2">sentido literal</td><td>sentido espiritual</td></tr>
</table>

Resumindo: só há uma dicotomia essencial para Agostinho (próprio-transposto), o resto pouco importa.

Mas existe outro texto que deve ser aqui examinado. Encontra-se em *De Gen. ad lit.*, I, 1; nele, Agostinho fala do conteúdo dos diversos livros da Bíblia: há uns, diz ele, que evocam a eternidade, outros que relatam factos, outros que anunciam o futuro, outros ainda que indicam regras de comportamento. Não existe aqui nenhuma afirmação de que haja quatro sentidos na mesma passagem; no entanto, a teoria encontra-se em embrião.

Ao esforçar-se por precisar o estatuto dos signos transpostos, Agostinho aproxima-os de dois factos semânticos conexos: a ambiguidade e a mentira. A sua atenção detém-se por muito tempo na ambiguidade: desde a *Dialética*, em que as dificuldades na comunicação são divididas em dificuldades causadas por obscuridades e por ambiguidades (esta divisão encontra-se já em Aristóteles). Estas comportam, como uma das suas subdivisões, as ambiguidades causadas pelo sentido transposto. Reaparece a mesma articulação hierárquica em *A Doutrina Cristã*: «A ambiguidade da Escritura deve-se tanto aos termos usados no sentido próprio como aos termos usados em sentido figurado (transposto)» (III, I, 1). Por ambiguidade devida ao sentido próprio entenda-se uma ambiguidade em que a semântica não desempenha nenhuma função; é, portanto, uma ambiguidade fónica, gráfica ou sintática. As ambiguidades semânticas coincidem, simplesmente, com as que são devidas à presença de um sentido figurado (transposto). Não é considerada a possibilidade de ambiguidades semânticas baseadas na polissemia lexical.

Espécie do género «ambiguidade», os signos transpostos devem, em contrapartida, distinguir-se inevitavelmente das mentiras, embora tanto uns como outros não digam a verdade se os tomarmos à letra.

> Deus nos defenda de lhes atribuir [às parábolas e às figuras da Bíblia] um caráter falso. De outro modo, teríamos de dar o mesmo epíteto à tão longa série de figuras de retórica, particularmente à metáfora, assim chamada por transpor uma palavra da coisa que propriamente designa

> para outra coisa que designa impropriamente. Com efeito, quando dizemos as searas ondulantes, as vinhas guarnecidas de pérolas, a juventude em flor, os cabelos de neve, não há por certo, nas coisas assim nomeadas, ondas, nem pérolas, nem flores, nem neve; poderemos pois chamar mentira à transposição que afeta esses termos? (*Contra a Mentira*, X, 24).

É dada pouco depois a explicação desta diferença: reside, precisamente, na existência de um sentido transposto, que não está presente nas mentiras, e que permite restituir a verdade aos tropos. «Essas palavras e essas ações [...] são produzidas para nos proporcionarem a compreensão das coisas a que se referem» (*ibid.*). Ou então: «Nada do que se faz ou diz num sentido figurado é uma mentira. Toda a palavra deve ser relacionada com o que designa, por aqueles que são capazes de compreender a sua significação» (*A Mentira*, V, 7). As mentiras não são verdadeiras no sentido literal, mas também não estão no sentido figurado.

5. Segundo a natureza do designado, signo ou coisa

Os signos transpostos caracterizam-se pelo seguinte: o seu «significante» é já um signo completo; podemos agora considerar o caso complementar em que já não é o significante, mas o significado, que é, por seu turno, um signo completo. Com efeito, juntaremos nesta rubrica dois casos que estão isolados nos textos de Agostinho: o das letras, signos dos sons, e o das utilizações metalinguísticas da linguagem; em cada um destes casos, designa-se o signo, mas no primeiro trata-se do seu significante, e, no segundo, do seu significado.

a) *As letras*

No que respeita às letras, Agostinho recorre sempre à máxima aristotélica: as letras são signos dos sons. Assim, em *Sobre a Dialética*, afirma:

> Depois de escrita, já não é uma palavra, é o signo de uma palavra que, ao apresentar as letras aos olhos do leitor, mostra ao seu espírito aquilo que ele deve emitir verbalmente. Com efeito, o que fazem as letras senão mostrar as palavras aos olhos e ao espírito? (V).

O mesmo se afirma em *Sobre o Mestre*:

> As palavras escritas [...] devem ser entendidas como signos de palavras (IV, 8).

E na *Doutrina Cristã*:

> As palavras são expostas aos olhos não por si, mas pelos signos que lhes são próprios (II, IV, 5).

E na *Trindade*:

> As palavras são signos dos sons, assim como os sons, na conversação, são signos do pensamento (XV, X, 19).

No entanto, encontramos, realçadas por Agostinho, várias características suplementares das letras. A primeira, que lemos em *Sobre a Dialética*, constitui um paradoxo: as letras são os signos dos sons; mas não de quaisquer sons, apenas dos sons articulados; ora os sons articulados são aqueles que se podem designar por uma letra. «Chamo som articulado ao que pode ser representado por letras» (V). Poderia dizer-se que as letras se baseiam numa análise fonológica implícita, pois representam as únicas invariantes. Considerada num sentido mais lato, a «escrita» (*) parece igualmente indispensável à linguagem: com essas «marcas», de que nos falava *A Catequese*, sendo as palavras apenas a sua tradução.

Em *A Doutrina Cristã*, Agostinho insiste na natureza durativa das letras, por oposição ao caráter pontual dos sons: «Como os sons, logo que vibram, passam imediatamente e só duram enquanto ressoam, fixaram-se os seus signos por meio de letras» (II, IV, 5). Assim, as letras permitem sair da imposição do «agora» a que a palavra proferida está submetida. Em *Sobre a Trindade*, Agostinho vai mais longe, mas no mesmo sentido: a escrita permite considerar não só o «outrora», mas também o «outro lugar». «Esses signos corpóreos e outros desse género supõem a presença daqueles que nos veem, escutam e aos quais falamos; a escrita, pelo contrário, foi inventada para nos permitir contactar mesmo com os ausentes» (XV, X, 19). A escrita é definida pela sua cumplicidade com a ausência.

b) *A utilização metalinguística*

Em nenhum momento Agostinho toma em consideração o facto de as letras terem esta particularidade: designarem outros signos (os sons). No entanto, esta situação é-lhe familiar, porque sempre se interessou pelo problema da utilização metalinguística das palavras. Em *Sobre a Dialética*, Agostinho nota que as palavras podem ser utilizadas como signos das coisas ou nomes das palavras; a distinção é utilizada ao longo

---

(*) Jogo com a polissemia da palavra *écritures* = «escrita» e «Escritura» (em francês). [*N. da T.*]

do *Mestre*, em que Agostinho nos previne das confusões que podem resultar dessas duas distintas utilizações da linguagem.

Ainda em *Sobre a Dialética*, Agostinho observa de passagem que: «Não podemos falar das palavras sem recorrermos às palavras» (V); esta observação será generalizada em *A Doutrina Cristã*: «Todos esses signos, de que rapidamente esbocei os géneros, só puderam ser enunciados porque recorri a palavras, mas nunca poderia ter enunciado as palavras usando esses signos» (II, III, 4). Assim, não só as palavras podem ser utilizadas de forma metalinguística, mas são ainda as únicas suscetíveis de uma utilização metassemiótica. Esta constatação tem uma importância capital, porque permite distinguir a especificidade das palavras entre os signos. Infelizmente, esta observação está isolada e não foi teorizada por Agostinho; este não tenta em texto algum articulá-la com as outras classificações esboçadas. Poderíamos perguntar, por exemplo, se todos os signos verbais (os próprios e os figurados) possuem essa capacidade em graus diferentes; ou ainda qual é a propriedade das palavras que as torna aptas a assumirem essa função. Mais uma vez, Agostinho limita-se a observar e a justapor, sem atingir uma articulação teórica.

ALGUMAS CONCLUSÕES

Tentemos tirar algumas conclusões sobre o duplo objeto deste primeiro capítulo: Santo Agostinho e a semiótica.

Primeiramente vimos em que consiste a posição de Agostinho. Ao longo de todo o seu trabalho semiótico, revela uma tendência que consiste em inscrever o problema semiótico no quadro de uma teoria psicológica da comunicação. Este movimento é muito mais surpreendente por contrastar com o ponto de partida de Agostinho, ou seja, a teoria dos

Estoicos sobre o signo. Mas nem assim é inteiramente original: a perspetiva psicológica era já a de Aristóteles. O que importa é que Agostinho desenvolve essa tendência mais do que nenhum dos seus predecessores; este desenvolvimento explica-se pelo uso teológico e exegético que pretende fazer da teoria do signo.

Mas, se a originalidade de pormenor de Agostinho é limitada, a sua «originalidade» sintética — ou, melhor, a sua capacidade ecuménica — é enorme e consegue a primeira construção que, na história do pensamento ocidental, merece o título de semiótica. Lembremos as grandes articulações desse ecumenismo: retórico de profissão, Agostinho vai, em primeiro lugar, submeter o seu conhecimento à interpretação de textos particulares (a Bíblia): a hermenêutica absorve, assim, a retórica; por outro lado, ser-lhe-á anexada a teoria lógica do signo — é certo que a troco de um deslizar da estrutura para a substância, já que, em lugar do «símbolo» e do «signo» de Aristóteles, se descobrem os signos intencionais e naturais. Esses dois conglomerados vão reunir-se de novo em *A Doutrina Cristã* para fazerem nascer uma teoria geral dos signos, ou semiótica, na qual os «signos» da tradição retórica, que se tornara entretanto hermenêutica, ou seja, os «signos transpostos», são englobados.

Este extraordinário poder de síntese (que não é diminuído pelo facto de Agostinho ter tido precursores na via do ecletismo) justifica o lugar histórico de Agostinho, centro por que serão transmitidas as tradições antigas à Idade Média. Esse poder é notado em muitos outros domínios, que, por vezes, tocam de perto aquele que nos interessa: assim acontece, particularmente, em várias passagens do tratado *Sobre a Dialética*, em que as mudanças históricas de sentido (na parte etimológica do tratado) são descritas como tropos retóricos, não aparecendo a história senão como uma projeção da tipologia no tempo. Mais ainda: pela primeira vez, a classificação aristotélica das associações, que se encontra no capítulo II do tratado *Sobre a Memória* (por semelhança, por proximidade, por contraste), será utilizada para descrever a variedade dessas relações de sentido, sincrónicas ou diacrónicas.

É precisamente aqui que se torna necessário separarmo-nos do destino pessoal de Agostinho para nos interrogarmos sobre o preço que o conhecimento teve de pagar para poder engendrar a semiótica. Dada a existência da linguagem, a questão primordial de toda a semiótica, empírica ou ontologicamente, vem a ser: qual o lugar dos signos linguísticos no seio dos signos em geral? Embora nos interroguemos unicamente sobre a linguagem verbal, estamos sempre dentro de uma ciência (ou de uma filosofia) da linguagem; só a dispersão do quadro linguístico justifica a instauração de uma semiótica. E é nisso, por certo, que consiste o gesto inaugural de Agostinho: o que se dizia das palavras, no âmbito de uma retórica ou de uma semântica, vai ele transpô-lo para o plano dos signos, em que as palavras não ocupam senão um lugar entre outros. Mas qual?

Podemos interrogar-nos, ao procurar a resposta para esta pergunta, se o preço pago pelo aparecimento da semiótica não será demasiado elevado. No plano dos enunciados gerais, Agostinho só situa as palavras (os signos linguísticos) entre duas classificações. As palavras baseiam-se, por um lado, no auditivo, por outro, no intencional; à interseção dessas duas categorias correspondem os signos linguísticos. Ao proceder assim, Agostinho não se apercebe de que não encontrou qualquer meio de os distinguir de outros «signos auditivos intencionais», a não ser pelo seu emprego frequente. O seu texto revela essa insuficiência: «Os que dependem do ouvido são, como disse, os mais numerosos, sobretudo na linguagem. De facto, a trombeta, a flauta, a cítara emitem frequentemente um som não só agradável, como significativo. No entanto, todos esses signos, comparados às palavras, são muito pouco numerosos» (*Doutrina*, II, III, 4). Entre a trombeta que anuncia o ataque (para utilizar um exemplo cuja intencionalidade é certa) e as palavras, a diferença não estaria apenas na muito maior frequência das segundas? É tudo o que nos oferece, explicitamente, a semiótica de Agostinho. Vemos, entre outras coisas, quanto o preconceito fonético é responsável pela cegueira que se nota diante do problema da natureza da linguagem: a necessidade de ligar as palavras a um «sentido» oculta-lhes a especificidade (uma conceção puramente «visual» da linguagem, identificando-a com a escrita, mereceria a mesma censura). O dom de sintetizar que Agostinho possui volta-se, neste caso, contra ele: talvez não seja por acaso que os Estoicos, tanto como Aristóteles, não quiseram dar o mesmo nome ao signo «natural» (assimilado, nos seus textos, à inferência) e à palavra. A síntese só é frutuosa quando não suprime as diferenças.

Com efeito, como também já notámos, Agostinho destaca certas propriedades da linguagem que não se podem explicar pelo seu caráter intencional-auditivo, sobretudo a sua capacidade metassemiótica. Mas não pergunta: qual a propriedade da linguagem que lhe assegura esta capacidade? Ora, só uma resposta a esta questão fundamental poderia fazer sobressair outro problema que dela deriva e que é o do «preço» da instauração da semiótica: será útil unificar dentro de uma única noção — o signo — aquilo que possui essa propriedade metassemiótica e aquilo que não a possui (de notar que esta nova questão contém em si mesma, circularmente, o termo «semiótica»)? Utilidade que não se pode calcular antes de saber o que é posto em jogo na oposição signos linguísticos — signos não linguísticos. Portanto, é sobre a ignorância, para não dizer recalcamento, da diferença entre as palavras e os outros signos que nascerá a semiótica de Agostinho — assim como a de Saussure, quinze séculos depois. O que torna problemática a própria existência da semiótica.

Agostinho tinha, no entanto, vislumbrado uma possibilidade de sair deste impasse (embora, provavelmente, não estivesse consciente nem da possibilidade nem do próprio impasse); ela consiste na extensão da categoria retórica próprio-figurado para o domínio dos signos. É que esta categoria, transcendendo tanto a oposição substancial-linguístico-não linguístico (pois se encontra nos dois domínios) como as oposições pragmáticas e contingentes — intencional-natural ou convencional-universal —, permite articular dois grandes modos de designação, para os quais seríamos hoje tentados a utilizar dois termos distintos: a significação e a simbolização. A partir daí, perguntaríamos: qual a diferença em que se baseiam — e que explica, indiretamente, a presença ou a ausência de uma capacidade metassemiótica? Por outras palavras, a semiótica só tem direito de existir se, no próprio gesto que a inaugura, se articularem já o semântico e o simbólico. Aqui está o que nos permite apreciar a obra instauradora de Santo Agostinho, apesar dos seus objetivos.

NOTA BIBLIOGRÁFICA

Encontrar-se-ão referências que podem completar o que se expõe neste capítulo nas histórias das diferentes disciplinas de que me servi, como: R. H. Robins, *A Short History of Linguistics*, Londres, 1969; W. e M. Kneale, *Development of Logic*, Oxford, 1962; R. Blanché, *La Logique et son histoire*, Paris, 1970; C. S. Baldwin, *Ancient Rhetoric and Poetic*, Gloucester, 1924; G. Kennedy, *The Art of Persuasion in Greece*, Princeton, 1963; G. Kennedy, *The Art of Rhetoric in the Roman*

World, Princeton, 1972; J. Cousin, *Études sur Quintilien*, Paris, 1935; J. Pépin, *Mythe et Allégorie*, Paris, 1958.

Os textos são citados das edições bilingues Budé ou Garnier, com exceção do *Organon* e da *Métaphysique* de Aristóteles, citados na tradução Tricot.

O mais completo estudo da semiótica agostiniana é o de B. Darrell Jackson, «The Theory of Signs in Saint Augustine's *De Doctrina christiana*», *Revue des études augustiniennes*, 15 (969), 949; está reproduzido em R. A. Markus, *Augustine*, Garden City, Nova Iorque., 1972, 92–147; aí se encontrarão as referências a estudos anteriores, aos quais se acrescentará J. Pépin, *Saint Augustin et la Dialectique*, Villanova, 1916. Em contrapartida, podemos pôr de parte R. Simone, «Sémiologie augustinienne», *Semiotica* 6 (1972), 1–31. Não consegui consultar C. P. Mayer, *Die Zeichen in der geistigen Entwicklung und in der Theologie des jungen Augustinus*, Würzburg, 1969. Cito os textos de Agostinho nas traduções da Biblioteca Agostiniana.

2

ESPLENDOR E MISÉRIA DA RETÓRICA

A primeira grande crise da retórica coincide pouco mais ou menos com o princípio da nossa era. Pode encontrar-se a narração dessa crise no justamente célebre *Diálogo dos Oradores*, de Tácito. A constatação da queda figura como frase de abertura: «Os séculos precedentes tiveram uma abundante proliferação de oradores célebres, cujo talento é famoso, ao passo que a nossa época, estéril e privada dessa glória oratória, quase esqueceu até o termo orador.»

Estaríamos errados se não víssemos nestas palavras senão uma reformulação da eterna máxima «antigamente, tudo corria bem melhor». Tanto as análises de Tácito como uma observação da evolução da retórica na sua época demonstram a realidade da mudança.

O que era a retórica dos «séculos precedentes»? Uma expressão muito conhecida, cujo sentido original já nos não impressiona, responde: é a arte de persuadir. Ou, como enunciava Aristóteles, no início da sua *Retórica*: «A retórica é a faculdade de descobrir especulativamente o que, em cada caso, pode ser suscetível de persuadir» (I, 2; 1355 b). A retórica tem por objeto a eloquência; ora, a eloquência define-se como uma palavra eficaz, que permite agir sobre o próximo. A retórica não entende a linguagem como forma — não se preocupa com o enunciado em si —, mas como ação; a forma linguística torna-se o ingrediente de um ato global de comunicação (em que a persuasão é a espécie mais característica). É sobre as funções da palavra, e não sobre a sua estrutura, que a retórica se interroga. O elemento constante é o objetivo a atingir: persuadir (ou, como se dirá mais tarde, instruir, sensibilizar e agradar); os meios linguísticos são tomados em consideração, na medida em que podem servir para atingir esse objetivo.

A retórica estuda os meios que permitem chegar ao fim em vista. Não nos surpreende descobrir que as metáforas que, no seio da retórica, servem para designar se apoiem sempre nessa relação de meios para atingir um fim.

A retórica vai ser comparada ora com a técnica do médico, ora com a do estratega militar. Assim, escreve Aristóteles:

> Portanto, é manifesto que a retórica... é útil e que a sua função própria não é persuadir, mas estudar os meios de persuadir que cada assunto comporta; o mesmo acontece com todas as outras artes; porque também não pertence à medicina dar saúde ao doente, mas desenvolver o mais possível o estudo da cura; com efeito, podemos tratar os doentes como deve ser, sem que eles possam recuperar a saúde (I, 1, 1455, b).

Ou, na *Retórica de Herennius*:

> Esta forma de dispor os desenvolvimentos, tal como se alinham os soldados no campo de batalha, poderá fazer que, tanto a falar, como a combater, se obtenha muito facilmente a vitória (III, 10, 18).

Vemos que o espírito da retórica é, à partida, pragmático e imoral: sejam quais forem as circunstâncias ou a causa defendida, é preciso saber atingir o objetivo; e não são algumas declarações de princípios, reagrupadas à entrada ou à saída do edifício retórico, segundo as quais não se devem defender senão as causas justas, que impedirão o orador eloquente de se servir da sua arte para defender desígnios cuja justiça só ele pode vislumbrar. A retórica não valoriza uma espécie de palavra em detrimento de outras; tudo lhe serve, desde que o objetivo seja atingido: qualquer palavra pode ser eficaz, deve-se, simplesmente, utilizá-la de modo que atinja o objetivo para que é apropriada. Lembramo-nos dessas enumerações «tópicas» que preveem todos os casos possíveis e encontram um remédio para tudo:

> O nascimento: em caso de elogio, fala-se dos antepassados; se é ilustre, foi igual ou superior ao seu nascimento; se é modesto, é às suas próprias qualidades, e não às dos seus antepassados, que deve tudo. Em caso de censura, se o nascimento é ilustre, desonrou os seus antepassados; se é obscuro, não deixa de ser também uma causa de descrédito para eles (*Retórica a Herénio*, III, 7, 13).

A retórica ensina a praticar o tipo de discurso que convém a cada caso particular.

A noção-chave da retórica é, portanto, a de conveniente, de apropriado (*prépon*, *decorum*), como muito bem notou Albert Yon: «Foi uma simplificação arbitrária fazer-se da conveniência um capítulo da elocução, pois ela é o princípio diretor que rege toda a arte de falar.» O conveniente é a base da eficácia, e portanto da eloquência.

Cícero escreve:

> O homem eloquente deve, sobretudo, dar provas da sagacidade que lhe permitirá adaptar-se às circunstâncias e às pessoas. Com efeito, penso que não se deve falar sempre nem diante de todos, nem contra todos, nem por todos, nem a todos da mesma maneira. Só será eloquente aquele que for capaz de adaptar a sua linguagem ao que for conveniente a cada caso (*O Orador*, XXXV–XXXVI, 123).

A palavra reduz-se à sua funcionalidade; ora, ser funcional é ser conveniente.

Assim era a retórica antes da crise. Poderemos chegar à origem, às causas da crise, depois de analisarmos este quadro? Sim, se quisermos seguir as análises de Tácito, que liga diretamente a retórica ao problema político e social. Para ele, a eloquência desenvolveu-se enquanto servia realmente para alguma coisa, enquanto era um instrumento eficaz; ora, isso só é possível num Estado em que a palavra possui um poder, ou seja, num Estado livre e democrático.

> A grande eloquência, como a chama, tem necessidade de matéria para se alimentar, de movimento para se reanimar, e é ao consumir que ela brilha (XXXVI).

Ora, esta matéria é fornecida, numa democracia, pelo destino de um povo.

> Não esqueçamos a classe privilegiada dos acusados nem a importância das causas, circunstâncias que, por si só, são para a eloquência um enérgico estimulante. [...] O poder do talento aumenta com a amplitude dos assuntos, e não se poderia pronunciar um discurso brilhante e esplendoroso sem ter encontrado uma causa digna de o inspirar (XXXVII).

Este movimento é assegurado pela liberdade de falar de tudo, sem ser diminuída por considerações de classe ou de pessoas, com «o direito de atacar as personagens mais influentes» (XL). Tudo isto só é possível num Estado em que o poder das instituições é fraco, e é muito grande o poder de uma assembleia deliberativa: que é a base da democracia. Tácito caracteriza assim o período precedente:

> Na confusão geral e na ausência de um chefe único, era-se um orador hábil em proporção ao ascendente que se podia exercer sobre um povo sem dirigente (XXXVI). Também a nossa cidade, quando vogava sem direção..., produziu sem dúvida uma eloquência mais vigorosa, tal como um campo, que a cultura não conseguiu refrear, produz ervas mais densas (XL, o sublinhado é meu).

A democracia é a condição indispensável ao desenvolvimento da eloquência; reciprocamente, a eloquência é a qualidade superior do indivíduo que pertence a uma democracia: nenhuma das duas pode passar sem a outra. A eloquência é «necessária»: eis o seu traço dominante, e, ao mesmo tempo, a explicação do seu sucesso.

> Os antigos tinham a convicção de que, sem eloquência, ninguém podia, no Estado, conquistar ou conservar uma situação de relevo (XXXVI). Ninguém, nessa época, conseguiu uma grande influência sem possuir alguma eloquência (XXXVII).

A eloquência foi, portanto, brilhante, em circunstâncias tais que adivinhamos qual o tipo de mudança que causará o declínio: numa palavra, é a falta de liberdade, a evicção da democracia por um Estado forte, com leis bem estabelecidas, de direção autoritária. Tal é o caso particular de Roma («Pompeu, o primeiro, restringe essa liberdade e, por assim dizer, põe um freio à eloquência», XXXVIII), tal é também a lei geral, que Tácito enuncia com todas as letras: «Não conhecemos a eloquência em nenhuma nação que tenha sido limitada por um governo regular» (XL). Se a democracia desaparece, se é substituída por um governo forte que já não tem necessidade de deliberações públicas, para que serve a eloquência?

> Por que motivo se há de defender uma opinião no Senado, se sabemos que *a elite dos cidadãos* concorda imediatamente com ela? Para quê reproduzir discursos diante do povo, se os interesses públicos não são deliberados por incompetentes, nem pela multidão, mas *unicamente pelo mais sábio dos homens*? (XLI, o sublinhado é nosso).

E, aliás, será de lamentar este estado de coisas? Não, se acreditarmos em Materno, a personagem do diálogo que estabelece este diagnóstico. Porque a liberdade e a democracia ameaçam a paz e o bem-estar de cada indivíduo: devemos lamentar a falta de remédios eficazes, quando nos podemos regozijar com a falta das doenças?

> Se, por acaso, encontrássemos um Estado em que ninguém cometesse erros, não haveria necessidade, entre essa gente irrepreensível, de se procurarem oradores, assim como as pessoas saudáveis não necessitam de médicos (XLI).

A eloquência de outrora teve um preço demasiado alto: a insegurança de cada cidadão, resultado direto da instituição democrática.

> Essa grande e gloriosa eloquência de outrora é filha do desregramento a que os tolos chamam liberdade [...]; desconhecendo a obediência e a seriedade, obstinada, temerária, arrogante, não floresce nos Estados dotados de uma constituição. [...] Para a República, a eloquência dos Gracos não valia tanto como o peso das leis que faziam suportar, e a fama oratória de Cícero teve um preço demasiado alto para os fins conseguidos (XL).

Conclusão:

> Já que uma pessoa não pode gozar, ao mesmo tempo, de uma grande reputação e de uma grande tranquilidade, deve aproveitar as vantagens do seu século, sem criticar os outros (XLI).

Deixemos de lado este julgamento de valor; resta-nos a análise dos factos; o desenvolvimento da eloquência estava ligado a uma certa forma de Estado — a democracia; com o desaparecimento da democracia, a eloquência, consequentemente, cai em declínio. Ou desaparece? O mesmo acontece à retórica, que ensinava como ser eloquente. A menos que a eloquência mude de sentido — e, com ela, a retórica mude de objeto. E, como a retórica estava muito longe de estar morta, no ano zero, era exatamente isso que teria de acontecer — e que, realmente, aconteceu.

Numa democracia, a palavra podia ser eficaz. Numa monarquia (para abreviar), já não o pode ser (o poder pertence às instituições e não às assembleias); o seu ideal mudará, necessariamente: a melhor palavra será, agora, a que se considerar *bela*. O mesmo *Diálogo dos Oradores* contém, antes do debate sobre as causas da decadência da retórica, outro diálogo em que Aper e Messala comparam os méritos relativos da antiga e da nova eloquência. Aper, defensor desta última, atribui-lhe qualidades em que se não pensava no tempo da eloquência-instrumento: gosta dos discursos recentes que são «brilhantes», «deslumbrantes», «belos» — e pouco se preocupa com a sua eficácia. Nos discursos antigos, «como numa construção grosseira, a parede é sólida e durável, mas insuficientemente lisa e brilhante. Ora, para mim, o orador, tal como o pai de uma família rica e que procura a elegância, deve estar coberto por um teto, que, em simultâneo, o protege da chuva e do vento e encanta a vista e os olhos; deve, além do mobiliário necessário à comodidade, ter também, sobre os móveis, ouro e pedrarias que deem gosto a arrumar e levem a olhá-los muitas vezes» (XXII; nota-se o deslocamento das metáforas instrumentais para as que evocam o ornamento). Cícero, que é o último dos antigos e o primeiro dos modernos, faz parte destes últimos devido a certas qualidades que caracterizam os seus discursos. «Ao princípio, com efeito, trabalhou o estilo; prestava atenção à escolha das palavras, e à arte com que as dispunha» (XXII). A consequência inevitável deste trabalhar do estilo foi a seguinte: os discursos, ao tornarem-se cada vez mais belos, não cumpriam tão bem a sua (antiga) função, que era a de convencer, de agir; era o que retorquia a Aper o seu interlocutor: «A experiência demonstra que, por mais meticulosos que sejam os cuidados dedicados à forma, vão desprestigiar-nos...» (XXXIX).

A nova eloquência distingue-se da antiga por o seu ideal ser a qualidade intrínseca do discurso e já não a sua aptidão para servir uma finalidade exterior. Na verdade, a retórica anterior comportava várias noções que podiam, desde as origens, tornar-se o suporte de tal conceção da eloquência; mas, aquando da crise em questão, precisam o seu sentido ou aumentam sensivelmente o seu valor. Assim acontece com o termo *ornatio*, *ornare*, que se torna, como veremos, o centro do novo edifício retórico: «o sentido primeiro de *ornare* é munir e equipar. Mas o de ornar não está longe, e é nesta aceção que o *ornatio* é a característica própria da eloquência» (A. Yon). Encontramos exemplos dos dois sentidos da palavra em Cícero, que é verdadeiramente a figura da transição; ora, esses dois sentidos correspondem, ao mesmo tempo, às duas conceções da retórica, a antiga e a nova, a instrumental e a ornamental.

Mais notável ainda é o caso do termo figura (*skhéma, conformatio, forma, figura*). Não é o seu sentido que varia, entre Teofrasto ou Demétrio e Quintiliano: a figura é definida ou pelo seu sinónimo, a forma, ou pela comparação com os gestos e atitudes do corpo: assim como o corpo adota necessariamente certas atitudes, se coloca sempre de maneira determinada, também o discurso possui sempre uma certa disposição, uma maneira de ser. Assim, escreve Cícero: «As figuras a que os Gregos, como se se tratasse de "atitudes" do discurso, chamam *skhémata*...» (*O Orador*, XXV, 83). Uma consequência importante desta definição é a seguinte: se a tomarmos à letra, todo o discurso é figurado; é o que não deixa de observar Quintiliano. Este dá a mesma definição de figura — «a forma, seja qual for, dada a um pensamento, como os corpos, tem uma atitude diferente conforme à sua configuração» (IX, 1, 10); «a palavra aplica-se aí como as atitudes e os gestos» (IX, 1, 12) —, para concluir em seguida: «Falar assim, é dizer que toda a linguagem tem a sua figura. [...] Portanto, no primeiro sentido, o mais geral, não existe nada que não seja figurado» (IX, 1, 12).

A figura é, pois, constantemente definida como um discurso de que apercebemos a própria forma. Mas, enquanto antes a figura não passava de uma forma entre mil de analisar o discurso, agora esse conceito autotélico torna-se cada vez mais apropriado — pois os discursos, em toda a sua superfície, começam a ser apreciados «em si mesmos»! O valor das figuras não deixará, assim, de aumentar nas retóricas da época — e sabemos que chegará o dia em que a retórica não será mais que uma enumeração de figuras.

Mas há uma mudança ainda mais importante, da antiga à nova retórica, antes e depois de Cícero, e que diz respeito à própria organização do seu domínio. Sabemos que o edifício retórico se subdivide em cinco partes — duas dizem respeito à enunciação e as outras três ao enunciado: *inventio, dispositio, elocutio.* Na antiga perspetiva instrumental, essas cinco partes são, em princípio (apesar das notórias preferências de alguns autores), postas em igualdade: correspondem a cinco aspetos do ato linguístico, todos eles submetidos a um objetivo que lhes é exterior — o de convencer o auditor. Agora, desaparecido o objetivo exterior, é a elocução — quer dizer, as figuras, os ornamentos — que ocupa um lugar cada vez mais relevante, já que é assim que mais convenientemente se realiza o novo objetivo: falar (ou escrever) com arte, criar belos discursos. Eis como se processou essa mudança estabelecida por Cícero (e apoiada numa prova da etimologia):

> Precisamos modelar o tipo de orador perfeito e de eloquência suprema. Só se conseguirá isso através do estilo que se usar, como o próprio nome indica; todas as outras coisas ficarão encobertas por ele. Porque não se chamou «inventor» (de *inventio*), nem «compositor» (de *dispositio*), nem «ator» (de *actio*) àquele que as reúne a todas, mas sim *rétôr,* em grego, e, em latim, eloquente — de elocução. Com efeito, de todas as outras coisas que se encontram no orador qualquer pessoa pode reivindicar uma parte: mas o poder supremo da palavra, ou seja, a elocução, só a ele é concedido (XIX, 61).

Assim, a invenção, ou procura das ideias, será eliminada, a pouco e pouco, da retórica, reservada agora à elocução. Vitória ambígua da elocução: ganha a batalha dentro da retórica, mas perde a guerra; toda a disciplina se encontra completamente depreciada por causa dessa mesma vitória. É assim que o par meios-fim será substituído pelo par forma-fundo; a retórica trata da forma: as «ideias», que antes eram um meio comparável às «palavras», assumem agora a função externa e dominadora do «fim».

Ora, o discurso, que apreciamos em si próprio por causa das suas qualidades intrínsecas, da sua forma e beleza, existia já nos Romanos, mas não era a isso que eles chamavam eloquência; é, antes, aquilo a que hoje chamaríamos *literatura*. Aper, no diálogo de Tácito, revela a consciência desse deslocamento: «Agora, exigem até, no discurso, os ornatos da poesia, não aqueles que foram enegrecidos pela ferrugem de Ácio ou de Pacúvio, mas os que se tiram do santuário de Horácio, de Virgílio e de Lucano» (XX). Era assim, com efeito, que se definia a poesia face à eloquência oratória: esta era dominada pela preocupação de eficácia transitiva; aquela, admirada por si mesma, por causa do trabalho a que se submetiam as próprias palavras do discurso. Assim, quando Cícero queria distinguir os oradores dos poetas, dizia que estes últimos «se dedicam mais às palavras do que às ideias» (*O Orador*, XX, 68).

A nova eloquência em nada difere da literatura; o novo objeto da retórica coincide com a literatura. E, se a palavra eloquente era outrora definida pela sua eficácia, agora, pelo contrário, é a palavra inútil — que não serve para nada — que vai ser louvada. Voltemos pela última vez ao diálogo de Tácito. Começa com uma discussão, que ainda não tinha sido abordada por Aper e Materno, sobre o valor respetivo da eloquência e da poesia. Embora as duas opiniões sustentadas sejam opostas, os oradores concordam, de facto, num ponto: a eloquência pode servir, e a poesia é inútil; apenas varia, portanto, o conceito que têm de utilidade. A eloquência: segundo o seu defensor, «permite arranjar amizades e conservá-las, permite anexar províncias» (V); para aquele que a ataca, obriga os oradores «a implorarem uma tarefa a cada momento e a não contentarem aqueles que lha concedem» (XIII). E, reciprocamente, para a literatura: para um — «a poesia e os versos [...] não proporcionam nenhuma dignidade honorífica àqueles que os cultivam e não aumentam a sua fortuna! [...] Para que servem, Materno, os belos discursos que Agamémnon ou Jasão pronunciam nas tuas obras? Quem é que, depois de os ouvir, volta para casa são e salvo, convencido de que te deve agradecer?»; para o outro — «que as «doces Musas», segundo a expressão de Virgílio, afastando-me das inquietações, dos cuidados, da necessidade de agir todos os dias contra a minha vontade, me levem para os seus retiros sagrados, para as suas fontes, e não enfrentarei mais os tolos perigos do fórum nem as emoções da popularidade» (XIII).

Um acusa a poesia de não servir para nada; o outro regozija-se por isso. Os poetas não têm contacto com o mundo: será caso para nos regozijarmos ou para os deplorarmos? Eis o que diz Aper:

> Os poetas, se na verdade quiserem trabalhar e produzir, devem deixar o convívio dos seus amigos e os encantos de Roma, abandonar todas as ocupações e refugiar-se nas matas e bosques — utilizando as suas expressões —, ou seja, na solidão (IX).

Mas a desgraça de uns faz a felicidade de outros; diz Materno:

> Quanto a essas matas, a esses bosques e a essa solidão, a que aludia Aper, neles encontro tantos prazeres que

> considero uma das maiores vantagens da poesia o facto de não nos podermos dedicar a ela no meio do barulho, com litigantes diante da nossa porta, ou entre os acusados, algemados e chorando. Pelo contrário, a alma retira-se para lugares puros e inocentes e saboreia as delícias de uma mansão sagrada (XII).

Seja qual for a atitude que se adote em relação à literatura, todos concordam em defini-la pela sua inutilidade. Quintiliano pensará o mesmo:

> O encanto das letras é mais puro se elas se afastarem da ação, quer dizer, do trabalho, e se puderem fruir da sua própria contemplação (II, 18, 4). O único objetivo dos poetas é agradar (VIII, 6, 17).

É, pois, essa palavra inútil e ineficaz que se tornará o objeto da retórica, e esta será a teoria da linguagem que admiramos em si e por si mesma. Sem dúvida há vozes que se fazem ouvir para exigirem o regresso da eficácia; assim, Santo Agostinho desejará para os pregadores cristãos uma eloquência pelo menos tão eficaz como a dos seus adversários.

> Quem ousaria dizer que a verdade deve enfrentar a mentira com defensores desarmados? Como? Esses oradores que tentam por todos os meios defender o que é falso conseguiriam, logo no seu exórdio, tornar o auditório favorável e dócil, e os defensores do verdadeiro, não o saberiam fazer? [...] Assim, já que a arte da palavra tem um duplo efeito, já que possui o enorme poder de persuadir para o bem e para o mal, por que razão as pessoas honestas não se esforçariam para a adquirir, com o fim de se alistarem ao serviço da verdade, como os maldosos a põem ao serviço da

> indústria e do erro, a fim de fazerem triunfar causas perversas e traiçoeiras? (*A Doutrina Cristã*, IV, II, 3).

Mas Agostinho esquece o que sabiam as personagens de Tácito: a eloquência tem necessidade de liberdade, não se desenvolve quando o seu objetivo é prescrito por um dogma, do Estado ou da Religião, quando lhe pedem que se «aliste ao serviço *da verdade*». A eloquência só prospera quando tem de descobrir a verdade e não ilustrá-la.

O segundo grande período da retórica, de Quintiliano a Fontanier (é uma disciplina em que são possíveis e mesmo legítimos tais resumos, de tal maneira é lenta a sua evolução. Quintiliano e Fontanier, se tivessem podido comunicar através dos séculos, ter-se-iam compreendido perfeitamente), caracteriza-se, pois, por este traço essencial: esquece a função dos discursos; ao mesmo tempo, é o texto poético que se torna o exemplo privilegiado. Na *Retórica a Herénio*, talvez de forma ingénua, a descrição de cada figura era seguida da descrição dos seus efeitos; nas retóricas posteriores, a função será, primeiro, separada e, em seguida, uniformizada para todas as figuras e relegada no capítulo final: depois, esquecida. Quando Fontanier põe em causa os efeitos das figuras e dos tropos, já não pensa na ação exercida sobre o próximo, mas na relação que existe entre expressão e pensamento, entre a forma e o fundo: é uma função interior à linguagem.

> Perguntar-nos-ão se é útil estudar, conhecer as figuras. Sim, responderemos, nada há de mais útil, e até de mais necessário, para aqueles que querem penetrar o génio da linguagem, aprofundar os segredos do estilo e poder perceber em tudo a verdadeira relação da expressão com a ideia ou com o pensamento (*Les figures du discours*, p. 67; cf. p. 167).

Das três funções das figuras, instruir, sensibilizar e agradar, só a primeira resta ainda, ilusoriamente desdobrada:

> Os efeitos gerais [das figuras] devem ser: 1. embelezar a linguagem; 2. agradar por meio desse embelezamento (*ibid.*, 464).

A primeira grande crise da retórica parece resolver-se harmoniosamente: já que deixou de ser possível servirem-se livremente da palavra, vão recolher-se, como diz Materno, nos «lugares puros e inocentes»; já que é inútil conhecer os segredos da eficácia dos discursos (de qualquer maneira, estes já não servem para nada), vai fazer-se da retórica um conhecimento da linguagem pela linguagem, da linguagem como espetáculo, deixando-se esta saborear a si própria, longe dos serviços ofensivos a que a submetiam. Vai fazer-se da retórica uma festa — a festa da linguagem.

Tudo se anuncia sob os melhores auspícios; e, no entanto, não se realizará qualquer festa. Não haverá mesmo, de Quintiliano a Fontanier, nenhum retórico «feliz», e este período da história da retórica, o mais longo, pois dura 1800 anos, será, pelo menos nas suas linhas mestras, um período de lenta decadência e de degradação, de destruição e de má consciência. A retórica acolheu o seu novo objeto — a poesia, a linguagem como linguagem —, mas fê-lo de má vontade. Antes de tentar compreender essa má consciência, tratemos de obter alguns testemunhos.

Encontramo-los, primeiro, no próprio corte do facto retórico.

Quintiliano, por exemplo, baseia o conjunto das categorias retóricas na oposição entre *res* e *verba*, pensamentos (ou coisas) e palavras: oposição banal, mas que tem a particularidade de não valorizar igualmente os dois termos. Vejamos as coisas de mais perto. Primeiro, observemos a oposição explicitamente formulada: «Todo o discurso é composto por aquilo que é significado e por aquilo que significa, ou seja, pensamentos e palavras» (III, 5, 1). Aqui misturam-se várias articulações e, em primeiro lugar, a das partes da retórica: «Para os pensamentos, deve considerar-se a invenção; para as palavras, a elocução. Tanto para uma como para outra, a disposição» (VIII, AP, 6). Estas partes estão em relação com as funções do discurso: *instruir* e *sensibilizar* dependem fortemente da invenção e da disposição, mas *agradar* só está ligado à elocução. «"Instruir" implica a exposição e a argumentação; "sensibilizar", as paixões que devem dominar qualquer causa, mas sobretudo o princípio e o fim; "agradar", embora ligado aos pensamentos e às palavras, tem, no entanto, o seu domínio próprio — a elocução» (VIII, AP, 7). (Notaram por certo que estas funções do discurso, apesar da sua ligação aparente com um único alocutário, fazem lembrar as funções fundamentais segundo o modelo de Bühler e Jakobson: «instruir» é dirigido ao referente; «sensibilizar» centra-se no recetor; «agradar» refere-se ao próprio enunciado. Significativamente, falta a função expressiva, dirigida ao locutor: o discurso só começa a *exprimir* um sujeito — embora de forma esquemática — na época romântica.) É, enfim, na mesma oposição que se baseia a célebre teoria dos três estilos: o estilo simples serve para instruir, o médio para agradar, e o elevado para sensibilizar (XII, 10, 58–59).

Esta tripartição baseia-se, como vemos, numa dicotomia (palavras-pensamentos) e num termo de compromisso (a disposição), ou sobre a mesma dicotomia, reforçada por outra, ideias-sentimentos (que funda a subdivisão instruir-sensibilizar e aquilo que dela depende). Mas Quintiliano não se limita a esta simples justaposição; implícita e explicitamente, valoriza o termo *res*; assim, o termo *verba* e tudo o que com ele se relaciona é submetido a uma nova análise, que se organiza, de novo, em volta do eixo *res-verba*. A elocução, que depende, como vimos, das palavras, será o domínio das qualidades do estilo. A lista destas qualidades varia de uma enumeração para outra; mas a sua exposição sistemática no livro VIII redu-la a duas principais: os discursos devem ser claros (*perspicua*) e ornados, embelezados (*ornata*); ora, as palavras são claras, quando fazem que vejamos bem as coisas, e belas, quando as admiramos como palavras: a clareza relaciona-se com o belo tal como as coisas com as palavras. Por sua vez, esta oposição provoca outras. Assim, sobre a oposição entre sentido próprio e sentido transposto (de que faz parte a metáfora) dizem-nos: «Ensinou-se, com toda a razão, que a clareza se obtém sobretudo com termos tomados no seu sentido próprio; e a beleza, com termos no sentido transposto (*translata*)» (VIII, 3, 15). Daí passa-se à exposição dos estilos históricos ou até das línguas. Tal é, por exemplo, o conteúdo da dicotomia aticismo-asiatismo:

> Logo que o uso da língua grega se expandiu a pouco e pouco pelas cidades da Ásia mais próximas, os habitantes que, sem ainda dominarem suficientemente esta língua, pretendiam passar por pessoas que a falavam corretamente começaram a empregar perífrases em lugar da palavra própria e persistiram nesse hábito (XII, 10, 16).

Da mesma maneira se opõem o grego e o latim:

> A inferioridade da nossa língua é marcada sobretudo por nos faltarem os termos próprios para um grande número de coisas, e, por isso, somos obrigados a recorrer a desvios ou a perífrases (XII, 10, 34).

Por fim, a última reiteração do mesmo gesto — será submetido a análise o termo que agora se aparenta com *verba*, ou seja, o sentido transposto, para nele se descobrir, mais uma vez, a oposição entre palavras e pensamentos. Com efeito, entre os tropos, «uns empregam-se para efeitos de sentido, outros para embelezar» (VIII, 6, 2): encontra-se, portanto, no próprio uso dos tropos, aqueles que servem particularmente para revelar o pensamento e as coisas, e os que servem para ser apreciados em si mesmos. Poderíamos resumir esse percurso da seguinte forma:

- *res*$_1$ (invenção e disposição
instruir e sensibilizar
estilo simples e elevado)
- *verba*$_1$ (elocução
agradar
estilo
médio)
    - *res*$_2$ (clareza
sentido próprio
aticismo
língua grega)
    - *verba*$_2$ (beleza
sentido transposto
asianismo
língua latina)
        - *res*$_3$ (tropos de sentido)
        - *verba*$_3$ (tropos de beleza)

Esta articulação tem algo de paradoxal: o domínio dos *verba* vai diminuindo sem cessar, como uma pele de chagrém diante do desejo do retórico — embora o objeto da retórica esteja, mesmo para Quintiliano, muito mais do lado dos *verba* do que dos *res*. A retórica, que deveria ter sido um trabalho engenhoso sobre as palavras, reduz-se constantemente, pois o retórico afirma não apreciar, de facto, senão o discurso que serve para conhecer, que não se atavia com ornamentos inúteis, que, em última análise, passa despercebido; numa palavra — o discurso que não depende da retórica. As exigências são contraditórias, o que leva a esta consequência inevitável: o retórico não muda de profissão, mas, daqui em diante, assume-a com má consciência.

Quintiliano, de resto, não se limita a esta condenação implícita — formula-a abertamente: é com convicção que afirma preferir o grego ao latim, o aticismo ao asianismo, em resumo — o sentido à beleza.

> Se num discurso se admiram as palavras, é porque o pensamento é insuficiente (VIII, AP, 31). Para mim, a primeira qualidade é a clareza, a propriedade dos termos (VIII, 22). É preciso... acreditar que falar aticamente é falar com perfeição (X, 10, 26), etc.

Quintiliano não pode fazer que a retórica participe na festa da linguagem, porque, para ele, não é uma festa, mas uma orgia. Encontraremos a confirmação e o desenvolvimento desta tese se analisarmos de novo os tropos utilizados pelos retóricos para designarem a retórica, ou, mais especificamente, o tropo — que, como acabamos de ver, se situa no próprio âmago do retórico. Recordamos que as metáforas da retórica anterior (a que vai de Aristóteles a Cícero) se referiam a uma relação do tipo meios-fim. Agora, as coisas mudaram, e este lugar foi substituído pelo par forma-fundo; ou, melhor, é por aí que entra a desvalorização, pelo par fora-dentro. O pensamento e as coisas são o interior, que é apenas recoberto pela capa retórica. E, como a linguagem é continuamente comparada ao corpo humano (como já vimos), com os seus gestos e atitudes, os ornamentos retóricos serão o enfeite do corpo.

Podemos encontrar numerosos exemplos de cada uma das duas vertentes que tal identificação implica: empregar metáforas é recobrir o corpo; compreendê-las é descobri-lo. Já encontramos em Cícero a relação interior-exterior, mas encontra-se, de certo modo, deslocada: o próprio corpo não passa do invólucro exterior de outra coisa. «Encontrar o que se dirá e decidir o que se dirá são coisas importantes e semelhantes à alma e ao corpo» (*O Orador*, XIV, 44). Aper, que, no diálogo de Tácito, descreve a nova eloquência, também utiliza o corpo, mas num sentido mais material: «Um discurso, exatamente como o corpo humano, não é verdadeiramente belo quando as veias estão salientes e podemos contar os ossos, mas sim quando um sangue puro e são enche os membros e cobre os músculos e os próprios nervos têm cores que os escondem e uma beleza que os realça» (XXI); as ideias são como os ossos e as veias, as palavras são como a carne, os fluidos, a pele.

E chegamos àquilo que recobre o corpo: os adornos ou as vestes. Esta comparação é canónica; já Aristóteles, ao falar das metáforas, afirmava:

> Devemos ter em atenção que, se um tecido escarlate convém a um homem jovem, teremos de escolher outro para um ancião, pois a mesma veste não pode convir a ambos (*Retórica*, III, 1405 a).

E Cícero:

> Como se diz de certas mulheres que não estão arranjadas e mesmo assim são belas, também esse estilo preciso agrada mesmo sem ornamentos: em ambos os casos se faz alguma coisa para ter encanto, mas sem o demonstrar. Assim, dispensa-se todo o adorno visível, como seria o caso das pérolas; evita-se até o ferro de frisar. Quanto aos falsos ornatos, com as pinturas, o branco e o vermelho artificiais,

> serão completamente banidos: ficará apenas a distinção e a nudez (*O Orador*, XXIII, 78–79).

Uma personagem de Tácito escolhe entre várias espécies de fatos:

> O estilo vale mais se estiver revestido de uma toga, mesmo grosseira, do que se se fizer notar envergando roupagens vistosas como as de uma cortesã (XXVI).

Notamos que estas comparações estão impregnadas de condenações morais: o discurso ornado é como uma mulher fácil, com adornos vistosos; como se deve estimar muito mais a beleza natural, o corpo puro e, portanto, a ausência do retórico! Até em Kant encontraremos as marcas destas assimilações: o agradar, que, como vimos, era a função retórica por excelência, é assunto de mulheres (para os homens está mais apropriada a função de sensibilizar...); para as mulheres, o belo, para os homens, a inteligência (*Observações sobre o Sentimento do Belo e do Sublime*).

Esta condenação moral atinge uma espécie de clímax em Quintiliano, para quem o discurso é masculino; segue-se que o discurso ornado é a cortesã masculina: o vício da inversão sobrepõe-se ao amor cúpido. Custa-nos a crer que, nestas invetivas, se esteja a tratar de outra coisa que não seja um travesti de rosto depilado:

> Há outros que se deixam seduzir pela aparência e que, em rostos depilados, esmaltados, cabeleira frisada e apanhada com ganchos de brilho falso, veem mais encantos do que os que pode dar a simples natureza, de tal modo que a beleza dos corpos parece estar de acordo com a corrupção dos costumes (II, 5, 12).

E retoma, mais adiante:

> Corpos sãos, de sangue puro, fortificados pelo exercício, tiram a força e a beleza da mesma fonte; porque têm boas cores, são esguios e musculosos; mas, se se lembrarem de efeminar esses mesmos corpos depilando-os, pintando-os, vão torná-los singularmente feios com tantos esforços para os embelezar. [...] Assim acontece com essa elocução transparente e colorida de certos oradores: ela efemina os próprios pensamentos que revestem as palavras e as coisas (VIII, AP, 10–20).

E:

> Que essa beleza, repito-o, seja máscula, forte e casta; que não procure uma afetação efeminada, nem uma tez pintada artificialmente; que seja o sangue e a força que a façam brilhar (VIII, 3, 6).

Cícero, acusado de asianismo estilístico, imediatamente se tornou suspeito quanto aos seus costumes sexuais: culpavam-no de «um estilo asiático... uma harmonia frouxa, saltitante e (ultrajante calúnia!) quase efeminada» (XII, 10, ,12). Semelhante eliminação do pelo másculo leva à monstruosidade:

> Estão preparados até para gostarem da disformidade, da monstruosidade, tanto dos corpos como da linguagem (II, 5, 11).

É necessário que os discursos suscitem «a admiração e o prazer, não a admiração que provocam os monstros, nem um prazer mórbido [*voluptate*], mas o que é causado pela beleza e pela nobreza» (VIII, AP, 33).

A ornamentação retórica faz que o discurso mude de sexo. E não é preciso ser muito perspicaz para ver que Quintiliano não é partidário da transformação dos sexos. Também não nos admiramos ao ver que Quintiliano, que no entanto soubera transmitir a definição da figura como atitude de linguagem — definição que implicava uma valorização da linguagem como tal —, não pôde conservar essa definição e abandonou-a, trocando-a por outra, que se tornará o cânone da tradição retórica europeia. Afirmará que a primeira definição da figura é demasiado vaga e que se deve substituí-la por outra que «é ao que se chama propriamente *skhéma*». Será: «uma mudança feita, de propósito, no sentido ou nas palavras, afastando-se do caminho simples e vulgar» (IX, 1, 11) ou então «a mudança da maneira de se exprimir simples e comum, ocasionada por uma habilidade poética ou retórica» (IX, 1, 13). Aparece aqui a definição de figura como desvio, que vai dominar toda a tradição ocidental e que implica quase uma condenação.

Se a produção retórica depende do adorno e das roupagens, a interpretação dos textos que empregam esses processos aproxima-se, como Jean Pépin nos faz observar, do ato de desnudar — com tudo o que esta atividade pode comportar de agradável. Porque, na hermenêutica clássica, como nos *strip-teases* de Pigalle, a lentidão do processo, ou até a sua dificuldade, aumentam o seu valor — desde que se esteja certo de chegar, no final, ao próprio corpo. Os textos de Santo Agostinho, autor para quem a retórica se transforma em hermenêutica, são aqui particularmente reveladores. Afirmações doutrinais deste género provam que se trata, na verdade, de um princípio consciente: «[Cristo] não esconde [as verdades] para impedir a sua comunicação, mas para excitar o desejo delas, usando essa dissimulação» (*Sermões*, 51, 4, 5) ou:

> Ninguém contesta que todas as coisas se aprendem de boa vontade com a ajuda de comparações e que se descobrem com mais prazer quando as procuramos com uma certa dificuldade. Com efeito, os homens que não encontram logo o que procuram são atormentados pela fome; aqueles que, pelo contrário, o têm à mão tornam-se lânguidos e muitas vezes enfraquecem de tédio (*Doutrina*, II, VI, 8).

No final deste mesmo período, no século XVIII, voltamos a encontrar estas comparações, moduladas pelo suíço Breitinger:

> As metáforas e as outras figuras são como o sal e as especiarias: se é uma mão demasiado parcimoniosa que polvilha o prato, este fica sem gosto; se é uma mão pródiga demais, não se pode comer. Tal prodigalidade intempestiva e desmesurada de especiarias na preparação dos pratos testemunha a riqueza e a liberalidade do dono da casa; mas, ao mesmo tempo, vai denunciar o seu gosto depravado» (*Critische Abhandlung*, p. 162).

No entanto, na maior parte dos casos não é da fome, sabiamente descrita, que se trata, mas sim da libido. Eis alguns exemplos, ainda de Santo Agostinho:

> Quanto mais aparecem veladas por expressões metafóricas, mais as coisas são atraentes, depois de levantado o véu (*Doutrina*, IV, VII, 15). Alimentar o fogo do amor [...] é o que visam todas essas verdades que se nos insinuam como figuras; porque arrastam consigo e inflamam o amor mais do que se se apresentassem na sua nudez, desprovida de qualquer imagem significativa (*Cartas*, 55, XI, 21). Mas, para

> evitar que as verdades manifestas não sejam cansativas, foram recobertas de um véu, conservando-se idênticas, e tornam-se assim objeto de desejo; desejadas, rejuvenescem, de certo modo; rejuvenescidas, entram com doçura [*suaviter*] no espírito (*ibid*., 137, V, 18). Se as verdades são escondidas sob esta espécie de vestuário que são as figuras, é para que o espírito que as perscruta piedosamente se exercite e para evitar que a sua nudez demasiado acessível não as avilte a seus olhos. [...] Afastadas do nosso olhar, desejamo-las com mais ardor (*desiderantur ardentius*) e, desejadas, descobrimo-las com mais prazer (*iucundius*) (*Contra a Mentira*, X, 24).

Por mais que nos regozijemos com a secreta sensualidade de Santo Agostinho (muito mais saborosa, se ouso dizer, porque serve pretensamente para ultrapassar o sentido primeiro, material e sensual, e ir ao encontro do sentido segundo — espiritual), para ele, como para os outros retóricos ou exegetas, o hábito não vale o corpo: é um invólucro externo que é preciso tirar (mesmo que se sinta prazer em fazê-lo). É o que também testemunha a aproximação frequente com a prostituída, feita, neste caso, em sentido inverso (tantas vezes lhe tiram os véus que a mulher se encontra nua e só lhe resta uma profissão a seguir). É assim que Macróbio relata as desventuras do filósofo neopitagórico Numénio (*Comentário sobre o Sonho de Cipião*, I, II, 19):

> O filósofo Numénio, investigador muito curioso dos mistérios, recebeu em sonhos a comunicação da ofensa que tinha feito às divindades quando divulgara, ao interpretá-las, os ritos de Elêusis: julgou ter visto as próprias deusas eleusianas, vestidas de cortesãs, oferecendo-se à porta de uma casa de prostituição; admirado, informara-se das razões de um aviltamento tão pouco digno da sua condição

> divina, e responderam-lhe irritadas que fora ele que as arrancara, à força, do santuário do seu pudor e prostituído, oferecendo-as ao primeiro que passasse.

Estas comparações e os juízos de valor que implicam serão sempre retransmitidos ao longo do segundo período da história da retórica, o que vai de Cícero até Fontanier, tornando-se o traço constitutivo de uma civilização que, sob a influência da religião cristã, vai privilegiar sempre o pensamento em detrimento das palavras, tão segura está de que «a letra mata e o espírito vivifica». Lembrarei aqui um último testemunho, particularmente eloquente devido à celebridade do seu autor: encontra-se no *Ensaio sobre o Entendimento Humano*, de Locke, o qual condena a retórica (e, portanto, a eloquência, a palavra) como disfarce do pensamento.

> Confesso que, nos discursos em que procuramos agradar e divertir, mais do que instruir e aperfeiçoar o discernimento, quase não podemos considerar como erros essa espécie de ornamentos que imitam as figuras. Mas, se quisermos representar as coisas como elas são, temos de reconhecer que, com exceção da ordem e da clareza, toda a arte da retórica, todas essas aplicações artificiais e figuradas que se fazem das palavras, segundo as regras que a eloquência inventou, servem apenas para insinuar ideias falsas no espírito, para excitar as paixões e seduzir pelo entendimento; de maneira que, de facto, são verdadeiras fraudes. E, por conseguinte, embora a arte oratória faça aceitar ou até admirar todos esses diferentes traços, não há dúvida de que temos de os evitar a todo o custo nos discursos que se destinam à instrução, e só os podemos considerar como grandes defeitos da linguagem ou da pessoa que deles se serve, em qualquer parte em que se respeite a verdade. [...] A única coisa que não posso

> deixar de observar é quão pouco se interessam os homens pela conversação e pelo enunciar da verdade, pois são essas artes falaciosas que ganham a primazia e as recompensas. É bem evidente como os homens gostam tanto de enganar e ser enganados, pois a retórica, esse poderoso instrumento de erro e de fraude, tem professores dedicados, é ensinada publicamente e teve sempre grande reputação no mundo. [...] Porque a *eloquência*, semelhante ao belo sexo, tem encantos demasiado poderosos para que se admita que alguém fale contra ela; e em vão se descobririam os defeitos de certas artes fraudulentas por meio das quais os homens gostam de ser enganados (III, X, 34).

Podemos voltar agora à análise causal e fazer a mesma pergunta: porquê? Porque é impossível uma retórica feliz durante este período? Por que razão não é possível apreciar-se a linguagem por si própria? Porque não se realizou a festa?

A retórica feliz teria sido possível se o desaparecimento das liberdades políticas e, portanto, verbais, tivesse sido acompanhado do desaparecimento da moral social: isso teria tornado lícita a admiração solitária, individualista por princípio, de cada enunciado linguístico por si próprio. Ora, o contrário é que é verdadeiro. Quer no Império Romano, quer nos Estados cristãos posteriores, o prazer individual e o valor da autossatisfação estavam longe de ser tomados como modelo. Vimo-lo com Santo Agostinho: acreditam saber, cada vez mais firmemente, qual é a verdade; não se admite que cada um aprecie a sua verdade e goste dos objetos (aqui, objetos da linguagem) simplesmente pela sua harmonia e beleza. Assim, o prazer poético, por consistir numa apreciação da linguagem inútil, é inadmissível nesta ordem social.

Mas, se o ideal da retórica é impossível, como consegue ela subsistir durante cerca de dois mil anos? É que também não estava em questão o abandono da regulamentação dos discursos. O próprio princípio que fez desaparecer a antiga forma da retórica — a eloquência eficaz — mantém a retórica viva, como corpo de regras. O sistema de valores obrigatório para toda a sociedade suprime a liberdade de palavra, mas mantém a regulamentação. Aquilo que condena a eloquência (e, com ela, a retórica) à decadência contribui, ao mesmo tempo, para a manter viva. Em face desta exigência contraditória — a retórica só deve ocupar-se da beleza dos discursos, mas, ao mesmo tempo, não deve valorizá-la —, só há uma atitude possível: a da má consciência (temos vontade de dizer: da doença mental). A retórica fará o seu trabalho contra vontade.

Encontramos uma confirmação deste estado de coisas na história posterior da retórica — que, de momento, apenas será aflorada. É que, com efeito, a história não acaba com Fontanier; ou, melhor, só acaba aí a história da retórica — a das sociedades e das civilizações continua. No final do século XVIII, produz-se uma mutação que irá provocar a segunda crise da retórica, muito mais grave do que a primeira. E, assim como na primeira crise uma mesma causa a condenava e a mantinha viva, agora, será absolvida, libertada — e, ao mesmo tempo, condenada à morte.

É que o século XVIII será o primeiro a assumir aquilo que se preparava no seio da retórica do tempo de Tácito: a fruição da linguagem como linguagem. Esse século será o primeiro a preferir à imitação — relação de submissão com o exterior — a beleza, definida agora como uma combinação harmoniosa dos elementos de um objeto entre si, como uma realização em si própria. Estamos, de facto, numa época em que cada um pretende ter os mesmos direitos dos outros, e possuir em si o padrão de beleza e de valor. «Já não vivemos na época em que dominavam as formas universalmente admitidas» (Novalis). Acaba-se com a religião, norma comum a todos, acaba-se com a aristocracia, casta com privilégios preestabelecidos. Não se vai admirar mais aquilo que serve — porque já não existe um objetivo comum para servir, e cada um pretende ser o primeiro a ser servido. Moritz, Kant, Novalis, Schelling vão definir o belo, a arte, a poesia, como algo que se baste a si próprio; não serão os primeiros que o fazem, como vimos, mas serão os primeiros a ser entendidos: a sua mensagem atinge ouvidos favoráveis.

E a retórica? Ei-la, poderia supor-se, liberta da sua má consciência, tornando-se, desta vez, a verdadeira festa da linguagem. Mas a vaga romântica, que suprimiu as razões da má consciência, teve consequências muito mais profundas: suprimiu também a necessidade de regulamentar o discurso, já que, agora, cada um pode, aproveitando-se da sua inspiração pessoal, sem técnicas nem regras, produzir obras de arte admiráveis; já não há divórcio, nem sequer distinção, entre pensamento e expressão; já não há, numa palavra, necessidade de retórica. A poesia pode dispensá-la.

Poderíamos diagnosticar esta segunda crise com base no simples desaparecimento material das obras de retórica e no esquecimento em que mergulhará toda a problemática respetiva. Além disso, encontramos testemunhos eloquentes, como o que nos deixou Kant em *Crítica da Faculdade de Julgar*. Em relação à poesia, que encontra em si a sua própria justificação, a retórica, palavra subjugada, não é apenas inferior: é indigna de existir. Eis o que se diz sobre a primeira:

> Na poesia, tudo é lealdade e sinceridade. Ela afirma não pretender dedicar-se senão a um divertido jogo da imaginação, conjugando a forma com as leis do entendimento e não exigindo que o entendimento seja subjugado e enfeitiçado pela apresentação sensível.

(Parece-nos ouvir Materno, no início do diálogo de Tácito.) E eis o que se diz sobre a segunda:

> A eloquência, na medida em que se entende por isso a arte de persuadir, ou seja, a arte de enganar (como *ars oratoria*) por meio de belas palavras, e não a arte de bem dizer (eloquência e estilo), é uma dialética, que da poesia só imita aquilo que é necessário para o orador conquistar os espíritos antes do juízo de valor ser revelado, e assim lhes fazer perder a liberdade.

Kant pretende assim estabelecer duas séries: de um lado, a poesia, puro jogo formal e a eloquência propriamente dita, ou seja, a arte de bem dizer e com estilo; e, do outro, a arte oratória, que submete esses mesmos meios linguísticos a um fim exterior, em que se apercebe imediatamente o parentesco diabólico: «subjugar», «enfeitiçar», «enganar», «conquistar os espíritos». A retórica criticada por Kant, como vemos, é a retórica anterior a Cícero, a que procurava persuadir em vez de procurar falar bem. E ele precisa a sua hostilidade para com a eloquência tradicional na seguinte nota:

> Devo confessar que uma bela poesia me causou sempre uma satisfação plena, ao passo que a leitura dos melhores discursos de um orador romano, ou de um orador moderno do parlamento ou do púlpito, se assemelhou sempre, para mim, a um sentimento desagradável, que desaprova uma arte velhaca que, ao tratar de coisas importantes, entende que se devem levar os homens a julgar como máquinas — julgamento que perderá todo o seu valor quando, depois, o examinarem com calma e reflexão. A eloquência e a arte de bem dizer (que, em conjunto, compõem a retórica) pertencem às belas-artes, mas a arte do orador (*ars oratoria*), como

> arte que consiste em se servir das fraquezas dos homens para conseguir os seus fins (por melhores que sejam, quer para o espírito do orador, quer na realidade), não merece nenhum respeito. Tanto mais que esta arte, em Atenas como em Roma, só atingiu o seu grau supremo numa época em que o Estado era arrastado para a ruína e em que se tinha extinguido todo o verdadeiro patriotismo (I, II, 53).

Destacamos, neste texto, ao lado da dicotomia já evocada, entre útil, impuro e inútil, objeto de admiração sem reservas, a demonstração de valores tipicamente burgueses: a independência do indivíduo, a autonomia dos países (o patriotismo). O discurso subordinado a uma ideia não é digno de qualquer estima; a retórica também não; não há lugar para ela num universo dominado pelos valores românticos ([1]).

Poderíamos perguntar, abandonando decididamente a história e dedicando-nos à problemática presente, em que medida as coisas ainda não mudaram, em que medida ainda vivemos na época de Kant. Se, por um lado, a ausência de moral social é a mesma do seu tempo, a importância da palavra talvez tenha aumentado. Tácito contava, como se fosse uma recordação longínqua, que «os antigos tinham chegado à conclusão de que, sem eloquência, ninguém podia conquistar ou conservar uma situação de relevo no Estado»; mas, nos nossos dias, quando os ditos e os gestos dos homens públicos são, graças aos meios de comunicação de massas e sobretudo à televisão, transmitidos imediatamente aos lugares mais remotos do Estado, será ainda concebível que se possa, «sem eloquência», manter uma posição importante? Dois factos recentes, entre mil, podem provar o contrário. O presidente dos Estados Unidos foi considerado menos culpado aos olhos dos seus concidadãos por transgredir de várias formas a lei do seu país do que ao revelar-lhes... os seus defeitos de linguagem:

a publicação das suas conversas privadas, que devia provar a sua inocência legal, teve um efeito maciçamente negativo, quando os americanos se aperceberam de que Nixon falava mal, como eles, que praguejava a cada frase, que as suas expressões estavam eivadas de calão. Depois disto, teremos a audácia de dizer que «a eloquência» já não é necessária ao homem de Estado? A vida pública francesa fornece-nos outro exemplo. De acordo com a opinião dos especialistas, a escolha do novo presidente, em 1974, decidiu-se em grande parte durante um diálogo televisionado, em que os dois candidatos se enfrentaram durante hora e meia; como acreditar que as suas qualidades retóricas, que a sua arte de manejar a palavra, de instruir, de sensibilizar e de agradar, não teve influência na escolha feita pelos espectadores? Um homem público não pode dar-se «ao luxo» de falar mal. O poder está, hoje, na ponta da língua; a palavra — aquela que o vídeo emite, mais do que a que se ouve nas assembleias deliberativas — voltou a ser uma arma eficaz.

Estamos, talvez, no início da quarta era retórica, em que a eloquência não deixará de ter «matéria» e «movimento» para poder brilhar; este poder da palavra saberá vencer o poder das instituições? Não vamos jogar às adivinhas, mas constataremos — além do mais, talvez não seja senão uma coincidência — o despertar dos estudos retóricos nos países da Europa Ocidental desde há cerca de vinte anos: desde que o nosso mundo vive à base das comunicações de massas.

Haverá de novo, um dia, retóricos felizes, como nos primeiros tempos, na Grécia e em Roma? Não ousaremos afirmá-lo; e limitar-nos-emos a notar (melancolicamente) a sua ausência durante os dois mil anos que o mundo acaba de viver.

A menos que tenhamos sido enganados pela história. A menos que todas essas personagens de que acabo de falar,

Cícero, Quintiliano, Fontanier, sejam seres fictícios, e os seus escritos, farsas. A menos que a verdadeira história seja aquela que contou um dia, no século VII, um cidadão de Toulouse que dizia chamar-se Virgílio, *o Gramático*. E que tem o seguinte encadeamento:

> Houve primeiro um velho chamado Donat que, segundo se diz, viveu em Troia durante mil anos. Veio ver Rómulo, o fundador da cidade de Roma, e foi recebido com grandes honras; ficou junto dele quatro anos seguidos, construiu uma escola e deixou numerosas obras.
>
> Nessas obras ele fazia perguntas deste género: Ó meu filho, qual é a forma que estende as suas tetas a uma multidão de crianças e vê que, quanto mais as espremem, mais elas se enchem abundantemente? Era a ciência...
>
> Também existiu em Troia um Virgílio, aluno desse mesmo Donat, muito hábil na arte de fazer versos. Escreveu setenta volumes sobre a métrica e uma carta dirigida a Virgílio da Ásia, sobre a explicação do verbo.
>
> O terceiro Virgílio sou eu...
>
> Havia também no Egito, Gregório, muito versado nas letras helénicas, que escreveu três mil livros sobre a história grega. Também havia, perto de Nicomédia, Balapsidus, falecido recentemente, que, por minha ordem, traduziu para latim os livros da nossa doutrina, que eu leio na versão grega...

Havia também Virgílio da Ásia, que ensinava que cada palavra tinha, em latim, doze nomes de que as pessoas se podiam servir nas ocasiões apropriadas.

Havia também Eneia, o professor do terceiro Virgílio, que lhe ensinava a nobre e útil arte de cortar as palavras, de agrupar todas as letras semelhantes em conjunto, de compor palavras novas a partir das antigas, tomando de cada uma apenas uma única sílaba.

Havia...

Havia retóricos felizes ([2]).

3

FIM DA RETÓRICA

Teoria semântica geral. Os tropos e a sua classificação. A figura, teoria e classificações. Reflexões finais.

A retórica clássica já não existe desde o século XIX. Mas, antes de desaparecer, terá produzido, num último esforço, superior a todos os que o precederam, e tentando lutar contra uma morte iminente, uma soma de reflexões cuja subtileza nunca será igualada. Esse canto do cisne merece ser interrogado em duas perspetivas: teórica (pois essa reflexão é sempre atual) e histórica; a forma de que se reveste o seu fim é ricamente significativa.

Estamos em França, e o período em questão cobre exatamente cem anos. Começa em 1730, quando Du Marsais publica um tratado de retórica destinado a ter, no seu país, maior repercussão do que nenhum dos que o precederam; acaba em 1830, quando Fontanier termina a última edição do seu *Manual Clássico* [*Manuel classique*], precedendo-a com estas palavras de que devia ignorar o alcance profético:

> A obra recebeu todos os melhoramentos de que era suscetível, não em si mesma, sem dúvida, mas relativamente à fraca capacidade do autor, que declara ter-lhe dedicado os seus últimos cuidados, e não ter, de agora em diante, senão de recomendar aos impressores encarregados de a reproduzirem a fidelidade da execução.

O corpo retórico está perfeitamente embalsamado; falta apenas sepultá-lo. Apresentemos os autores desta rapsódia retórica, pertencentes a três gerações e a um período de cem anos.

À primeira geração pertence unicamente César Chesneau Du Marsais (1676–1756), cujos *Tropos* [*Tropes*] são um dos primeiros trabalhos — sem ser, no entanto, uma obra da juventude. Percetor desprovido de meios durante toda a sua vida, autor de um novo método para o ensino do latim, que prezava acima de tudo, recebe, aos setenta e cinco anos de idade, o primeiro cargo honorário: é o responsável pela parte gramatical e retórica da *Enciclopédia*. Esta tarefa está, aliás, de acordo com o seu caráter: Du Marsais é dotado, sobretudo, de qualidades de escritor — para não dizer de vulgarizador; além disso, as ideias originais não o embaraçam; é um grande eclético, leu muito, tem espírito «filosófico»; a sua indiferença por tudo o que seja sistema e coerência vai, entretanto, causar-lhe alguns aborrecimentos. De qualquer forma, a colaboração na *Enciclopédia* não durará muito: quando morreu, tinha apenas terminado o artigo «Gramático»...

A segunda geração é composta por duas personagens bastante diferentes. A primeira é o herdeiro de Du Marsais na direção da parte gramatical e retórica da *Enciclopédia*: Nicolas Beauzée (1717–1789), professor na Escola Militar. A sua colaboração na *Enciclopédia* mantém-se até à conclusão desta obra (1772); na mesma época, em 1761, publica uma obra de síntese, a sua *Gramática Geral* em dois volumes, que inclui certas páginas dos artigos enciclopédicos. Ao contrário de Du Marsais, Beauzée é, sobretudo, um espírito sistemático; interessa-se principalmente pela gramática e não pela retórica. Mas uma não pode existir sem a outra, e a sua *Gramática* também inclui páginas decisivas consagradas às figuras. De 1782 a 1786, aparecem, enfim, os três volumes da *Enciclopédia Metódica*, os quais reúnem todos os artigos da *Enciclopédia* que tratam de «gramática e literatura»; é ainda Beauzée que se encarrega da revisão das partes retóricas, o que lhe proporciona a ocasião para comentar, criticar e completar os artigos de Du Marsais.

O segundo representante desta geração é por demais conhecido para que nos detenhamos em detalhes materiais: é Etienne Bonnot, abade de Condillac (1714–1780). Precetor, como Du Marsais, compôs, entre 1758 e 1765, uma retórica que será publicada no seu *Curso de Estudos para a Instrução do Príncipe de Parma* ([1]) (1715). Amigo de Du Marsais e dos enciclopedistas, Condillac situa-se, contudo, um pouco à parte; e o seu tratado *Sobre a Arte de Escrever* ([2]) limita-se a participar de uma atmosfera, mais do que a retomar abertamente o debate com os seus predecessores e contemporâneos. O traço comum a todos estes retóricos é o serem, simultaneamente, gramáticos, e isto numa época em que a gramática é «filosófica»; daí que as suas retóricas sejam igualmente «gerais e lógicas».

Terceira geração de retóricos, um pouco deslocada em relação às duas precedentes (já não existe filiação direta): a que é representada por Pierre Fontanier de que, curiosamente, ignoramos quase tudo. Devia ensinar retórica no liceu, servindo-se do manual de Du Marsais; pouco satisfeito com as numerosas incoerências da obra, decidiu substituí-la por outra, que ele próprio produziu. Mas o prestígio de Du Marsais era tal que optou por uma estratégia muito complexa: publicou primeiro, em 1818, uma nova edição dos *Tropos*, acompanhada de um volume da mesma espessura, constituído pelo seu *Comentário Lógico* [*Commentaire raisonné*]. Este comentário ultrapassa, aliás, o seu primeiro fim: não é só Du Marsais, mas também Beauzée, Condillac e outros que são convocados para um debate que — e aqui reside a sua originalidade — já não incide sobre a eloquência, mas sim sobre a retórica (é uma obra de metarretórica). Desbravado assim o terreno, Fontanier fez aparecer em 1821 o seu *Manual Clássico para o Estudo dos Tropos* ([3]) (aparecendo a quarta edição definitiva em 1830, como vimos); a este livro seguiu-se, em 1827, a sua segunda parte, o *Tratado Geral das Outras Figuras do Discurso Além dos Tropos* ([4]).

Ao lermos hoje estes tratados e estes artigos, em nenhum momento sentimos o génio dos seus autores; e não arriscaríamos muito se afirmássemos que o génio está aqui pura e simplesmente ausente. Cada uma dessas páginas, considerada isoladamente, transpira mediocridade. Estamos diante de um velho (a retórica); nunca tem a audácia de se afastar muito do ideal da sua juventude (realizado por Cícero e Quintiliano) — que, no entanto, também eram velhos, à sua maneira); não nota as transformações do mundo à sua volta (Fontanier é *posterior* ao romantismo, pelo menos ao alemão). E, no entanto, essa velhice tem também algo de esplêndido: o velho não esqueceu nada da história bimilenar da sua vida; melhor ainda: num debate conduzido por múltiplas vozes, as noções, as definições e as relações refinaram-se e cristalizaram-se, como nunca tinha acontecido antes. O paradoxo está no seguinte: esta sucessão de páginas descoradas produz, considerada no seu todo, uma sedutora impressão.

Tentemos agora escutar alguns fragmentos desta rapsódia a várias vozes ([5]).

TEORIA SEMÂNTICA GERAL

Pode afirmar-se, sem exagero, que o livro de Du Marsais é a primeira obra de semântica que se escreveu. Adivinhamo-la já ao tomar conhecimento do título completo: «Sobre os tropos, ou sobre os diferentes sentidos que pode ter uma mesma palavra numa mesma língua»; e constatamo-lo particularmente ao ler a terceira parte do tratado. O ecletismo de Du Marsais produz, aqui, ao mesmo tempo, os melhores e os piores resultados.

Os melhores, porque o seu conhecimento de diferentes domínios lhe permite descobrir proximidades insuspeitadas. Esta parte compõe-se, com efeito, de uma longa enumeração dos diversos «sentidos», não considerados como tropos, em que se pode empregar uma palavra. Alguns vêm da tradição gramatical: as palavras podem ser utilizadas «substantivamente», «adjetivamente» ou «adverbialmente», sem serem substantivos, adjetivos ou advérbios; isto dá-lhes uma espécie de significação gramatical, que se junta ao sentido lexical. Do mesmo modo, o sentido pode ser determinado ou indeterminado, ativo, passivo ou neutro: reconhecemos, de novo, categorias gramaticais transpostas para o domínio semântico. Outras categorias vêm da lógica; Du Marsais conhece muito bem esta tradição, aliás, é autor de uma *Lógica*. Assim acontece com o «sentido» absoluto e relativo, coletivo e distributivo, composto e dividido, abstrato e concreto: outras tantas noções que derivam da *Lógica* de Port-Royal. Outras ainda têm a sua origem na tradição das obras consagradas aos jogos de palavras: tais como os «sentidos» equívoco e ambíguo, ou ainda o sentido «adaptado» (paródia, centão). Por fim, com um gesto exatamente simétrico ao que santo Agostinho, esse grande eclético, tinha feito cerca de treze séculos antes ao integrar a retórica no quadro de uma hermenêutica, Du Marsais inclui na sua enumeração os quatro sentidos da Escritura, herança da exegese medieval, mas alargando-os a todo o enunciado, seja ele religioso ou não. A oposição entre religioso e profano é acompanhada da oposição entre receção e produção, e hermenêutica e retórica.

Assim, com uma simples justaposição, Du Marsais contribui para a criação do campo da semântica. Mas é aqui, também, que podemos observar os resultados mais deploráveis provocados pela ausência de qualquer preocupação sistemática. Acumula, sem procurar articular. A construção mais desastrada surge precisamente no artigo IX desta terceira parte, consagrada ao «Sentido literal, sentido espiritual». A primeira parte tinha oposto o sentido próprio (= original) ao sentido figurado, e a significação própria era considerada natural («natural, ou seja, aquela que existiu primeiro»). Agora, o sentido literal é definido como aquele «que se apresenta naturalmente ao espírito»): julgamos estar na presença de um sinónimo de próprio. No entanto, na página seguinte, o sentido literal divide-se em dois:

> 1. Há um sentido *literal rigoroso*, é o sentido próprio de uma palavra... 2. Segunda espécie de sentido literal: aquele que as expressões figuradas de que falámos apresentam naturalmente ao espírito dos que entendem bem uma língua é um sentido literal figurado (p. 293).

A divisão do sentido literal em próprio e figurado é familiar à hermenêutica cristã, pelo menos desde São Tomás; ela permite, a este último, excluir as figuras dos poetas do sentido espiritual, obra de Deus. Se, no entanto, esta divisão desempenhava, na semântica profana de Du Marsais, a função que este pretende dar-lhe (ou seja, fazer do sentido literal uma categoria de que o sentido próprio e o sentido figurado são as duas espécies), deveria ter surgido muito mais cedo — precisamente a propósito da definição do sentido figurado. Mas Du Marsais não unifica as perspetivas, limita-se a adicioná-las.

Admitamos, no entanto, esta reorientação. As coisas complicam-se quando chegamos às subdivisões do sentido espiritual: entre estas, de acordo com a tradição patrística da exegese bíblica, figura o sentido alegórico. Ora, a alegoria é um velho conhecimento, para o leitor dos *Tropos*: aparecia na segunda parte do livro, fazendo parte dos tropos — variedades do sentido figurado. Du Marsais apercebe-se, sem dúvida, da incoerência, mas preocupa-se tão pouco com ela que se limita a anotar, depois de definir o sentido alegórico: «Já falámos da alegoria» (p. 303). De facto, mas para dizer outra coisa.

Portanto, não é uma teoria aquilo que Du Marsais deixa aos seus sucessores, mas um património. Isso já é alguma coisa; Beauzée poderá tentar articular algumas noções fundamentais a partir dele. De resto, não se vai opor às diferentes espécies de *sentido* e, sobre este assunto, limitar-se-á a resumir as enumerações de Du Marsais. O seu interesse incidirá, sobretudo, nos diferentes modos de existência do semântico — modos em que o *sentido* é apenas um deles, entre outros. Há, segundo Beauzée, três categorias distintas: significação, aceção e sentido.

A significação é uma espécie de sentido fundamental da palavra. É o denominador comum das diferentes utilizações e só existe fora de qualquer utilização: no léxico, considerado como um inventário.

> Cada palavra tem, primeiro, uma significação primitiva e fundamental, que recebe da decisão constante do uso e que deve ser o principal objeto a determinar num dicionário, assim como na tradução literal de uma língua para outra [...]. A significação é a ideia total de que a palavra

> é o signo primitivo pela decisão unânime do uso (artigo «Sens», *Encyclopédie méthodique*, pp. 375 e 385; apercebemo-nos de que, por duas vezes, Beauzée se desloca de uma perspetiva diacrónica para a sincrónica).

A aceção situa-se no mesmo plano; mas uma significação pode ter várias aceções: uma palavra pode ter vários significados (por homonímia); ou, ainda, pode ser tomada, metalinguisticamente, como o seu próprio nome. Em suma, são ainda os sentidos tal como os encontramos no dicionário, mas desta vez enumerados um a um, e não encarados na sua unidade. «Todas as espécies de aceções de que as palavras em geral e as diferentes espécies de palavras em particular podem ser suscetíveis não passam de diferentes aspetos da significação primitiva e fundamental» (*ibid.*, p. 376).

O sentido, pelo contrário, é completamente diferente: já não é a significação que as palavras têm no dicionário, mas a que adquirem dentro de uma frase. A significação é apenas a base, o ponto de partida, a partir do qual se fabrica o sentido da frase. Fabrica-se segundo processos particulares, que não são mais do que tropos (não se trata de uma simples manifestação da ideia abstrata em ocorrências concretas): para Beauzée — voltaremos mais tarde a este assunto —, toda a frase real é figurada, porque se afasta de uma estrutura abstrata, e isto no duplo plano — gramatical e semântico.

> O sentido é outra significação diferente da primeira, que lhe é ou análoga ou acessória, e que é menos indicada pela própria palavra do que pela combinação com as outras palavras que constituem a frase. É por isso que dizemos igualmente: o *sentido* de uma palavra ou o *sentido* de uma frase, mas não dizemos a significação ou aceção de uma frase (*ibid.*, p. 385).

O sentido é derivado da significação por analogia ou por conexão, por metáfora ou por metonímia; no discurso real, só o sentido está em causa, a significação é reservada ao léxico, a uma perspetiva paradigmática das palavras. A única realidade empírica é o sentido; a significação, essa, situa-se a um nível «profundo», e não «de superfície».

Suspendamos provisoriamente a discussão sobre a natureza «figurada» de todo o sentido; fica esta afirmação de peso: a semântica da língua não se confunde com a do discurso, pois não há identidade entre significação e sentido, entre sentido lexical e sentido discursivo. Beauzée limita-se a enunciar o princípio, sem procurar explorá-lo.

Fontanier retoma a problemática de Beauzée, assim como a de Du Marsais. «Sentido» e «significação» serão ainda distintos, mas segundo um critério ligeiramente diferente. A significação é o que a palavra significa na língua, independentemente de qualquer utilização particular; o sentido, pelo contrário, é a imagem psíquica e individual que os interlocutores têm da significação.

> O *sentido* é, em relação a uma palavra, aquilo que essa palavra nos faz entender, pensar, *sentir* pela sua *significação*; e a sua *significação* é o que ela significa, ou seja, aquilo de que é signo, de que faz signo. [...] A *significação* diz-se da palavra considerada em si própria, considerada como signo, e o *sentido* diz-se da palavra considerada quanto ao seu efeito no espírito, considerada como entendida da forma que deve ser entendida (*Figures du discours*, p. 56; cf. *Commentaire raisonné*, pp. 381–382).

Já não se faz a oposição entre sentido lexical e sentido discursivo, mas entre sentido-na-língua e sentido vivido (concebido ou apercebido): a significação é linguística; o sentido é psicológico (não estamos longe de um dos aspetos da oposição entre *dictio* e *dizível* de Santo Agostinho, em *Sobre a Dialética*).

A partir de aí, Fontanier volta-se para a classificação dos sentidos, abandonada por Du Marsais. O seu comentário começa com esta constatação severa: «Du Marsais distinguiu muito bem os diversos sentidos das palavras, e estes foram caracterizados o melhor possível, cada um em particular. Mas temos de concordar que se preocupou muito pouco com a classificação. Digamos mesmo que a deixou quase por fazer» (*Commentaire raisonné*, p. 325). E Fontanier inicia o seu trabalho preferido — o de classificação. Vai separar, num primeiro nível, três espécies de sentido, objetivo, literal e espiritual, podendo cada um deles ter várias subespécies. Eis as suas definições:

> O *sentido objetivo* da proposição é aquele que ela tem em relação ao objeto a que se refere (*Figures du discours*, p. 56).

É aquilo a que chamaríamos hoje a referência. É esse sentido que comporta a maior parte das subdivisões reunidas por Du Marsais (substantivo-adjetivo, ativo-passivo, etc.). E, em seguida:

> O *sentido literal* é aquele que domina as palavras tomadas à letra, as palavras entendidas segundo a sua aceção na utilização vulgar: é, por conseguinte, aquele que se apresenta imediatamente ao espírito dos que entendem a língua: o *sentido literal*, que se liga a uma única palavra, é: ou *primitivo*, *natural* e *próprio*, ou *derivado*, como é evidente, e *tropológico* (*Figures du discours*, p. 57).

Aqui, a oposição é dupla. Por um lado, o sentido literal opõe-se ao sentido objetivo: neste último caso, o sujeito é transparente em relação àquilo que designa, não nos debruçamos sobre ele e não o consideramos em si próprio; no primeiro caso, pelo contrário, apercebemos o próprio sentido, ele torna-se, em certa medida, opaco. Por outro lado, provoca-se agora uma segunda oposição com o sentido espiritual: o sentido literal é uma propriedade das palavras isoladas.

Por fim, «o *sentido espiritual, sentido deslocado* ou *figurado* de um conjunto de palavras, é aquele que o sentido literal faz nascer no espírito [...]. Chama-se *espiritual*, porque é todo do espírito, se assim se pode dizer, e é o espírito que o forma ou o encontra com o auxílio do *sentido literal*» (*Figures du discours*, pp. 58–59). A oposição pertinente é a que existe entre palavra e conjunto de palavras; além disso, o sentido espiritual é sempre deslocado, como também o era o sentido literal derivado, ou tropológico.

Se deixarmos de lado o sentido objetivo, ao qual se opõem em bloco os outros dois sentidos, apercebemo-nos de que se trata aqui de duas oposições independentes: palavra-grupo de palavras e direto-indireto, para o que se poderia propor o seguinte quadro:

	PALAVRA	GRUPO DE PALAVRAS
direto	sentido próprio	?
indireto	sentido derivado (tropológico)	sentido espiritual

Fontanier não tem termo especial para designar o sentido próprio do grupo de palavras (parece não se aperceber da sua existência). A unificação dos sentidos derivado e espiritual (que é aqui sugerida pela categoria inclusiva de «indireto») não é afirmada explicitamente, transparecendo, no entanto, do termo *figurado*, que se encontra tanto num como noutro caso.

Notemos, para terminar, que o sentido espiritual, já bastante despojado das suas conotações religiosas nos textos de Du Marsais, o está ainda mais nos de Fontanier: «por *espiritual* entendemos, aqui, pouco mais ou menos a mesma coisa que *intelectual*, e não, como faz Du Marsais, ou como se faz vulgarmente, a mesma coisa que *místico*» (*Figures du discours*, p. 59). As últimas marcas do espírito religioso são retiradas da noção; a desforra da retórica, em relação à hermenêutica, é completa.

Desta discussão podemos reter não só a oposição entre sentido e referência (sentido literal e sentido objetivo), mas também a que existe entre duas espécies de sentido indireto. De facto, a questão das *formas do sentido indireto* é apresentada já pelos predecessores de Fontanier. Devemos lembrar aqui aquilo que Du Marsais sabia muito bem: a conceção do sentido indireto que a exegese bíblica elaborara, de Santo Agostinho a São Tomás, passando por Beda, *o Venerável*. Existem, segundo ela, dois géneros de sentido indireto, a que se chama por vezes *allegoria in verbis* e *allegoria in factis*, simbolismo das palavras e simbolismo das coisas; os tropos representam as espécies do primeiro género, enquanto o segundo não implica, como os tropos, uma mudança no sentido das palavras, mas evoca um sentido segundo por meio dos objetos que as palavras designam no sentido próprio. É esta mesma oposição que permite a São Tomás opor, como vimos, sentido figurado (subdivisão de «literal») e sentido espiritual ([6]).

Du Marsais recorda essas noções quando procura distinguir metáfora e alegoria, mas não se baseia exclusivamente nelas.

> A alegoria é um discurso que é, primeiro, apresentado como sentido próprio, que parece uma coisa completamente diferente daquela que pretendemos fazer entender e que, no entanto, não serve senão de comparação para dar a entender outro sentido que não exprimimos. A metáfora junta a palavra figurada ao termo próprio; por exemplo, o *fogo de vossos olhos*; *olhos* está no sentido próprio, ao passo que na alegoria todas as palavras têm primeiro um sentido figurado; quer dizer, todas as palavras de uma frase ou de um discurso alegórico formam, primeiro, um sentido literal que não é aquele que desejamos dar a entender... (*Des tropes*, pp. 178–179).

Explicando com mais clareza: na metáfora, a palavra tem apenas um sentido — o sentido figurado; esta mudança de sentido é-nos indicada pelo facto de, sem ela, o sentido conhecido das palavras vizinhas se tornar inadmissível. Como *olhos* só tem um sentido (próprio), *fogo* também só tem um (é o sentido figurado). O mesmo não acontece com a alegoria: aqui, todas as palavras são consideradas da mesma maneira e parecem formar um primeiro sentido literal; mas, em seguida, descobrimos que é preciso descobrir um sentido segundo — alegórico. A oposição está entre sentido único na metáfora e duplo sentido na alegoria.

Várias vezes, ao longo dos *Tropos*, Du Marsais se refere à mesma dicotomia. «Os provérbios alegóricos têm, primeiro, um sentido próprio que é verdadeiro, mas que não é aquele que prioritariamente desejamos dar a entender» (p. 184). Esta formulação é particularmente sugestiva: a alegoria mantém, portanto, duas proposições verdadeiras (duas asserções), a metáfora tem apenas uma. «A alegoria apresenta um sentido e, de facto, entende outro: é o que também acontece nas alusões» (*Des Tropes*, p. 189). Chega-se assim ao problema do sentido espiritual: «O *sentido espiritual* é aquele que está contido no sentido literal; é, por assim dizer, fundado pelo sentido literal, é aquele que as coisas significadas pelo sentido literal fazem brotar no espírito» (*Des Tropes*, p. 292). Vemos que só esta última menção, feita a propósito das próprias categorias da hermenêutica cristã, se refere à oposição palavras — coisas; em todos os outros casos, Du Marsais apoia-se numa distinção mais linguística e mais original: a presença de uma ou duas asserções no enunciado considerado. Mas, mais uma vez, o espírito incoerente de Du Marsais não repara nas noções que ele próprio estabelece: a oposição das duas formas de simbolismo não tem qualquer função na organização dos *Tropos*.

Beauzée vai retomar o mesmo problema. Mas é necessário recuarmos um pouco mais, pois já não são dois termos — metáfora e alegoria — que se confrontam, mas três: entre os dois, insere-se a metáfora tecida, ou «sustentada». Persistia já uma certa ambiguidade na descrição destes factos, nos textos de Quintiliano. Sabe-se que a oposição tropo-figura não é muito clara nesses textos: confronta, por vezes, o sentido e a forma; outras vezes, a palavra e a proposição. Daí resulta que a alegoria seja considerada ora como tropo, ora como figura. Na classificação geral, é um tropo, e será definida da mesma forma como definiríamos a metáfora tecida: «resulta de uma sequência de metáforas» (*Instituição Oratória*, VIII, 6, 44), «é constituída por uma série de metáforas, assim como a ironia-figura é formada por uma série de ironias-tropos» (*ibid.*). Desta vez, a alegoria opor-se-ia, portanto, à metáfora, como a figura se opõe ao tropo. Mas as figuras caracterizam-se, ao mesmo tempo, por aquilo que nelas não muda de sentido: as palavras conservam o sentido literal. Em suma, tudo se passa como se Quintiliano confundisse, no termo alegoria, dois factos próximos mas distintos: 1. uma série de metáforas semelhantes; 2. um discurso em que todas as palavras conservam o seu sentido próprio (não há metáforas), mas que, considerado na totalidade, revela um sentido simbólico, segundo.

Beauzée vai opor-se precisamente a esta ambiguidade (no artigo «Ironia»). No artigo «Alegoria», escreve:

> Devemos distinguir a metáfora simples, que consiste apenas em uma ou duas palavras, e a metáfora sustentada, que ocupa uma muito maior extensão no discurso: ambas são o mesmo tropo; nem uma nem outra faz desaparecer o objeto principal de que se fala; introduzem apenas, na linguagem que lhes é própria, termos da linguagem própria a outro objeto qualquer. O que se passa com a alegoria é completamente diferente: nela, os objetos são diferentes, como na metáfora; mas fala-se a linguagem própria do objeto acessório que se mostra isoladamente; o objeto principal está, na metáfora, ao lado do acessório; na alegoria, desaparece por completo.

E também:

> Numa alegoria há, talvez, uma primeira metáfora, ou pelo menos algo que dela se aproxima, pois se compara tacitamente o objeto de que se quer falar com aquele de que se fala de facto; mas em seguida tudo se relaciona com esse objeto fictício no sentido mais próprio [...]. Portanto, não são as palavras que devem ser tomadas num sentido diferente daquele que apresentam; é, como na alegoria, o próprio pensamento que não deve ser tomado por aquilo que parece ser... (*Encyclopédie méthodique*, I, p. 123).

Em suma, a solução de Beauzée é uma reformulação da de Du Marsais: tanto numa como noutra se insiste na presença de dois sentidos na alegoria, e de um único na metáfora; e disso resulta, paradoxalmente, um efeito aparentemente inverso: as palavras têm dois sentidos na metáfora (o próprio e o figurado) e um único, na alegoria (o próprio). A diferença entre alegoria e metáfora é radical: na primeira, fala-se de um objeto («acessório»), e as palavras são utilizadas no sentido próprio; é esse mesmo objeto, ou o pensamento que as palavras formam, que designa, num segundo momento, o outro objeto («principal»). Na metáfora, pelo contrário, são as próprias palavras que mudam de sentido e designam diretamente o segundo objeto (mesmo quando o primeiro não desaparece completamente). A diferença entre metáfora e metáfora sustentada (ou tecida) tem pouca importância, em relação à primeira oposição: tem uma importância apenas qualitativa. Portanto, a hierarquia dos conceitos examinados apresenta-se assim:

- sentido indireto
  - metáfora (sentido próprio abolido)
    - simples (uma palavra)
    - sustentada ou tecida (grupo de palavras)
  - alegoria (sentido próprio mantido)

Ao mesmo tempo, notamos uma certa ambiguidade na formulação de Beauzée, que se manifesta na permuta dos termos «objeto» e «pensamento», ou na própria indecisão da palavra «pensamento»: trata-se de um simbolismo das coisas, como pretende a tradição exegética, ou de um simbolismo das proposições, podendo, tanto um como outro, opor-se aos das palavras?

Uma vez mais, caberá a Fontanier o mérito de esclarecer as coisas, mas este vai fazê-lo com tanta rigidez que as intuições de Du Marsais e de Beauzée vão desaparecer. Conseguirá, primeiramente, formular, de maneira muito clara, a oposição entre metáfora e alegoria, dentro do mesmo espírito dos seus predecessores: «Até mesmo a metáfora mais prolongada não apresenta, ao que me parece, senão um único sentido — o sentido figurado; e a alegoria mais curta apresenta, necessariamente, do princípio ao fim, um duplo sentido absoluto — um sentido literal e um sentido figurado» (*Commentaire raisonné*, pp. 179–180). Mas não é este o assunto que lhe desperta maior interesse; para ele, o essencial está na oposição, já referida (cf. pp. 92–93), entre sentido indireto *tropológico* (ou derivado) e *espiritual*, oposição baseada na diferença entre palavra e grupo de palavras:

> Do mesmo modo que uma palavra, numa frase, oferece muitas vezes um sentido parcial diferente do seu sentido primitivo e literal, também uma frase uma proposição inteira, pode oferecer um sentido total que não é, em parte ou até completamente, o mesmo que têm habitualmente as palavras tomadas à letra. [...] Aqui estão duas espécies de sentidos figurados muito diferentes entre si, e que não se devem confundir (*Commentaire raisonné*, pp. 385–386).

Na classificação das figuras (que mais tarde veremos em pormenor, uma importante fronteira separa as *figuras de significação* (ou tropos «propriamente ditos») das *figuras de expressão*, e a diferença fundamental é ainda a da palavra e do grupo de palavras. «Que entendemos aqui por expressão? É toda a combinação de termos e de construções por meio da qual exprimimos qualquer combinação de ideias» (*Figures du discours*, p. 109). A confiança neste único critério formal faz que ele reúna, dentro das figuras de expressão, duas séries de factos linguísticos com propriedades nitidamente distintas:

por um lado, aqueles em que subsiste apenas um único sentido (como a personificação, a hipérbole, a lítotes, a ironia, assim como aquilo a que chama o «alegorismo», ou seja, a metáfora tecida); por outro lado, os que conservam presentes os dois sentidos (alusão, metalepse, asteísmo, alegoria). Em contraste com esta reunião, aparece a separação entre o primeiro desses grupos de «figuras de expressão» e as «figuras de significação». Assim, a hierarquia das oposições, para Fontanier, seria exatamente oposta à de Beauzée:

- sentido indireto
  - sentido tropológico
figuras de significação
(palavra)
  - sentido espiritual
figuras de expressão
(grupo de palavras)
    - alegorismo, etc.
(uma asserção)
    - alegoria, etc.
(duas asserções)

Já vimos o interesse em esclarecer a diferença entre sentido próprio abolido e mantido; tentemos agora saber se a fronteira entre palavra e grupo de palavras, que para Fontanier desempenha um papel tão primordial, merece essa importância. Observemos os exemplos que são dados. Eis uma «metonímia de lugar», ou seja, um «tropo propriamente dito» (figura de significação), «em que se dá a uma coisa o nome do lugar de onde vem ou de que é própria» (*Figures du discours*, p. 82), por exemplo: «Não me decido entre *Genebra* e *Roma*. — *Genebra*, o calvinismo; e *Roma*, o catolicismo, de que é o centro» (p. 83). E eis uma personificação, tropo «impropriamente dito» (figura de expressão), que «consiste em fazer de um ser inanimado, insensível, ou de um ser abstrato e puramente ideal, uma espécie de ser real e físico, dotado de sentimento e de vida, em suma, aquilo a que se chama uma pessoa», por exemplo: «Argos estende-vos os braços, e Esparta chama-vos» (p. 111).

Haverá alguma diferença entre os dois exemplos? Se existe, onde se situa? Em primeiro lugar, não reside na natureza do tropo; tanto uma como outra são metonímias de lugar, como Fontanier não deixa de observar, acrescentando, imperturbável, que a personificação se faz sempre «por metonímia, por sinédoque ou por metáfora» (*ibid.*). Mas a diferença também não está nas dimensões do tropo: tanto num exemplo como noutro, um nome próprio — e só um nome próprio — adquire um sentido trópico. E não está nas dimensões do enunciado mínimo, necessário à identificação do tropo — ou, melhor, não está na descrição de Fontanier: para identificar o tropo da primeira frase, é necessário dispor de mais de uma proposição, se não podemos compará-la ao enunciado de um turista titubeante; no segundo caso, pelo contrário, a proposição é suficiente para identificar o tropo; portanto, pode ser determinável no interior de um contexto menos extenso. (Fontanier sabe muito bem que o contexto da proposição é necessário mesmo para a identificação de uma «figura de significação»: o sentido tropológico depende «muitas vezes, e até quase sempre, da relação desta palavra com o resto da frase», *Commentaire raisonné*, p. 385). Mas que teria Fontanier em vista ao classificar assim estes dois exemplos? O facto de a segunda frase («Argos estende-vos os braços...») comportar uma *figura*, no sentido restrito, uma anomalia combinatória entre sujeito e verbo (inanimado-animado); mas a primeira, pelo contrário, não comporta nenhuma *figura* («decidir entre Genebra e Roma»). O que Fontanier descreveu não são, portanto, duas espécies de tropos, mas um tropo (a metonímia) e uma figura (a anomalia), presente no primeiro, ausente no segundo.

Assim, Fontanier, em relação a Beauzée, tem o mérito de ter adotado uma única perspetiva ao tratar os sentidos indiretos: já não existe um simbolismo das coisas, e a sua descrição fica inteiramente no interior da linguagem. Mas dá à oposição palavra-grupo de palavras uma importância que ela não merece; e, neste pormenor, é Beauzée quem tem razão.

OS TROPOS E A SUA CLASSIFICAÇÃO

Na retórica latina, como acabamos de lembrar, a relação entre tropos e figuras não deixa de ser ambígua: os tropos são considerados ora como uma classe de figuras, ora como uma categoria do nível lógico das figuras. Fontanier será o primeiro a articular com muita firmeza as relações (de interseção, segundo ele) entre as duas noções. Adotarei aqui uma posição semelhante: o tropo é a evocação de um sentido indireto; a figura, uma relação entre duas ou várias palavras copresentes. Esta distinção preliminar vai possibilitar uma exposição separada das teorias referentes a tropos e figuras.

Para compreender a teoria dos tropos dos nossos retóricos é necessário referirmos a das ideias acessórias que lhe está subjacente. Esta última, tal como aparece nos textos de Du Marsais, é apenas a cópia mal dissimulada de uma versão anterior da mesma teoria: a que se encontra em *La logique ou l'art de penser* [*A Lógica ou a Arte de Pensar*] de Arnaud e Nicole (reeditada pela Flammarion, 1970). Assim, teremos primeiro de recordar rapidamente esta última.

Uma palavra pode significar de duas maneiras ou, mais exatamente, pode *significar* uma ideia, ou apenas *suscitá-la*. «Devemos, portanto, distinguir as ideias acrescentadas das ideias significadas: porque, embora tanto umas como outras se encontrem no mesmo espírito, não estão lá da mesma maneira» (p. 137). «É necessária a distinção entre as ideias que se vêm acrescentar e as ideias significadas de modo preciso» (p. 138). À ideia significada por uma palavra chama-se também «ideia principal»; à ideia que a palavra apenas suscita chama-se «ideia acessória».

> Significar, por meio de um som pronunciado ou escrito, não é mais do que suscitar uma ideia ligada a esse som no nosso espírito, impressionando os nossos ouvidos ou os nossos olhos. Ora, acontece muitas vezes o seguinte: uma palavra, para além da ideia principal que reconhecemos como sua significação principal, suscita várias outras ideias a que podemos chamar acessórias, a que não damos atenção, embora o espírito seja impressionado por elas (p. 130).

Não são apenas *certas* palavras que evocam essas ideias acessórias que acompanham ideias principais; mas, por assim dizer; *todas*. Os autores da *Lógica* presumem até que essas ideias deveriam figurar ao lado das outras, no dicionário. «Sendo essas ideias acessórias tão importantes, diversificando tanto as significações principais, seria útil que aqueles que fazem os dicionários as assinalassem...» (p. 135). Trata-se, evidentemente, de propriedades do léxico, e não de efeitos do discurso. Por exemplo, a condenação ou a aprovação que se faz de uma ação pode ser uma ideia acessória a essa ação (daí a possibilidade de sinónimos, ou, se preferirmos, a não-identidade do sentido e da referência).

> Assim, as palavras adultério, incesto, pecado abominável não são infames, embora representem ações infames, porque apenas as representam, cobertas por um véu de horror que faz que as olhemos como crimes: de maneira que essas palavras significam mais o crime dessas ações do

> que as próprias ações, ao passo que existem certas palavras que exprimem essas ações sem lhes emprestar o horror, apresentando-as mais como coisas agradáveis do que como criminosas, e que lhes acrescentam até a ideia de impudência e audácia (pp. 133–134).

Ou, ainda, a palavra «impostor», que significa um defeito, mas que, além disso, excita a ideia acessória do desprezo (p. 131). As ideias acessórias são, portanto, significados que evocamos, quer queiramos ou não, no momento do ato de significação e que só se distinguem das principais pela sua posição marginal.

As figuras vão ser consideradas no seio das ideias acessórias. As figuras são ideias acessórias que indicam a atitude do sujeito falante em relação àquilo de que fala e provocam, automaticamente, a mesma atitude naquele que ouve. «As expressões figuradas significam, além da coisa principal, o movimento e a paixão daquele que fala e imprimem assim ambas as ideias no espírito, ao passo que a expressão simples define apenas a verdade nua e crua» (p. 131). A partir desta conceção, elabora-se a teoria figurativa de Port-Royal, em que a figura se define como a expressão (e a impressão) de uma emoção; esta teoria será desenvolvida detalhadamente pelo padre Lamy ([7]).

Du Marsais conhece os escritos de Port-Royal; a eles vai buscar a noção de ideia acessória como fundamento das figuras, mas distorcendo-as sensivelmente. Em primeiro lugar, vai generalizá-la: apesar de uma ampla definição, a *Lógica* de Port-Royal parece restringi-la, na prática, somente a certos tipos de associações; para Du Marsais, engloba qualquer ideia associada a uma primeira ideia.

> Há ideias a que chamamos *acessórias*. Uma ideia *acessória* é a que desperta em nós ao mesmo tempo que outra ideia. Quando duas ou várias ideias nos aparecem simultaneamente,

> raramente acontece que, de futuro, quando uma delas é suscitada, a outra não o seja também; e é a esta última que chamamos acessória (*Logique*, (*Œvres*, V, p. 321).

Notamos que hão há qualquer diferença qualitativa entre essas duas «ideias».

A aplicação retórica também será diferente. Enquanto na *Lógica* de Port-Royal a ideia acessória servia de fundamento à *figura* e consistia, em suma, numa coloração emotiva dada à expressão (o único exemplo de figura analisado é, significativamente, uma «interrogação»), em Du Marsais a noção de ideia acessória é mais geral e, portanto, mais intelectual; o seu campo de aplicação por excelência não é a figura (emotiva), mas o *tropo*. Aparentemente, o campo de aplicação diminuiu (para Du Marsais, o tropo é uma espécie de figura); de facto, esse campo alargou-se: qualquer associação de ideias, e não apenas a associação de uma «emoção», dá lugar a uma ideia acessória; o tropo é simplesmente o exemplo mais claro e o mais eloquente de tal associação. Porque o tropo não passa de uma exploração das ideias acessórias existentes: consiste em dar a uma ideia principal o nome de uma das suas ideias acessórias. Vejamos como se exprime Du Marsais:

> A ligação que existe entre as ideias acessórias, quero dizer, entre as ideias que se relacionam umas com as outras, é a fonte e o princípio dos diversos sentidos figurados que damos às palavras. Os objetos que nos causam impressões são sempre acompanhados de diferentes circunstâncias que nos impressionam e pelas quais nós, muitas vezes, designamos todos os objetos, mesmo que elas apenas os tenham acompanhado, ou nos despertem a sua recordação. O nome próprio da ideia acessória está muitas vezes mais presente na imaginação do que o nome da ideia principal, e, por

> vezes, também essas ideias acessórias designam os objetos com mais circunstâncias do que os nomes próprios desses objetos, pintam-nos com mais energia ou com mais prazer (*Des tropes*, pp. 30–31).

Qualquer relação entre dois objetos pode tornar-se o fundamento de um tropo: para tanto, basta que se dê a um o nome do outro, ou seja, que subentendamos a sua relação em vez de a explicitarmos. Esta denominação indireta pode ser mais agradável ou mais forte, mas isso é apenas um efeito suplementar, que não é necessário para definir o tropo. O tropo não pode existir sem ideias acessórias; mas basta haver uma relação entre dois objetos para que estejamos na presença dessas ideias («se não existisse relação entre esses objetos, não haveria nenhuma ideia acessória e, por conseguinte, nenhum tropo», *Des tropes*, pp. 130–131). Ora, por definição, o homem é capaz de ligar os objetos entre si; portanto, por definição, o homem constrói tropos.

> Uma mesma causa, nas mesmas circunstâncias, produz efeitos semelhantes. Em todos os tempos e em todos os lugares em que existiram homens, existiu a imaginação, a paixão, ideias acessórias, e, por conseguinte, tropos. Existiram tropos na língua dos Caldeus, na dos Egípcios, na dos Gregos e na dos Latinos: usam-se hoje até entre os povos mais bárbaros, porque, numa palavra, esses povos são constituídos por homens, têm imaginação e ideias acessórias. [...] Por isso, utilizamos os tropos não porque os antigos já os utilizassem, mas porque somos homens como eles (*Des tropes*, pp. 258–259).

Por um momento, Du Marsais apercebe-se de que a sua ampla definição das ideias acessórias (que equivale, em suma, a qualquer associação) também inclui a relação entre significante e significado. É assim que imagina a aprendizagem da linguagem:

> À medida que nos deram pão, pronunciaram a palavra *pão*; por um lado, a imagem do pão, por intermédio dos olhos, ficou gravada no nosso cérebro e nele suscitou a ideia: por outro lado, o som da palavra *pão* também impressionou os ouvidos, de maneira que essas duas ideias acessórias — suscitadas simultaneamente — não poderiam despertar separadamente, sem que uma suscitasse a outra (*Des tropes*, p. 73).

Notemos que o signo, aqui como em Saussure, é constituído não pelo som e pela coisa, mas por duas impressões mentais. Desenvolvendo um pouco mais, ter-se-ia encontrado a equivalência inversa: se o signo não passa de uma associação (duas ideias acessórias), talvez a associação (e os tropos, por exemplo) não seja mais do que um signo (potencial)? E, se existe um parentesco entre todas as associações, talvez existam também diferenças, que fazem que haja signos, tropos, proposições, outras tantas formas *variadas* da associação? Du Marsais não enveredou por essa via semiótica explorada, na mesma época, por Diderot e Lessing; segue-se que é num *Eloge de Du Marsais* [*Elogio a Du Marsais*] e numa discussão dos *Tropos* que a ideia será reformulada, setenta e cinco anos depois. O autor desse elogio, publicado em 1805, é o barão J.-M. de Gérando, discípulo de Condillac (e, além disso, autor de uma obra em quatro volumes intitulada *Des signes* [*Sobre os Signos*]); nela se pode ler:

> Observem como as artes do desenho, a linguagem de ação e a música falam ao espírito do homem. Privadas dos signos convencionais e instituídos, criaram a sua própria

> linguagem; encontram os signos dessa linguagem nas associações que a natureza ou as circunstâncias formaram no nosso espírito; sabem apreender, nas impressões sensíveis, um dos anéis da cadeia secreta que une os nossos sentimentos às recordações. Não nomeiam um objeto, mas fazem nascer a ideia dele através de uma ideia que lhe é semelhante. O mesmo acontece com o artifício dos *tropos*; empregam-se as palavras da mesma forma que a pintura emprega os matizes e o desenho os contornos, para estabelecer um intercâmbio recíproco entre as ideias, apoiando-se na ligação que entre elas existe para dar a uma a expressão da outra (p. 59).

Assim se esboça uma teoria dos signos naturais de que os tropos e as imagens seriam as espécies.

A noção de ideia acessória intervém nos textos de Beauzée, mas noutro ponto da teoria. Para ele, é um instrumento de análise do léxico e não do discurso: considera-a como a base dos sinónimos e não dos tropos; neste ponto está, como é evidente, mais próximo de Port-Royal do que de Du Marsais. A sua conceção do léxico é bastante idêntica à que teria Bally, cento e cinquenta anos mais tarde: os sinónimos de um grupo têm em comum uma ideia principal (ou «termo de identificação», na terminologia de Bally) e ideias acessórias («factos de expressão»).

> Quando várias palavras da mesma espécie representam uma mesma ideia objetiva que, de uma para outra, varia apenas nos diferentes graus que nascem da diversidade das ideias acrescentadas à primeira ideia, a que é comum a todas essas palavras é a ideia principal; aquelas que se lhe acrescentaram e que diferenciam os signos são as ideias acessórias

(«Mot», *Encyclopédie méthodique*, II, p. 582). Quando, nas palavras que designam uma mesma ideia principal, não se considera senão essa ideia principal e comum, elas são sinónimas, porque são diferentes signos da mesma ideia: mas deixam de o ser quando consideramos as ideias acessórias que as diferenciam, e não existe, em nenhuma língua culta, nenhuma palavra tão perfeitamente sinónima de outra que não se diferencie dela em alguma ideia acessória e que possamos utilizar indistintamente, uma ou outra, em todas as ocasiões («Synonyme», *Encyclopédie méthodique*, III, p. 480).

Beauzée não acrescenta qualquer indicação sobre a forma que devemos utilizar para decidir onde terminam as ideias principais e começam as acessórias.

Será algo de surpreendente ver esboçar-se em Beauzée uma aproximação entre a relação ideia principal/ideia acessória e a relação sujeito/atributo, sem passar pelos tropos. Vimos que essa aproximação não existia nos textos de Du Marsais; encontraríamos mais facilmente os signos que a enunciam na *Lógica* de Arnauld e Nicole. E vimos que, a propósito de um exemplo, as relações de «isto», sujeito, com «corpo», atributo, são postas completamente no mesmo plano das existentes entre o mesmo «isto», agora ideia principal, e «pão», ideia acessória a que está associada pelo tropo (cf, pp. 138–139). Vejamos corno Beauzée definiu a proposição:

Uma proposição é a expressão total de uma sentença. Para isso podem reunir-se várias palavras ou apenas uma que, por intermédio das ideias acessórias que o uso lhe terá acrescentado, baste para esse fim; a expressão é total desde que enuncie a existência intelectual do sujeito sob determinada relação com esta ou aquela modificação («Proposition», *Encyclopédie méthodique*, III, p. 242).

Em suma, haveria, como dirá Empson dois séculos depois, «asserções nas palavras»: certas palavras realizariam em si próprias uma proposição, entre ideia principal e ideia acessória, em vez de sujeito e predicado! Mas temos de reconhecer que esta possibilidade é postulada apenas pelo espírito dedutivo de Beauzée; todos os exemplos que ele dá de proposição são verdadeiras proposições explícitas e não palavras isoladas.

Condillac será o primeiro a explorar realmente esta proximidade entre proposições e tropos, e, portanto, de forma mais geral, entre discurso e símbolo. No plano discursivo das relações explícitas, distingue dois grandes tipos de relações: a comparação (a predicação) e a modificação (a subordinação). O sujeito e o atributo de uma proposição são «comparados», ao passo que o adjetivo qualificativo «modifica» o substantivo.

> Sempre que construo uma proposição, comparo dois termos — o sujeito e o atributo [...]. Para uma proposição são essenciais três coisas: o sujeito, o atributo e o verbo. Mas cada uma delas pode ser modificada, e as modificações a que as submetemos chamam-se acessórias (*De l'art d'écrire* [*Sobre a Arte de Escrever*], p. 547).

Analisemos um exemplo deste último caso, a expressão «o seu ilustre irmão».

> *Irmão*, assim como qualquer substantivo, exprime um ser existente, ou que se considera como existente. *Seu* e *ilustre*, pelo contrário, exprimem qualidades que o espírito não considera como tendo uma existência em si próprias, mas como existindo apenas no sujeito que modificam. Destas três ideias, a de *irmão* é a principal; e as outras duas, que não existem senão por causa dela, são chamadas *acessórias*,

> palavra que significa que vêm juntar-se à principal, para nela existirem e para a modificarem. Por conseguinte, diremos que qualquer substantivo exprime uma ideia principal em relação aos adjetivos que o modificam, e que os adjetivos nunca exprimem senão ideias acessórias (*Grammaire*, I, p. 454).

As ideias acessórias são aqui apenas a matéria de uma das duas relações sintáticas possível. Mas, se a arte de pensar chama a atenção para a «comparação» do sujeito e do atributo, a arte de escrever ensina-nos sobretudo a diferenciar a «modificação».

> Toda a arte consiste, por um lado, em compreender [o pensamento] em todas as suas relações; e, por outro, em encontrar na língua as expressões que podem desenvolver todas as suas modificações. Num discurso, não nos limitamos a percorrer rapidamente a sequência das ideias principais; pelo contrário, detemo-nos mais ou menos sobre cada uma delas; por assim dizer, andamos à volta delas, para apreender os pontos de vista que as desenvolveram e ligaram umas às outras. Eis a razão por que chamamos *rodeios* às diferentes expressões de que nos servimos para as expressarmos (*De l'art d'écrire*, p. 552).

«Rodeios» (que não é mais do que a tradução de «tropos») torna-se assim o nome genérico de todas as modificações, de todas as amplificações que se constroem a partir dos pensamentos principais. E o segundo livro do tratado *De l'art d'écrire* [*Sobre a Arte de Escrever*] intitular-se-á «Des différentes espèces de tours» («Sobre as diferentes espécies de rodeios»). Depois de ter evocado os «rodeios» estudados pela gramática («as ideias acessórias que se exprimem com adjetivos, advérbios ou proposições incidentes», *ibid.*), Condillac pode estudar as outras espécies de «rodeios», tais como as perífrases, as comparações, as antíteses, os *tropos*, as personificações, as inversões... Os tropos, em particular, consistem numa simples troca de lugares entre a ideia principal e uma das ideias acessórias (possíveis) de uma palavra. «Ao passar do próprio para o figurado, a palavra muda de significação: a primeira ideia não é mais do que a acessória, e a nova ideia vem ocupar o lugar da principal» (*De l'art d'écrire*, p. 561). Como vemos, nesta lista os tropos confinam com as invocações indiretas, com figuras como a antítese e a inversão, e com processos puramente discursivos como a comparação e a perífrase, ou até com os adjetivos e os advérbios; e, se Condillac procura definir cada um desses «rodeios», não se preocupa com a necessidade de estabelecer uma tipologia dos «rodeios»: interessa-lhe aqui mais a unidade do que a variedade. A sua conceção das ideias acessórias é, ao mesmo tempo, mais ampla e mais restrita do que a de Du Marsais: mais restrita, porque nem toda a associação produz ideias acessórias (não é o caso dos termos «comparados», isto é, que se qualificam mutuamente); mas também mais ampla, porque a dependência entre fenómenos discursivos e simbólicos é afirmada explicitamente ([8]). O que vai, ao mesmo tempo, diminuir radicalmente a especificidade do tropo e da figura (como havemos de assinalar mais detalhadamente)...

Para Fontanier, a ideia acessória perde o seu estatuto de fundamento dos tropos. Refere por duas vezes esta noção. No *Comentário*, critica-lhe a imprecisão (Du Marsais não delimita nitidamente a sua extensão) e propõe substituí-la por outra noção genérica — as ideias análogas.

> Talvez ele [Du Marsais] tivesse englobado naquilo a que chama *ideias análogas* todas as espécies de ideias que, tanto

> no mesmo objeto como em objetos diferentes, se relacionam mais ou menos umas com as outras, não importa de que maneira (*Commentaire raisonné*, p. 61).

Mas, de facto, esta transformação (terminológica) não o satisfaz: este género de pesquisa das origens não lhe agrada particularmente. Quando a noção volta a aparecer no *Manual Clássico*, aparece sufocada no meio de uma lista das «causas ocasionais dos tropos», e ele não analisa senão a diferença de efeito produzido pelos nomes de ideia principal e ideia acessória.

> Não é raro que essas ideias acessórias impressionem muito mais fortemente a imaginação e nela estejam muito mais presentes do que a ideia principal; ou porque sejam em si mesmas mais joviais e agradáveis; ou porque sejam mais familiares ao nosso espírito e mais condizentes com os nossos gostos e hábitos; ou talvez porque despertem em nós recordações mais vivas, mais profundas ou mais interessantes (*Figures du Discours*, p. 160).

Esta enumeração heterogénea e pseudo-exaustiva basta para provar que a noção de ideia acessória já não obedece a nenhuma teoria.

Face a esta riqueza de pesquisa sobre os *fundamentos* dos tropos, as próprias *definições* do fenómeno são dececionantes (e, além disso, sempre iguais): adotando uma das teses que já fora rejeitada por Quintiliano, os retóricos do século XVIII identificam o sentido próprio com o sentido original (etimológico) e, portanto, identificam o tropo com o sentido derivado.

O sentido próprio de uma palavra é a primeira significação da palavra (*Des tropes*, p. 26). Elas [as palavras] são tomadas no sentido próprio, ou seja, segundo o seu primeiro fim (ainda Du Marsais, artigo «Figures», *Œuvres*, V, 263). A palavra é tomada no sentido próprio quando se emprega para suscitar no espírito a ideia total que a utilização primitiva teve intenção de lhe fazer significar... (Beauzée, «Mot», *Encyclopédie méthodique*, II, p. 570). O sentido próprio de uma palavra é aquele para o qual ela foi destinada primeiramente... (Beauzée, «Figure», *Encyclopédie méthodique*, II, p. 110). Uma palavra é tomada no sentido primitivo quando significa a ideia para a qual foi destinada primeiramente... (Condillac, *De l'art d'écrire*, p. 560; é certo que, aqui, «primitivo» substitui «próprio», o que é mais exato, mas faz que a afirmação seja tautológica).

Só Fontanier estabelecerá com clareza as distinções a que estamos habituados. À primeira vista, a sua definição é semelhante às precedentes:

> Os Tropos são determinados sentidos mais ou menos diferentes do sentido primitivo que apresentam, na expressão do pensamento, as palavras aplicadas a novas ideias (*Figures du discours*, p. 39).

Mas acontece que distinguira anteriormente o sentido primitivo e o sentido próprio, dando uma definição puramente sincrónica deste último:

> Para mim, uma palavra é tomada no *sentido próprio*, ou, se quisermos, como *própria*, todas as vezes que aquilo que ela significa não é particular e propriamente significado por nenhuma outra palavra que, em rigor, a pudesse substituir; como digo, todas as vezes que a sua significação, primitiva ou não, lhe é de tal modo habitual e vulgar que não poderíamos considerá-la como circunstância ou simples

> empréstimo, mas que, pelo contrário, podemos considerá-la, de certa maneira, forçada e necessária (*Commentaire raisonné*, pp. 44–45).

Segundo estas definições, o sentido *primitivo* opõe-se ao sentido *tropológico* [aos tropos], ao passo que o sentido *próprio* se opõe ao sentido *figurado* (voltaremos a este assunto a propósito da definição da figura); portanto, o sentido próprio não é necessariamente primitivo, e o tropo não é forçosamente uma figura: o par primitivo-tropológico funciona diacronicamente; próprio-figurado funciona sincronicamente ([9]). Esta rejeição do critério sincrónico na identificação do tropo (e, simultaneamente, a recusa de uma definição por substituição de significantes) está bem explícita nos textos de Fontanier:

> Aquilo que faz o *tropo* não é, como diz Du Marsais, o facto de substituir uma expressão própria, mas o ser tomado num sentido diferente do sentido próprio (do sentido próprio primitivo), o ser tomado num sentido indireto (*Commentaire raisonné*, pp. 218–219).

Por outro lado, o *mecanismo* linguístico dos tropos dá lugar a várias sugestões interessantes. Du Marsais tem consciência de que esse aparecimento do tropo está ligado a condições sintagmáticas particulares: uma palavra toma um sentido segundo, diz ele, «porque a unimos a outras palavras, com as quais, muitas vezes, ela não se pode juntar no sentido próprio» (*Des tropes*, p. 36); e, afirma ele adiante: «As palavras recebem o sentido metafórico apenas por uma nova união dos termos» (*Des tropes*, p. 161). Mas esta intuição sobre as condições linguísticas do nascimento dos tropos não será explorada de forma sistemática. Noutras alturas, o mesmo Du Marsais sugere outras formas que nos podem levar a descobrir a existência de um sentido segundo. Será, por vezes, o contexto linguístico ou, como ele diz, as «circunstâncias»:

> As circunstâncias que acompanham o sentido literal das palavras de que nos servimos para fazer uma alusão dão-nos a conhecer o facto de o sentido literal não ser aquele que pretenderam suscitar no nosso espírito, e facilmente descobrimos o sentido figurado que queriam fazer-nos entender (*Des tropes*, p. 252).

Outras vezes, são índices paralinguísticos que sugerem a necessidade de reinterpretar o enunciado:

> O tom de voz, e sobretudo o conhecimento do mérito ou desmérito pessoal de alguém e da maneira de pensar daquele que fala, levam-nos a entender a *ironia* com mais facilidade do que propriamente as palavras utilizadas (*Des tropes*, p. 199).

Du Marsais parece sugerir aqui uma tipologia dos índices do sentido figurado: estes podem situar-se nas próprias palavras, e, então, há uma incompatibilidade, uma impossibilidade de realizar a combinação (como na metáfora, exemplo de simbolismo lexical); ou no contexto, sintagmático ou de enunciação, que inclui o saber comum dos interlocutores, como na ironia e na alusão (exemplos de simbolismo proposicional). Mas, como é evidente, está muito longe de formular assim essa divisão. Beauzée não é muito mais exato: «O tropo nasce quando um termo se encontra associado a outros que o desviam necessariamente do sentido próprio para um sentido figurado» («Figure», *Encyclopédie méthodique*, II, p. 111). Nem o espírito de classificação de Fontanier é muito útil neste caso, porque ele parece não ter aflorado o problema senão de passagem. Ao falar de uma metáfora, pergunta:

> Como poderemos saber se *máscara* não deve, nesse caso, ser tomada como falso rosto de tela, de cartão, de cera ou de outro material qualquer? Porque tal sentido seria completamente ridículo e absurdo, e todas as circunstâncias do discurso fazem necessariamente supor outro (*Commentaire raisonné*, p. 52).

Em contrapartida, ao falar do sentido espiritual (por oposição ao sentido literal figurado), afirma que este nasce «das circunstâncias do discurso, do tom de voz ou da ligação das ideias expressas com aquelas que o não são» (*Figures du discours*, p. 59; tal enumeração é, de facto, canónica, desde Quintiliano, pelo menos no que respeita à ironia). Mas, uma vez mais, as duas sugestões não serão articuladas entre si.

Quanto à *classificação* dos tropos, Du Marsais limita-se a enumerá-los. As definições são, geralmente, tradicionais; a única articulação que parece ter chamado a sua atenção (fala dela várias vezes) é a que existe entre metonímia e sinédoque. Constata o seu parentesco e procura, ao mesmo tempo, distingui-las; os dois objetos ligados por contiguidade não têm existência autónoma na sinédoque, existindo, na metonímia, independentemente um do outro.

> Tanto numa como na outra figura há uma relação entre o objeto de que se quer falar e aquele de que utilizamos o nome; [...] mas, na metonímia, a relação existente entre os objetos é de tal ordem que o objeto cujo nome utilizamos subsiste independentemente daquele cuja ideia suscita, e não forma um conjunto com ele [...], ao passo que a ligação

> que existe entre os objetos, na sinédoque, supõe que esses objetos formam um conjunto como o todo e a parte; a sua união não é uma simples relação, é mais interior e mais independente... (*Des tropes*, pp. 130–131).

Condillac também é indiferente às classificações, e até dá a essa indiferença o valor de um princípio («Livrai-vos de conservar esses nomes — metonímia, metalepse, lítotes... na vossa memória», *De l'art d'écrire*, p. 561), o que não o impede de enumerar em seguida um grande número de figuras. O mesmo não acontece com Beauzée e Fontanier, partidários acérrimos das classificações.

Beauzée adota o ponto de vista de Du Marsais sobre a diferença entre sinédoque e metonímia, dando-lhe definições da sua lavra. «*Metonímia*. Tropo pelo qual uma palavra, em vez da ideia da sua significação primitiva, exprime outra que tem, com a primeira, uma relação de coexistência» («Métonymie», *Encyclopédie méthodique*, II, p. 547). «A sinédoque é um tropo pelo qual uma palavra, em lugar da ideia da sua significação primitiva, exprime outra, em virtude da subordinação que faz que uma esteja compreendida na outra» («Synecdoque», *Encyclopédie méthodique*, III, p. 478); notaremos que Beauzée, seguindo Cícero, distingue as duas sinédoques, parte pelo todo e espécie pelo género, a que dá os nomes de *física* e *categórica*). Mas o mais importante é que essa mesma diferença entre a coexistência e a subordinação, batizadas desta vez com os nomes de correspondência e conexão, será a base de uma classificação dos tropos, que comportará apenas uma terceira categoria do mesmo nível de generalidade — a semelhança:

> Eis os principais carateres gerais com que se podem relacionar os tropos. Uns são baseados numa espécie de similitude: é o caso da metáfora, quando a figura não recai

> senão sobre uma ou duas palavras; e da alegoria, quando domina toda a extensão do discurso. Outros são baseados numa relação de correspondência: é o caso da metonímia, à qual é preciso juntar ainda aquilo que inutilmente se designa por metalepse [o próprio Beauzée tinha-a considerado tão útil que, no artigo «Figure» dividia os tropos em quatro: semelhança, subordinação, coexistência e *ordem*, *Encyclopédie méthodique*, II, p. 109]. Outros ainda são baseados na relação de conexão: é o caso da sinédoque, com as suas dependências; e a antonomásia é apenas uma das espécies de sinédoque, designada sem vantagem por um nome diferente. Estejam atentos: tudo o que é verdadeiramente um tropo está compreendido numa destas três ideias gerais... («Tropes», *Encyclopédie méthodique*, III, p. 581).

Em nenhum momento Beauzée justifica a razão destas três únicas relações. Isso não impedirá Fontanier de adotar esta classificação, e de a aplicar fielmente no *Comentário Lógico* e no *Manual Clássico*.

Outra contribuição de Beauzée para a classificação dos tropos é a exclusão da catacrese ou tropo forçado (ex.: «as asas do moinho»). Catacrese e onomatopeia são, para Beauzée, dois processos da etimologia, permitindo um deles produzir o léxico abstrato, e o outro o concreto. A catacrese não pode ser colocada ao lado dos outros tropos, como um deles: é sobretudo a utilização comum que se faz de um tropo qualquer.

> Portanto, é evidente que a catacrese não é uma metáfora, nem uma metonímia, nem nenhum outro tropo: é, como disse, a utilização forçada de um dos tropos para exprimir uma ideia que não tem termo próprio, por um termo de outra ideia que tem qualquer relação com a primeira.

> Os tropos são os recursos da catacrese, pois ela copia-lhes os termos; mas a catacrese não é um tropo («Catachrese», *Encyclopédie méthodique*, I, p. 358). Uma metáfora, uma metonímia, uma sinédoque, etc., torna-se catacrese quando se emprega por necessidade, para substituir uma palavra própria que falte na língua. Por isso concluo que a catacrese é mais um aspeto sob o qual qualquer tropo pode ser considerado do que um tropo particular («Trope», *Encyclopédie méthodique*, III, p. 581).

Ainda neste ponto, Fontanier limitar-se-á a aplicar a lição de Beauzée.

A FIGURA, TEORIA E CLASSIFICAÇÕES

Du Marsais inicia o seu tratado com uma distinção entre duas definições da figura, que poderíamos resumir assim: a figura como desvio e a figura como forma. De facto, estas duas definições já eram referidas por Quintiliano, que, em vez de as opor, apresentava a segunda como restrição e precisão da primeira. Dizer que a figura é a forma de um enunciado é, segundo Quintiliano, insuficiente, porque então toda a linguagem seria figurada; portanto, é necessário completar esta afirmação, acrescentando que a figura é uma maneira de falar que se afasta da maneira simples e comum.

Du Marsais tem preferências opostas às de Quintiliano: escolhe a definição lata, preferindo-a à definição restrita. Os seus argumentos contra a ideia da figura como desvio são bem conhecidos: pouco ou nada o preocupam.

> As figuras estão muito longe de se afastarem da linguagem vulgar dos homens; muito pelo contrário, seriam as

> formas de falar sem figuras que dela se afastariam, se é que será possível fazer um discurso em que haja unicamente expressões não figuradas (*Des tropes*, p. 3).

Por conseguinte, opta pela definição da figura como forma, passando, além disso, pela comparação — já canónica na retórica latina — da linguagem com o corpo.

> *Figura*, no sentido próprio, é a forma exterior de um corpo. Todos os corpos têm uma certa grandeza; mas, para além desta propriedade geral, cada um deles tem ainda a sua figura e forma particulares, o que faz que cada corpo pareça, a nossos olhos, diferente de outro corpo: o mesmo acontece com as expressões figuradas... (*Des tropes*, p. 7).

O enunciado pode mudar de figura, mas nunca pode dispensá-la:

> Quando uma palavra é tomada noutro sentido, aparece então, por assim dizer, sob uma forma emprestada, sob uma figura que não é a sua figura natural... (*Des tropes*, p. 27).

Todos os corpos têm uma forma; pode concluir-se, como muito bem observara Quintiliano, que toda a linguagem é figurada? Du Marsais nunca faz esta pergunta, e este esquecimento provoca uma série de incoerências e de deslizes. Uma primeira reação seria a de se defender, afirmando que há muitas expressões não figuradas; mas ele não fornecerá meios que estabeleçam a diferença. Esta carência será dissimulada pela palavra «modificação»: entre todas as expressões, as figuras são aquelas que sofreram uma modificação; mas Du Marsais não precisa qual foi a matéria modificada. E, se a figura se define em relação à não-figura como a modificação feita a uma primeira expressão, não voltamos, embora sem o cariz pejorativo, à definição da figura como desvio?

Diz assim o texto de Du Marsais:

> Elas [as expressões figuradas] em primeiro lugar dão a conhecer aquilo que se pensa; têm, primeiro, essa propriedade geral que é comum a todas as frases e a todos os conjuntos de palavras e que consiste em significar alguma coisa em virtude da construção gramatical; mas, além disso, as expressões figuradas têm ainda uma modificação particular que lhes é própria, e é em virtude desta modificação particular que se considera determinada figura como uma espécie à parte. [...] As formas de falar, nas quais eles [os gramáticos e os retóricos] não notaram outra propriedade além da que nos dá a conhecer o que se pensa, chamam-se simplesmente frases, expressões, períodos; mas as que exprimem não apenas os pensamentos, mas também os pensamentos enunciados de uma forma particular que lhes dá um caráter próprio, essas, digo eu, chamam-se *figuras*, porque aparecem, por assim dizer, sob uma forma particular, e com esse caráter próprio que as distingue umas das outras e de tudo o que é apenas frase ou expressão (*Des tropes*, pp. 7–9).

É no fim deste capítulo que Du Marsais formula a sua definição:

> As *figuras* são formas de falar distintas das outras por uma modificação particular, que faz que se reduza cada uma delas a uma espécie à parte e que as torna ou mais vivas, ou mais nobres, ou mais agradáveis que as formas de falar que exprimem o mesmo pensamento básico sem terem outra modificação particular (*Des tropes*, pp. 13–14).

Nem toda a linguagem é figurada; existem frases que se limitam a significar, a dar a conhecer o pensamento; existem outras que acrescentam a esta propriedade geral a sua modificação particular, ou forma particular. Mas, quando nos deveria explicar qual é a verdadeira natureza da modificação, Du Marsais refugia-se numa explicação final, abandonando o terreno estrutural que até então pisara: a modificação figurativa é a que melhora as expressões não figuradas.

Du Marsais não quereria talvez dizer que as expressões não figuradas são mais «simples e comuns», nem que são preferíveis às figuras; no entanto, a dicotomia por ele formulada — vindo a figura modificar uma expressão que é a do pensamento puro — arrastá-lo-á para essa via. É que Du Marsais não está à altura de superar um dos paradigmas mais persistentes da cultura clássica ocidental, segundo o qual o pensamento é mais importante do que a sua expressão: assim como o espírito é mais importante que a matéria e o interior mais do que o exterior. Não é por acaso que diz que a diferença particular do tropo «consiste na maneira como uma palavra *se afasta* da sua significação própria» (*Des tropes*, p. 118, o sublinhado é meu); não é sem razão que põe a clareza do discurso acima de tudo (ora, o que haverá demais claro do que um discurso que «dá a conhecer o que se pensa»?): «Hoje [...] gosta-se daquilo que é verdadeiro, que instrui, que ilumina, que interessa e tem um objetivo razoável; e já não se encaram as palavras senão como signos nos quais nos detemos apenas para irmos diretamente àquilo que significam» (*Des tropes*, pp. 326–327). Mas, se os signos devem ser transparentes, como nos vamos aperceber do «caráter próprio» que distingue as construções trópicas? E como poderíamos apreciá-lo, se o ideal do discurso é essa clareza transparente? «Nunca seria demais repetir aos jovens que se deve falar e escrever apenas para ser entendido, e que a clareza é a primeira e a mais essencial qualidade do discurso» (artigo «Amphibologie», *Encyclopédie, Œuvres*, IV, p. 137).

A exterioridade — e, portanto, a inferioridade — da figura revela-se melhor nas comparações e tropos que se usam para falar dela. Du Marsais passa, sem qualquer dificuldade, da primeira imagem — a figura como corpo — para outra, que a acusa de caráter superficial e não necessário; é a da figura como vestuário, comparação que, como sabemos, acompanha a retórica desde o seu nascimento e que Du Marsais parece descobrir, por sua vez, com uma desconcertante frescura. As figuras «emprestam, por assim dizer, uma indumentária mais nobre a essas ideias comuns» (*Des tropes*, p. 34). Ele até constrói, sobre esse assunto, um verdadeiro «apólogo»:

> Imaginem, por um momento, uma multidão de soldados em que uns têm apenas o fato vulgar que tinham antes do seu recrutamento, e os outros estão vestidos com o uniforme do seu regimento: estes têm todos um fato que os distingue e que dá a conhecer a que regimento pertencem; uns estão vestidos de vermelho, outros de azul, branco, amarelo, etc. O mesmo acontece com os conjuntos de palavras que compõem o discurso; um leitor instruído relaciona determinada palavra, determinada frase, com determinada espécie de figura, se nela reconhece a forma, o signo, o caráter dessa figura; as frases e as palavras que não têm a marca de nenhuma figura particular são como os soldados que não têm a farda de nenhum regimento: não têm outras modificações senão as necessárias para dar a conhecer o que se pensa (*Des tropes*, pp. 10–11).

E, algumas linhas depois, Du Marsais acrescenta:

> Além das propriedades de exprimir os pensamentos, como todos os outros conjuntos de palavras, elas têm

ainda, se assim posso dizer, a vantagem da sua indumentária, quero dizer, da sua modificação particular, que serve para despertar a atenção, para agradar ou para sensibilizar (*Des tropes*, p. 11).

Esta página merece a nossa atenção por várias razões. Por um lado, testemunha que Du Marsais participa da ideologia retórica tradicional e, o que é mais importante, que o faz sem disso se aperceber. Ao mesmo tempo — e isto ilustra mais uma vez a fecunda incoerência tão característica de Du Marsais —, consegue subverter essa tradição dentro dela própria: todas trazem um vestuário (tanto as expressões figuradas como as não figuradas); além disso, o vestuário já não serve, como tinha servido sempre, para embelezar, mas para indicar a sua dependência; o vestuário é funcional e não ornamental. O que não é completamente certo é qual dos dois, Du Marsais ou a tradição, consegue subverter o outro, neste conflito de que ele obviamente não tem consciência.

É que, qualquer que seja a forma particular como Du Marsais manipula a comparação, esta tem, em si mesma, um sentido com o peso de dois mil anos, e que faz prevalecer a função essencialmente ornamental das figuras. Não nos admiraremos ao ver a poesia, lugar predileto das figuras, definir-se como discurso que diz «a mesma coisa» que um discurso não poético, mas de forma mais ornamentada. «O génio da poesia consiste em divertir a imaginação com imagens que, no fundo, se reduzem muitas vezes a um pensamento que o discurso vulgar exprimiria com mais simplicidade» (*Des tropes*, pp. 222–223). Aqui está como as figuras, sem serem verdadeiramente denegridas, se afastam da maneira simples de falar...

Estas contradições e incertezas vão conduzir à única evolução notável de Du Marsais, entre o seu tratado *Sobre os Tropos* e a exposição da teoria retórica nos artigos da *Enciclopédia*. No artigo «Figure», já não apresenta como sua a ideia segundo a qual qualquer expressão tem uma figura (forma), mas baseia-se na conceção da figura como desvio da expressão simples, conceção mais coerente, mas menos ambiciosa.

> *Figura*. Esta palavra vem de *fingere*, no sentido de *efformare*, *componere*, formar, dispor, compor. É neste sentido que Scaliger diz que a figura não passa de uma disposição particular de uma ou várias palavras. [...] Ao que podemos acrescentar: 1.º que essa disposição particular é relativa ao estado primitivo e, por assim dizer, fundamental das palavras ou das frases. Os diferentes desvios desse estado primitivo e as diferentes alterações que sofre constituem as diferentes figuras de palavras e de pensamento (*Œuvres*, V, p. 262).

Assim, as figuras não são mais do que desvios e alterações; não da maneira mais comum, mais frequente de se exprimirem, mas de um estado «fundamental» do discurso, sobre o qual Du Marsais pouco ou nada explica. No entanto, podemos adivinhar para onde se dirige o seu pensamento, ao lermos o artigo «Construction», que contém o essencial da sua ideia gramatical. A construção, ou estrutura sintática das frases particulares, também pode ser própria ou figurada:

> Esta segunda espécie de construção chama-se *construção figurada*, porque, com efeito, se reveste de uma figura, de uma forma, que não é a da *construção simples*. A construção figurada é, na verdade, autorizada pelo uso particular; mas já não é conforme à maneira de falar mais regular, ou seja, a esta construção completa e seguida de que primeiramente falámos (*Œuvres*, V, p. 17).

O simples é aqui interpretado como o *regular*; a figura opõe-se a uma regra, que também pode produzir coisas «completas» (se não há *elipse*) e «seguidas» (se não temos a *inversão*). A figura é, tanto como a não-figura, «autorizada pelo uso»; não se opõe ao uso (como pretendia a definição aceite por Quintiliano), mas à regra, e portanto à norma.

A definição de figura proposta por Du Marsais, depois de levada ao termo da sua própria lógica, já não se opõe à ideia da figura como desvio, é apenas uma variante (embora Du Marsais não chegue a formulá-la exatamente assim). Esta retratação e este fracasso relativo são devidos à incapacidade de Du Marsais sistematizar as suas próprias ideias.

Assim, entre as formulações que se encontram nos *Tropos*, há várias que apontam para outra solução da dificuldade inicial tal como tinha sido formulada por Quintiliano (pois todo o enunciado tem uma forma particular, tudo é figura, e portanto não existe nada que o seja). Por isso, Du Marsais cita, no próprio início do seu trabalho, vários exemplos de figuras.

> A antítese, por exemplo, distingue-se das outras formas de falar porque, neste conjunto de palavras que a formam, as palavras opõem-se umas às outras [...]. A apóstrofe é diferente das outras enunciações porque só na apóstrofe é que, de repente, se dirige a palavra a qualquer pessoa presente ou ausente, etc. (*Des tropes*, p. 8).

Percebemos todas as frases; e qualquer frase tem uma forma; no entanto, reconhecemos o «caráter próprio», ou seja, a qualidade de figura, em algumas delas: àquelas em que se dirige, *de repente*, a palavra a alguém, e não àquelas em que isso se faz lentamente e depois de uma preparação. Àquelas em que as palavras *se opõem* umas às outras, e não àquelas em que as palavras se assemelham ou simplesmente diferem. Porquê?

O que faz que certas formas sejam percetíveis e outras não, que se «reconheçam» aqui as figuras e ali não? Du Marsais parece voltar a esta questão muitas páginas depois:

> Como as figuras são apenas formas de falar que têm um caráter particular a que se deu um nome, e, além disso, qualquer espécie de figura pode variar de muitas formas diferentes, é evidente que, se se chegar a observar cada uma dessas formas e a dar-lhes nomes particulares, teremos outras tantas figuras (*Des tropes*, p. 253).

Esta frase é importante. A figura não é uma propriedade que pertence, intrinsecamente e fora de qualquer contexto, às frases: qualquer frase é potencialmente figurada, nela não encontraremos, portanto, nenhum critério discriminatório. Mas podemos «observar» a forma de certos enunciados e não a de outros. Du Marsais não põe em causa a origem desta diferença (que, entretanto, está mais na nossa atitude em relação às frases do que nas próprias frases), mas dá-nos um índice para a reconhecermos: é o facto de certas figuras terem nome e outras não. Ao dar um nome à figura, institucionalizamo-la; mas a instituição, representada aqui pela existência do nome, obriga-nos a aperceber certas formas linguísticas, e permite-nos ignorar outras. Existe portanto, em gérmen, na exposição de Du Marsais, uma segunda interpretação da figura como forma: ela não se desvia da regra, mas obedece a outra regra, já não linguística, mas metalinguística, e portanto cultural. Uma expressão é figurada quando sabemos aperceber a sua forma; ora, este saber é-nos imposto por uma norma social, representada pela existência de um nome para a figura. Paulhan, ao comentar Du Marsais, já tinha notado esta consequência paradoxal: «É o mesmo que dizer que as figuras têm como única característica as reflexões e a investigação seguidas pelos retóricos em relação a elas...» (*Œuvres complètes*, t. II, «Traité des figures», p. 229). Toda a linguagem é potencialmente figurada, porque, teoricamente, é possível aperceber a forma de qualquer enunciado; no entanto, não é uma propriedade omnipresente e, por conseguinte, não pertinente; dizer que uma expressão é figurada não é uma tautologia, porque em cada momento podemos apenas aperceber a forma de certos enunciados e não a de todos. A noção de figura não é pertinente a nível linguístico: mas volta a encontrar todo o seu sentido ao nível da perceção da linguagem. Um enunciado torna-se figurado quando o consideramos em si próprio.

Tentemos resumir este percurso. Du Marsais rejeita a ideia da figura como desvio, para a substituir pela da figura como forma. Mas perante as dificuldades que esta definição suscita, e não querendo enfrentá-las, proporciona matéria para duas interpretações da sua posição inicial, sem no entanto conseguir formular nenhuma delas: 1. a figura é de facto um desvio, desta vez não em relação ao uso, mas a uma regra abstrata; 2. a figura é forma, mas não qualquer forma: somente aquela que, graças a uma convenção social, representada pela existência de uma denominação, é percetível como tal pelos utentes de uma língua.

Destas duas saídas possíveis de um impasse inicial, o herdeiro direto de Du Marsais, Beauzée, escolherá decididamente a primeira — formulando-a com uma clareza que não encontramos em Du Marsais e concedendo-lhe uma maior extensão. Como o sentido derivara da significação por meio da figura, opondo-se a forma empírica à ideia abstrata, assim também qualquer construção, ou estrutura gramatical observável, é produzida pela figura a partir de uma sintaxe abstrata e universal. Qualquer frase particular é figurada precisamente por ser particular; só a estrutura abstrata, comum a várias frases aparentadas, é desprovida de figuras. Na linguagem da gramática transformativa, que aqui parece impor-se, «figura» seria substituída por «transformação»; qualquer frase de superfície é derivada por transformação (por figura) a partir de uma estrutura profunda. Eis como se formula esta ideia na linguagem de Beauzée:

> Como a figura, no sentido primitivo e próprio, é a determinação individual de um corpo pelo conjunto das partes sensíveis do seu contorno, assim uma figura de linguagem é a determinação individual de um corpo pelo traçado particular que a distingue de outras locuções análogas. Em todas as línguas, o uso e a analogia decidiram sobre o material da dicção, o sentido primitivo e as formas acidentais das partes da oração, as regras de sintaxe convenientes a este primeiro capital preparado pelo génio da língua; aqui está, por assim dizer, a forma universal da linguagem, que é a mesma em todos os discursos, mas que, apesar disso, sofre em cada um diversas modificações particulares, que nunca deixam aperceber sob o mesmo aspeto esta forma primitiva. Todos os homens têm uma forma comum a toda a espécie, e todos se assemelham nessa conformação geral: mas, se compararmos os indivíduos, que variedade! quantas diferenças! nenhum é semelhante a outro; a forma é sempre a mesma, mas todas as figuras são diferentes. O mesmo acontece numa língua com as locuções: todas estão sujeitas a uma forma geral que é inalterável na língua, mas cada uma delas tem, se assim posso dizer, uma fisionomia própria, que resulta da diferença das figuras modificadoras da forma comum; essas figuras são como as que caracterizam os indivíduos entre os homens — anunciam a alma e retratam-na («Figures», *Encyclopédie méthodique*, II, p. 108).

A «forma geral» e abstrata manifesta-se necessariamente num estado figurado. A posição de Beauzée é extraordinária e perfeitamente coerente: ao contrário de Du Marsais, não considera aqui a existência de «construções» não figuradas, cuja estrutura manifesta seria um reflexo fiel da estrutura subjacente, o que o leva a dizer: «Haverá um meio de falar sem figuras?» (*ibid.*, p. 111). Na sua *Gramática Geral*, no entanto, aproxima-se mais do seu predecessor. Empenhado num debate contra Batteux, para o qual o que é figura numa língua pode não o ser noutra, Beauzée objeta: existe uma forma geral comum a todas as línguas, que por isso merece ser qualificada de «natural»; uma frase real pode ser representada por essa forma geral sem modificações; mas, logo que haja modificação, existe figura, seja qual for a língua em questão, e também seja qual for o uso habitual.

> Uma *figura*, na linguagem, é, portanto, uma locução afastada, não da matéria vulgar e usada na prática, mas da maneira natural de converter as mesmas ideias seja em que idioma for; de maneira que, vulgarmente, o que é figura num idioma também o será noutro qualquer... (p. 546).

Entre as duas vias, sugeridas mas não formuladas por Du Marsais, Beauzée escolhe, em teoria, a primeira. E, no entanto, mais uma vez, ao dar exemplos de figuras ou ao tentar a classificação, não pensa, como todos os que o precederam, senão nas figuras inventariadas pela tradição retórica — nas figuras que já têm um nome. Não estaria nisso a prova de que a segunda resposta poderia ser a mais eficaz? A teoria de Beauzée é irrepreensível do ponto de vista do interior; talvez porque dê o nome de figura a um fenómeno muito mais vasto do que aquele que vulgarmente assim se denomina (à manifestação linguística, por oposição à forma abstrata e universal); esta extensão de nome é tão pouco justificada que o próprio Beauzée não consegue sustentá-la.

Em Beauzée, a necessidade de uma noção da figura desaparece, já que a figura se identifica com a forma linguística manifesta; desaparece por superextensão: todo o significante é figurado. Em Condillac, observa-se um desaparecimento comparável, mas distinto: é obtido por uma operação sobre o significado. Lembremo-lo mais uma vez: para a retórica tradicional, existe uma forma de falar não figurada, em que nos limitamos a comunicar um pensamento, e figuras, que acrescentam a esse pensamento uma matéria heterogénea, sentimentos, imagens, ornamentos. A existência da figura baseia-se na convicção de que duas expressões, uma com e outra sem imagem (sentimento, etc.), exprimem, como dizia Du Marsais, «o mesmo campo de pensamento». Assim, basta abolir a diferença qualitativa entre pensamento e sentimento para que desapareça por sua vez a diferença entre a expressão do pensamento e a expressão dos sentimentos. Essa será precisamente a via (esboçada já na *Lógica* de Port-Royal e nos textos do padre Lamy) que Condillac seguirá. Mais exatamente, sem apagar a diferença entre pensamentos e sentimentos, vai prescindir da diferença entre expressão própria e expressão figurada, entendendo que cada uma será a expressão própria de um significado diferente: os sentimentos deixam de ser um apêndice para passarem a ser considerados como matéria para significar, que tem os mesmos direitos que a outra.

Condillac, logo ao princípio, faz uma distinção que estava igualmente presente nos textos de Beauzée, mas sem anunciar uma doutrina: a distinção entre sentido próprio e termo próprio.

> Os mestres de retórica chamam tropos às palavras que recebem outro sentido, e por isso chamam nomes próprios às que são entendidas num sentido primitivo; mas devemos notar que existe uma certa diferença entre o nome próprio e a palavra própria. Quando se diz que um escritor emprega sempre a palavra própria, não queremos dizer que dê sempre às palavras a sua significação primitiva, o que se pretende dizer é que as palavras de que se serve traduzem perfeitamente todas as suas ideias: o nome próprio é o nome da coisa; a palavra própria é sempre a melhor expressão (*De l'art d'écrire*, p. 560).

O que interessa a Condillac não é, portanto, o próprio, que se opõe ao figurado, mas o apropriado, que o absorve. A noção de apropriado está longe de ser estranha à retórica clássica, é até esse sentido de «próprio» que Quintiliano utiliza por necessidade — sem no entanto deixar de tirar a conclusão que se impõe, ou seja: o figurado não se opõe ao próprio (e, logo, não pode ser definido por isso); «As metáforas justas também se chamam próprias» (*Instituição Oratória*, VIII, 2, 10). Mas, se Quintiliano tivesse aplicado este princípio com perseverança, todo o seu estudo sobre os ornatos (riqueza de expressão, de estilo) não teria existido. É também isso que vai acontecer a Condillac: consequente consigo próprio, acaba por eliminar a noção de figura.

Portanto, o que se procura é «a melhor expressão»: seja qual for a natureza do sentido visado, há sempre uma expressão melhor que todas as outras. Condillac di-lo-á mais uma vez, muito explicitamente, na introdução à *A Língua dos Cálculos* [*Langue des calculs*] (II, p. 419):

> Diferentes expressões representam a mesma coisa sob diferentes conexões, e os pontos de vista, ou seja, as

> conexões sob as quais consideramos uma coisa, determinam a escolha que devemos fazer. Assim, a expressão escolhida é aquilo a que chamamos o termo próprio. Entre várias há sempre uma que merece a preferência...

Reciprocamente, uma expressão — mesmo figurada — nunca se deixa traduzir sem perda: ela diz o seu significado melhor que nenhuma outra. A variedade já não está, como ainda acontecia na teoria de Du Marsais, entre várias expressões de um mesmo pensamento, mas nos próprios pensamentos: a cada significado corresponde idealmente um único significante; portanto, não podemos traduzir nem reduzir as figuras. Mas, se a diferença estiver entre os únicos significados, a figura não é mais do que o reflexo de um conflito que se processa noutro local; perde toda a importância e não merece ser distinguida. Condillac atinge assim uma conceção funcional — e não ornamental — da retórica, de que não sabemos ao certo se será a que precede Quintiliano ou a que se segue a Fontanier... Em todo o caso, estando cronologicamente no interior do período clássico, Condillac é, pelo menos sob certos aspetos, conceptualmente estranho a esse período.

Vejamos alguns exemplos da maneira como ele considera as figuras.

> Existe para cada sentimento uma palavra própria para despertar essa ideia. [...] Um sentimento exprime-se melhor quando nos apoiamos fortemente nas razões que em nós o produzem. [...] Os pormenores de todos os efeitos de uma paixão são ainda a expressão dos sentimentos. [...] A interrogação também contribui para a expressão dos sentimentos; parece ser o rodeio mais próprio para fazer censuras (*L'art d'écrire*, pp. 572–573).

A figura é a expressão própria (e única, insubstituível) deste ou daquele sentimento. As interrogações são convenientes para as censuras; para a paixão em geral, convém a parte pelo todo (sinédoque) ou a causa pelo efeito (metonímia). Ou ainda:

> Para escrever com clareza, temos muitas vezes de nos afastar da subordinação em que a ordem direta coloca as ideias [...]. Esta lei que determina a clareza é ditada ainda pelo caráter que se deve dar ao estilo, segundo os sentimentos que experimentamos. Um homem agitado e um homem tranquilo não dispõem as suas ideias pela mesma ordem [...]. Ambos obedecem à maior ligação das ideias, e, no entanto, cada um segue construções diferentes (*De l'art d'écrire*, p. 576).

Numa retórica tradicional, dir-se-ia que a ordem direta serve para instruir e favorece a clareza; a inversão serve para sensibilizar e agradar e contribui para a beleza. Em Condillac, tudo isto se perturba: a inversão pode servir a clareza, se o homem que se descreve (ou que fala) está agitado. As palavras deixam de ter três funções para terem uma única: em vez de instruírem, sensibilizarem e agradarem, apenas significam; somente as coisas significadas variam entre si. A norma absoluta da retórica ornamental é substituída pelo relativismo de «o que é apropriado»: há tantas verdades como indivíduos e casos particulares.

Vale a pena notar aqui que esse relativismo retórico leva Condillac a formular uma estética literária também relativista, em que a noção clássica e unificadora de *natureza* será substituída pela noção, plural, de *géneros* (é o famoso capítulo V da quarta parte de *A Arte de Escrever*).

> Supomos que o natural é sempre o mesmo... [De facto], de todas as vezes que os géneros diferem estamos com disposições diferentes e, consequentemente, julgamos segundo

> regras diferentes (p. 602). O natural consiste, pois, na facilidade que temos em fazer uma coisa... (p. 603). De um modo geral, basta observar que na poesia como na prosa há tanto de natural como de géneros. [...] Parece-me assim demonstrado que o natural próprio à poesia e a cada espécie de poema é um natural de convenção que varia demasiado para que possa ser definido... (p. 611).

Esta recusa da norma universal, da verdade absoluta, aplica-se à própria noção de literatura: esta não existe, ou, antes, só existe no interior de contextos históricos específicos. «Tentar-se-ia em vão descobrir a essência do estilo poético: este não tem essência» (p. 606). Decididamente, a época a que pertence Condillac, mais do que a que precedeu Quintiliano, é a que se seguirá a Fontanier.

Só falta examinar a teoria da figura segundo este último; o que nos faz retroceder na história conceptual, mas não na subtileza da análise. Como Du Marsais, mas de forma mais clara, Fontanier apresenta uma dupla definição, estrutural e funcional: a figura define-se ao mesmo tempo por aquilo que é e por aquilo que faz. E, se Fontanier não faz inovações quanto aos efeitos das figuras, afasta-se de Du Marsais na definição estrutural, escolhendo a segunda das vias frequentemente utilizadas, a do desvio, mas tentando dar-lhe uma precisão que ela não conhecera antes. Refutando a objeção de Du Marsais, segundo a qual as figuras são tão comuns como as não-figuras, escreve:

> Isso não impede que as figuras não *se afastem*, num certo sentido, *da maneira simples*, da *maneira vulgar e comum de falar*. Afastam-se dela neste sentido: poderíamos substituí-las por algo de mais vulgar e mais comum; e ainda neste outro sentido: apresentam algo de maior efeito, de mais nobre, de mais

> vivo, de mais pitoresco; algo de mais forte, mais enérgico, ou mais gracioso, mais amável (*Commentaire raisonné*, pp. 3–4).

A mesma dupla definição será formulada no seu próprio tratado:

> As figuras do discurso são os traços, as formas ou os rodeios mais ou menos notáveis e de um efeito mais ou menos feliz, pelos quais o discurso, ao exprimir as ideias, os pensamentos ou os sentimentos, se afasta mais ou menos do que teria sido a expressão simples e comum (*Figures du discours*, p. 64).

A duplicidade estrutural-funcional — de que Fontanier saberá servir-se — não está unicamente presente nesta definição; há outra, no seio do próprio estrutural, e representa-se nestes dois termos: simples (ou vulgar) e comum. Os dois não coincidem forçosamente: o simples depende de um critério qualitativo; o comum, do quantitativo. Esta ambiguidade deu até origem, nos nossos dias, a uma controvérsia entre os intérpretes de Fontanier. Mas, de facto, o seu texto é bastante claro: a expressão que se «poderia substituir» à figura deve ser, antes de tudo, mais simples, mais direta, a frequência não desempenha aqui uma função discriminatória. Embora a fórmula «mais ou menos» apareça três vezes na definição da figura, a diferença entre esta e a não-figura é de tudo ou nada, e não de mais ou menos: a expressão simples e direta existe ou não existe, e, se não existisse, a figura já não seria o resultado de uma escolha; ora, não existe, para Fontanier, figura obrigatória:

> As figuras [...], por mais comuns que sejam e por mais familiares que o hábito as tenha tornado, não podem merecer e conservar o seu título de *figuras* senão quando são

usadas livremente, e não sejam de alguma forma impostas pela língua (*Figures du discours*, p. 64).

A figura baseia-se na existência ou não de uma expressão direta. Esta alternativa é traduzida por Fontanier o melhor possível, numa oposição que encontra no seio dos tropos: a que existe entre catacrese e figuras. Lembramo-nos de que, já para Beauzée, a catacrese não era um tropo como os outros, mas uma utilização de todos os tropos. Fontanier dá agora um nome ao outro aspeto, complementar, dos tropos: é, justamente, a figura. Os tropos definem-se pela mudança de sentido, o que, em si, não é uma figura. Mas podem, além disso, ser utilizados de duas maneiras: para suprir as faltas da língua (utilização catacrética) ou para substituir expressões diretas já existentes: e é somente aqui que nasce a figura. O tropo é um significante que tem dois significados: um primitivo, o outro trópico; a figura pressupõe um significado que pode ser designado por dois significantes: um próprio, outro figurado. Poderíamos esquematizar assim a diferença dessas relações, e a natureza complexa do tropo-figura:

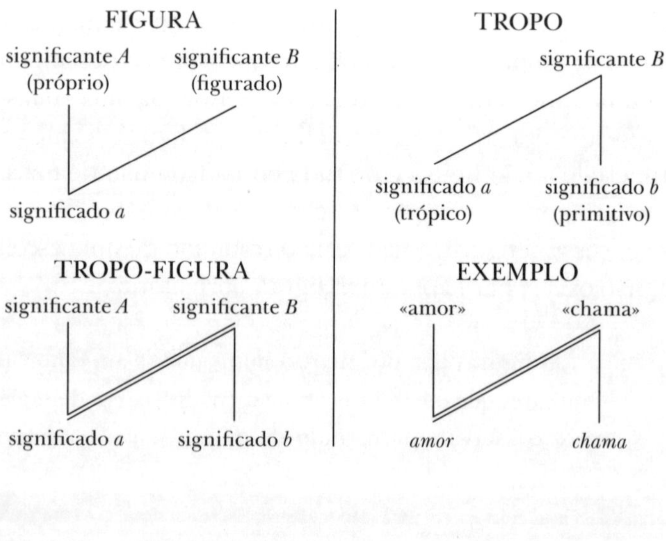

O tropo torna-sc figura graças à relação que se estabelece entre o significado *a* e o significante *B*; é necessário que o sentido *a* da palavra *B* tenha o seu nome direto *A*, e que a palavra *B* tenha um sentido próprio *b* para que *B* seja um tropo-figura (metáfora, sinédoque, etc.); tropos e figuras são conjuntos em interseção.

Outra maneira de representar essa relação seria a seguinte (em que já não se trata de relações entre significantes e significados, mas de subdivisões no seio das classes):

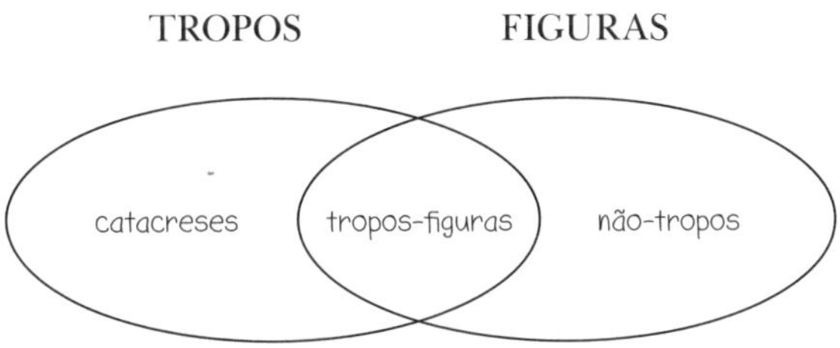

Fontanier formula estas duas distinções em passagens separadas da sua exposição. Eis o que diz sobre a subdivisão dos tropos.

> Ou os tropos oferecem um sentido figurado numa só palavra, ou oferecem apenas um sentido puramente extensivo. No primeiro caso, são verdadeiras figuras [...]. No segundo caso podemos chamar-lhes *catacreses*... (*Figures du discours*, p. 77).

E agora a outra subdivisão, entre figuras não-tropos e tropos:

> Nas figuras de palavras [...], ou as palavras são tomadas num *sentido próprio* qualquer, ou seja, numa das suas significações habituais e vulgares, primitivas ou não, ou

> são tomadas num *sentido desviado*, diferente do sentido próprio, ou seja, numa significação que se lhe empresta de momento, e que não passa de puro empréstimo (*Figures du discours*, p. 66).

Notaremos, de passagem, que a figura-tropo não existe, segundo Fontanier, senão no discurso, no interior de um enunciado particular (também insiste nisto noutra obra: «O *sentido figurado* não existe nunca senão a título de empréstimo e só pertence à palavra pela própria circunstância que a levou a obter o empréstimo», *Commentaire raisonné*, p. 385).

É, na verdade, numa relação de tudo ou nada que se baseia a figura, e não de maior ou menor frequência, como Fontanier não deixa de lembrar a propósito de diversos exemplos:

> Esta sinédoque, ao perder esse valor que recebia da sua novidade, não perdeu, no entanto, todo o seu caráter de figura, e não devemos considerá-la como uma *catacrese*, pois a ideia que dela faz o seu objeto poderia ainda ser expressa pelo signo próprio e particular ao qual estava ligada na origem... (*Commentaire raisonné*, p. 54).

Na verdade, existe uma passagem do *Comentário* em que julgamos encontrar uma interpretação da figura que parece seguir o sentido oposto:

> Poderíamos provar com mil exemplos que as figuras mais importantes de início deixam de ser olhadas como figuras quando se tornam inteiramente comuns e usuais (pp. 5-6).

Mas deveríamos talvez dar mais atenção à expressão utilizada por Fontanier: «deixam de ser *olhadas* como figuras» — e não «deixam de ser figuras». O uso, a frequência faz que deixemos de pensar no caráter figurativo da figura — mas não é eliminado por isso.

Mesmo quando a sua definição da figura é qualitativa, Fontanier não é indiferente ao problema da maior ou menor frequência. A prova é que, por seu turno, retoma inteiramente a distinção, proposta pelo abade de Radonvilliers, entre tropos usuais e tropos inventados (poderia aplicar-se a mesma subdivisão às figuras):

> Atualmente, alguns tropos — talvez a maior parte, os mais conhecidos, os que não têm nenhum caráter de novidade — estão ligados à própria base da língua, enquanto os outros, em menor número, não estão de modo algum dependentes dela, ou porque sejam ainda muito recentes, ou porque não sejam defendidos senão pela autoridade do escritor que os criou. Ora, não estará aí uma diferença suficientemente essencial para que dela façamos o assunto e o fundamento de uma distinção? Chamemos aos primeiros *tropos usuais* ou *tropos da língua* e aos segundos *tropos inventados* ou *tropos do escritor* (*Figures du discours*, p. 164).

Diferença «suficientemente essencial», mas apesar disso subordinada à que existe entre figura e não-figura.

A falta de palavra própria para evocar o sentido da catacrese faz desaparecer aqui a possibilidade de calcular o desvio entre palavra própria e palavra figurada, e, portanto, anula assim a figura. O mesmo acontece com outro grupo de figuras, classificadas habitualmente entre as de pensamento, que não são verdadeiras figuras, segundo Fontanier, pois não existe nenhuma expressão própria (mais «própria» do que elas) com a qual as possamos comparar.

> Seria então o objeto particular da linguagem, ou o sentimento, a paixão que a linguagem exprime, que constituiria aqui a figura? Mas, nesse caso, existiriam tantas figuras novas como sentimentos ou paixões diferentes, ou as diversas maneiras como os sentimentos e as paixões se podem manifestar (*Figures du discours*, pp. 434–436).

Se, para que haja figura, bastasse que o significado fosse um sentimento, ou uma paixão, a noção de figura perderia o seu interesse: eis o raciocínio de Condillac e Fontanier, tomando, a partir dele, posições opostas: um vai abolir a figura, o outro tenta estabilizá-la. «Diremos que estas são *figuras de pensamento*?» Mas, para que haja figura, é necessário que haja desvio: aqui, por exemplo, entre aquilo que as palavras parecem dizer e o que elas dizem na realidade, entre a sua verdade e a sua falsidade — que seria a expressão imprópria de um significado sempre idêntico a si próprio. Ora, isso não acontece com as pseudofiguras eliminadas, por essa razão, por Fontanier. «Esses sentimentos enunciados com tanta força e energia poderão não ser sinceros e verdadeiros?» (*Figures du discours*, p. 435).

Esta é a teoria de Fontanier; resta-nos averiguar agora se a sua própria prática está em conformidade com ela, se as figuras são sempre identificadas por oposição a uma expressão simples e direta. Para isso teremos de analisar as diferentes classes de figuras estabelecidas por Fontanier, e de que em breve observaremos a articulação. A comparação preconizada entre as formas «própria» e «figurada» é relativamente fácil (embora não seja sempre reveladora) para algumas formas (se bem que hoje, de certo modo, nos repugne fazê-la): assim acontece com os tropos, própria e impropriamente ditos; e também quanto às figuras de dicção, em que é a forma fónica das palavras que é alterada, ou ainda quanto às figuras de construção, em que a sintaxe da língua deixa de ser respeitada. Podemos notar desde já que estes dois primeiros casos não são de modo algum semelhantes: só os tropos e as figuras de dicção se afastam de outra expressão tão particular e concreta como a expressão figurada; as figuras de construção afastam-se mais de uma regra da língua (são figuras, no sentido de Beauzée) do que de uma expressão. Fontanier não deixa de o notar:

> Enunciar ou omitir o que a gramática e a lógica pareceriam rejeitar por ser supérfluo ou exigir por ser necessário, ou enunciá-lo numa ordem completamente diferente da que elas pareceriam indicar ou prescrever: aí está o que produz essas figuras... (*Figures du discours*, p. 453).

Mas onde as coisas se apresentam verdadeiramente diferentes é nas três classes de figuras que restam, em que Fontanier esquece por completo a sua definição da figura como desvio de uma expressão própria e tem de recorrer à segunda metade da sua definição inicial: à metade funcional. As figuras pertencentes a essas classes são figuras porque tornam o discurso melhor!

> É a escolha, a harmonia das palavras e o seu emprego mais ou menos feliz na frase que produzem as *figuras de elocução* (*Figures du discours*, p. 224). As *figuras de estilo* diferem das figuras de elocução porque se estendem à expressão de um pensamento completo e consistem num conjunto de palavras que, se não constitui uma frase completa, pelo menos preenche uma boa parte dela, e uma parte essencial. O que as caracteriza é uma vivacidade, uma nobreza ou uma graça que elas dão a qualquer expressão, seja qual for o seu sentido, figurado ou não figurado (p. 226). As verdadeiras

> *figuras de pensamento* devem consistir de tal modo na habilidade da imaginação e na maneira particular de pensar e de sentir que, se as palavras por que são conhecidas se modificarem, não possam continuar a ser as mesmas quanto ao fundo (p. 228).

Ou então:

> Quer o sentido seja ou não de empréstimo, seja simples ou duplo, direto ou indireto, vede na expressão total do pensamento como é admirável e pouco vulgar o seu caráter de beleza, de graça ou de força! (*Figures du discours*, p. 280).

Se afastarmos as justificações funcionais (a felicidade e a nobreza, a beleza e a graça do discurso...), ficamos com definições que não podemos, de modo nenhum, relacionar com o princípio geral. Onde está o desvio, se *escolhemos* as palavras? A definição das figuras de pensamento aqui proposta conduz-nos diretamente ao ponto de partida de Du Marsais: as figuras são formas ou rodeios particulares... Se se quiser, em absoluto, que a figura continue a opor-se a outra expressão, teremos de dizer que ela se desvia de outro enunciado em que, embora todo o resto continuasse idêntico, estaria ausente. Mas vemos logo que é uma solução falsa: as duas oposições não têm o mesmo sentido, passa-se de uma relação de contrários para uma relação de contraditórios. No tropo-figurado, uma expressão desvia-se de outra expressão; em «a figura de elocução» (como a repetição, ou a gradação, ou o poliptoto), uma expressão desvia-se da sua própria ausência, de tudo o que não é ela. Mas não existe nada no mundo, particularmente nenhuma expressão linguística, que não se possa opor à sua ausência: tal definição de figura não tem sentido.

Temos, portanto, de nos render à evidência: não podemos, simultaneamente, aceitar a teoria e a prática de Fontanier, a sua definição da figura e a sua lista das figuras. Em suma, situação muito parecida com a que observamos no caso de Beauzée. Tanto uma teoria como a outra são perfeitamente coerentes em si mesmas (o que não acontece com a de Du Marsais); mas o respetivo criador não consegue servir-se dela e recorre, na prática, a outra definição da figura, nunca formulada, que o leva, enfim, a considerar sempre a mesma lista de figuras: precisamente aquela que lhe legou a tradição. Assim, voltando a Du Marsais, as figuras não eram mais do que aquilo que tem o nome de figura...

Devemos dizer agora algumas palavras sobre as *classificações das figuras*. Du Marsais propõe o seguinte agrupamento (*Des tropes*, pp. 14–17):

- figuras
  - de pensamentos
  - de palavras
    - de dicção
    - de construção
    - figuras como a repetição
    - tropos

A primeira oposição é um lugar-comum da tradição retórica; a divisão ulterior está mal argumentada e é pouco explícita; particularmente estranha é a terceira classe considerada, de que Du Marsais se limita a dizer que nela «as palavras conservam a sua significação própria» (*Des tropes*, p. 16), o que é, entretanto, a característica de todas as figuras que não são tropos. As coisas não melhoraram na época em que escreveu o artigo «Figura», da *Enciclopédia*; eis a descrição dessa misteriosa classe:

> A quarta espécie de figuras de palavras corresponde às que não poderíamos incluir na classe dos tropos, porque

> nela as palavras conservam a sua primeira significação: também não podemos dizer que são figuras de pensamento, pois são figuras apenas por causa das palavras e das sílabas e não por causa do pensamento, ou seja, têm essa configuração particular que as distingue das outras maneiras de falar... (*Œuvres*, VI, p. 266).

Diante de tal «definição», parece-nos preferir a atitude mais franca de Condillac, que se preocupa ainda menos com a classificação e com a enumeração das figuras do que com as dos tropos: «Os mestres da retórica distinguiram muitas espécies de figuras; mas, Monsenhor, são completamente inúteis, e eu recusei-me a entrar em tais pormenores» (*De l'art d'écrire*, p. 579).

Beauzée divide as figuras em cinco grupos (no artigo «Figure», *Encyclopédie méthodique*, II, e no «Tableau méthodique», no fim do terceiro volume):

figuras {
- de dicção
- de sintaxe
- de discurso (tropos)
- de elocução
- de estilo

O número de grupos é igual ao que encontráramos em Du Marsais, e as classes quase se correspondem (o estilo recobre os «pensamentos», e «elocução» é o nome da classe anónima de Du Marsais). É preciso acrescentar que: 1. Beauzée tenta juntar a cada uma destas formas linguísticas um domínio afetivo ou estético (por ordem: eufonia, energia, imaginação, harmonia, sentimento); 2. dentro de cada um dos grupos, procede a subdivisões ulteriores cujos princípios parecem mais claros: trata-se, habitualmente, de pares binários como «adição-subtração» ou «união-desunião», etc.

Fontanier dedica mais espaço às classificações, e modifica-as ligeiramente em cada exposição; orgulha-se dessas classificações — o que se verifica nesta declaração falsamente modesta, que se segue à apresentação de outras tentativas de classificação:

> Portanto, é mais conveniente mantermos a classificação decididamente simples, natural, exata, luminosa e completa que temos adotado. Quanto não será preferível às outras!? E como a espécie de comparação indireta que acabamos de fazer com as outras faz sobressair as suas vantagens! (*Figures du discours*, p. 459).

Essa tão gabada classificação é a seguinte:

- Figuras
  - de palavras
    - tropos
      - de significação
      - de expressão
    - não-tropos
      - de dicção
      - de construção
      - de elocução
      - de estilo
  - de pensamentos

Como vemos, este quadro é mais complexo que os precedentes. Encontramos aqui as cinco classes de Beauzée, mas os tropos são subdivididos em duas espécies, e as figuras de pensamento destacam-se de novo das figuras de estilo. Além disso, introduz-se uma certa hierarquia, como testemunham as categorias intermédias, palavras-pensamento, e tropos-não-tropos. Por fim, e isto é o mais importante, Fontanier é o primeiro a procurar justificar a sua classificação, a explicar porque só existem estas classes e quais são as suas relações mútuas. Mas também não desenvolve muito este problema.

Uma das categorias que utiliza nesta articulação é a dimensão do segmento linguístico pertinente: é o que permite opor as figuras de significação (palavra) às figuras de expressão (proposição), as figuras de elocução às figuras de estilo (mesmo critério); e, por fim, as figuras de dicção às figuras de construção. Outra oposição, entre significante e significado, parece intervir várias vezes. As figuras de dicção e de construção estão relacionadas com a *materialidade* da linguagem (cf. *Figures du discours*, p. 453); nisso se opõem às outras figuras não-tropos. Isto permitiria organizar as diferentes classes de figuras de palavras não-tropos numa matriz lógica:

	PALAVRA	PROPOSIÇÃO
significante	dicção	construção
significado	elocução	estilo

Mas a mesma categoria intervém ainda de outra forma: para que haja figura, só o significado parece ser necessário, ou o significado e o significante (é a oposição tradicional entre figuras de pensamento e de palavras). O que permitiria articular as relações entre as três restantes classes de figuras:

	PALAVRA	PROPOSIÇÃO
significante e significado	significação	expressão
somente o significado		pensamento

Temos de reconhecer que tudo isto fica em estado embrionário e pouco explícito. Os retóricos estão sempre a classificar; mas classificam mal, ou então não sabem explicar as suas classificações.

REFLEXÕES FINAIS

Será agora altura de voltar à segunda das perspetivas anunciadas no início desta análise: depois de relembrarmos os debates teóricos, vamos interrogar a sua significação histórica.

Em primeiro lugar, deparamos com duas — e não uma única — tradições distintas. A primeira é representada por Du Marsais, Beauzée e Fontanier (embora existam entre eles diferenças importantes); a segunda, só por Condilac —, mas ele está ligado a certas manifestações do pensamento retórico do final do século XVII, sobretudo à *Lógica ou Arte de Pensar* de Arnauld e Nicole e à *Retórica ou Arte de Falar* de Bernard Lamy. As diferenças aparecem mais nitidamente em dois pontos: o objeto da retórica e a definição da figura. Uma retórica do tipo condillaquiano concede um lugar importante ao estudo das figuras (ou dos «rodeios»), mas não elimina todo o resto (ou seja, as considerações sobre a construção geral dos discursos). Uma retórica na linha de Du Marsais, pelo contrário, reduz-se ao simples estudo das figuras (ou até, no caso de Du Marsais, dos tropos). Por outro lado, a definição da figura faz-se pelo significante, na tradição Du Marsais-Beauzée-Fontanier: é uma forma (menos simples, mais bela) de se exprimir, que difere de outra expressão com o mesmo sentido. Faz-se pelo significado, na tradição que Condillac representa: são figuras as expressões que designam simples pensamentos. Poderíamos dizer ainda que a primeira definição é ornamental, e a segunda, afetiva.

Estas diferenças são importantes. No entanto, desvanecem-se diante das semelhanças — que asseguram a dependência de ambas as tradições do conjunto retórico, e até, mais particularmente, dos últimos séculos da atividade retórica em França. Apesar de a retórica de Condillac não se reduzir à descrição das figuras, o lugar dominante que lhe é concedido é testemunho dessa mesma tendência que se observa na outra tradição. Apesar de não descrever uma expressão figurada que se desvia de outra, própria, é mantido o próprio desvio entre pensamento e sentimento, entre ideia e emoção. A variante Du Marsais-Beauzée-Fontanier leva ao extremo uma tendência que também está presente na retórica «afetiva». E é esta dependência comum que explica o desaparecimento da retórica a partir do princípio do século XIX — não só sob a sua forma extrema, na variante representada por Du Marsais e seus sucessores, mas também sob a forma moderada e, decididamente, moderna, que para nós representa Condillac.

Com efeito, poderia ficar-se perplexo com o desaparecimento da retórica. A qualidade do trabalho que acabamos de analisar é incontestável. Mesmo que, neste ou naquele ponto, a descrição dos factos linguísticos que esses tratados propõem esteja hoje ultrapassada (isso não acontece muitas vezes, devido, precisamente, à interrupção brutal de qualquer trabalho sobre este assunto), o conjunto é impressionante: pela subtileza da observação, pela precisão das formulações, pela abundância dos fenómenos considerados (e ainda deixei completamente de lado aquilo que dizia respeito a cada figura em particular). Como explicar essa aberração na evolução do conhecimento, que faz que se abandone um domínio tão rico, tão bem pesquisado?

É que as reviravoltas no seio da história da ciência (talvez mais modestamente: da retórica) não são determinadas por condições internas de maturidade ou fecundidade. Na base de todas as pesquisas retóricas particulares encontram-se alguns princípios gerais cuja discussão já não pertence ao domínio da retórica, mas ao da ideologia. Logo que intervém uma mudança radical no domínio ideológico, nos valores e premissas geralmente admitidos, pouco importa a qualidade das observações e explicações de pormenor: elas são varridas simultaneamente com os princípios que implicavam. E ninguém se preocupa com a criança que se atira fora com a água suja do seu banho.

Ora, é precisamente a uma rutura desse género que se assiste no período que aqui consideramos; rutura preparada no século XVIII e cujas consequências se manifestam subitamente no século seguinte. A causa longínqua, mas verdadeira, desta perturbação é a ascensão social da burguesia e dos valores ideológicos que ela traz consigo. No que nos diz respeito, essa rutura consiste na abolição de uma visão do mundo que possuía valores absolutos e universais, ou, para não considerar senão o exemplo mais eloquente, a perda de prestígio sofrida pelo Cristianismo; e, na sua substituição por outra visão do mundo, que recusa fixar um único lugar para todos os valores, que reconhece e admite a existência do facto individual, o qual deixa de ser o exemplo imperfeito de uma norma absoluta.

A base ideológica que se apresentará de súbito tão frágil, e através da qual o golpe cairá sobre todo o edifício, coincide, no caso da retórica, com a noção de figura. Toda a retórica, ou quase toda, se reduz, nessa época, a uma teoria das figuras. Ora, esta noção (como qualquer outra) possui uma dupla determinação: uma, empírica — corresponde a factos linguísticos observáveis —, a outra, teórica — pode integrar-se num sistema coerente, caracterizando uma visão do mundo. É por causa desta última faceta que as figuras — e com ela toda a retórica — são consideradas erradas pelos promotores da nova ideologia. Para toda a tradição retórica que vai de Quintiliano a Fontanier, a figura é algo de subordinado, de supérfluo, de ornamental (e pouco importa que se estimem ou não os ornamentos); a figura é, como acabamos de ver, um desvio em relação à norma. A retórica deixa de ser possível num mundo que faz da pluralidade das normas a sua norma; e pouco importará a qualidade das observações de um Fontanier, ou até o facto da sua prática, pelo lugar que concedia a todos os fenómenos de linguagem, poder contradizer a sua teoria.

Se nos limitarmos a observar, agora, a evolução interna da disciplina, constatamos que a retórica desaparece por duas razões principais — cuja autonomia é apenas aparente:

1. A abolição do privilégio concedido a certas formas (linguísticas) sobre outras. A figura só podia ser definida como desvio: desvio do significante (maneira indireta, ou pouco vulgar, de se exprimir); desvio do significado (os sentimentos por oposição aos pensamentos). Mas conceber as figuras como um desvio implica que se acredite na existência de uma norma, de um ideal geral e absoluto. Num mundo sem Deus, em que cada indivíduo é considerado como constituindo a sua própria norma, já não tem cabimento a consideração das expressões que se desviam da norma: reina a igualdade entre as frases, como entre os homens. O romântico Hugo bem o sabia, ao declarar a «guerra à retórica» em nome da igualdade:

Et je dis: Pas de mots où l'idée au vol pur
Ne puisse se poser, tout humide d'azur;
[... je] déclarai les mots égaux, libres, majeurs ([10]).

A retórica é, neste aspeto, uma vítima da Revolução Francesa, que, paradoxalmente, vai de novo dar vida à própria eloquência.

2. A evicção do racionalismo pelo empirismo, das construções especulativas pelo estudo histórico. Aqui, a retórica — que, como vimos, era também «geral e lógica» — partilha a sorte da gramática (filosófica). A gramática geral visava a construção de um padrão único, a estrutura universal da

língua; o mesmo aconteceu com a retórica, cujo objeto não é sincrónico, mas pancrónico: procura estabelecer o sistema dos processos da expressão em todos os tempos, em todas as línguas; daí a contínua atualidade da retórica de Cícero, embora latina e com a avançada idade de mil e oitocentos anos; daí também o debate explícito, entre Beauzée e Batteux.

Estes dois movimentos, rejeição do par norma-desvio, evicção das construções pancrónicas em proveito da história, têm, como é fácil de ver, uma fonte comum: é o desaparecimento dos valores absolutos e transcendentais, com os quais se podiam confrontar (e reduzir) os factos particulares. Num mundo sem Deus, qualquer homem é Deus. Do mesmo modo, as frases deixarão de ser confrontadas com uma frase ideal, e as línguas com uma estrutura abstrata e «profunda».

Qualquer debate sobre a atualidade da retórica, sobre a significação que para nós tem hoje essa velha doutrina, depende, portanto, da resposta que dermos a esta pergunta: em que medida um saber será redutível às suas premissas ideológicas? Em que medida uma disciplina edificada sobre fundamentos que nós, herdeiros da ideologia burguesa e romântica, rejeitamos, pode no entanto conter noções e ideias que ainda hoje estamos prontos a aceitar?

Mas, além disso, não serão os românticos apenas os nossos pais, e quem sabe se não estaremos por vezes prontos a sacrificar os pais aos avós?

4

OS INFORTÚNIOS DA IMITAÇÃO

A estética começa no preciso momento em que a retórica termina. O domínio de uma não é exatamente o da outra; no entanto, têm bastantes pontos comuns para que a sua existência simultânea seja impossível; a realidade de uma sucessão, não só histórica mas também conceptual, era sentida pelos contemporâneos da mudança: o primeiro projeto *estético*, o de Baumgarten, era decalcado da retórica; também disso é testemunho este inciso de F. A. Wolf: «retórica, ou, como se diz entre nós, estética ([1])...». A substituição de uma pela outra coincide, em linhas muito gerais, com a passagem da ideologia dos clássicos para a dos românticos. Com efeito, poderíamos dizer que na doutrina clássica a arte e o discurso estão submetidos a um objetivo que lhes é exterior, ao passo que, nos românticos, formam um domínio autónomo. Ora, vimos que a retórica não podia assumir a ideia de um discurso que encontrasse a sua justificação em si próprio; a estética, por sua vez, não pode aparecer senão a partir do momento em que se reconheça ao seu objeto, o belo, uma existência autónoma, e em que ele seja considerado como não redutível a categorias vizinhas como o verdadeiro, o bom, o útil, etc. Se pudéssemos empregar as palavras nesse sentido restrito, o presente trabalho poderia chamar-se *Retórica e Estética*...

Esta divisão na história é, no entanto, apenas aproximativa. De facto, o fim da retórica já é romântico, enquanto, nos seus primórdios, a estética continua ligada à doutrina clássica. Vimos que, com Condillac, a retórica abolira a diferença entre expressão própria e expressão figurada, instituindo assim a igualdade entre todas as expressões. Por outro lado, na recente teoria estética das artes, o compromisso mantido com o quadro clássico manifesta-se pela submissão ao princípio de imitação. Este princípio, presente na teoria das artes desde as suas origens (mas sobretudo desde o Renascimento) e que conhecera inúmeras transformações ao longo da história, só será aqui examinado na época em que se anuncia o final do seu reinado: é incompatível com o ponto de vista romântico, pois submete a obra de arte a uma instância que lhe é exterior (anterior, superior), a natureza. Ao mesmo tempo, a imitação ou a representação têm uma parte ligada à significação; portanto, encontraremos, dissimulada de forma diferente, a problemática do símbolo.

O princípio de imitação reina como senhor incontestado na teoria da arte dos três primeiros quartos do século XVIII. Retomando a fórmula de um historiador moderno, «todas estas leis [da arte] devem em definitivo ser reconhecidas e subordinadas a um princípio único e simples, a um *axioma da imitação em geral* (2)». Não existe escrito estético da época que a isto se não refira; não há arte que a isto escape: a música e a dança «imitam», assim como a pintura e a poesia. No entanto, mesmo estando perfeitamente estabelecido, este princípio não satisfaz a reflexão sobre a teoria da arte. É que, como é fácil de ver, este princípio, por si *só*, não basta para explicar *todas* as propriedades de uma obra de arte. Com efeito, a imitação artística é uma noção paradoxal: desaparece no mesmo momento em que atinge a sua perfeição. Ninguém dirá, já dizia J. E. Schlegel, que um ovo imita outro ovo, embora ambos se assemelhem: *é* um ovo (este argumento remonta à teoria das imagens de Santo Agostinho). Se a imitação fosse a única lei da arte, deveria conduzir ao desaparecimento da arte: esta deixaria de ser diferente da natureza «imitada». Para que a arte subsista, a imitação não deve ser perfeita. Mas poderemos contentar-nos com o recurso negativo de uma imitação forçosamente imperfeita? Não haveria um meio de descobrir, a par da imitação, outro princípio construtivo da arte? Os desvios da imitação não poderiam encontrar uma justificação positiva apelando a outra lei que não a da imitação?

Outro historiador resume assim a situação: «No fim de contas, podemos verificar que, no século XVIII, toda a gente censura o princípio da imitação. Evidentemente, isso é algo que se gostaria de contornar, a que se gostaria de escapar, e atacam-no de todas as formas, por não encontrarem nenhuma válida» ([3]). Tentaremos precisar, agora, essas tentativas de contornar o problema, referindo-nos tanto ao conteúdo da noção como ao lugar que ocupa no seio de um sistema conceptual global ([4]).

Para apresentar as diferentes variantes da doutrina mimética e a maneira como está ordenada, proponho que se distingam vários *graus* na adesão ao princípio de imitação. Assim fazia já um compilador da época, Riedel ([5]), que isolava quatro graus no afastamento do objeto-modelo. Limitar-me-ei a distinguir apenas três; além disso, aquele a que chamarei grau zero não será mais do que o padrão que permite medir os outros dois: apela-se para o único princípio de imitação da natureza, mas acrescenta-se que essa imitação não deve ser perfeita. Recorrendo a uma terminologia gramatical, poderíamos dizer que o verbo «imitar» se encontra aqui qualificado por um advérbio: «imperfeitamente». É quase o título de um tratado da época: *Como a imitação da coisa imitada deve ser por vezes dissemelhante*, de Johann Elias Schlegel, tio dos irmãos românticos ([6]). O argumento de Schlegel é o seguinte: certas partes da natureza não nos causam prazer; ora, a arte deve provocar o prazer, por conseguinte, essas partes da natureza devem ser omitidas pela arte. «Se por meio dela pudermos obter maior prazer, introduzir a dissemelhança na imitação não será um erro, mas uma habilidade» (p. 101). Lessing recorrerá ocasionalmente ao mesmo género de argumento. Nos fragmentos do *Laocoonte* (e na *Dramaturgia de Hamburgo*) encontra-se uma observação sobre os «erros necessários». Assim se denominam os desvios em relação às regras da imitação, desvios exigidos pela harmonia do conjunto. O Adão de Milton fala de uma forma inverosímil, mas o seu autor tinha razão ao descrevê-lo assim: «É incontestável que o desejo superior do poeta consista mais em satisfazer a fantasia do leitor por meio de grandes e belos quadros do que em procurar ser sempre fiel» ([7]). Mas o que «satisfaz a fantasia de um leitor», o que determina o «desejo superior de um poeta»? Lessing nada diz sobre isto, não diz mais do que dissera Schleger; e continuamos com esta formulação negativa da imitação imperfeita.

A resposta mais vulgar à nossa pergunta inicial consiste numa modificação não da natureza da operação — ou seja, a própria ação de imitar —, mas do objeto sobre o qual ela incide. Aqui está um *segundo grau* de desvio partindo da imitação pura e simples; agora já não é um advérbio que qualifica e limita o verbo «imitar», mas um *complemento direto*. Deixa de se imitar simplesmente a natureza para se imitar a «natureza bela», ou seja, a natureza «escolhida», «corrigida», em função de um ideal invisível. Esta versão tem numerosas variantes.

Um Jonathan Richardson, esteta inglês, pede que se conceda na obra de arte um lugar dominante aos «traços característicos» do objeto imitado, em detrimento dos outros traços; também escreve: «a grande e principal finalidade da pintura é elevar e melhorar a natureza». As mesmas ideias foram divulgadas em França desde o final do século XVII, pela pena de Fénelon, de De Piles, de La Motte, escrevendo, por exemplo, este último: «Deve [...] entender-se por imitação uma imitação hábil, ou seja, a arte de não representar senão aquilo que nas coisas pode produzir o efeito que desejamos» (*Reflexões Sobre a Crítica*, 1715). O abade Batteux tornar-se-á o campeão incontestado desta ideia, que está na base do seu livro, um dos mais admirados na época: *As Belas-Artes Reduzidas a um Mesmo Princípio* (1746). Batteux lamenta a ausência de uma reflexão estética unificadora e, com comovente ingenuidade, redescobre a teoria da imitação na arte. Mas o seu princípio é a imitação da bela natureza.

> Sobre este princípio deve concluir-se que, se as artes são imitadoras da Natureza, devem imitá-la com sabedoria e esclarecimento, não a devem copiar servilmente, mas escolher os objetos e os traços, apresentá-los com toda a perfeição de que são suscetíveis: numa palavra, uma imitação em que se veja a Natureza não como ela é em si mesma, mas como ela pode ser e como se pode conceber pelo espírito (8) (p. 45).

A bela natureza obtém-se portanto a partir da natureza comum, pela escolha das melhores partes:

> Todos os esforços se deveriam necessariamente reduzir a fazer uma escolha das mais belas partes da Natureza, para formar um todo requintado, que fosse mais perfeito do que a própria Natureza, sem contudo deixar de ser natural (p. 29).

O raciocínio de Batteux é notável pela sua cegueira. Afirma simultaneamente que a imitação é o único princípio constitutivo da arte e que essa imitação se submete, por intermédio do objeto imitado, a uma escolha, a um preconceito — de que, no entanto, se ignoram as razões. Eis outro desenvolvimento que partilha da mesma confusão (trata-se de uma comparação entre o poeta e o historiador):

> Como o acontecimento já não está nas mãos da história, mas entregue ao poder do artista, a quem toda a ousadia é permitida para conseguir o seu objetivo, é constituído de novo, se assim posso dizer, para que tome uma nova forma: acrescenta-se, suprime-se, altera-se... Se [tudo isso] não está [na história], a arte então goza de todos os seus direitos, cria tudo aquilo de que necessita. É um privilégio que se lhe reconhece porque é obrigada a agradar (p. 50).

O vocabulário vago de Batteux deixa-o por vezes em má situação. Escreve, por exemplo: «A imitação, para ser tão perfeita quanto possível, deve ter duas qualidades: a exatidão e a liberdade» (p. 1–14). Mas não será a liberdade um sinónimo pudico de inexatidão? Ou, como enuncia o próprio Batteux na página seguinte: «A liberdade... é mais difícil de atingir por parecer opor-se à exatidão. Muitas vezes, uma delas só sobressai à custa da outra» (p. 115). Poderá acreditar-se, então, que se determinou suficientemente a imitação pedindo-lhe que seja simultaneamente exata e inexata? Eis como, por não ter explicado o que entende por «bela natureza», Batteux volta de facto ao nosso «primeiro grau». Aliás, é essa a censura que lhe fará Diderot, na sua *Carta Sobre os Surdos e Mudos* (1748) ([9]): «Não deixeis também de destacar no vosso trabalho um capítulo sobre o que é a bela natureza, pois encontro pessoas que me garantem que, sem uma dessas coisas, o vosso tratado fica sem fundamento» (p. 81). Mas nem Batteux nem nenhum dos outros defensores da «bela natureza» fornecerá a resposta.

Que dizer do próprio Diderot? Sabe-se que as suas formulações sobre o assunto são muitas vezes contraditórias.

Algumas delas fá-lo-iam passar por defensor da imitação-sem-nenhuma-exceção; doutrina extremista — e insustentável. Nos *Pensées détachées sur la peinture* (cerca de 1773), escreve: «Qualquer composição digna de louvor está em tudo e em toda a parte de acordo com a natureza; é necessário que eu possa dizer: "Não vi este fenómeno, mas ele existe"» (*Œuvres esthétiques*, p. 773). Vinte e cinco anos antes, em *As Joias Indiscretas* [*Les bijoux indiscrets*] (1748), recorria à mesma máxima, ao insistir na experiência do espectador: «A perfeição de um espetáculo consiste na imitação de tal modo exata de uma ação que o espectador, incessantemente enganado, imagine que assiste à própria ação» (*Œuvres romanesques*, p. 142). E o mesmo em relação ao autor: «Se a observação da natureza não for a capacidade dominante do homem de letras ou do artista, não espereis nada de válido (*Œuvres esthétiques*, p. 758). Seria absurdo procurar algo que não fosse a imitação da natureza, mesmo que fosse em nome de uma natureza mais bela: «Quantos quadros foram estragados pelo preceito de embelezar a natureza! Portanto, não procurem embelezar a natureza. Escolham com discernimento a que vos convém e reproduzam-na com escrúpulo» (*Œuvres complètes*, t. 14, pp. 201–202). Só a imitação e nada mais (poremos aqui de parte a questão de saber se este elogio da imitação se refere às vantagens da arte ou da natureza).

Outras vezes, Diderot reconhece a impossibilidade de uma imitação perfeita, mas limita-se a essa constatação negativa («primeiro grau»).

> Mas, sendo a natureza una, como podeis conceber, meu amigo, que haja tantas maneiras diversas de a imitar, e que todas sejam aprovadas? Isso não se deverá ao facto de, na impossibilidade reconhecida e talvez propícia de a representar com uma precisão absoluta, haver uma orla de convenção onde a arte pode divagar; e ao facto de, em qualquer produção poética, haver sempre um pouco de falsidade cujo limite não é nem nunca será determinado? Daí à arte a liberdade de um desvio aprovado por uns e proscrito por outros. Quando confessamos que o sol do pintor não é o do universo e não poderia sê-lo, não estaremos a comprometer-nos com outra espécie de confissão de que resulta uma infinidade de consequências? (*Œuvres complètes*, t. 11, pp. 185–186).

No entanto, estas são apenas formulações episódicas, que Diderot defende a propósito deste ou daquele desenvolvimento específico; por princípio, é partidário de uma imitação não da natureza, mas do *ideal* (portanto, do nosso «segundo grau»).

Esta oposição entre ideal e natureza decalca muitas vezes a distinção que Aristóteles faz entre o historiador, que imita o particular, e o poeta, que pinta o geral. Lembremos estas frases célebres:

> O historiador e o poeta não são diferentes por fazerem as suas narrativas um em verso e o outro em prosa [...]; pelo contrário, distinguem-se porque um conta os acontecimentos que sucederam e o outro acontecimentos que poderiam suceder. A poesia também é mais filosófica e de caráter mais elevado do que a história; porque a poesia conta sobretudo o geral, e a história o particular (*Poética*, 1451 b).

Batteux já se tinha inspirado neste texto; Diderot não se afasta muito dele quando distingue duas imitações: «A imitação é rigorosa ou livre; aquele que imita rigorosamente a natureza é o historiador da natureza. O que a compõe exagera, enfraquece, embeleza, dispondo-a a seu bel-prazer, é o poeta da natureza» (*Œuvres complètes*, t. 15, pp. 168–169); ou quando recorre a esta mesma distinção para discutir a obra de Richardson: «Ousaria dizer que a história mais verdadeira está cheia de mentiras, e que o teu romance está cheio de verdades. A história pinta alguns indivíduos; tu pintas a espécie humana», etc. (*Œuvres esthétiques*, pp. 39–40; nota-se que Diderot elogia em Richardson aquilo que é, para Aristóteles, a propriedade de toda a poesia). Do mesmo modo, ao referir-se à pintura, Diderot vai opor o retratista, copista fiel, ao pintor genial a quem se dirige nestes termos:

> O que é um retrato senão a representação de qualquer ser individual? [...] Sentistes a diferença entre a ideia geral e a coisa individual até nos mínimos detalhes, pois não ousaríeis afirmar-me que, desde o momento em que começastes a pintar até hoje, vos submetestes à imitação rigorosa de um cabelo (*Œuvres complètes*, t. 11, pp. 8–9).

O poeta ou o artista opõem-se ao historiador; ou então, em termos aristotélicos, o verosímil opõe-se ao verdadeiro: «O poeta... é menos verdadeiro e mais verosímil que o historiador (*Œuvres esthétiques*, p. 214). Mas a formulação preferida de Diderot parece ser a que opõe a natureza real ao modelo ideal (formulação que lembra muito a de Shaftesbury, admirado por Diderot e por toda a tradição neoplatónica). Para os estetas da época isso significa o abandono de Aristóteles em troca de Platão (nomes próprios de que pouco importa agora saber se eram ou não utilizados com propriedade). Eis o que escreve Diderot na introdução ao *Salon de 1767*:

> Admitam, pois, que não existe e não pode existir um animal inteiro, nem nenhuma parte do animal subsistente que possam considerar, em rigor, como o melhor modelo. Admitam, portanto, que esse modelo é puramente ideal e que não é imitado diretamente de nenhuma imagem individual da Natureza, cuja cópia escrupulosa vos tivesse ficado na imaginação, e que possam chamar mais uma vez, fazer parar diante dos olhos e recopiar servilmente, a menos que queiram passar por retratistas. Admitam, pois, que, quando fazem uma coisa bela, não fazem nada do que existe, nem mesmo nada que possa existir (*Œuvres complètes*, t. 11; p. 11).

A mesma doutrina será defendida no *Paradoxe sur la comédie* (1773). É interessante verificar que a doutrina da expressão espontânea e sincera é combatida nesse texto precisamente com argumentos tirados do princípio de imitação.

> O ator escuta-se no momento em que vos perturba, e [...] todo o seu talento não consiste, como supõem, em sentir, mas sim em representar tão escrupulosamente os signos exteriores do sentimento que vos consiga enganar (*Œuvres complètes*, p. 312).

Antes de tudo, imitação; mas imitação de um modelo ideal e não da natureza:

> Refleti um momento sobre aquilo a que se chama no teatro *ser verdadeiro*. Será mostrar as coisas como elas são naturalmente? De modo nenhum. O verdadeiro, nesse sentido, não passa do vulgar. O que será então o verdadeiro da

cena? É a conformidade das ações, dos discursos, do rosto, da voz, do movimento e do gesto com um modelo ideal, imaginado pelo poeta e muitas vezes exagerado pelo comediante (*Œuvres esthétiques*, p. 317).

As razões que levaram Diderot a preferir a imitação do modelo à imitação da natureza são igualmente platónicas: é que a própria natureza já é uma imitação — imperfeita — do seu próprio modelo ideal. O artista deve evitar uma transição inútil, um importuno grau intermédio, e imitar o original (o modelo), em vez da cópia (a natureza). Diderot interpela assim o artista genial (*Œuvres complètes*, t. 11):

> Acrescentastes, suprimistes, e sem isso não teríeis feito uma imagem modelo, uma cópia da verdade, mas sim um retrato ou uma cópia de cópia (*fantasmatos ouk alètheias*), *o fantasma e não a coisa*; e não alcançaríeis senão a terceira categoria, pois entre a verdade e a vossa obra estaria a verdade ou o protótipo, o seu fantasma subsistente que vos serve de modelo e a cópia que fazeis dessa sombra mal acabada — desse fantasma. [...] Estais apenas na terceira categoria, depois da mulher bela e da beleza; [...] existe, entre a verdade e a imagem dela, a bela mulher individual que ele [o retratista] escolheu para modelo. Admiti, pois, que a diferença entre o retratista e vós, homem de génio, consiste essencialmente no facto do retratista representar fielmente a Natureza como ela é e fixar-se por gosto na terceira categoria; e vós, que procurais a verdade, o melhor modelo, pelo vosso esforço contínuo elevar-vos-eis à segunda categoria (pp. 8–11).

Assim, tudo o que se não pode explicar pela imitação dos objetos sensíveis será atribuído à imitação de um modelo invisível que o artista possui no seu espírito. Expediente eficaz, mas em que medida será satisfatório? O que se fez além de dar um nome («modelo ideal») àquilo que de incompreensível existe no processo de imitação — nome que, longe de revelar seja o que for, vai obstruir, pelo facto da sua própria existência, a via da exploração do problema, ao fazer crer que ele está resolvido? O «modelo ideal» não coincide exatamente com a «bela natureza» — esta situa-se ao mesmo nível da natureza, aquele é o seu protótipo —, mas juntam-se para denunciar a incapacidade de qualificar de maneira positiva tudo o que, na obra de arte, não se pode explicar pelo princípio de imitação.

A imitação do modelo só teria sentido se se apresentassem as regras para a sua construção, se se descrevesse o ideal em si mesmo. Diderot mostra-se hesitante neste capítulo. Por vezes, sugere que se procure o denominador comum de vários indivíduos que seriam, por exemplo, avarentos, para criar o tipo de avarento, aproximando-se assim da «escolha» preconizada por Batteux; mas, outras vezes, rejeita esse processo, insistindo na afirmação de que nenhuma parte do ideal pode existir na natureza. Outras vezes ainda, descreve um processo de perfeição lenta e indutiva a partir dos primeiros exemplos observados; mas não pode explicar quais são os critérios da perfeição. Eis uma das suas formulações mais concretas:

> Numa ação real, na qual participam várias pessoas, todas se dispõem por si da maneira mais verdadeira; mas essa maneira nem sempre é a mais vantajosa para aquele que pinta, nem a mais evidente para aquele que olha. Daí a necessidade que tem o pintor de alterar o estado natural e de o reduzir a um estado artificial: e não acontecerá o mesmo em cena? (*Œuvres complètes*, p. 277).

Voltamos de novo à ideia de «alterações» no seio da imitação. Mas como se decide qual a maneira «mais vantajosa» e «mais evidente»? Diderot nada nos diz sobre isso, e temos o direito de lhe fazer a mesma censura que ele dirigia ao abade Batteux: por falta de uma definição do modelo ideal, une-se a todas as que pretendia ultrapassar.

A expressão «bela natureza» poderia, no entanto, ter-se tornado o ponto de partida de uma reflexão mais construtiva sobre a imitação, se se tivessem interrogado mais sobre o sentido desse adjetivo — «bela». É a altura de nos familiarizarmos com esta noção. Eis como Panofsky resume as ideias clássicas sobre a beleza:

> A beleza é a harmonia das partes em relação umas com as outras e das partes com o todo. Este conceito, desenvolvido pelos Estoicos, aceite sem hesitação por um sem número de continuadores, de Vitrúvio e Cícero a Lucano e Galeno, subsistindo na escolástica medieval, e finalmente estabelecido como axioma por Alberti, que não hesita em chamar-lhe «a lei absoluta e primitiva da natureza», este conceito recobre o princípio a que os Gregos chamavam *symmetria* ou *harmonia*, os Latinos *symmetria*, *concinnitas* e *consensus partium*, os Italianos *convenienza*, *concordanze* ou *conformità*. [...] Significava, para citar Lucano, «a igualdade ou a harmonia de todas as partes em relação com o todo». ([10])

A palavra também tem as mesmas associações no século XVIII. Lembremos a interpretação do próprio Diderot. Um dito espirituoso posto na boca do sobrinho de Rameau resume tanto a atitude de Diderot como a dos seus contemporâneos: «o verdadeiro que é o pai e que engendrou o bom que é o filho, de onde descende o belo que é o espírito santo ([11])...» (*Œuvres romantiques*, p. 467). Mas, embora subordine o belo ao verdadeiro, Diderot afirma desde 1748, nas suas *Mémoires sur diférents sujets de mathématiques*:

> Em geral, o prazer consiste na perceção das relações. Este princípio é válido para a poesia, pintura, arquitetura, moral, em todas as artes e em todas as ciências. Uma bela máquina, um quadro belo, um pórtico belo só nos agradam pelas relações que neles notamos [...]. A perceção das relações é a única base da nossa admiração e dos nossos prazeres (*Œuvres esthétiques*, p. 387).

Esta afirmação é longamente desenvolvida no artigo «Belo» da *Enciclopédia*:

> Assim, chamo *belo* exterior a mim a tudo o que contém em si algo que desperte na minha inteligência a ideia de relações; e *belo* em relação a mim, a tudo o que desperta essa ideia. [...] [Para apreciar a beleza] basta que ele [o espectador] aperceba e sinta que os membros dessa arquitetura ou os sons dessa peça musical se relacionam, quer entre si, quer com outros objetos (*Œuvres esthétiques*, pp. 418–419).

Segue-se um exemplo célebre:

> Limitar-me-ei a dar um exemplo, tirado da literatura. Toda a gente conhece a palavra sublime da tragédia dos *Horácios*: *Que morra*. Pergunto a alguém que não conheça a peça de Corneille, e que não tenha nenhuma ideia da resposta do velho Horácio, o que pensa deste rasgo: *Que morra*. É evidente que aquele que é interrogado, não sabendo o que é *que morra*, não podendo adivinhar se é uma frase completa ou um fragmento, e apercebendo apenas entre estes

> [dois] termos uma relação gramatical, me responderá que isto não lhe parece *belo* nem *feio*. Mas, se lhe disser que é a resposta de um homem sobre o que outro deve fazer num combate, começa a aperceber naquele que responde uma espécie de coragem que o não deixa acreditar que é melhor viver do que morrer; e o *que morra* começa a interessá-lo. Se eu acrescentar que nesse combate está em jogo a honra da pátria, que o combatente é filho daquele a quem se faz a pergunta, que é o único que lhe resta, que o jovem tinha três inimigos, que já tinham tirado a vida a dois dos seus irmãos, que o ancião fala com sua filha, que é um Romano, então a resposta *que morra*, que não era nem *bela* nem *feia*, embeleza-se à medida que desenvolvo as suas relações com as circunstâncias, e acaba por ser sublime (*Œuvres esthétiques*, pp. 422–423).

Que morra não é belo pelo que imita, mas pelo lugar que ocupa num conjunto de relações.

Mas, então, não se deveria postular que a obra de arte está sujeita a *dois* princípios concorrentes: o da *imitação* (no caso das artes representativas, mas não da música ou, como se acrescentaria nos nossos dias, da pintura abstrata), que a volta a ligar com aquilo que lhe é exterior; e o do *belo*, referido às relações que se estabelecem no próprio interior da obra (ou da arte em geral), e que são independentes da imitação? Ou, como diz o próprio Diderot, a obra cria-se «de simetria e de imitação» (*Œuvres esthétiques*, p. 427).

Por mais estranho que possa parecer, o «belo» só excecionalmente será evocado no contexto da imitação, mesmo quando se trata da *bela* natureza. Se o fazem, de resto, será ou para assimilar um ao outro (é sempre o belo que é assimilado à imitação), ou para submeter um ao outro (mais uma vez, o belo à imitação).

Assim, já o abade Dubos, nas suas *Réflexions critiques sur la poésie et la peinture* (1719), ao descrever a imitação na música — em que, como toda a gente da sua época, acreditava firmemente —, acrescenta que a música também conhece outros princípios, a saber: a harmonia e o ritmo. Mas a hierarquia não deixa dúvidas.

> Os acordes em que consiste a harmonia [...] contribuem ainda para expressar o ruído que o músico pretende imitar (p. 635). O ritmo consegue dar uma nova verosimilhança à imitação que uma composição musical pode fazer, porque o ritmo faz que ela imite ainda a progressão e o movimento dos ruídos e sons naturais (p. 636).

Encontra-se a mesma relação nas outras artes:

> A riqueza e a variedade dos acordes, a graça e novidade dos cantos não devem, em música, servir senão para fazer e embelezar a imitação da linguagem da natureza e das paixões. Aquilo a que se chama ciência da composição é, por assim dizer, uma escrava que o génio do músico deve conservar ao seu serviço, assim como o génio do poeta deve sustentar o talento de rimar. Está tudo perdido, que me perdoem esta figura, quando a escrava se torna dona da casa, e quando lhe é permitido arrumá-la a seu gosto como se se tratasse de uma construção feita exclusivamente para ela (p. 658).

Como em muitos outros domínios, a escrava tornou-se senhora: Dubos não sabia dizer tão bem, mas estará tudo *perdido*?

A harmonia deve ser escrava da imitação. Um J. E. Schlegel, na Alemanha, será menos categórico, não porque conceda à harmonia um lugar mais elevado, mas porque nem sequer se apercebe de um possível conflito entre senhores e escravos. Uma deslocação conceptual facilita a sua visão pacífica do mundo. A imitação, em poesia, é de duas espécies: dramática, quando as palavras imitam palavras; ou narrativa («histórica»): Schlegel só considera aqui as relações de *semelhança*, como se podem observar numa metáfora, numa comparação ou num paralelismo. Neste último caso, o que imita e o que é imitado encontram-se ambos no interior da obra. Ora, a presença na obra de dois elementos semelhantes leva-nos a constatar a *ordem* que nela reina.

Por intermédio da semelhança, «imitação» e «ordem» tornam-se quase sinónimos, e Schlegel pode escrever tranquilamente: «A imitação atinge o seu objetivo — que é agradar — quando nos apercebemos da semelhança e, logo, da ordem que lhe é própria» (pp. 136–137). A imitação, logo a ordem... Por sua vez, Batteux introduz considerações relativas à harmonia, sem se preocupar com a concordância destas com o resto da sua doutrina:

> As artes... não devem empregar todas as espécies de cores, nem todas as espécies de sons: é preciso fazer uma escolha correta e uma mistura delicada: é preciso aliá-las, proporcioná-las, matizá-las, pô-las em harmonia. As cores e os sons têm entre si simpatias e repugnâncias (p. 61).

É ainda a propósito da música, cuja natureza imitativa é mais problemática, que surge a pergunta nos escritos de Diderot. Na «Carta a Mlle de la Chaux», apêndice à *Carta Sobre os Surdos e Mudos*, responde à objeção segundo a qual a música provoca prazer sem ser obrigada a imitar:

> Admito esse fenómeno; mas peço-vos que considereis que os trechos musicais que vos agradam sem despertar em

> vós a pintura nem a perceção direta de relações, só agradam ao vosso ouvido como o arco-íris agrada aos vossos olhos, com um prazer de sensação pura e simples; e que muito lhes falta para terem toda a perfeição que poderíeis exigir e que teriam, se neles a verdade da imitação se encontrasse unida aos encantos da harmonia (p. 111).

Esta frase merece uma análise minuciosa. Com efeito, Diderot distingue, aqui, três e não duas fontes de prazer: o prazer puramente sensitivo; o prazer que se tira da perceção das relações; e o que provém da imitação. A distinção não é clara, e Diderot hesita visivelmente sobre o lugar do segundo prazer: este está a par do terceiro no princípio da frase, e do primeiro no final. De resto, nada sabemos sobre esse «prazer de sensação pura e simples»: qualquer objeto apercebido poderá tornar-se fonte desse prazer? Mas uma coisa é certa: a imitação não é o único princípio fundamental da arte, a sua «verdade» é reforçada pelos «encantos da harmonia».

Infelizmente, a promessa da *Carta Sobre os Surdos e Mudos* (esta e várias outras) não será mantida. Diderot dedicará, episodicamente, algumas observações à harmonia na pintura, ou no teatro; mas ligá-las-á apenas com a do trabalho do artista (como no artigo «Composição» na *Enciclopédia*), sem as elevar a princípio paralelo ao da imitação. Se a relação entre os dois princípios chama a sua atenção, será sempre para afirmar a superioridade da imitação. A propósito do teatro, diz: «Exige-se que os atos tenham aproximadamente a mesma extensão: seria muito mais sensato pedir que a sua duração fosse proporcional ao comprimento da ação que compreendem» (*Œuvres esthétiques*, p, 243). E, em pintura, exige-se que as cores estejam em harmonia entre si? Deveria procurar-se sobretudo a sua concordância com as cores da natureza (cf. *Œuvres esthétiques*, pp. 678–679). A harmonia continua a ser escrava da imitação.

O mesmo impasse nas teorias de Lessing. Este é perfeitamente capaz, quando se lhe oferece ocasião, de formular uma oposição nítida entre imitação e harmonia. Eis, por exemplo, uma opinião muito parecida com a de Diderot na «Carta a Mlle de la Chaux». «O que se seguiria?» pergunta Lessing na 70.ª secção da *Dramaturgia de Hamburgo*, ao discutir a justificação da imitação.

> O exemplo da natureza, com o qual se pretende aqui justificar a aliança da gravidade mais solene com o cómico mais burlesco, poderia servir, na verdade, para justificar também qualquer monstruosidade dramática, em que não se encontraria plano, nem ligação, nem senso comum ([12]). E nesse caso teríamos de deixar de considerar a imitação da natureza como o fundamento da arte; ou então, pela mesma razão, a arte deixaria de ser a arte. Reduzir-se-ia a algo de humilde como é o talento de imitar no gesso os veios do mármore. Fizesse o que fizesse, as suas obras nunca seriam suficientemente estranhas para que pudessem deixar de passar por naturais; não se contestaria esse mérito senão à arte que produzisse uma obra demasiado simétrica, muitíssimo bem proporcionada e combinada, enfim, algo do que a arte faz nos outros géneros. Neste sentido, a obra que tivesse mais arte seria a pior, e a obra mais grosseira seria a melhor. ([13])

A simetria ou a proporção está aqui em distribuição complementar com a imitação, como dois princípios independentes que governam a atividade artística. No entanto, em parte alguma da sua prática Lessing se apoia nesta dicotomia, nem se interroga sobre a relação exata entre os dois. E o *Laocoonte* baseia-se inteiramente numa teoria da imitação.

Durante algum tempo, outras noções parecem suscetíveis de equilibrar a imitação todo-poderosa; mas depressa nos apercebemos de que isso não acontece. Uma primeira tentativa, tímida, para identificar um princípio da arte irredutível à imitação transparece na utilização que Diderot faz do termo *processo*: tão tímida que apenas aparece para ser condenada. A ideia parece partir do antagonismo entre dois complementos do verbo «imitar»: imitar a natureza e imitar os Antigos. Acontece, por vezes, Diderot exigir na mesma frase: imitai a natureza, imitai Homero! (cf, *Œuvres complètes*, t. 7, p. 120); mas, mais frequentemente, apercebe-se de que imitar outras obras não significa simplesmente «imitar a natureza» — também nisso existe um estilo, um tipo de imitação, o que poderia tê-lo levado a modificar a própria noção de imitação. O que acontece é que, quando faz semelhante constatação, Diderot só se serve dela para condenar aquilo a que chama um «processo»: não se devem imitar os Antigos senão na medida em que eles imitavam a natureza; o resto é contrário à arte. Nada torna os atores tão grosseiros como a imitação de outros atores (cf. *Œuvres esthétiques*, p. 268). «Não existiria nenhum processo, nem no desenho, nem na cor, se se imitasse escrupulosamente a natureza. O processo provém do mestre, da escola, e até da antiguidade» (*Œuvres esthétiques*, p. 673). Diderot não dedica nenhuma simpatia ao processo: «O processo está para as belas-artes como a hipocrisia para os costumes» (*Œuvres esthétiques*, p. 825). A cegueira de Diderot chega ao ponto de o fazer afirmar que existe um único processo que se deve conservar, porque é o sem-processo: «Aquele que copie La Grenée fará algo de brilhante e sólido; o que copiar Le Prince fará algo avermelhado e cor de tijolo; o que copiar Greuze pintará em cinzento a violáceo: o que estudar Chardin será verdadeiro» (*Œuvres esthétiques*, p. 677). Chardin, o pintor sem processo?

O próprio Diderot torna impraticável o caminho que parecia traçar.

Uma segunda via de substituição, tão pouco explorada como a do «processo», será a que a noção de convenção parece inaugurar ([14]). Diderot procurará submeter a convenção — depois de ter reconhecido a sua existência — à imitação; vai defini-la, mais uma vez, pela negativa: pela impossibilidade de imitar com perfeição. A impotência de Diderot diante de uma questão que, no entanto, tinha sido bem formulada é particularmente evidente numa passagem do *Paradoxo*, onde observa que uma atitude, perturbadora na vida real, em cena seria ridícula; porquê?

> Porque não viemos para ver choros, mas para ouvir discursos que os provoquem, porque essa verdade de natureza destoa da verdade de convenção. Eu explico: quero dizer que nem o sistema dramático, nem a ação, nem os discursos do poeta se conciliariam com a minha declamação sufocada, interrompida, soluçada. Vedes que nem sequer é permitido imitar a natureza (mesmo a bela natureza), a verdade de muito perto, e que existem limites entre os quais nos devemos manter. — E esses limites, quem os traçou? — O bom senso, que não quer que um talento prejudique outro (*Œuvres esthétiques*, p. 377).

Tendo partido de uma oposição firme entre verdade de natureza e verdade de convenção, a resposta dissipa-se, evapora-se a pouco e pouco, para nos conduzir, no final, a um «bom senso» ainda mais vago que a convenção.

Diderot não pode definir a «convenção», como não pôde definir o «modelo ideal» ou o «processo». E, no entanto, basta que procure descrever com precisão as regras de uma arte, para fazer formulações que não se podem basear unicamente na imitação. Aqui está, sob a forma de preceitos, o que nos diz sobre a composição em pintura:

> Afastai da vossa composição qualquer figura inútil que, não a aquecendo, a esfriaria; que aquelas que ides empregar não estejam dispersas e isoladas; juntai-as em grupos; que os grupos estejam ligados entre si; que as figuras neles estejam em contraste, não nesse contraste de posições académicas, em que apercebemos o estudante sempre atento ao modelo e nunca à natureza; que se projetem umas de encontro às outras, de modo que as partes escondidas não impeçam o olhar da imaginação de as ver no seu todo; que os efeitos de luz nela estejam bem combinados; nada de pequenas luzes esparsas que não formem massas, ou que não ofereçam senão formas ovais, redondas, quadradas, paralelas; essas formas seriam tão insuportáveis à vista, na imitação dos objetos que não se pretende representar como simétricos, que ficaria satisfeita com um arranjo simétrico. Observai rigorosamente as leis da perspetiva, etc. (*Œuvres complètes*, t. 14, p. 202).

Reunir as figuras em grupos, contrastá-los, ordenar os efeitos de luz, evitar o redondo e o quadrado: poderão justificar-se todas estas exigências em nome da imitação? Diderot assim o pretendia.

Resumindo: os princípios da imitação e do belo estão ambos presentes no pensamento da época; mas, neste ponto particular, este pensamento continua sincrético: amalgama as duas noções sem as articular; admite-se a sua harmonia sem que se procure investigar o eventual conflito que elas podem manter; ou, se se nota um conflito, é para logo fazer sobressair a importância da imitação. De resto, esta suporta mal esse tratamento de favor: as atenções exageradas tornam-na doentia. A teoria estética está num impasse, e a natureza da arte escapa-se-lhe. Não podemos, a propósito de Diderot (e principalmente dos seus predecessores), senão repetir a frase com a qual ele se classificava a si próprio: «Eu, que me ocupo mais a formar nuvens do que a dissipá-las, e a adiar julgamentos do que a julgar...» (*Lettre sur les sourds et muets*, p. 65).

5

IMITAÇÃO E MOTIVAÇÃO

Ao apresentar os diferentes modos como se tentou ordenar o princípio de imitação, deliberadamente deixei um deles de lado — porque me pareceu merecer maior atenção. Nele a imitação é interpretada como uma motivação que se estabelece entre as duas faces do signo, significante e significado. Por esse motivo, a problemática estética inscreve-se explicitamente no quadro de uma semiótica ([1]).

Esta reinterpretação situa-se, habitualmente, não numa reflexão geral sobre a imitação, mas quando se faz uma comparação entre as diferentes artes e, precisamente, no plano da sua capacidade imitativa. A comparação recai particularmente sobre a poesia e pintura, e por vezes também sobre a música.

Um cómodo ponto de partida será o primeiro volume das *Reflexões Críticas sobre a Poesia e a Pintura* do abade Dubos (1719). Isto não quer dizer que, anteriormente, as artes não tenham sido confrontadas entre si do ponto de vista do poder representativo. Nunca se esqueceu por completo a fórmula de Simonide, segundo a qual a poesia é uma pintura falante, e a pintura é uma poesia muda. No seu *Tratado da Pintura*, Leonardo da Vinci consagrou mesmo longas páginas à comparação das artes. Mas a noção de signo «artístico» não se cristalizou ainda, e Leonardo, que procura provar sobretudo a superioridade da pintura, considera, alternadamente, a poesia como uma arte do ouvido, ou como uma arte da imaginação (ou seja, estranha aos sentidos). Afirma a superioridade da pintura porque nela os objetos conservam uma presença superior (deixo aqui de lado a oposição espacial-temporal):

> Portanto, temos razão ao afirmar que, no domínio das ficções, entre pintura e poesia existe a mesma diferença que entre um corpo e a sombra, ou, ainda melhor, porque a sombra desse corpo, pelo menos, passa pela vista para aceder ao senso comum, enquanto a sua forma imaginada [= em poesia] nunca passa por ela — produz-se num olhar interior. ([2])

A imagem de um homem aproxima-se mais do homem do que o seu nome — eis, em resumo, o que diz Leonardo; mas a sua reflexão não se debruça sobre a natureza dos signos utilizados. Do mesmo modo, De Piles escreverá no seu *Cours de peinture par le principe* (1708): «as palavras nunca serão tomadas pelas próprias coisas... a palavra não é mais do que o signo da coisa» (vol. II, p. 358), sem esboçar uma verdadeira tipologia dos signos artísticos. Notemos que, em nenhum momento, esses pensadores procuram saber em que medida a arte (pictural ou literária e, muito menos, a musical) é realmente um signo; ou, se se preferir uma perspetiva mais nominalista, em que medida o termo «signo» conserva o seu sentido inicial quando é aplicado à música, à pintura ou à poesia. Aceitemos, de momento, as premissas de uma teoria em que só têm sentido as suas proposições particulares.

Dubos será o primeiro a avançar um projeto de tipologia semiótica das artes. Formulará claramente a categoria que permite opor a pintura à poesia: «A pintura não emprega signos artificiais como faz a poesia, mas signos naturais» (p. 375). De onde provém esta subdivisão? Provavelmente de uma tradição anónima que assimila: *a)* as duas possíveis origens da linguagem, segundo Platão, natural ou convencional; *b)* as duas variedades de signos, segundo Santo Agostinho, naturais e intencionais; *c)* a transcrição destas duas fontes na *Lógica* de Port-Royal, em que os signos são classificados, entre outros, como naturais ou institucionais. De resto, nenhuma destas dicotomias põe em relevo a existência ou não de uma motivação; a categoria está realmente presente nos textos de Arnauld e Nicole, mas não aparece no seio dos signos institucionais («quer tenham alguma relação afastada com a coisa figurada, quer não tenham com ela qualquer relação»).

Desta assimilação da pintura e da poesia em duas classes de signos resulta, segundo Dubos, uma tripla superioridade da pintura. Em primeiro lugar, como já notara Leonardo, as coisas representadas possuem uma presença superior; o que tem como consequência, como acontecia com a teoria de Leonardo, um enaltecimento da visão em relação ao ouvido (a poesia, para Dubos, é uma arte auditiva): «Pode dizer-se, poeticamente falando, que os olhos estão mais perto da alma do que os ouvidos» (p. 376). Aliás, quase não se reconhece a existência de signos na pintura (estando o signo intrinsecamente ligado à ausência): «Talvez não esteja a ser correto quando digo que a pintura emprega signos. A pintura põe diante dos nossos olhos a própria natureza» (p. 376). Em segundo lugar — o que não passa de uma consequência da afirmação precedente —, a pintura age sobre os homens mais diretamente e de forma mais forte do que a poesia. Em terceiro lugar, uma pode ser compreendida por todos, independentemente da sua nacionalidade ou educação, enquanto a outra não: a maldição de Babel funciona em detrimento da poesia. Estas duas consequências são decisivas aos olhos de Dubos, para quem toda a estética está voltada para o processo de perceção e de consumo da arte.

Mas Dubos está mais atento do que os seus predecessores à natureza da poesia. Não distingue linguagem poética e linguagem não poética: tudo o que censura à linguagem em geral é também atribuído à poesia; no entanto, dá um passo para a descrição dos signos poéticos quando separa duas etapas no processo de significação em literatura, que corresponderiam, na terminologia glossemática, à denotação e conotação:

> As palavras devem, primeiro, despertar as ideias de que não são mais do que os signos arbitrários. Em seguida, é necesário que as ideias se coordenem na imaginação e que nela formem esses quadros que nos sensibilizam e essas pinturas que nos interessam (p. 377).

Assim, a literatura distinguir-se-ia das outras artes pelo seu modo de representação oblíquo, indireto. Os sons evocam o sentido; mas este, por sua vez, torna-se um significante, cujo significado é o mundo representado. Neste sentido, a poesia é um sistema semiótico *secundário*.

Além disso, o abade Dubos reconhece três tipos de beleza em poesia: a que deriva unicamente dos sons; a que contém o único sentido; e, por fim, a que resulta da relação harmoniosa entre as outras duas. Os sons belos e as ideias belas não nos vão fazer reter; mas, ao afirmar a possibilidade de uma adequação entre significantes e significados, não se estará a contradizer a primeira tese, segundo a qual os signos da linguagem são arbitrários, e portanto sem adequação possível? Escreve Dubos:

> A segunda beleza, de que são suscetíveis as palavras como signos das nossas ideias, é uma relação particular com a ideia que elas significam. É, de algum modo, imitar o ruído inarticulado que faríamos para a significar (pp. 289–290).

As palavras nunca poderão imitar as coisas; mas talvez sejam suscetíveis de imitar um ruído (uma onomatopeia?, uma interjeição?), que, por sua vez, seria uma expressão natural da coisa; é, portanto, uma imitação sucessiva. Acontece que, mesmo essas palavras ou frases imitativas de segundo grau são, de certo modo, muito pouco numerosos e diminuem de dia para dia; originalmente, a linguagem era imitativa, mas a sua evolução é uma desmotivação: Dubos afirma a superioridade da poesia latina em relação à francesa, em virtude de o latim comportar mais onomatopeias (única forma de motivação que considera). Apesar disso, os poetas devem cultivar esta «segunda beleza»:

> Assim, as palavras que na sua pronúncia imitam o ruído que significam, ou o ruído que faríamos naturalmente para exprimir a coisa de que elas são um signo instituído, ou que têm qualquer outra relação com a coisa significada são mais enérgicas que as palavras cuja única relação com a coisa significada é a que o uso lhes concedeu, etc. (pp. 292–293).

Uma linguagem motivada seria mais cómoda para os poetas; mas o sentido das palavras é, apesar de tudo, o elemento mais importante — e, além disso, a linguagem motivada já quase não existe!

Estas ideias encontram eco imediato. Disso é testemunho um escrito cujo autor é o filósofo e gramático inglês James Harris: *o Discurso sobre a Música, a Pintura e a Poesia* ([3]). Harris troca a hierarquia tradicional das artes, elevando a poesia para o ponto mais alto, em virtude da sua aptidão para representar e transmitir o conjunto da experiência; mas, no que diz respeito à natureza dos signos nas diferentes artes, a distância entre o seu *Discurso* e Dubos não é grande. As artes têm em comum a imitação da natureza, mas imitam de formas diferentes. «Uma figura pintada ou uma composição de sons musicais tem sempre uma relação natural com aquilo a que supostamente se assemelham. Uma descrição, pelo contrário, só raramente tem tais relações naturais com as ideias simbolizadas pelas palavras» (p. 58). A poesia é uma arte auditiva, mas passa pela linguagem, que se caracteriza, segundo Harris, por «uma espécie de convenção que confere a qualquer ideia um som que se torna a marca ou o símbolo dela» (p. 55). Harris está consciente da existência de signos verbais «naturais» (as onomatopeias), mas não lhes dá grande importância.

> Já que as palavras não são apenas símbolos convencionais, mas também sons, diferenciados pela sua capacidade de serem pronunciados rápida ou lentamente, e pela respetiva predominância de consoantes líquidas, ou vogais, na sua composição, segue-se que, além da sua relação convencional, também têm uma relação natural com todas as coisas com que naturalmente se assemelham. [...] Assim, até a imitação poética está parcialmente baseada na natureza. Mas essa imitação não pode ser grande; se lhe retirarmos a significação convencional, fica apenas inteligível, por mais perfeita e elaborada que seja (pp. 70–72).

Harris não vê nenhum problema na designação pelo mesmo nome — *imitação* — de duas séries de que, no entanto, descreve a diferença profunda: imagens e linguagem; e também não procura saber se os signos da poesia têm uma qualificação particular em relação aos da linguagem (embora a sua evocação da onomatopeia testemunhe uma consciência confusa desses dois problemas).

Este último ponto está comentado por Diderot, que, de resto, apenas retoma as ideias de Harris sobre a hierarquia das artes e as de Dubos (ou de Leonardo) sobre a oposição poesia-pintura: «A pintura faz-nos ver as próprias coisas; as expressões do músico ou do poeta são apenas os hieróglifos das coisas» (*Lettre sur les sourds et muets*, p. 81). Em contrapartida, sobre a fronteira poesia-não poesia dentro da linguagem, encontra-se, na mesma *Carta*, uma passagem que se tornou célebre:

> Deve distinguir-se, em qualquer discurso, o pensamento e a expressão; se o pensamento for representado com clareza, pureza e precisão, é quanto basta para a conversação familiar; juntai a estas qualidades a escolha dos termos com o ritmo e a harmonia do período, e tereis o estilo que convém ao púlpito; mas estareis ainda longe da poesia, sobretudo da poesia que a ode e o poema épico manifestam nas suas descrições. Neste caso, passa, no discurso do poeta, um espírito que movimenta e vivifica todas as sílabas. O que é este espírito? Senti, algumas vezes, a sua presença; mas tudo o que sei é que é ele quem faz que as coisas sejam simultaneamente ditas e representadas; que, ao mesmo tempo que são entendidas pela inteligência, comovem a alma, são vistas pela imaginação e escutadas pelo ouvido, e que o discurso deixa de ser apenas um encadeamento de termos enérgicos que expõem o pensamento com

> força e nobreza, mas é também um tecido de hieróglifos amontoados uns sobre os outros e que pintam essa ideia. Neste sentido, poderia dizer que toda a poesia é emblemática (p. 70).

Assim, Diderot opõe aqui dois tipos de discurso: o poético e o quotidiano, com um grau intermédio, a prosa oratória. A especificidade do discurso poético reside no seu significante (embora Diderot a atribua mais à diferença de efeitos dos dois discursos): este é transparente (não pertinente) no segundo caso, ao passo que, no primeiro, os signos da linguagem se transformam em hieróglifos (ou emblemas), dizem e, simultaneamente, representam.

Mas o que é o hieróglifo? As páginas seguintes mostram-no claramente ([4]): Diderot chama hieróglifos a essas sequências de discurso que imitam diretamente a coisa designada, em que o significante é a imagem do significado; chamar-lhe-íamos hoje «signos motivados» ou «símbolos». Assim, a palavra *suspiro* é um hieróglifo, ou seja, pinta (imita) a ação que designa, pois «a primeira sílaba é surda, a segunda tensa, e a terceira muda». Num verso de Virgílio, «*demisere* é tão branda como a haste de uma flor; *gravantur* pesa tanto como o cálice cheio de chuva; *collapsa* sugere esforço e queda». A insuficiência do hieróglifo é a insuficiência da imitação (da motivação):

> Devo dizê-lo? Acho o *gravantur* bastante pesado para a leve corola de uma papoila, e não me parece que *aratro*, que se segue a *succisus*, lhe confira a pintura hieroglífica (pp. 72–73).

O que não passava de uma constatação pouco comprometedora em Dubos e Harris — a língua também conhece os «signos naturais» (constatação formulada pela necessidade de unificar tudo sob a égide da imitação) — torna-se, em Diderot, uma definição quase militante da linguagem poética: a poesia deve servir-se de signos naturais (ou seja, motivados). Mas há uma restrição, visto que, ao mesmo tempo, Diderot esquece não só o pormenor dos processos motivantes (que hoje somos capazes de estabelecer a partir dos seus exemplos), mas também uma questão essencial, que um cético não pode deixar de formular: em que medida a poesia é verdadeiramente aquilo que «deve» ser? Será só a onomatopeia o que a distingue da prosa?

Diderot não voltará nunca mais aos temas que tratava neste escrito precoce, e estas perguntas não encontrarão resposta, pelo menos nos seus textos. O único ponto que desenvolverá é o estudo comparado das artes, mais particularmente da poesia e da pintura. Retomará a indicação acima citada: «A pintura faz-nos ver as próprias coisas, a poesia descreve-as...» Eis como apresenta a mesma oposição no artigo «Enciclopédia» da *Enciclopédia*:

> A pintura não atinge as operações do espírito [...]; numa palavra, há uma infinidade de coisas desta natureza que a pintura não pode representar; mas mostra, pelo menos, todas as que representa. E, se, pelo contrário, o discurso as designa a todas, não pode mostrar nenhuma. As pinturas dos seres são sempre muito incompletas, mas nada têm de equívoco, pois são os próprios retratos de objetos que temos sob os olhos. Os carateres da escrita podem estender-se a tudo, mas são instituídos; nada significam por eles próprios (*Œuvres complètes*, t. 14, pp. 433–434).

Vinte anos depois, Diderot insiste na mesma oposição:

> O pintor é exato; o discurso que pinta é sempre vago. Nada posso acrescentar à imitação do artista; os meus olhos

> não podem ver mais do que aquilo que lá está; mas no quadro do literato, por mais acabado que esteja, tudo está por fazer para o artista que se propusesse transpô-lo do discurso para a tela (*Œuvres complètes*, pp. 838–839).

Como acontece muitas vezes com Diderot, esta afirmação não encontra a sua expressão mais feliz numa argumentação lógica, mas sob a forma de uma parábola:

> Um espanhol, ou um italiano, ansioso por possuir um retrato da sua amante, que não podia mostrar a nenhum pintor, escolheu a única solução que lhe restava, fazendo, por escrito, a mais pormenorizada e exata descrição da sua amada; começou por determinar a justa proporção de toda a cabeça; em seguida, ocupou-se das dimensões da fronte, dos olhos, do nariz, da boca, do queixo e do pescoço; depois, voltou a cada uma destas partes e esforçou-se o mais que pôde para que o seu espírito gravasse no espírito do pintor a verdadeira imagem que tinha diante dos olhos; não esqueceu as cores, nem as formas, nem nada que dissesse respeito ao caráter: quanto mais comparava o seu discurso com o rosto da amante, mais lhe pareciam semelhantes; sobretudo, acreditou que, quanto mais sobrecarregasse a descrição de pequenos pormenores, menos liberdade daria ao pintor; não esqueceu nada do que julgava poder cativar o pincel. Quando lhe pareceu que a sua descrição estava terminada, dela fez cem cópias, que enviou a cem pintores, ordenando a cada um que executasse na tela exatamente aquilo que lera no papel. Os pintores trabalham; e, ao cabo de certo tempo, o nosso apaixonado recebe cem retratos, todos rigorosamente parecidos com a sua descrição, mas todos diferentes, e nenhum deles parecido com a sua amada (*Œuvres complètes*, t. 14, p. 444).

Em pintura e em poesia, o produtor e o recetor não partilham o trabalho de forma idêntica. No quadro, recebe-se simultaneamente o projeto do pintor e a sua realização; o pintor não só concebeu o seu quadro (isto, em rigor, poderia ele fazer com a ajuda das palavras), mas também o tornou percetível. Em contrapartida, é à imaginação do leitor que compete um trabalho semelhante em poesia: o poeta produz apenas o esboço que o leitor eventualmente materializa. O trabalho acabado do poeta não é ainda senão um projeto (virtual) para o pintor; reciprocamente, o espectador apercebe, mas não constrói, ao passo que o leitor tem de fazer as duas coisas. Também noutro texto se dizia o mesmo: «A imagem [da poesia] não passa de uma sombra passageira, na nossa imaginação. Há entre as duas incitações a diferença que existe entre *poder ser* e *é*» (*Œuvres esthétiques*, p. 762). Portanto, a atenção de Diderot recai mais sobre o processo de receção, e não sobre o próprio objeto. Ao mesmo tempo, o paralelo não pode continuar por muito tempo: a leitura não é necessariamente acompanhada da construção da imagem, e a representação verbal não é da mesma natureza da representação pictural.

Mas voltemos à motivação do signo na arte. Possuímos agora todos os elementos de que dispunha o principal herói deste capítulo: Lessing. Se resolvi referir todas as reflexões e afirmações precedentes, foi justamente para mostrar mais claramente a contribuição de Lessing, tão depreciada pelos historiadores: pois a sua originalidade é, poderíamos dizer, de um novo tipo; é a do sistema. Mais exatamente, Lessing será o primeiro a pôr em contacto dois lugares-comuns da época: que a arte é imitação; que os signos da poesia são arbitrários; e também o primeiro a decidir que esta vizinhança constitui um problema. Pelo rigor do seu pensamento, fará rebentar o quadro da estética clássica, embora não encontre solução para as suas antinomias: o que os raciocínios aproximativos e vagos de Leonardo ou de Diderot nunca podiam ter provocado.

A grande tese do *Laocoonte* (1766) é formulada no início do capítulo 16, mas, de facto, todo o livro se baseia nela. É esta a frase-chave:

> Se é verdade que a pintura utiliza nas suas imitações meios ou signos diferentes da poesia, a saber, formas e cores estendidas sobre um espaço, enquanto a poesia se serve de sons articulados que se sucedem no tempo; se é incontestável que os signos devem ter uma relação natural e simples com o objeto significado, então, os signos justapostos não podem exprimir senão objetos justapostos ou compostos de elementos justapostos, do mesmo modo que signos sucessivos não podem traduzir senão objetos, ou os seus elementos sucessivos [ed. de 1964, p. 109–110 ([5])].

Esta frase resume um silogismo que se poderá decompor da seguinte forma:

1. Os signos da arte devem ser motivados (se não deixa de haver imitação).

2. Ora, os signos da pintura são desenvolvidos no espaço, e os da poesia no tempo.

3. Logo, em pintura não se poderá representar senão o que se desenvolve no espaço, e, em poesia, o que se desenrola no tempo.

Entre as críticas dirigidas a Lessing durante a sua vida — se pusermos de parte as querelas de erudição —, as mais numerosas referem-se à segunda metade da premissa menor. O seu amigo Mendelssohn, que, dez anos antes, expusera um sistema das artes semelhante ao de Harris, fizera já, quando da leitura dos primeiros projetos, algumas observações pertinentes que Lessing tentou considerar. Afirmava que os signos da poesia, embora arbitrários (Mendelssohn identificava, como Dubos e sem mais nem menos, signos na linguagem e signos na poesia), podem descrever tanto o que está no tempo como o que está no espaço, tanto a sucessão, como a simultaneidade. Anotava, por exemplo, comentando o manuscrito de Lessing:

> Os signos da poesia têm uma significação arbitrária; é por isso que, por vezes, também exprimem as coisas que coexistem uma ao lado da outra, sem invadirem os domínios da pintura, mas como um aglomerado na sucessão. [...] Os signos sucessivos também exprimem coisas que existem lado a lado desde que a sua significação seja arbitrária (ed. Blümner, p. 359).

A sucessão no tempo — a linearidade, como dirá Saussure — não é, segundo Mendelssohn, constitutiva dos signos linguísticos, e sugere a Lessing que ponha a música no lugar da poesia, como ele próprio o fizera já; pois a música é que é efetivamente composta de signos sucessivos.

No mesmo sentido se insere a mais séria crítica publicada durante a vida de Lessing, a de Herder, que dedica ao problema do *Laocoonte* o primeiro dos seus *Kritische Waldchen*. Herder, como Mendelssohn, concede muito pouca importância àquilo a que hoje chamaríamos o significante em poesia; a única coisa que para ele conta é o sentido; ora, o sentido não é linear.

> O natural, no signo, quer dizer, as letras, a sonoridade, a melodia, não conta ou pouco conta para a ação da poesia; o sentido que está nas palavras por força de uma convenção arbitrária, a alma que habita os sons articulados é tudo ([6]).

A poesia não atua essencialmente sobre os sentidos (como a pintura ou a música), mas sobre a imaginação: atua sobre «os poderes inferiores da alma, essencialmente sobre a fantasia, por meio do sentido das palavras» (*ibid.*, p. 158). Conceito que se torna, mais tarde, um lugar-comum não só da crítica lessinguiana, mas também da estética alemã em geral: vão opor-se as artes sensíveis (e parciais), como pintura, música, etc., à arte absoluta e essencialmente imaterial que é a poesia. Voltamos, de repente, à posição de Leonardo, mas com uma inversão de valores: é louvada a ausência em vez da presença.

Não pretendi apreciar a posição de Herder em si mesma; sabe-se que hoje prevalece outra opinião sobre o papel do significante poético. No entanto, é certo que, ao criticar Lessing (e, através dele, uma tradição secular), Herder tem razão, em certo sentido: a poesia não é uma arte «auditiva» como a música (a sua perceção passa, aliás, pelos olhos — a leitura — muito mais do que pelos ouvidos...); e a sua *mimesis* não se produz com o auxílio de sons isolados. Mas não é isto o mais importante: a crítica de Herder, como a de Mendelssohn, dirige-se unicamente a uma parte da segunda proposição do silogismo. Assim, nem um nem outro se apercebem de que escamoteiam o elemento mais forte do raciocínio de Lessing, que não está na premissa menor, mas na maior, e que é: os signos da arte devem ser motivados. Nem um nem outro nota — o que também vai acontecer aos comentadores futuros ([7]) — que Lessing perturba a distribuição dos signos, que herdara de Dubos e de Harris, em motivados para a pintura e imotivados para a poesia. Para Lessing (nisso mais próximo de Diderot, mas muito mais claro), tanto uns como os outros devem ser motivados; se não não existe arte. Os seus predecessores desprezavam levianamente o facto de, por um lado, se exigir à poesia aquilo que se lhe recusava por outro. Em pintura, «imitação» e «signo natural» são sinónimos. Mas como poderá a poesia ser imitativa se os seus signos são arbitrários? Face a estas exigências contraditórias, Lessing prefere a lógica ao bom senso, mesmo quando, à primeira vista, o leva para o absurdo; e adota uma posição coerente: também os signos da poesia são motivados. É este o teorema que é preciso agora demonstrar.

Esta afirmação é muito mais significativa por não constar dos primeiros projetos do *Laocoonte*, em que se lê, por exemplo: «De onde vem a diferença entre imagens poéticas e materiais? Da diferença dos signos de que se servem a pintura e a poesia. Estes, no tempo e arbitrários; aqueles, no espaço e naturais» (ed. Blümner, p. 393). Neste ponto, o pensamento de Lessing não difere em nada do dos seus predecessores. Ora, na verdade, será à poesia que Lessing exigirá, na versão definitiva, o emprego de signos motivados. Mais exatamente, esta ideia nunca atingirá a sua expressão «definitiva» porque se encontra, mais do que qualquer outra, retomada, modulada, transformada nos fragmentos escritos por Lessing depois do *Laocoonte*, e apenas publicados depois da sua morte.

Em lugar da equação simplista de Dubos, Harris e Mendelssohn: pintura e natural, poesia e arbitrário, no pensamento de Lessing elabora-se a pouco e pouco uma estrutura a quatro termos. Primeiro, a linguagem pode ser arbitrária *ou* natural. No primeiro caso, trata-se da prosa (ou seja, em termos atuais, de um discurso não literário) e, no segundo, da poesia (ou discurso literário). É o que Lessing diz, muito explicitamente, no capítulo 17 do *Laocoonte*, em resposta à objeção manuscrita de Mendelssohn:

> Esta é uma propriedade da linguagem e dos seus signos em geral [a de, apesar de arbitrários, poderem referir-se, indiferentemente, ao sucessivo e ao simultâneo], mas não é por causa dessa qualidade que são mais convenientes ao objetivo da poesia. O poeta não pretende unicamente

> ser compreensível, não basta que as suas imagens sejam claras e precisas; com isso se contenta o prosador. Mas o poeta pretende representar tão vivamente as ideias que em nós desperta que, no nosso transporte, julguemos viver as impressões sensíveis dos próprios objetos [parece-nos ouvir aqui um eco de Diderot]... Portanto, repito: não nego à linguagem em geral o poder de descrever, por meio das suas diversas partes, um conjunto material. Ela pode fazê-lo, pois os signos que utiliza, embora sucedendo-se uns aos outros, são, entretanto, signos arbitrários. Mas nego esse poder à linguagem na qualidade de instrumento da poesia, porque semelhantes descrições por meio de palavras perdem a ilusão que é o principal caráter da poesia; esta ilusão, como dizia, deve faltar-lhe porque nelas o caráter de coexistência do corpo se encontra em oposição com o caráter de consecutividade da linguagem... Onde não se trata de ilusão e onde só haja tendência para uma noção precisa e tão completa quanto possível, essas descrições dos corpos, incompatíveis com a natureza, podem, na verdade, existir... (ed. de 1877, pp. 135–140).

Lessing opõe «ilusão» a «compreensão» (ou «inteligência») onde nós falaríamos de signos motivados e imotivados: segue a opinião de Baumgarten e de Mendelssohn, segundo a qual a arte só pode ser sensível; mas vai mais além, pois faz entender com clareza uma definição que subentende todo o seu raciocínio e que se repetirá incansavelmente nos séculos seguintes: a poesia é uma linguagem cujos signos são motivados.

Como se faz essa motivação? No próprio *Laocoonte*, Lessing dá a maior importância à imitação da temporalidade: os signos da linguagem, porque se seguem no tempo, podem designar, de forma motivada, tudo aquilo que se siga no tempo.

Ora, «aos objetos, ou aos seus elementos, dispostos por ordem de sucessão, chama-se, em sentido lato, ações. As ações são, assim, o próprio objeto da poesia» (ed. de 1964, p. 110).

Mas, nos fragmentos póstumos, Lessing considera vários outros meios de motivar os signos. Em primeiro lugar, acredita, como é corrente no século XVIII, que a linguagem nasceu da onomatopeia, que, no princípio, as palavras se assemelhavam às coisas que designavam. Hoje, as onomatopeias servem a poesia: «Da utilização judiciosa dessas palavras em poesia nasce aquilo a que se chama a expressão musical da poesia» (ed. Blümner, p. 430). O mesmo se aplica às interjeições, expressões universais — e portanto naturais — dos sentimentos, de que os poetas se sabem servir.

Outro meio sugerido por Lessing está muito próximo dos fenómenos «diagramáticos» (*) tão caros a Jakobson. «A poesia serve-se não só de palavras isoladas, mas também dessas mesmas palavras consideradas numa certa ordem. Mesmo quando as palavras em si mesmas não são signos naturais, a sua sucessão pode ter o poder de um signo natural» (*ibid.*, p. 431). Lessing lamenta que este processo, tão frequente na poesia, tenha tão raramente atraído a atenção dos críticos. (J. E. Schlegel concebia a imitação em poesia sob a forma de relações proporcionais, mas mais no sentido da transposição analógica, tão apreciada por Aristóteles.)

Em seguida, aparece um meio que merece ainda mais a nossa atenção: é o uso das metáforas (palavra que se utiliza aqui, como por vezes noutras alturas, para designar os tropos em geral). E neste caso mais uma vez podemos ver em que consiste a originalidade de Lessing, negada pelos eruditos. Com efeito, encontraremos os diferentes ingredientes

---

(*) O texto literário *põe em ato* (diagrama) aquilo que pretende exprimir. [*N. da T.*]

do conceito de Lessing em vários autores contemporâneos. J. E. Schlegel, como vimos no capítulo anterior, interpretava a imitação em poesia como uma semelhança — não entre as palavras e as coisas, mas entre o comparante e o comparado, entre os dois sentidos do termo metafórico (*Abhandlung von der Nachahmung*, 1742). Na mesma época, o suíço Breitinger escrevia, no seu *Critische Dichtkunst* (1740), que o arbitrário das palavras é um *handicap* para a poesia e que, para o remediar, esta dispõe da «figura pictural» (*Mahlerische Figur*) — a metáfora — que, por oposição às palavras vulgares, é um «signo necessário, natural e eficaz» (Bd. II, p. 312). Chegava assim à conclusão de que

> a forma figurada e floreada de escrever goza de uma grande vantagem em relação à forma comum e própria; essa vantagem deve-se essencialmente ao facto de não só fazer compreender as coisas por meio de signos arbitrários que não têm a mínima relação com a sua significação, mas de pintar também essas coisas muito distintamente diante dos nossos olhos com o auxílio de imagens semelhantes... A expressão figurada e floreada não nos deixa apenas adivinhar os pensamentos a partir de signos arbitrários, mas torna-os, ao mesmo tempo, visíveis (*ibid.*, pp. 315 e segs.).

A metáfora, assim descrita, pertence, segundo Breitinger, ao domínio do «maravilhoso», por oposição ao do «verosímil».

Mesmo nos anos precedentes ao aparecimento do *Laocoonte*, a dicotomia agostiniana (ou acreditada como tal) entre signos artificiais (arbitrários) e naturais — como inclusão da metáfora entre estes — é ressuscitada pelos leibnizianos; como G. Fr. Meier, que, depois de a ter evocado na sua generalidade, a aplica ao domínio da estética: ao considerar-se o belo (desde Baumgarten) como uma qualidade sensível, os signos naturais, que não enfermam da abstração dos signos arbitrários, são-lhe propícios.

> Todos os signos arbitrários devem, portanto, imitar os naturais num grau tão elevado quanto possível, se quiserem ser belos. [...] Quanto mais naturais forem os signos arbitrários e artificiais, mais belos serão ([8]).

E J. H. Lambert escreve ainda no seu *Neues Organon* (1764):

> Se nos limitarmos ao sentido próprio, não podemos considerar as palavras, particularmente as palavras-raízes das línguas, senão como signos *arbitrários* das coisas e dos conceitos. Em compensação, elas têm já mais semelhanças na qualidade de *metáforas*, em que, especialmente o sentido próprio, será pressuposto. No entanto, estas semelhanças residem, não na comparação entre as impressões provocadas pela palavra e pela coisa, mas na comparação entre os objetos que se nomeiam através da metáfora (III, 1, t. II, p. 14).

Descrição do mecanismo metafórico que reaparece nos textos de Lessing quase da mesma forma.

Portanto, mais uma vez se poderia dizer que todos os elementos da teoria de Lessing existem antes dele. Mas observemos de mais perto como procede. Primeiro, enumera todos os meios de que a poesia dispõe para tornar a linguagem motivada; e distingue duas espécies principais: os signos naturais (onomatopeia, etc.) e os signos equivalentes aos naturais — mas que o não são.

> A poesia não dispõe apenas de verdadeiros signos naturais, mas também de meios para elevar os seus signos arbitrários à dignidade e ao poder dos naturais (ed. Blumner, p. 430).

Assim, a metáfora encontra o seu lugar numa série homogénea. E aqui está a sua descrição:

> Como a faculdade dos signos naturais reside na sua semelhança com as coisas, a metáfora introduz, em lugar dessa semelhança que não possui, outra semelhança, entre a coisa designada e outra coisa, o que permite renovar o seu conceito de forma mais fácil e mais viva (*ibid.*, p. 432).

Enquanto Breitinger se limitava a descrever que a metáfora é um signo semelhante e, por essa razão, apropriado à poesia, e Lambert justificava a natureza linguística da metáfora, mas sem pensar na teoria da linguagem poética, Lessing formula uma teoria unificada, simultaneamente concreta e geral: a semelhança constitutiva da metáfora *não é* a mesma que a semelhança dos signos motivados (determinada imagem ou a onomatopeia), ambas são equivalentes apenas do ponto de vista funcional. Além disso, Lessing mostra o mecanismo em jogo: a metáfora é um signo motivado construído com signos imotivados. Nada disto existe nos textos de Breitinger. Por outro lado, vimos como o suíço insistia na afirmação de que todas as metáforas servem para pintar ([9]) (ilusão propagada no século XVIII). Lessing talvez não tenha ainda uma boa solução para este assunto, mas não afirma o caráter necessariamente visual das metáforas e limita-se a dizer que elas tornam a compreensão mais fácil e mais viva...

Eis como Lessing resume, numa carta ao seu amigo Friedriech Nicolai (de 26 de maio de 1769), a sua posição quanto à motivação dos signos verbais (notaremos que não concebe outra motivação que não seja por semelhança):

> A poesia deve, necessariamente, elevar os seus signos arbitrários a naturais; só assim se distingue da prosa e se

torna poesia. Os meios pelos quais o consegue são: sonoridade das palavras, ordem das palavras, medida das sílabas, figuras e tropos, comparações, etc.

Todos estes meios fazem que a poesia se aproxime de uma arte de signos motivados, mas nunca o consegue completamente; há sempre signos linguísticos imotivados. Sempre, salvo num caso que tomará, por esse facto, um valor exemplar aos olhos de Lessing.

> O género superior da poesia é o que torna os signos arbitrários inteiramente naturais. E é o género dramático, pois neste caso as palavras deixam de ser signos arbitrários e tornam-se signos naturais das coisas arbitrárias ([10]).

Então, as palavras designam palavras (Leonardo dizia, com desprezo: as palavras não podem designar senão palavras): a motivação é total, mesmo quando essas palavras designadas são, em si, «arbitrárias», ou seja, incompreensíveis fora de uma língua e de uma cultura. Assim, como antes tinha feito o abade Dubos, Lessing eleva a poesia dramática (a tragédia) ao mais alto grau dos géneros poéticos.

A linguagem possui signos motivados (na poesia) e imotivados (na prosa); mas, por sua vez, a pintura conhece os dois tipos de signos e possui, portanto, duas variedades distintas: ainda neste ponto Lessing se separa da ortodoxia representada por Dubos, Harris e Mendelssohn. «Qualquer utilização de signos arbitrários sucessivos e auditivos não é poesia. Por que motivo qualquer utilização dos signos naturais coexistentes e visuais seria pintura, já que se diz que a pintura é irmã da poesia?», pergunta nos *Fragmentos* (p. 452); e, na mesma carta a Nicolai, diz:

> Poesia e pintura tanto podem ser naturais com arbitrárias; por conseguinte, deve haver uma dupla pintura e uma dupla poesia, ou, pelo menos, ambas terão um género superior e um género inferior.

Não nos parece que Lessing tenha desenvolvido muito esta ideia: não encontramos nos seus textos nenhuma lista, simétrica e inversa à precedente, sobre os signos arbitrários na pintura. Em contrapartida, assinalamos uma sugestão sobre o modo como mesmo os signos naturais deixam inteiramente de o ser. É que, se os traços de um retrato conservam as mesmas relações do original, quase nunca têm as mesmas *dimensões*.

> Assim, o pintor que não deseja servir-se senão de signos inteiramente naturais deve pintar em tamanho natural, ou, pelo menos, em dimensões que não se afastem sensivelmente das da natureza.

Qualquer pintura de miniaturas participa do «arbitrário».

> Um rosto humano do tamanho de um palmo ou de uma polegada é, na verdade, o quadro de um homem; mas é já, em certa medida, um quadro simbólico: estou mais consciente do signo do que da coisa designada... [o que é, para Lessing, índice do arbitrário] (ed. Blümner, p. 428).

A argumentação de Lessing é sedutora, no seu rigor. No entanto, notará a natureza da arte em geral, e da imitação artística em particular? Podemos duvidar. A palavra «imitação» presta-se, como é evidente, a um mal-entendido: hesita-se entre a imitação como representação ou encenação e a imitação como produção de um objeto parecido com o modelo. Para a arte da linguagem só tem sentido a primeira interpretação do termo. Mas, aproveitando-se de certo modo da confusão entre as duas aceções da palavra, que se pode produzir quando se fala de pintura, Lessing finge acreditar, ou acredita, que, mesmo em relação à poesia, «imitação» deve entender-se no sentido de «semelhança». Daí aparecer um paradoxo que podia não existir para Dubos ou Harris: simultaneamente, diz-se que a poesia é «semelhante» (pois obedece ao princípio da imitação) e não é (porque utiliza signos arbitrários). Mas o paradoxo, como vemos, provém do facto de Lessing ter mudado, por completo, o sentido das palavras.

É difícil situar estas ideias de Lessing em relação à passagem dos clássicos para os românticos. Na medida em que procura consolidar o princípio de imitação, participa, ao mesmo tempo que Batteux, Diderot, etc., das últimas manifestações do espírito clássico. No entanto, ao deslocar a problemática da imitação, ao deixar de estabelecer uma relação entre os signos (ou imagens) e o universo, para estabelecer uma relação entre significante e significado, interior ao signo — por outras palavras, reduzindo a *imitação* à *motivação* —, Lessing anuncia claramente a doutrina romântica da linguagem poética; mais ainda, aparece como seu fundador; a filiação das duas doutrinas, clássica e romântica, reside, precisamente, nessa passagem do primeiro para o segundo conceito. Mas como conciliar, em Lessing ou nos seus continuadores, de A. W. Schlegel a Jakobson, a constatação de que os signos linguísticos são arbitrários e a afirmação de que a poesia utiliza signos motivados? Mesmo que seja repetida duzentas vezes, uma ideia não se torna por isso necessariamente verdadeira...

Enfim, Lessing terá sido o primeiro a integrar com firmeza a teoria da arte numa reflexão geral sobre o signo, e também o primeiro a afirmar, de maneira explícita, o enraizamento de toda a arte no seu material, e, portanto, da literatura na linguagem. E talvez a firmeza do seu pensamento tenha atingido a imitação com um golpe mais grave que nenhum outro, no próprio momento em que tentava protegê-la: provava *a contrario* que o reinado da imitação sobre o pensamento estético se aproximava do fim. O romantismo estava prestes a nascer.

6

A CRISE ROMÂNTICA

> *Nascimento*. Escolha do eleito. O fim da imitação. Doutrina. *Romantismo*. Sinfilosofia. Produção. Intransitividade. Coerência. Sintetismo. O indizível. *Athenaeum* 116. *Símbolo e alegoria*. Goethe. Schelling. Outros. Creuzer e Solger.

NASCIMENTO

Para relatar o nascimento da semiótica ocidental, comecei por escolher um ponto de chegada: Santo Agostinho — interpretando a sua doutrina como o resultado de uma série de influências heterogéneas; o meu tema era, em suma, Santo Agostinho e seus predecessores. Para explorar o nascimento da estética romântica (mas por que razão se põem assim em paralelo dois corpos de reflexão diferentes?), vejo-me obrigado a adotar um processo estritamente simétrico e inverso: partirei dos escritos de um único autor que me parece conter o gérmen de toda a doutrina estética do romantismo, estudarei em seguida as influências, diretas ou indiretas, que ele exerceu nos seus contemporâneos ou nos descendentes mais modernos; apresentarei a estética romântica — ou, antes, a parte que dela me interessa para o presente contexto — como uma expansão desses escritos iniciais, expansão de que talvez nós próprios apresentemos a última metamorfose. O meu tema, desta vez, será, portanto: um autor e os seus sucessores. Um encerrava e sintetizava a Antiguidade Clássica, o outro anuncia e inaugura a nossa modernidade.

Escolha do eleito

E quem é o feliz escolhido? Poderíamos hesitar entre vários nomes. A minha escolha recaiu sobre Karl Philipp Moritz, de preferência a Herder, Rousseau, Vico ou Shaftesbury (para não mencionar senão os candidatos mais importantes); mas estou consciente de uma certa arbitrariedade nesta decisão, que se baseia num juízo de valor muito subjetivo. Parece-me que Moritz é o primeiro a *reunir* na sua obra todas as ideias (não as inventou, bem entendido) que determinarão o perfil da estética romântica. Essa função exata — e no entanto bastante limitada (aqui acaba qualquer paralelo com Santo Agostinho) — faz dele um cómodo ponto de partida para a minha investigação.

Com efeito, existe uma segunda razão para esta escolha. É que os mais típicos representantes do romantismo, nas suas sistemáticas exposições da nova doutrina, criticam ou repelem fortemente toda a tradição anterior, para apenas fazerem sair do esquecimento e salvarem do desprezo um único nome; e esse é o de Moritz. Este louvor excecional não deixa, aliás, de estar atribuído de ambivalência: assim que se faz a escolha, acrescenta-se logo a sua limitação, como se se temesse que uma admiração sem reservas lançasse na sombra o mérito próprio de quem a enuncia.

Assim, em primeiro lugar, August Wilhelm Schlegel, no primeiro volume das suas *Lições sobre as Belas Letras e a Arte*, sobre a *Doutrina da Arte* (notas para um curso de 1801): depois de ter analisado todas as teorias do passado, depois de as ter criticado a todas, depois de ter exposto a sua conceção, ou antes, a do *Athenaeum*, acrescenta:

> Não há, que eu saiba, senão um escritor que tenha utilizado expressamente, no sentido mais elevado, o princípio da imitação nas artes: é Moritz, no seu pequeno escrito *Sobre a Imitação Organizadora do Belo*. O defeito deste escrito está no seguinte: Moritz, apesar do seu espírito verdadeiramente especulativo, não encontrando nenhum ponto de apoio na filosofia de então, perdeu-se, solitariamente, pelos maus caminhos (*Irrgängen*) místicos (p. 91) ([1]).

Todas as ideias de Moritz, citadas ou resumidas por Schlegel na página seguinte, são por ele aprovadas sem reserva; e, no entanto, a fórmula introdutória, colocando Moritz numa posição excecional, induz-nos a não o seguirmos num mau caminho, qualificado sumariamente de místico. Mas o estranho desta atitude só se torna verdadeiramente flagrante quando se lê esta passagem que figura na *Filosofia da Arte de Schlegel* (notas para um curso de 1802) em que o assunto é a mitologia (conceito fulcral para Schlegel):

> É um grande mérito ter sido Moritz o primeiro dos alemães, e o primeiro em geral, a representar a mitologia com esse caráter de absoluto poético que lhe é próprio. Embora lhe falte a última conclusão desta ideia e consiga apenas demonstrar que isso acontece nessas poesias, sem mostrar

> a necessidade e a base (*Grund*) desse estado de coisas, no entanto, o sentido poético reina em toda a sua apresentação, e talvez (*vielleicht*) possamos reconhecer nela as marcas de Goethe, que em toda a sua obra exprimiu essas ideias e que, sem dúvida (*ohne Zweifel*), também as fez despertar em Moritz (V, p. 412).

Este enunciado é mais complexo de que o de Schlegel. Schelling começa com uma apreciação superlativa: Moritz é o primeiro, não só entre os alemães, mas também em geral... (notemos, além disso, que Schlegel e Schelling concedem a Moritz o primeiro lugar em domínios diferentes). Segue-se uma primeira limitação: longe de ser demasiado místico, Moritz é, desta vez, e de certo modo, muito pouco místico: não consegue aprofundar as coisas, falta-lhe *Grund*. Mas, mesmo antes de terminar a frase, segue-se um segundo golpe, muito mais baixo: o que há de bom em Moritz é, talvez, uma marca de Goethe — um «talvez» que depressa se torna num «sem dúvida» na oração seguinte (e última).

Tantas coincidências merecem uma explicação. Explicação que irei procurar no grande benfeitor de Moritz e de tantos outros, aquele cuja sombra imensa fez que, por muito tempo, se esquecessem os que ela escondia, em especial Moritz: em Goethe. Goethe encontra Moritz em Roma, em 1786; seduziu-o, tornou-se o seu inspirador, fez dele o seu porta-voz (pelo menos é o que nos dizem); ocupa-se dele durante a sua doença. Depois do regresso à Alemanha, convida-o para Weimar, onde Moritz é introduzido numa sociedade elegante; em seguida, arranja-lhe um lugar de professor em Berlim, onde Moritz fica até à morte, quatro anos depois.

A opinião comum pretende que Moritz seja apenas um reflexo, um porta-voz de Goethe. Não quero senão uma prova para afirmar que isso é falso: o *Ensaio* de Moritz, que já inclui todas as suas ideias importantes, data de 1785, um ano antes do encontro com Goethe. De onde provém, então, essa opinião comum? Do próprio Goethe. No relato-resumo que dedica ao livro de Moritz sobre a imitação, já afirma que estava presente na altura da composição da obra. Na *Viagem a Itália*, falando ainda do mesmo livro, é mais brutal: «Ele nasceu das nossas conversas, que Moritz utilizou e elaborou a seu modo» (*Jubiläumsausgabe*, v. 27, p. 254).

Trinta anos mais tarde, numa nota intitulada *Einwirkung der Neueren Philosophie* (1820), sente ainda necessidade de afirmar: «Em Roma, discuti longamente com Moritz sobre a arte e as suas exigências teóricas; um pequeno volume impresso testemunha, ainda hoje, a nossa frutuosa obscuridade de antanho» (*Jubiläumsausgabe*, v. 39, p. 29).

Se a versão escrita era assim, que poderemos pensar das apreciações orais que Schlegel e Schelling, íntimos de Goethe precisamente nos primeiros anos do século, não podem deixar de ouvir? Podemos fazer uma ideia delas referindo duas menções a Moritz feitas na *Viagem a Itália*, sempre amáveis e condescendentes:

> É um homem notavelmente bom; teria ido muito mais longe se tivesse encontrado, de tempos a tempos, pessoas capazes e suficientemente afetuosas para o esclarecerem sobre o seu estado (*Jubiläumsaugabe*, v. 26, pp. 202–203). Tem um modo muito correto e justo de ver as coisas; espero que também arranje tempo para se tornar profundo (*Grundlich*) (*idem*, v. 27, p. 94).

Não julgamos ouvir agora, na frase em que Schlegel lamentava a solidão de Moritz, um eco desta primeira descrição? E na de Schelling, ao deplorar a ausência de *Grund*, uma paráfrase da segunda?

Mesmo que fosse apenas por causa deste notável malefício feito de elogios que contribuíram sobretudo para ocultar as suas ideias e a sua verdadeira importância, Moritz mereceria que, por minha vez, lhe concedesse um lugar de eleição.

O fim da imitação

Mas retomemos o fio da nossa história onde a havíamos deixado, antes deste intervalo anedótico: na inquietação da estética perante o conceito de imitação. Ninguém está satisfeito com ela, mas também não sabem como se desembaraçar dela; daí resulta esta série de ajustamentos, mais ou menos desastrados, que lembrámos ao longo dos dois últimos capítulos.

Tal era o estado das coisas, digamos, em 1750. Saltemos agora meio século e abramos a *Doutrina da Arte* de A. W. Schlegel nas páginas que se ocupam da imitação. Delas se desprende uma impressão completamente diferente: entre essas duas datas, teve lugar a crise de que nasceu o romantismo. A diferença que imediatamente salta à vista é que, agora, permitem-se criticar abertamente o princípio da imitação; de facto, as mesmas censuras ou perguntas que eu lhe dirigia ao apresentar as doutrinas de Diderot, Lessing e seus contemporâneos encontram-se já, clara e brilhantemente formuladas, na exposição de Schlegel.

Em primeiro lugar, a aplicação estrita do princípio de imitação (aquela a que chamei o seu «grau zero») leva ao absurdo: se a arte conseguisse submeter-se-lhe e produzir, portanto, cópias perfeitas, não vemos em que consistiria o seu interesse, pois o protótipo já existe. Schlegel imagina, com graça, que isso seria a ausência de todas as dificuldades físicas que podem acompanhar a perceção do modelo.

> Assim, por exemplo, a superioridade de uma árvore pintada sobre uma árvore real consistiria no facto de não virem poisar nas suas folhas nem lagartas nem insetos. É por isso que os habitantes das aldeias do Norte da Holanda, por razões de limpeza, não plantam árvores verdadeiras nos pequenos pátios que rodeiam as casas, limitando-se a pintar, a toda a volta, nos muros, árvores, sebes, tapetes de verdura, que, além do mais, se conservam verdes durante o inverno. A pintura de paisagem seria, nesse caso, simplesmente para termos no nosso quarto, à nossa volta, uma natureza por abreviatura, em que se preferiria contemplar as montanhas sem nos expormos a temperaturas desagradáveis e sem sermos obrigados a fazer alpinismo (p. 85).

Mas esta ideia sobre a natureza da arte não é apenas ridícula, também é falsa: todos sabem que a obra de arte obedece a convenções que não têm nenhuma equivalência na natureza, suposto objeto da imitação (desforra de Hermogenes em relação a Crátilo). O mesmo acontece com o *verso* na poesia e com o *ritmo* na música; e também com as artes plásticas: se se esquecerem as convenções, «não devemos troçar desse homem que não achava um busto parecido como o real, porque a pessoa, dizia ele, tinha com certeza mãos e pés». Ou seremos como esse chinês que, «ao observar pinturas inglesas, perguntou se as personagens seriam realmente tão sujas como pareciam por causa do efeito da luz e das sombras» (pp. 86–87).

Não se corrige o princípio da imitação emendando o objeto, como pretendia Batteux (e, de maneira diferente, Diderot): dizer que se imita a «bela natureza» é introduzir um segundo princípio, o da beleza, sem fornecer meios para o compreender.

> Das duas uma: ou se imita a natureza tal como se nos oferece, e então ela pode, muitas vezes, não nos parecer bela; ou representamo-la sempre bela, e isso já não é imitar. Por que razão não se dirá antes que a arte deve representar o belo, e não deixar inteiramente de lado a natureza? (p. 85).

Paradoxo que, alguns anos mais tarde, Schelling evidenciará ainda com mais clareza (no seu discurso *Sobre a Relação das Artes Figurativas com a Natureza*, p. 1807):

> Em seguida, o discípulo da natureza deve imitar tudo o que nela existe, mas tudo em todos os seus pormenores? Deve unicamente reproduzir os objetos belos e destes apenas o que têm de belo e de perfeito. É assim que o princípio se determina de uma forma mais precisa. Mas, ao mesmo tempo, pretende-se que, na natureza, o imperfeito está misturado com o perfeito, o feio com o belo. Então, como é que aquele que não tem outra relação com a natureza senão a de a imitar servilmente pode distinguir um do outro? (VII, p. 294).

O próprio Schelling tirara as conclusões desta contradição de um escrito anterior, o último capítulo do *Sistema do Idealismo Transcendental* (1800). Se a regra da arte é a beleza, a arte é uma encarnação da beleza superior à natureza, sendo esta (também) governada por princípios diferentes dos da beleza. Por conseguinte, longe de dever imitar a natureza, a arte dá-nos a medida da opinião que temos da beleza natural: a hierarquia da arte e da natureza inverteu-se.

> Daí resulta, no que respeita à opinião segundo a qual a imitação da natureza deveria ser o princípio da arte, que a

> natureza, que só é bela acidentalmente, está longe de poder servir de regra à arte, e é nos mais perfeitos produtos da arte que se deve procurar o princípio e a norma das opiniões sobre a beleza natural (III, p. 622).

A antiga interpretação do princípio de imitação é insustentável. Como explicar então a relação, incontestável, que têm as obras de arte com a natureza? Interpretando o princípio de imitação de uma maneira completamente nova. Ter descoberto e praticado essa nova interpretação seria, a acreditarmos em Schlegel, o mérito particular de Moritz.

Doutrina

A inovação introduzida por Moritz é, com efeito, radical: enquanto antes, para conciliar o princípio de imitação com os factos observados, se limitavam a juntar a «imitar» um advérbio moderador ou — suprema audácia — a qualificar de modo diferente o seu complemento (a «bela natureza», o «ideal»), Moritz muda o sujeito do verbo e, logo, a sua significação. Já não é a obra que imita, mas o artista.

Se existe imitação nas artes, ela está na atividade do criador: não é a obra que copia a natureza, é o artista, e ele fá-lo ao produzir obras. Mas o sentido da palavra natureza não é o mesmo em ambos os casos: a obra não pode imitar senão os *produtos* da natureza, ao passo que o artista imita a natureza na medida em que esta é um princípio *produtor*. «O *artista-nato*, escreve Moritz, não se limita a observar a natureza, deve imitá-la, tomá-la por modelo, e, como ela, formar (*bilden*) e criar» (p. 121). Portanto, será mais exato não falar de imitação, mas de construção: a faculdade característica do artista é uma *Bildungskraft*, uma faculdade de formação (ou de produção);

o principal tratado estético de Moritz intitula-se, significativamente, *Sobre a Imitação Produtora do Belo* (1788). *Mimesis*: sim, mas com a condição de a entender no sentido de *poesis*.

Naturalmente, Schlegel força as coisas ao atribuir esta ideia apenas a Moritz. Antes dele, Shaftesbury na Inglaterra e Herder na Alemanha já tinham começado a situar a imitação entre o criador e o Criador e não entre duas criações (isto quanto às fontes imediatas, porque podemos remontar a Empédocles para uma primeira formulação desse paralelismo). Haviam explorado a analogia que se impunha entre Deus criador do mundo e o artista autor da sua obra; Herder até escrevia que «O artista tornou-se um Deus criador». Shaftesbury chamara a atenção para a imagem de Prometeu, particularmente apropriada neste contexto: o Deus criador torna-se símbolo do artista. Moritz compartilha dessa mesma tradição; escreve na *Doutrina dos Deuses*:

> Prometeu humedecia com água a terra ainda impregnada de partículas celestes, e criou o homem à imagem dos deuses, de maneira que este é o único que eleva o seu olhar para o céu, ao passo que todos os outros animais inclinam a cabeça para a terra. [...] É por isso que, nas antigas obras de arte, Prometeu é representado [...] com um vaso a seus pés, diante dele um torso humano, e ele dá-lhes forma com argila; todo o poder do seu pensamento parece concentrado na sua realização (*Gotterlehre*, pp. 24 e 25) ([2]).

Consequentemente, o momento de formação excederá o resultado já formado; qualquer termo valorizado será posto do lado do processo de produção. Escreve Moritz: «A natureza do belo consiste no facto de o seu ser interior se encontrar fora dos limites da faculdade de pensar, no seu aparecimento, no seu próprio devir» (pp. 77–78). Na primeira metade desta frasc afirma-sc um ccrto aspcto irracional do bclo; a scgunda situa-se no ato do devir. Esta atenção preferencial explica porque, na estética romântica, se dará a primazia, já não à relação da representação (entre a obra e o mundo), mas à relação de expressão: aquela que une a obra e o artista.

Neste novo quadro, a obra e a natureza têm em comum serem totalidades fechadas, universos inteiros — pois a criação das obras em nada é diferente da do mundo, acontecendo o mesmo com os produtos criados. A semelhança já não se situa no aparecimento de formas similares, mas na posse de uma estrutura interna idêntica; a relação das partes constitutivas é a mesma, só varia o coeficiente de grandeza; a obra não é a imagem, mas o diagrama do mundo.

> A bela totalidade saída das mãos do artista que a forma é, assim, uma marca do belo superior na grande totalidade da natureza (p. 73). A faculdade de agir... percebe a dependência nas coisas, e, com aquilo que apreendeu, nisso semelhante à própria natureza, forma um todo *arbitrário* existente em si mesmo (p. 74).

A organização é a mesma, em ambos os casos — mas aparece-nos «em ponto grande na natureza, e aqui [na arte] em ponto pequeno» (p. 76). Voltamos, assim, à doutrina neoplatónica do microcosmos e do macrocosmos.

Nesta nova perspetiva, não é só o conteúdo da noção de imitação que muda, mas também o seu lugar. Se iniciei a exposição da doutrina de Moritz pela sua nova interpretação, foi porque o meu ponto de partida era a teoria estética anterior, em que o conceito de imitação ocupava o centro. Mas o mesmo acontece na teoria de Moritz. Como o mundo, a obra de arte é uma totalidade autossuficiente; precisamente na medida em que se assemelha a ele, deixa de ter necessidade de afirmar a sua relação com o mundo. O conceito fulcral da estética de Moritz é, na verdade, a totalidade; e é a ela que Moritz prefere chamar belo.

Consideradas isoladamente, as ideias de Moritz não são novas, mas nova é a sua síntese. Isto é particularmente evidente na sua noção do belo, que combina — pela primeira vez, ao que parece — duas ideias vulgarmente formuladas na época. Por um lado, como o seu mestre Mendelssohn, Moritz deseja separar a estética e a ética, o belo e o útil. Mais especificamente, renuncia à definição do belo pelo prazer que proporciona (como J. E. Schlegel), porque, partindo dessa hipótese, não se poderia distinguir o belo do útil; para Moritz, tal definição é demasiado psicológica e subjetiva. A necessidade de uma separação do útil leva-o a definir o belo, em primeiro lugar, de maneira negativa:

> Assim, uma coisa não pode ser bela porque nos dá prazer, pois nesse caso todo o útil seria também belo; mas aquilo que nos dá prazer, sem ser propriamente útil, é o que chamaremos belo (p. 6).

Mais do que do útil, o belo aproxima-se paradoxalmente do inútil:

> O conceito de inútil, na medida em que não tem nenhuma finalidade ou razão de ser, liga-se mais naturalmente e de mais perto com o conceito de belo, na medida em que este também não tem necessidade de ter nenhum fim ou razão de ser exterior a ele, mas possui em si mesmo todo o valor e finalidade da sua existência (p. 69).

Esta proximidade não é uma definição. O belo é inútil por uma razão precisa: enquanto o útil, como a palavra indica, encontra a sua finalidade fora de si, o belo é aquilo que não tem necessidade de nenhuma justificação externa: uma coisa é bela na medida em que é intransitiva.

> O objeto puramente útil não é em si mesmo um todo, uma coisa completa (*Vollendetes*), e só se torna um todo quando em mim atinge a sua finalidade; por outras palavras, é em mim que se completa. — No entanto, considerando o belo, remeto a finalidade de mim para o objeto: considero-o como algo de *completo em si mesmo*. [...] Gosto do belo por si próprio, e só gosto do útil em relação a mim (p. 3).

Ou então:

> O belo não exige uma finalidade exterior a si, porque é tão completo em si mesmo que toda a finalidade da sua existência se encontra nele (p. 69). A essência do belo consiste na sua própria *realização* (p. 79).

Assim, os conceitos de belo e de totalidade tornar-se-ão quase sinónimos:

> O conceito de um todo existente em si mesmo está, infalivelmente, ligado ao do belo (p. 71).

A afirmação de que qualquer totalidade, qualquer obra, encontra a sua finalidade em si própria tem implicações importantes. Lembramo-nos da oposição que Santo Agostinho fazia entre essas duas atividades, utilizar e fruir: utiliza-se um objeto em relação a outra coisa, e só o fruímos em relação a ele próprio. Mas, na ótica de Agostinho, e na do Cristianismo em geral, existe apenas um objeto que se possa considerar como fim último e de que se possa fruir: é Deus. Calcula-se a importância da inversão e a sua dimensão, a que chamarei política: a hierarquia encontra-se substituída pela democracia, a submissão pela igualdade; qualquer criação pode e deve ser objeto de fruição. À mesma pergunta — poderá o homem tornar-se objeto de fruição? — Santo Agostinho responde com a negativa, e Moritz com um elogio do homem.

> O homem deve aprender de novo a sentir que existe por si próprio — deve sentir que, em cada ser pensante, o todo existe em relação ao particular, exatamente como o particular existe em relação ao todo (p. 15). Nunca se deve considerar o homem particular apenas como um ser puramente *útil*, mas também como um ser *nobre*, que possui em si o seu próprio valor (p. 16).

Ser, de modo intransitivo, torna-se um valor supremo para Moritz, e ele termina o seu tratado *Sobre a Imitação Produtora do Belo* com estas exclamações: «Nós *somos*, é este o mais elevado e o mais nobre pensamento. — Sobre o belo os lábios mortais não podem pronunciar palavra mais sublime do que: ele existe!» (p. 93).

Por outro lado, Moritz mantém uma segunda definição do belo — que poderia ter encontrado em Diderot ou num dos seus numerosos predecessores —, segundo a qual o belo resulta da relação harmoniosa das partes que compõem o objeto. Escreve, por exemplo:

> Quanto mais as partes de uma coisa bela estiverem relacionadas com o seu conjunto, ou seja, com essa mesma coisa, mais ela é bela (p. 72). Quanto mais as partes isoladas de uma obra de arte e as suas posições em relação umas às outras forem *necessárias*, mais bela será a obra (p. 120).

O génio de Moritz consiste no facto de estas duas ideias, longe de se oporem ou de simplesmente ficarem isoladas, se combinarem e completarem de forma... harmoniosa. É precisamente por a coisa bela não ser, de modo nenhum, necessária que as suas partes devem sê-lo, umas em relação às outras e em relação ao todo que formam. Esta interdependência será estabelecida por Moritz desde o seu primeiro escrito sobre estética, que data de 1785:

> Quando falta a um objeto a utilidade ou a finalidade externas, é preciso procurá-las no próprio objeto, se este deve despertar em mim um prazer; ou então: *devo encontrar nas partes isoladas desse objeto finalidade suficiente para que me esqueça de perguntar: para que serve o todo?* Por outras palavras: diante de um objeto belo, devo unicamente sentir prazer por ele próprio: para este fim, a ausência de finalidade externa deve ser compensada por uma finalidade interna; o objeto deve ser algo de completo em si mesmo (p. 6).

A terminologia de Moritz não é completamente firme: ou opõe a ausência de fim à presença de uma finalidade, ou opõe as finalidades interna e externa; mas a sua ideia é clara; e, a partir dele, a *coerência* interna do que é belo encontra-se indissoluvelmente ligada à sua intransitividade externa: «encontrar o seu objetivo em si mesmo» estará a par de «ser dotado de um caráter sistemático». Sobre este ponto específico, a estética kantiana (naquele dos seus aspetos que resume a fórmula da «finalidade sem fim») não é, em nada, mais desenvolvida que a de Moritz.

Já dizia Winckelmann: «O objetivo da verdadeira arte não é a imitação da natureza, mas a criação da beleza»; só que não sabia deduzir as consequências dessa afirmação. Só com Moritz a arte se torna essencialmente uma encarnação do belo. Eis uma formulação que sintetiza esta nova atitude. «Qualquer obra de arte bela é, mais ou menos, uma marca do grande todo da natureza que nos envolve; também deve ser considerada como um *todo existindo por si mesmo*, que, como a grande natureza, *tem o seu fim em si mesma* e existe por si» (p. 122). Portanto, não é um acaso o facto de o título do primeiro texto estético de Moritz, que lembra e inverte o de Batteux, anunciar já o domínio do belo sobre a arte: *Ensaio de reunião de todas as belas artes e ciências sob a noção de realização em si.*

Se arte e natureza são igualmente suscetíveis de uma análise feita em nome do belo, não são, no entanto, equivalentes: as obras da natureza também podem ser *utilizadas*, o que as obras de arte não poderiam admitir. Assim, relativamente à beleza — Moritz anuncia aqui a supracitada frase de Schelling —, a arte é superior à natureza.

> O movimento progressivo dos pensamentos ao encontro um do outro, ou a transformação progressiva da finalidade externa em finalidade interna, ou, mais abreviadamente, a *realização em si* parece ser o fim propriamente *condutor* do artista na sua obra de arte. O artista deve procurar repor o fim — que na natureza é sempre exterior ao objeto — no interior desse mesmo objeto, e torná-lo assim completo em si próprio. Então, veremos um todo onde não apercebíamos senão as partes com fins divergentes (p. 153).

Estas frases estabelecem simultaneamente o privilégio da arte sobre a natureza e a lei da arte: a conversão da finalidade externa em finalidade interna.

Um exemplo evidente da aplicação deste princípio à teoria das artes particulares é-nos dado no *Ensaio de uma Prosódia Alemã* (1786), onde Moritz define a oposição entre o verso e a prosa como hetero- e autotélica: ou, antes, por uma comparação (Malherbe estaria talvez na sua origem) em que os termos se opõem da mesma maneira: a da dança e da marcha.

> Podemos aqui comparar o discurso com a *marcha*. A marcha habitual tem a sua finalidade *fora dela própria*, é simplesmente um *meio* de conseguir um fim, e tende continuamente para esse fim, sem se dar conta da regularidade ou da irregularidade dos passos separados. Mas a paixão, por exemplo, a alegria saltitante, *reenvia a marcha para si mesma*, e os passos separados já não se distinguem entre si porque cada um se aproxima mais do fim; são todos iguais, pois a marcha deixa de ser dirigida para um fim, mas, em vez disso, acontece *por si mesma*. Como, desta forma, os passos separados adquiriram uma *importância igual*, torna-se irresistível o desejo de *medir* e *subdividir o que se tornou idêntico por natureza*; assim nasceu a *dança* (pp. 185–186).

Desde o momento em que os passos deixam de servir para se aproximarem de um objetivo, aparece a organização interna: o compasso. Do mesmo modo, quando as palavras são produzidas «por si mesmas», quando o discurso é «reenviado a si próprio», o verso, ou seja, a organização interna em nome de uma lei autónoma, aparece (p. 187). O verso é um discurso dançante, pois a dança é uma atividade simultaneamente intransitiva e estruturada ([3]).

A coerência interna, como característica da obra de arte, é válida para todos os estratos que a constituem, e portanto também para os seus aspetos espiritual e material, o seu conteúdo e a sua forma. Mas forma e conteúdo, matéria e espírito são contrários; podemos, assim, caracterizar de outro modo a obra de arte, dizendo que realiza a fusão dos contrários, a síntese dos opostos. Moritz não deixará de o fazer, tanto no que respeita à arte, pois escreve que «o belo trágico superior é formado pela justaposição dos contrários» (p. 203), como no que respeita à mitologia, que desempenhará, tanto para ele como mais tarde para Schelling, uma função análoga à da arte. As imagens da mitologia grega, ponto culminante da própria evolução mitológica, caracterizam-se por esse sintetismo, por essa capacidade de absorver e de reabilitar a incompatibilidade dos contrários.

> O facto de, na grande criação divina de Minerva, assim como em Apolo, encontrarmos reunido aquilo que é completamente contrário torna essa poesia bela, e ela transforma-se aqui, por assim dizer, numa língua superior que, numa expressão, reúne grande número de conceitos que ressoam harmoniosamente um no outro, ao passo que noutros lugares estão dispersos e isolados (*Gotterlehre*, pp. 101–102).

A autonomia de uma totalidade é condição necessária para a sua beleza. Esta proposição tem uma consequência paradoxal que diz respeito à descrição que se pode fazer de uma obra de arte. Uma obra de arte perfeita não deixa lugar para a explicação: se o fizesse, deixaria de ser perfeita, pois dependeria de algo exterior, de uma instância que lhe é estranha, ao passo que o belo se define precisamente pela sua autonomia absoluta.

> A natureza do belo consiste no facto de as partes e o todo se tornarem falantes e significantes, uma parte sempre através de outra, e o todo através de si próprio; no facto de o belo se explicar a si próprio — se descrever através de si próprio — e, portanto, não necessitar de nenhuma explicação ou descrição, para além do dedo que apenas indica o conteúdo. Logo que uma obra de arte exigisse, além desse

> dedo indicador, uma explicação particular, revelar-se-ia por isso mesmo imperfeita: pois a primeira exigência do belo é essa clareza pela qual ele se manifesta diante dos olhos (p. 95).

A obra de arte significa-se a si própria, pelo jogo das suas partes; portanto, é também a sua própria descrição a única que lhe pode estar adequada. «As obras de arte figurativa são por si mesmas as suas descrições mais perfeitas, e não podem ser descritas de novo» (p. 102).

Este facto, por sua vez, tem uma implicação ainda mais paradoxal. Se é verdade que no interior de um único intermediário (poesia, pintura) a obra de arte em questão é a sua única descrição possível, no confronto das artes entre si apresenta-se uma nova possibilidade: pois, se o belo é sempre conseguido em função de um mesmo princípio, existe uma identidade secreta em todas as obras belas; assim, o mais belo poema é, *ipso facto*, o equivalente e, ao mesmo tempo, a descrição do mais belo quadro — e inversamente.

> Numa descrição do belo feita por palavras, essas palavras devem ser consideradas juntamente com a marca que deixam na imaginação, o próprio belo. E numa descrição do belo por meio de linhas, essas mesmas linhas, consideradas no seu conjunto, devem ser o belo que nunca pode ser designado senão por si mesmo; porque ele começa no momento em que a coisa forma uma unidade com a sua descrição, As autênticas obras de arte poética são, por isso, as únicas verdadeiras descrições — feitas com palavras-do-belo nas obras de arte figurativa. [...] Nesse sentido, poderíamos dizer: o poema mais perfeito seria, ao mesmo tempo, sem que o seu autor o suspeitasse, a mais perfeita descrição da obra-prima superior da arte figurativa, do mesmo modo

> que esta é, por sua vez, a encarnação, ou a completa apresentação da obra-prima da fantasia [...] (pp. 99–100).

Ou, de forma mais breve:

> A poesia *descreve* o belo das artes figurativas, por conseguir fixar com palavras as mesmas relações que as artes figurativas designam por meio do desenho (p. 120).

O belo pode ser igualado, mas não pode ser traduzido. A poesia, a pintura e a música são «línguas superiores», como escrevia Moritz noutro trecho, que exprimem o que está para além dos «limites da faculdade de pensar», faculdade que as palavras dizem. A mensagem artística é *exprimível* pela poesia, pela pintura, etc.; e, ao mesmo tempo, é *indizível* pelos meios da linguagem comum. A impossibilidade de descrever o belo resulta tanto da sua autonomia constitutiva como de uma certa inconvertibilidade da linguagem de arte em linguagem das palavras: a arte é a única que pode exprimir o que ela exprime.

Poderíamos dizer, então, que todas as características da obra de arte se concentram numa só noção à qual os românticos darão depois o nome de *símbolo*. Mas Moritz ainda emprega esta palavra no seu antigo sentido (o de signo arbitrário) e, a bem dizer, não dispõe de nenhuma palavra para designar essa significância característica da arte; limita-se a dizer: o belo, a arte, a mitologia. Em compensação, tem um termo para designar o contrário do símbolo (e nisso será seguido pelos outros românticos); é o termo *alegoria*. A presença do morfema *allos* — nesta palavra — já pode explicar a animosidade de Moritz em relação a ela: a alegoria exige algo exterior, ao contrário do belo; que é um todo completo em si mesmo.

> Quando uma bela imagem deve indicar e significar algo de exterior a si própria, aproxima-se do símbolo puro [= signo arbitrário], o qual verdadeiramente não depende mais da beleza em sentido próprio do que as letras com que escrevemos. — A obra de arte deixa então de ter o seu fim apenas em si mesma, esse fim está sobretudo fora dela. — O verdadeiro belo consiste no facto de uma coisa não significar senão o que é, estar completa por si só (p. 113). Na medida em que a alegoria contradiz, assim, essa noção de beleza nas artes figurativas, não merece qualquer lugar na série do belo, por mais zelo e esforço que se prodigalize; não tem valor algum, não tem mais valor do que as letras com que escrevo. — A Fortuna de Guido, com os seus cabelos esvoaçantes, que toca com a ponta dos dedos do pé a esfera móvel, é uma bela imagem, não porque designe a felicidade com exatidão, mas porque o todo desta imagem possui uma concordância com ele próprio (p. 114).

Como anteriormente, o belo (e, portanto, a arte) é aqui definido como um «todo completo em si próprio»; a alegoria é diferente, como qualquer coisa que encontra a sua justificação algures, fora de si. Mas surge outro problema: Moritz admite que a obra de arte significa; ora, não é uma característica genérica de todo o signo, e não apenas da alegoria, o facto de reenviar a algo que não seja ele próprio? Moritz tem, portanto, necessidade de conceber uma nova classe de signos, que se caracterizam pela sua intransitividade (e, consequentemente, já que o signo é, por definição, transitivo, que se caracterizem por uma nova fusão dos contrários). A obra de arte é «uma coisa que se significa a si própria» (mas isso ainda será significação?); é aquilo que se realiza pela concordância das partes entre si e com o todo, pela sua coerência interna.

Noutro texto, escreve Moritz:

> Uma verdadeira obra de arte, uma bela poesia, é algo de acabado e completo em si, que existe por si mesmo, e cujo valor reside nela própria e na relação ordenada das suas partes; pelo contrário, os hieróglifos puros ou as letras podem ser em si mesmos tão informes quanto quisermos, desde que designem aquilo que devemos pensar ao percebê-los. — Pouco se deve ter sensibilizado com as grandes belezas poéticas de Homero quem, depois de as ter lido, pode ainda perguntar: que significa a *Ilíada*? que significa a *Odisseia*? — Tudo o que uma poesia significa encontra-se nela própria... (pp. 196–197).

Os hieróglifos e as letras são signos arbitrários que designam por convenção; aquilo a que mais tarde se chamará o símbolo é um signo motivado — mas isto apenas quer dizer que existe uma «relação ordenada» entre os seus diferentes planos, assim como entre as suas partes; e esta concordância interna, por sua vez, torna-se uma nova forma de significação, a significação intransitiva — que a arte faz viver, mas que nenhuma palavra pode traduzir. Daí a inanidade da pergunta: que significa a *Ilíada*? Como o afirma outra fórmula: «Quando um corpo é belo, não deve significar nada, nem falar de nada que lhe seja *exterior*; não deve falar, por meio das suas superfícies exteriores, senão de si próprio, do seu ser interior, deve tornar-se significante por si próprio» (p. 112). A significação em arte é uma interpenetração do significante e do significado: é abolida qualquer distância entre os dois. Se, por vezes, se admite a alegoria nas artes, só pode ser a título marginal, com uma função auxiliar.

> Se uma obra de arte não existisse *senão* para indicar qualquer coisa que lhe é exterior, tornar-se-ia por isso

> mesmo uma coisa *acessória* — ao passo que, no caso do belo, é sempre ele a coisa principal. — Quando a alegoria surge, deve, portanto, ficar sempre subordinada, e aparecer como por acaso; nunca constitui o essencial ou o valor próprio de uma obra de arte (p. 113).

A arte não é o único lugar onde deve reinar a significação intransitiva (o futuro símbolo); o mesmo acontece com a mitologia, a que Moritz dedicará outra obra (4), que, de direito, se pode considerar o ponto de partida de todo o estudo dos mitos na época contemporânea. Em vez de reduzir os mitos gregos a uma simples narrativa histórica, ou então — erro simétrico e inverso — restituí-los, graças a um catálogo de alegorias, à ilustração de algum ensinamento abstrato, Moritz limita-se a evidenciar as partes constitutivas de cada mito e de cada imagem mítica, a mostrar as relações existentes entre elas e entre os mitos. Eis como o explica num prefácio programático (que aqui cito de *Schriften*, em que esse prefácio é retomado):

> Querer transformar, com o auxílio de toda a espécie de interpretações, a história dos deuses dos Antigos em simples alegorias é uma tarefa tão louca como a que consiste em querer metamorfosear essas poesias em belas histórias verdadeiras, com a ajuda de toda a espécie de explicações forçadas. [...] — Para não alterar em nada essas belas poesias, é necessário entendê-las primeiro *como elas são*, sem respeitar aquilo que se supõe que signifiquem, e, na medida do possível, examinar o todo com uma visão de conjunto, para descobrir progressivamente a marca das ligações e das relações mais afastadas entre os fragmentos particulares ainda não integrados. [...] — No domínio da fantasia, o conceito *Júpiter* em primeiro lugar significa-se a si próprio,

> assim como o conceito *César* significa o próprio César na série das coisas reais (p. 196).

Por Moritz considerar assim a mitologia é que Schelling lhe dirige o elogio ambíguo que já citámos; elogio que desaparecerá completamente na época em que, cerca de cinquenta anos mais tarde, Schelling redigirá a sua *Filosofia da Mitologia*, considerada habitualmente como o ponto de partida da mitologia moderna. Não é que as perspetivas de Schelling se tivessem, nessa época, afastado muito das de Moritz, pois formula assim o essencial da sua própria conceção de mito:

> A mitologia [...] não tem outro sentido senão aquele que ela exprime. [...] Verificada a necessidade com a qual nasce igualmente a sua *forma*, é inteiramente própria, ou seja, devemos entendê-la exatamente como se exprime, e não como se pensasse uma coisa e dissesse outra. A mitologia não é *alegórica*: é *tautegórica* [termo que Schelling vai buscar a Coleridge]. Para ela, os deuses são seres que realmente existem; em vez de *serem* uma coisa e *significarem* outra, só significam aquilo que são (II Abt., I, pp. 195–196).

ROMANTISMO

Sinfilosofia

Nas notas e fragmentos de Friedrich Schlegel, encontra-se uma singular proposição formulada de modos diferentes. «Wieland e Burger fariam, em conjunto, um bom poeta» (*Literary Notebooks*, frag. 1103). «Ainda não existe autor moral conveniente (da mesma maneira que Goethe é poeta e Fichte filósofo). (Jacobi, Forster e Müller deveriam ser sintetizados com esse fim.)» (*Literary Notebooks*, frag. 110). Esta última nota encontra-se desenvolvida e explicada no fragmento 449 de *Athenaeum*:

> Ainda não temos nenhum autor moral que possa ser comparado com os maiores da poesia e da filosofia. Tal autor deveria reunir a sublime política antiga de Müller com a grande economia do universo de Forster e com a ginástica e a música morais de Jacobi; do mesmo modo, na forma de escrever, deveria reunir o estilo pesado, digno e entusiasta do primeiro, com o fresco colorido a subtileza amável do segundo e com o caráter sensível do terceiro, que por toda a parte ressoa como uma longínqua harmónica do mundo do espírito.

Sintetizar os indivíduos, tendo em vista a produção de seres completos, é, com efeito, uma das mais queridas ideias do jovem Friedrich Schlegel. Este sonho aplica-se não só aos autores que lê, mas também a si próprio e aos seus amigos (depois dele, Novalis sonhará com uma produção coletiva). Quando o resultado da atividade é uma obra filosófica, essa atividade chama-se: sinfilosofar; quando é um poema, faz-se simpoesia. Schlegel explicou-o em termos mais gerais, a propósito de outro exemplo:

> Talvez se inicie uma época das ciências e das artes completamente nova quando a sinfilosofia e a simpoesia se tornarem gerais e internas, quando deixar de ser raro observar várias naturezas completando-se mutuamente para formarem obras comuns. Muitas vezes não nos podemos impedir de pensar que, de facto, dois espíritos deveriam reunir-se, como metades separadas, e que só em conjunto são tudo aquilo que poderiam ser. Se existisse uma arte para amalgamar os indivíduos ou se a crítica desejosa pudesse

> fazer algo mais do que desejar, razão por que encontra tanta matéria em toda a parte, gostaria de ver Jean Paul e Peter Leberecht [ou seja, Tieck] combinarem-se. Tudo o que falta a um encontra-se no outro. O talento grotesco de Jean Paul e a formação fantástica de Peter Leberecht, reunidos, produziriam um excelente poeta romântico (*Athenaeum*, 125).

Através destes exemplos observa-se que a sinfilosofia não se constitui em nome da semelhança, mas da complementaridade; outro fragmento di-lo ainda de forma mais abrupta: Só a simpatia reúne, habitualmente, os filósofos que não são adversários, e não a sinfilosofia» (*Athenaeum*, 112). É necessário que, por um lado, os que vão sinfilosofar estejam «à altura», como diz ainda outro fragmento (*Athenaeum*, 264), ou seja, à mesma altura; e, por outro lado, que pensem «um contra o outro». São estas as condições ótimas para a criação, quer ela seja filosófica ou poética.

Se a ideia é sedutora em si mesma, quanto mais impressionante ainda é descobrir que os românticos alemães conseguiram praticar esta sinfilosofia (quer o tenham percebido ou não). A sinfilosofia romântica tem, em primeiro lugar, uma base material; é a vida comunitária, durante os últimos cinco anos do século XVIII, do núcleo que se cristaliza em redor da revista *Athenaeum*. A real fraternidade de August Wilhelm e de Friedrich Schlegel torna-se o gérmen de uma confraternização mais ampla que inclui — com interrupções e graus diferentes — Novalis, Schleiermacher, Schelling, Tieck e outros. Durante cinco anos, estes homens vão frequentar as mesmas casas, as mesmas mulheres, os mesmos museus; trocarão inúmeras palavras e cartas. As obras escritas ou promovidas por Friedrich Schlegel (a *Conversa sobre a Poesia*, os *Fragmentos* do *Athenaeum*) conservam, particularmente, a marca desta atividade sinfilosófica.

Este facto real impõe, a quem se debruça sobre a doutrina romântica, uma atitude particular. Não é possível, aqui — e, aliás, nem seria interessante —, expor, como acabo de fazer a propósito de Moritz, o seguimento das teses sustentadas por cada um dos membros do grupo. A doutrina é só uma, e o seu autor é único, mesmo quando o seu nome é múltiplo: não que cada um repita o que o outro disse (isto seria apenas simpatia), mas cada um formula melhor que todos os outros um aspeto, uma parte de uma única e mesma doutrina.

Tomando assim pela realidade o que não seria, talvez, mais do que um sonho dos românticos, e — o que ainda é mais — fazendo dele a minha regra metodológica para a leitura dos seus textos, exponho-me a uma dupla crítica.

A primeira, que é a base, consistiria em demonstrar (o que não custaria muito) a diferença irredutível que existe de autor para autor. O argumento em si é justo, mas, aqui, fora de propósito. É um falso debate aquele que opõe os partidários da unidade do movimento romântico aos defensores da especificidade de cada autor em particular. Tanto uns como outros têm razão, sem que haja contradição; é que as duas afirmações não se situam no mesmo plano. Quando se procura caracterizar um movimento de ideias, deve ser-se sensível às semelhanças e contiguidades entre os autores que o compõem, e à sua oposição global aos representantes de outros movimentos. Pelo contrário, quando nos interrogamos sobre o lugar de um autor no seio do movimento, frisaremos o que o distingue dos espíritos que lhe estão mais próximos. A um certo nível de aproximação, Schelling, Schlegel e mesmo Solger produzem uma única e mesma sinfilosofia; a outro nível, opõem-se de forma significativa: cada uma das suas afirmações é verdadeira e aproximativa. Para evitar discussões estéreis, basta precisar bem o nível de generalidade em que decidimos colocar-nos.

A segunda objeção é de ordem histórica e vai exigir que tornemos a examinar a descrição da sinfilosofia, tal como surge nos escritos de Friedrich Schlegel. O que me interessa aqui não é uma codependência biográfica e anedótica, uma comunidade negada pelos que nela participam, mas uma complementaridade das ideias. Esta nem sempre coincide com a comunidade dos sentimentos e das intenções. Parece-me haver um facto histórico que, principalmente, desempenhou um papel enganador no que se refere ao conhecimento das ideias: é a oposição entre românticos e clássicos (no sentido alemão da palavra), entre Iena e Weimar. Claro que também não deixam de existir as relações pessoais (em particular A. W. Schlegel e Schelling frequentam a casa de Weimar e nela são estimados; F. Schlegel inspira-se em Schiller, e Humboldt troca correspondência com A. W. Schlegel); no entanto, a diferença de idade e as rivalidades pessoais farão que Goethe nunca se reconheça como romântico (mas os românticos veem em Goethe, durante algum tempo, a melhor encarnação do seu ideal). Estas querelas biográficas têm, talvez, o seu interesse, mas para nós não podem desempenhar um papel decisivo: do nosso ponto de vista, e para dizer as coisas brutalmente, às vezes Goethe é romântico, e Friedrich Schlegel nem sempre o é. Pela minha parte, tento expor uma doutrina que se constitui na Alemanha entre 1785 (data em que aparece o *Ensaio* de Moritz) e 1815 (data em que será publicado *Erwin*, de Solger), e pouco me importa o facto de os autores se terem ou não entendido bem; o próprio nome de «romântico» é usado, sobretudo, por simples comodidade (e os nossos autores davam a esta palavra um sentido diferente).

Tudo isto pode parecer trivial. No entanto, as implicações de um gesto aparentemente inocente são graves. Em vez de «reencontrar» o passado, construo-o. Para tornar inteligível o passado, devo afastar-me dele — como se a fidelidade exigisse a traição.

Não posso defender-me dizendo que não acrescentarei a estes textos nada que já não existisse neles: escolho, e isso basta. O meu contra-argumento será outro: a ideologia romântica, que nasce no tempo de Moritz, ainda não está morta; participamos nela, e, por essa razão, a nossa intuição e o nosso julgamento (os meus, neste caso) continuam pertinentes. Talvez eu não esteja ausente da imagem dos românticos que descrevo; mas o que acontece é que eles estão presentes em mim. A doutrina romântica que apresento não é, portanto, exatamente a que se constituiu e praticou no tempo de Friedrich Schlegel; mas a que nos parece ser, quando, hoje, observamos esse tempo: certos traços, julgados na época como essenciais, foram esquecidos; outros fixaram-se, como que cristalizados, sob a ação do tempo. É o seu aparecimento e desenvolvimento que pretendo relatar.

Produção

Já vimos, graças à exposição de A. W. Schlegel, em que consistia a crítica romântica da imitação. Os românticos tinham os meios necessários para rejeitar aquilo a que Novalis chamava a «tirania do princípio de imitação» (VII. 2818). O mesmo Novalis preparava-se para colocar a música acima de todas as artes, precisamente porque ela não é imitativa; e se não o fez foi porque as outras artes, em particular a pintura, lhe pareciam, de facto, tão pouco imitativas como a música. Um fragmento muito conhecido (que seria interessante pôr em paralelo com determinada página do segundo capítulo de *Ofterdingen*) confronta assim a música e a pintura:

> O músico obtém e tira de si mesmo a essência da sua arte; não poderia ser atingido pela mais leve suspeita de imitação. Quanto ao pintor, dir-se-ia que a natureza visível

> lhe proporciona um modelo em toda a parte, modelo que não consegue de maneira nenhuma e nunca conseguirá atingir; e, no entanto, a arte do pintor também é, a bem dizer, perfeitamente independente, tão completamente *a priori* como a arte da música. Mas acontece que a *língua de signos* de que se serve o pintor é infinitamente mais difícil do que a do músico. O pintor, na verdade, pinta com os olhos; a sua arte é a arte de ver harmoniosamente, e de forma bela. A sua maneira de ver é completamente ativa, uma atividade inteiramente produtora (*bildende*). A sua imagem (*Bild*) não é mais do que a sua marca, a sua expressão, o seu instrumento de reprodução (III. 210).

Tanto a pintura como a música são, portanto, artes não imitativas, no sentido clássico da palavra; porque a obra vem do artista. Se existe diferença entre as duas artes é porque a criação do pintor se situa, de certo modo, num momento que precede o da criação musical: na perceção. É certo que o pintor apercebe as imagens; mas esta perceção já é criativa, pois é seletiva e ordenada. A língua de signos do pintor (*Zeichensprache*, por oposição à das palavras), por causa da preexistência das suas formas, é mais difícil de praticar — na medida em que visa adaptar a fins subjetivos e expressivos as imagens já existentes —, esforço com que o músico não tem de se preocupar. A pintura abstrata encontra-se aqui evocada no vácuo: seria a que tornaria a língua do pintor tão «fácil» como a do músico.

A arte não imita a natureza; mas é a natureza; não se parece com ela, faz parte dela. «É pura tagarelice pretender distinguir a natureza e a arte», escreve ainda Novalis (VII. 162); e «a arte faz parte da natureza» (VII. 178). O que quer dizer: as obras da natureza são totalidades como as da arte, obedecendo aos mesmos princípios de organização. Ou, nos termos de Schelling: «Ficou muito para trás aquele que não via a arte como um todo fechado, orgânico e necessário em todas as suas partes, como é a natureza» (V, p. 357).

Se ainda for necessário distinguir, neste plano, a arte e a natureza, será unicamente para dizer que a arte realiza de forma mais pura, ou mais densa, os princípios da natureza que se veem na obra. Assim, Schelling poria em primeiro lugar a arte, e por uma única razão — que desenvolve com uma metáfora orgânica:

> Se nos interessa levar tão longe quanto possível o estudo da construção, disposição interna, relações e emaranhado de uma planta, ou de um ser orgânico em geral, deveríamos ser muito mais atraídos pela exploração desse mesmo emaranhado e relações que existem nessa planta, muito mais organizada e entrelaçada em si própria, que se chama obra de arte (V, p. 358).

Novalis constatará que, por vezes, a natureza pode ser assimétrica, desordenada, ao passo que a obra de arte é necessariamente harmoniosa; desta diferença nasce a função da arte (VII. 258).

Existem, à partida (o mérito de Moritz, segundo A. W. Schlegel, está no facto de o ter notado), duas imitações possíveis, a má e a boa, a das aparências sensíveis e a do princípio produtor. Ou, segundo Novalis: «Existe uma imitação sintomática e uma imitação genética. A segunda é a única que está viva...» (III. 319). Schelling descreve esta oposição com mais pormenores (mas as suas ideias sobre a imitação têm ainda uma direção diferente: a nova imitação tem como objetivo revelar o espiritual no material); assim, no discurso *Sobre a Relação das Artes Figurativas com a Natureza*, diz:

> É com esse espírito da natureza, que atua no interior dos seres, que se exprime pelas suas formas e figuras, como por outras tantas imagens significativas (*Sinnbilder*), que o artista, sem dúvida, deve rivalizar; e só na medida em que o apreende imitando-o de uma forma viva é que ele próprio produz algo de verdadeiro. É que as obras que nascem de uma aproximação de formas (*Formen*), aliás belas, seriam, no entanto, destituídas de qualquer beleza, pois o que deve dar à obra de arte, à totalidade, a sua beleza já não pode ser a forma, mas algo que é superior à forma, ou seja: a essência, o elemento geral, o olhar, a expressão do espírito da natureza que nela deve residir (VII, p. 302).

Em vez de se limitar a conjugar formas, o artista deve sobretudo rivalizar com o espírito da natureza que se exprime por meio dessas formas. A própria natureza é animada por um impulso artístico; e, reciprocamente, a criação artística é um prolongamento da criação divina. Assim, para Novalis, «A natureza possui um instinto artístico» (VII. 162) e, para Ast:

> A produção (Bilden) artística é, por conseguinte, tanto como a produção divina do universo, um objetivo em si, e uma é tão original e fundada em si mesma como a outra: porque ambas são uma, e Deus tanto se revela no poeta como quando se produz *(gebildet)* corporalmente no universo visível (*System*, p. 8).

O deslocar da atenção da relação entre formas (imitação dos sintomas) para o processo de produção (imitação genética) provoca uma valorização de qualquer processo na sua transformação, por oposição ao ser já transformado:

F. Schlegel escreverá em absoluto: «Aquilo que não se anula a si próprio não vale nada» (*Literary Notebooks*, 226), e, a propósito da filosofia: «Só nos podemos tornar filósofos, e não sê-lo. No momento em que julgamos sê-lo, deixamos de nos tornar filósofos» (*Athenaeum*, 54). Na oposição de antigos e modernos, o termo valorizado é o que se torna e não o que é: «Nos antigos, vemos o sentido literal acabado de toda a poesia; nos modernos, pressentimos o sentido real em transformação» (*Lyceum*, 93). Lembraremos também que os géneros favoritos dos românticos são muito particularmente: o diálogo e o fragmento. Um, pelo seu caráter de inacabado, o outro pela encenação da pesquisa e da elaboração da ideia — ambos participando da mesma valorização da produção em relação ao produto.

Wilhelm von Humboldt é estranho aos românticos no sentido restrito, e isto em vários planos: em primeiro lugar é amigo de Goethe e de Schiller, mais do que de F. Schlegel e Schelling; os textos de que trataremos agora foram escritos cerca de trinta anos depois da época do *Athenaeum*; por último, o objeto, nessa época, não é a arte, mas a linguagem. No entanto, Humboldt pertence inteiramente à corrente romântica, no sentido que aqui dou a este termo. Isto não significa que não haja diferenças: a mais importante deriva da mudança de objeto que acabo de lembrar. Deixando de procurar opor a arte a outras atividades, e sobretudo de exigir de uma forma de arte (a arte moderna) aquilo que estaria ausente noutra (a arte dos antigos), Humboldt passa da prescrição à descrição, do optativo ao constativo: não exige que a linguagem seja produção em vez de produto: constata que assim acontece, e é sobretudo à ciência da linguagem que exige que considere este facto.

O objeto da ciência da linguagem não devem ser as formas linguísticas empiricamente observáveis, mas a atividade de que elas são o produto. Esta faculdade *é* a linguagem, muito mais do que as palavras e frases pronunciadas.

> Devemos considerar a linguagem não como um produto morto, mas muito mais como uma produção (VII, p. 44). A linguagem não pode ser considerada como uma matéria presente que se pode perceber por completo com um único olhar, ou progressivamente, mas deve ser considerada como uma matéria que se vai eternamente produzindo (VII, pp. 57–58).

As formas linguísticas observáveis são apenas a parte aparente do ato de produção e o ponto de partida para o ato de compreensão; e é sempre o ato que conta, mais do que a substância contingente que nos assinala a sua presença.

> A palavra, elemento da linguagem a que nos podemos referir para facilitar, não comunica algo de já produzido, como aconteceria com uma substância, nem contém um conceito já fechado, mas apenas incita a que se formem, de uma certa maneira, conceitos com força autónoma (VII, p. 169).

As formas são mortas, ao passo que o princípio produtor participa da vida (continuamos com a metáfora orgânica):

> Em nenhuma circunstância podemos estudar a linguagem como uma planta morta. Linguagem e vida são conceitos inseparáveis, e, neste domínio, aprender nunca é mais do que reproduzir (VII, p. 102).

Um pouco como Schelling, o enunciado está do lado do material; a enunciação, do lado do espiritual. «Quer seja na palavra isolada ou no discurso seguido, a linguagem é um ato, uma atividade realmente criadora do espírito» (VII, p. 211). Ou, de forma mais detalhada:

> Como já notei muitas vezes acima, a linguagem não possui senão uma existência ideal na cabeça e na alma do homem, e nunca uma existência material, mesmo que esteja gravada na pedra ou no bronze. E o poder das línguas que já não se falam, mas que continuamos a perceber, depende, em grande parte, da força de reanimação do nosso próprio espírito. Do mesmo modo, a linguagem não pode conhecer verdadeiro repouso, assim como não o encontraremos no pensamento humano que arde continuamente. É, por natureza, um movimento de desenvolvimento progressivo, submetido à influência da força do sujeito falante (VII, p. 160).

Humboldt recupera, assim, transpostas para outro plano, as principais afirmações dos românticos sobre a obra de arte: a linguagem é um ser vivo, a sua produção tem mais valor do que o produto, está em contínua transformação; não se podem descrever com exatidão as formas linguísticas se nos limitarmos a elas: a sua descrição exata implica a reconstituição do mecanismo de que são o produto; a enunciação concreta é, ao mesmo tempo, uma instância e uma imagem do ato de produção em geral, aquele que tem como produto não a frase particular, mas toda a língua. É o que exprime a mais célebre passagem da obra sobre *A Diversidade na Construção das Línguas Humanas* (a oposição terminológica entre *ergon* e *energeia* proveniente, via Herder e Harris, de Aristóteles):

> A própria linguagem não é uma obra (*ergon*), mas uma atividade (*energeia*). Por esse motivo, a sua verdadeira definição não pode ser senão genética. Ela é, mais exatamente,

> o trabalho do espírito eternamente recomeçado, que consiste em tornar o som articulado apto a exprimir o pensamento. No sentido concreto e restrito, é a definição do ato de falar tal como se produz a cada instante; mas, no sentido forte e pleno do termo, só a totalidade desses atos de falar pode, de certo modo, ser considerada como sendo a linguagem. [...] A linguagem propriamente dita reside no ato da sua produção real (VII, p. 46).

Uma das mais importantes consequências desta mudança de perspetiva é destacar o processo de expressão, em detrimento do de imitação, ou, mais amplamente, de representação e de designação; assim como do processo de ação sobre outrem, ou, para usar um termo simétrico, de impressão. As palavras não são a imagem das coisas, mas daquele que fala; a função expressiva evidencia-se em relação à função representativa.

> Deve abstrair-se mais aquilo que faz funcionar a linguagem como designação dos objetos e comunicação do raciocínio, e, em contrapartida, lembrar com mais atenção a sua origem, muito ligada à atividade espiritual interior, assim como à mútua influência de ambas (VII, p. 44). A linguagem nunca representa os objetos, representa sempre os conceitos formados, independentemente deles, pelo espírito na produção linguística (VII, p. 90).

Por vezes, Humboldt é mais moderado: existe na verdade uma relação entre os objetos e as palavras, mas essa relação não pode ser direta: passa, necessariamente, pelo espírito intermediário do locutor. «A palavra é uma marca, não do objeto em si, mas da imagem produzida por esse objeto na alma» (VII, p. 60).

Como vemos, a expressão em questão não é a de uma subjetividade puramente individual e caprichosa, como pretenderá uma das tardias variantes do romantismo; mas a relação de expressão é afirmada com toda a força intencional. «A linguagem é formada por atos de fala, e estes são a expressão dos pensamentos ou das sensações» (VII, p. 166). Logo, «a linguagem é o órgão do ser interior» (VII, p. 178).

A valorização da produção, e, por conseguinte, de tudo o que está em estado de transformação, é a ideia central deste capítulo da estética romântica. A crítica da imitação clássica, a sua substituição por uma imitação genética causam essa valorização. O destaque dado à relação entre produtor e produto, entre criador e obra, é uma das consequências importantes.

Intransitividade

Nos seus textos, Novalis emprega constantemente uma oposição que poderia ter encontrado em Kant: a das artes puras e das artes aplicadas: sendo umas transitivas e as outras utilitárias.

> A arte [...] subdivide-se [...] em [duas] secções principais, sendo uma a arte definida quer pelos objetos, quer dirigida a outras funções centrais dos sentidos por conceitos determinados, acabados, limitados, mediatos; e sendo a outra uma arte indefinida, livre, imediata, original, não conduzida, cíclica, bela, autónoma e independente, realizadora de ideias puras, vivificada pelas ideias puras. A primeira secção é apenas um meio para atingir um fim; a segunda é o fim em si, a atividade libertadora do espírito, a fruição do espírito pelo espírito (III, 239).

A apreciação que se fará destes dois termos não constitui problema para Novalis. A arte utilitária é primitiva, no sentido em que o artista ainda não se libertou das coações impostas pelas necessidades; e, ao mesmo tempo, artificial, porque se afasta da natureza autêntica da arte, submetendo-a a uma instância exterior.

> O artista primitivo não dá nenhum valor à beleza intrínseca da forma, à sua coerência e ao seu equilíbrio. Apenas visa e pretende unicamente a garantia da expressão da sua intenção: o seu objetivo é a inteligibilidade da mensagem. O que pretende transmitir, o que tem para comunicar, deve ser compreensível. [...] O caráter da poesia artificial é a adaptação ao objetivo, à intenção estranha. A linguagem, no sentido mais próprio, pertence ao domínio da poesia artificial. O seu objetivo é a comunicação determinada; a transmissão de uma mensagem definida (III. p. 201).

Qualquer função externa deve ser excluída: não só a utilidade no sentido restrito, mas também, por exemplo, os efeitos que uma certa poesia poderia produzir nos seus leitores (era o «sensibilizar» ou «comover» da retórica). «Para mim, é evidente que a poesia tenha de evitar o efeito: as reações afetivas são, decididamente, como as doenças, algo de fatal» (VII. 33). As funções expressiva, impressiva e referencial da linguagem, incluídas na função comunicativa, são, assim, opostas em bloco a outra função, não nomeada, na qual se aprecia a linguagem por ela própria. É o que ilustra o exemplo do homem sânscrito: «O verdadeiro Sânscrito falava por falar, porque a palavra era o seu prazer e essência» (*Les Disciples à Saïs*, t. I, p. 37); vemos aqui como as diferentes partes da doutrina romântica, derivando umas das outras, podem chegar ao ponto de se contradizer: a função expressiva disputa o primeiro lugar à função a que mais tarde se chamará poética.

Portanto, para Novalis, existem duas utilizações da linguagem. A linguagem, tal como é habitualmente entendida, é utilitária:

> A linguagem em sentido próprio é *a função de um instrumento na qualidade de instrumento. Qualquer instrumento exprime* a ideia daquele que o dirige.

Mas também há uma linguagem segunda, a linguagem intransitiva, e é essa que é adequada à poesia:

> A linguagem na segunda potência, como, por exemplo, a fábula, é a expressão de um pensamento completo — e pertence à hieroglífica da segunda potência — *à linguagem dos sons e dos pictogramas* da segunda potência. Tem méritos poéticos e não é *retórica* — subalterna — quando é expressão perfeita — quando é *eufónica* na segunda potência — correta e precisa — quando é, por assim dizer, uma *expressão* pela expressão — quando, pelo menos, não aparece como meio — mas como sendo em si mesma uma produção perfeita do *poder linguístico superior* (III. 250).

A linguagem pode ser retórica (como em Kant, aqui isto significa: instrumental) ou poética — ou seja, uma «expressão pela expressão».

O belo não pode ser útil: «Um belo utensílio é uma contradição dos termos» (VI. 43). Em nome do mesmo princípio, será condenada toda a música que tiver uma relação qualquer com algo que não seja a própria música: «A música cantada ou a música de dança não são, a bem dizer, verdadeira música, apenas uma forma bastarda. Sonatas, sinfonias, fugas, variações: essa, sim, é a verdadeira música» (VII. 302). A arte pura e verdadeira, a arte *legítima*, é a que se produz para si mesma. Representa-se na imagem: «A imagem não é alegoria nem símbolo de qualquer outra coisa, mas o símbolo dela própria» (III. 174). Ou na poesia: «A simples anedota poética relaciona-se diretamente consigo própria, não tem interesse senão para si própria» (III. 195). Ou no romance: «O romance... não visa nenhum objetivo; não depende absolutamente de nada que não seja ele próprio» (VIII. 280).

Um pequeno texto intitulado «Monólogo» (III. 194) resume estas diferentes ideias e vai mais longe, ao fazer sobressair o paradoxo inerente à linguagem intransitiva. Aqui, é a linguagem no sentido próprio que é descrita como intransitiva; aquilo a que se chama linguagem utilitária (referencial, comunicativa, expressiva) é apenas uma ideia errónea da linguagem.

> No fundo, falar e escrever é uma coisa esquisita; a verdadeira conversação é um puro jogo de palavras. Só nos podemos admirar do ridículo erro das pessoas que julgam falar das próprias coisas. Mas a verdadeira característica da linguagem, ou seja, que não se preocupa senão consigo própria, isto é que ninguém sabe. [...] Se ao menos pudéssemos fazer entender às pessoas que acontece com a linguagem o que acontece com as fórmulas matemáticas — elas constituem um mundo em si mesmas —, que só funcionam entre si, nada exprimem a não ser a sua natureza maravilhosa...

O paradoxo da linguagem intransitiva está no facto de as expressões que nada exprimem de exterior a si mesmas poderem estar ou, melhor, estarem carregadas do mais profundo sentido. É precisamente no momento em que parece que não falamos de nada que dizemos mais coisas. «Quando alguém fala apenas por falar, enuncia as mais magníficas e originais verdades.» Como será isso possível? Voltamos aqui ao conflito entre as duas formas de imitação: a má, que procura reproduzir as formas aparentes; e a boa, em que há imitação simplesmente porque se criam entidades tão coerentes e fechadas como as dos seres naturais. A linguagem, como as fórmulas matemáticas, faz parte da natureza — e para a exprimir não necessita de a designar. «Estas não são membros da natureza senão pela sua liberdade, e é somente pelos seus movimentos livres que se exterioriza a alma do mundo, dando uma dimensão agradável e o desenho fundamental das coisas.»

O «Monólogo» de Novalis tem isto de particularmente interessante: não se limita à teoria. Mal é formulada a doutrina, logo é aplicada ao próprio enunciado que a contém. Se só podemos falar das coisas não falando delas, como é possível que ele, Novalis, venha falar da linguagem e da sua essência, que é a poesia?

> Posso muito bem julgar ter dado a ideia mais clara da essência e da função da poesia, mas também sei que nenhum homem a pode compreender e que disse algo completamente idiota, pois pretendi dizê-lo e não nasceu nenhuma poesia.

A lógica paradoxal da linguagem também aqui funciona: se Novalis conseguiu falar da poesia, não foi graças às capacidades referenciais da linguagem, mas porque nenhuma enunciação se faz em função de um referente. Foi a linguagem que falou através de Novalis, e ele disse de si para si:

> E se este impulso da palavra, este impulso de falar, fosse o signo distintivo da intervenção da linguagem, da eficácia da linguagem em mim?, e se a minha vontade não tivesse

> querido senão o que eu deveria querer, de forma que, no fim de contas, tudo isto, sem que eu o saiba nem o creia, fosse poesia e tornasse compreensível um mistério de linguagem?

O sujeito falante não passa de uma máscara utilizada pelo único e constante sujeito da enunciação, a própria linguagem. O escritor não é aquele que se serve da linguagem, mas aquele de que a linguagem se serve: «Um escritor é uma pessoa animada pela linguagem» (*Sprachbegeisterter*).

Sabe-se que a prática poética dos românticos — se excluirmos Hölderlin, que, de facto, não pertence ao grupo do *Athenaeum* — se afasta da sua teoria (dir-se-ia que fazem a teoria da poesia do século seguinte). Novalis escreve, na série de fragmentos que se chama o «Grande Repertório Geral», na rubrica «Literatura Futura»: «Que bela época será aquela em que não se lerá mais nada senão composições belas, obras de arte literária. Todos os outros livros são apenas meios que se esquecem logo que deixam de ser meios úteis, e os livros não o são por muito tempo» (VI. 155); e, noutro fragmento célebre, descreve com mais exatidão essas futuras composições belas e puras:

> Narrativas desordenadas, incoerentes, mas, no entanto, com associações como as dos sonhos. Poemas perfeitamente e muito simplesmente harmoniosos, e belos, feitos de palavras perfeitas, mas também sem coerência nem sentido algum, no máximo com duas ou três estrofes inteligíveis — que devem ser como simples fragmentos das coisas mais diversas. A poesia, a verdadeira poesia, pode, quando muito, ter um sentido global alegórico e produzir, como a música, etc., um efeito indireto (VII. 188).

Para Santo Agostinho, só Deus podia ser um fim em si mesmo. Para os românticos, todas as coisas o devem ser: o homem, a arte, e até a mais pequena palavra. Ao Estado hierarquizado e dominado por valores absolutos sucedeu a república burguesa, em que cada membro tem o direito de se considerar igual aos outros, em que ninguém é um meio em relação a outrem. F. Schlegel resumirá com uma fórmula a evolução paralela do poético e do político:

> A poesia é um discurso republicano, um discurso que é a sua própria lei e o seu próprio fim, em que todas as partes são cidadãos livres e têm o direito de concordar entre si (*Lyceum*, 65).

Coerência

Novalis recusa uma forma de coerência — a da razão — para afirmar outra, a do sonho e do seu sistema de associações. Geralmente, a afirmação da coerência aparece a par da intransitividade: a abundância de finalidade interna, já dizia Moritz, deve compensar a ausência de finalidade externa. E Schelling enunciará assim essa solidariedade, que é, simultaneamente, uma definição da linguagem poética:

> A obra poética... só é possível através de uma separação do discurso, pelo qual se exprime a obra de arte, da totalidade da linguagem. Mas esta separação, por um lado, e esse caráter absoluto, por outro, não são possíveis quando o discurso não tem em si mesmo o seu próprio movimento independente e, portanto, o seu tempo, como os corpos do mundo; assim, separa-se de todo o resto, obedecendo a uma regularidade interna. Do ponto de vista exterior, o discurso move-se livremente e de forma autónoma, só em si mesmo é ordenado e submetido à regularidade (V, pp. 635–636).

Podemos conceber, abstratamente, duas formas de coerência de uma obra. Em primeiro lugar, a coerência entre os seus *estratos*: identifica-se na obra um certo número de planos que percorrem todo o texto e afirma-se a sua harmonia *vertical* em certo sentido. Em seguida, a coerência entre os seus *segmentos*: corta-se então a continuidade e decide-se que cada parte é necessária e solidária às outras; esta seria uma coerência, por assim dizer, *horizontal*.

De facto, os românticos não se preocupam com a distinção entre essas duas formas de coerência. Se havia variações nos seus textos, provinham da diversidade das metáforas utilizadas, ou dos contextos estabelecidos; compete-nos a nós distinguir o que estava confuso, ou reunir o que se traduzia por terminologias variadas.

A forma mais tradicional da coerência vertical é provavelmente esta: os signos da poesia são motivados, por oposição aos da linguagem, que são sempre arbitrários. É, como vimos, a teoria de Lessing; a imitação, outrora considerada como princípio omnipotente, está agora sujeita, sob a forma de motivação entre sons e sentido, a não ser uma das numerosas características da obra de arte.

É A. W. Schlegel (que conhece e cita a *Doutrina Cristã* de Santo Agostinho) que, entre os românticos, exige da poesia esta forma de coerência. Nos planos das suas conferências sobre *A Doutrina da Arte*, encontramos esta anotação: «Exigência — que os signos linguísticos tenham uma semelhança com o designado. Satisfação pelo tratamento poético em geral» (p. 281). E eis um desenvolvimento desta ideia:

> Como acabamos de ver, a linguagem passa da simples expressão à utilização arbitrária com vista à representação; mas, quando o arbitrário se torna o seu caráter dominante, a representação, ou seja, a conexão do signo com o designado,

> desaparece; e a linguagem passa apenas a ser uma coleção de cifras lógicas, apta a fazer realizar as contas da razão. Para a tornar poética de novo, deve restabelecer-se-lhe o caráter figurado (*Bildlichkeit*), é por isso que o impróprio, o transposto e o trópico são considerados como essenciais à expressão poética (p. 83).

Vemos que esta ideia de A. W. Schlegel se constrói sobre um esquema histórico característico: originariamente, a língua é simples expressão (vimos o desenvolvimento deste tema na teoria de Humboldt), logo motivada; em seguida, torna-se arbitrária; mas a poesia pode intervir para compensar esse defeito das línguas. A poesia torna a unir-se à língua primitiva, e A. W. Schlegel recupera a sentença de Hamann: a poesia é a língua materna da humanidade (aqui insere-se igualmente a oposição de Herder entre poesia natural e poesia artificial):

> Por tudo o que foi dito, está estabelecido que as onomatopeias, as metáforas, todas as espécies de tropos e a personificação, figuras do discurso que a poesia de arte procura intencionalmente, encontram-se na protolíngua delas próprias, existem nelas como uma necessidade fatal, são mesmo dominantes no mais alto grau; é nisso que reside a poesia elementar anunciada na origem da linguagem. Neste sentido, é verdade o que se diz muitas vezes: a poesia existiu antes da prosa, o que não poderia ser afirmado se considerássemos a poesia como uma forma artística estabelecida (p. 242).

Embora A. W. Schlegel evoque o caráter *figurado* das expressões trópicas, é bem claro que não é uma eventual visualização que lhe interessa, mas a motivação: é o que as onomatopeias e as metáforas têm em comum. O significante deve estar tão próximo quanto possível do significado. Traduz-se a mesma exigência utilizando outro vocabulário, de que já vimos os modelos: é a descrição da obra de arte como um ser orgânico, em que a relação motivada deixa de se situar entre sons e sentido para se situar entre forma e conteúdo. A forma é orgânica (ao conteúdo): isto quer dizer que não é arbitrária, mas necessária; não é forçosamente parecida, mas é sempre determinada pelo conteúdo.

É ainda A. W. Schlegel quem formula, de modo mais eloquente, a ideia da forma orgânica, e a oposição entre orgânico e mecânico. Este assunto é por demais conhecido para que nele me retenha ([5]); limitar-me-ei a lembrar unicamente duas passagens, particularmente explícitas, de A. W. Schlegel, A primeira encontra-se em *A Doutrina da Arte* e, na verdade, diz: respeito não às obras, mas às conceções que delas têm as críticas (deslocamento de uma tipologia dos objetos para a dos discursos que lhes dizem respeito, comparável ao que se observa em Novalis a propósito da intransitividade da linguagem). Schlegel escreve:

> Poderíamos chamar, a esta crítica, atomística (por analogia com a física atomística), por considerar a obra de arte como um mosaico, como reunião laboriosa de partículas mortas; ao passo que a obra de arte que merece esse nome é de natureza orgânica, pois o particular não existe senão por intermédio do todo (p. 27).

Qualquer obra de arte, ou pelo menos qualquer obra de arte autêntica, é orgânica; aqui, o adjetivo parece referir-se tanto à coerência vertical como à coerência horizontal. O orgânico opõe-se ao mineral, como o vivo ao morto; se a este podemos sempre tirar ou juntar partes, é porque o seu fechamento, e portanto a sua constituição, são arbitrários.

A segunda passagem, talvez a mais célebre de tudo o que A. W. Schlegel escreveu, enuncia a oposição entre forma orgânica e forma mecânica a propósito da história do drama. Cito-a por completo:

> A forma (*Form*) é mecânica quando é comparada a uma certa matéria por uma ação externa, como uma intervenção puramente acidental, sem relação com a constituição dessa matéria; como, por exemplo, se dá uma forma (*Gestalt*) a uma massa mole para que ela assim fique depois de endurecida. A forma orgânica, pelo contrário, é inata; forma-se (*bildet*) de dentro para fora e atinge a sua determinação ao mesmo tempo que o desenvolvimento completo do gérmen. Descobrimos tais formas na natureza, em toda a parte em que se fazem sentir forças vivas, desde a cristalização dos sais e dos minerais até às plantas e flores, e destas até à formação do corpo humano. Também nas belas-artes, como no domínio da natureza — essa artista superior —, as formas autênticas são orgânicas, ou seja, determinadas pelo fundo (*Gehalt*) da obra de arte. Numa palavra, a forma não é mais do que um exterior significante, a fisionomia falante de cada coisa, que não foi alterada por acidentes importunos, e que dá um testemunho verídico da essência (*Wesen*) escondida dessa coisa (*Vorlesungen*, t. II, pp. 109–110).

Destaquemos alguns pontos deste texto. Até os minerais conhecem agora a forma orgânica — pelo menos nesse processo dinâmico que é a cristalização. A obra de arte inscreve-se na mesma série das obras da natureza. A arte é como a natureza, não tem necessidade de a imitar. A forma mecânica é arbitrária (acidental, insignificante); a forma orgânica é natural (portanto, no duplo sentido da palavra). A forma é a consequência (mais do que a imagem) do fundo; o que não deixa dúvidas sobre a anterioridade e a superioridade deste em relação àquela.

O conceito de «forma interna» é aparentado com o de «forma orgânica» ([6]). A forma interna está diretamente ligada ao conteúdo, de que é, logo, necessariamente reveladora. Em certos casos, a forma interna torna-se intermediário cómodo entre forma e conteúdo, o elo que permite restabelecer a relação de motivação: mais abstrata que a forma, mais estruturada que o conteúdo.

Em tudo o que foi dito se trata, mesmo que não tenha sido claramente enunciado, daquilo a que chamámos coerência vertical. A outra espécie de coerência despertou menos atenção; mas parece ser a ela que Novalis se refere quando fala da coesão necessária da obra de arte. A obra é uma simples rede de relações entre os elementos que a constituem; daí as frequentes assimilações que Novalis faz entre poesia, música e matemáticas (tornando cada uma destas atividades ainda mais explícito esse caráter de pura coerência interna).

> A língua é um instrumento de música para ideias. [...] Uma fuga é muito lógica, muito científica. Também pode ser abordada poeticamente (VI. 492). A álgebra é a poesia (VI. 244). Deve escrever-se como quem compõe música (VII. 51).

Ou, com uma fórmula unificadora:

> A lógica, no sentido geral, compreende as mesmas ciências, ou será dividida da mesma forma, que a ciência da linguagem e a arte tonal. A linguística aplicada e a lógica aplicada reúnem-se e formam uma ciência superior das conexões (*Verbindungswissenchaft*).

A obra de arte não é mais que um conjunto de conexões; é também um pouco assim que se define a poesia. «Não poderíamos definir em que consiste exatamente a essência da poesia. É uma coerência infinita e, no entanto, simples» (VII. 284). A poesia transforma o discurso, tornando necessário cada um dos seus elementos: «A poesia engrandece cada elemento isolado por uma conexão particular com o resto do conjunto, do todo» (III. 29). A coerência desempenha aqui a função assumida pela motivação nas teorias de Diderot, Lessing ou A. W. Schlegel: a motivação torna-se, por sua vez, «horizontal». Daqui à análise formal dos textos, vai apenas um passo, e Novalis não deixa de a esboçar a propósito de *Wilhelm Meister* — do romance, portanto —, ao estabelecer um verdadeiro inventário dos «possíveis narrativos». Prepara-se assim uma passagem do paradigmático para o sintagmático, da semelhança para a participação — embora a relação ideal, tanto para Novalis como para os outros, seja aquela em que um elemento é simultaneamente parte e imagem do todo, em que «participa» sem por isso deixar de se «assemelhar».

Um desenvolvimento um pouco marginal em relação à corrente principal da estética romântica, e no entanto estreitamente ligado às ideias românticas sobre a coerência da obra, é o que diz respeito ao círculo hermenêutico. O próprio «círculo» é sobretudo uma consequência da coerência integral da obra, portanto, não será por acaso que essa teoria é formulada pelo discípulo de F. Schlegel e de Schelling, Ast, e por Schleiermacher, amigo comum. Mas, um pouco como na passagem de A. W. Schlegel sobre a crítica orgânica, esses teóricos de interpretação que são Ast e Schleiermacher não opõem duas espécies de obras (orgânicas e mecânicas, motivadas e imotivadas); admitem, implícita ou explicitamente, que todas as obras são coerentes; é simplesmente um defeito da interpretação o facto de não se aperceber disso ou de não saber pôr essa unidade em evidência.

Ast escreve, por exemplo:

> O verdadeiro ser das coisas só pode ser conhecido se restituirmos a sua vida exterior à interior, ao espírito, se unificarmos harmoniosamente o exterior e o interior. O interior pouco pode subsistir sem o exterior e inversamente (porque só se pode provar a existência do interior pela sua exteriorização, e a exterioridade, por sua vez, não é mais do que a saída do interior, e supõe portanto um interior como seu princípio); e por isso não poderíamos separar um do outro; eles são uma vida, e a verdade de qualquer vida está na sua unidade (*Grundriss*, pp. 1–2).

Portanto, qualquer coisa é uma unidade inseparável do exterior e interior, de forma e de conteúdo; e ao conhecimento compete a tarefa de restabelecer essa relação, seja qual for a sua direção (vertical ou horizontal):

> A verdade não reside senão na idade do todo, no encadeamento correto e harmonioso de todas as instâncias particulares num conjunto vivo. É por isso que só tem uma verdadeira perspetiva da Antiguidade aquele que julga cada coisa particular no espírito do todo (*Grundriss*, p. 25).

Mas esta solidariedade das partes (segmentos ou estratos) entre si e das partes com o todo não tarda a pôr um problema ao conhecimento, que resulta precisamente dessa determinação recíproca: como conhecer um, se ele já implica sempre o conhecimento do outro? Schelling tinha formulado o problema com a devida exatidão (no *Sistema*).

> Dado que a ideia do Todo não se pode esclarecer senão pelo facto de se encontrar realizada nas partes e que, por outro lado, as partes só são possíveis em função do Todo, parece haver aqui uma contradição... (III, p. 624).

É a esta contradição que se dará o nome de *círculo hermenêutico*. Eis como Ast a formula:

> Mas se não podemos conhecer o espírito de toda a Antiguidade senão através da sua manifestação nas obras dos escritores, e que estas, por sua vez, pressupõem o conhecimento do espírito universal, como será possível conhecer o particular, já que este pressupõe o conhecimento do todo (e não podemos perceber senão um a seguir ao outro e nunca o todo ao mesmo tempo)? Que eu não possa conhecer *a*, *b*, *c*, etc., senão por *A*, e este *A*, por sua vez, só possa ser conhecido através de *a*, *b*, *c*, etc., é um círculo insolúvel se *A* e *a*, *b*, *c* forem julgados como opostos que se condicionam e pressupõem mutuamente, sem que se reconheça a sua unidade (*Grundlinien*, pp. 179–180).

Como sair deste círculo vicioso? A resposta de Ast é simples — talvez demasiado simples. Cada parte do todo, diz ele, é, ao mesmo tempo, uma imagem dele; o todo já nos é dado em cada uma das partes, e não temos de nos preocupar em conhecê-lo de outra forma. A acreditarmos em Ast, o círculo afinal não existe.

> *A* não deriva de *a*, *b*, *c*, etc., não é composto por eles, mas precede-os, penetra-os a todos de igual maneira; *a*, *b*, *c* não são, portanto, senão representações individuais do *A* único; *a*, *b*, *c* residem já originalmente em *A*; esses membros são os desdobramentos particulares do *A* único, que já reside,

> assim, em cada um de uma maneira particular, e não tenho necessidade de percorrer primeiramente a série infinita das instâncias particulares para descobrir a sua unidade.
>
> Só assim é possível conhecer o particular através do todo e, inversamente, o todo através do particular; porque ambos são dados em conjunto em cada particularidade; ao admitir *a*, admite-se *A*, pois aquele não é senão a revelação deste, portanto, no particular está também o todo; e, quanto mais consigo apreender o particular, percorrendo a linha *a*, *b*, *c*, etc., mais o espírito me parece manifesto e evidente, mais se desenvolve a ideia do todo, que já nasceu em mim através do primeiro membro da série (*Grundlinien*, pp. 180–181).

Schleiermacher dirá o mesmo: qualquer objeto singular implica o conhecimento de uma totalidade que, entretanto, é apenas constituída por esses objetos singulares; a solução que propõe (e que, de facto, estava implicitamente presente no texto de Ast) é a seguinte: em primeiro lugar, tem um rápido conhecimento do conjunto antes de aprofundar o conhecimento das partes. Não é o que já sugeria F. Schlegel com a palavra cíclico, num caderno de notas que tanto Ast como Schleiermacher tinham, sem dúvida, consultado? «O método cíclico seria exclusivamente filosófico?» «Qualquer leitura crítica... é cíclica.» «Deve conseguir-se pressentir muito depressa o todo com uma aplicação do método cíclico» (*Philosophie der philosophie*, pp. 48, 50, 53). Quanto a Schleiermarcher, escreve:

> Qualquer coisa particular não pode ser compreendida senão por intermédio do todo, e, portanto, qualquer explicação do particular pressupõe já a compreensão do todo (p. 160). Mesmo dentro de um único escrito, só se pode

> compreender o particular a partir do todo, por isso uma ligeira leitura, que dê uma perspetiva de conjunto do todo, deve preceder a interpretação mais exata (p. 89).

Isto é verdadeiro em relação às suas interpretações consideradas por Schleiermacher: gramatical e técnica. A compreensão do enunciado linguístico particular tanto implica o conhecimento de toda a língua (gramática, vocabulário) como de todo o discurso [ou conjunto dos escritos do escritor ([7])].

Signos motivados, forma orgânica e forma interna, coesão e conexão dos elementos poéticos, círculo hermenêutico: são apenas algumas das manifestações variadas, e apesar disso unificadas, de uma mesma ideia — a necessária coerência interna. E mais uma vez podemos notar que os traços característicos da estética romântica, embora derivem uns dos outros, podem estar em desacordo, ou, melhor, entrar em contradição: assim, a valorização da coerência nem sempre se harmoniza bem com a do inacabado. Isso explica talvez o facto de, mais tarde, esses dois preceitos serem explorados por escolas artísticas diferentes; mesmo entre os românticos alemães, não são forçosamente os mesmos autores que defendem as duas teses — o que não os impede de serem parentes ou até irmãos: como August Wilhelm e Friedrich Schlegel.

Sintetismo

Exigir a unidade da forma e do conteúdo, ou do material e do espiritual, é afirmar a unidade de dois contrários. Esta exigência é, na verdade, assumida pelos românticos, e ultrapassa em muito o simples postulado de coerência da obra.

Fr. Schlegel define assim, simultaneamente, a ideia em geral e o conceito-chave de ironia: «Uma ideia é um conceito realizado até à ironia, uma síntese absoluta de antíteses absolutas, a troca incessante e autocriadora de dois pensamentos em conflito» (*Athenaeum*, 121; lembremos as características da sinfilosofia). E Novalis sonha com uma lógica em que seria suprimida a lei do terceiro excluído. «Aniquilar o princípio de contradição é talvez a mais alta tarefa da lógica superior» (VII. 180). O *sintetismo*, ou fusão dos contrários, é um traço constitutivo da estética romântica. Mais do que nenhum outro autor romântico, Schelling contribui para a implantação do sintetismo. Pôde encontrar precursores numa longa tradição filosófica: de Nicolas de Cues a Kant; mas nenhum deles concedera a esta figura uma função comparável: toda a *filosofia da identidade* se baseia nisso. O que nos interessa, no presente contexto, é que é a arte em particular que tem a honra de assimilar todos os contrários; é por isso que a arte se encontra no ponto mais alto da construção exposta pelo *Sistema do Idealismo Transcendental*; e também é por isso, sem dúvida, que Schelling, filósofo, se interessa pela arte. Esta afirmação da função da arte vale tanto como uma definição, e Schelling retoma-a várias vezes.

> Do mesmo modo que nasce do sentimento de uma contradição aparentemente irredutível, a criação artística, pela confissão de todos os artistas e de todos aqueles que partilham do seu entusiasmo, tende para o sentimento de uma harmonia *infinita* (III, p. 617). Qualquer criação artística se baseia no desdobramento infinito de atividades opostas, que se encontra completamente suprimido em cada obra de arte (III, p. 626). O poder poético... é capaz de pensar o contraditório e construir a sua síntese (III, p. 626).

O artista parte da oposição dos contrários para chegar à sua fusão; é necessário reconhecer estes dois momentos. É o que encontraremos também na definição do génio:

> O que distingue o génio de tudo o que não passa de simples talento ou simples habilidade é que só ele é capaz de reduzir contradições que, sem ele, continuariam irredutíveis (III, p. 624).

e também na da beleza:

> Na obra de arte [...] encontramo-nos em presença de um Infinito representado de uma forma finita. Mas o Infinito representado é Beleza (III, p. 620).

A arte assimila todas as oposições; portanto, seria supérfluo enumerá-las uma por uma. No entanto, há algumas que são mais importantes que outras. No *Sistema do Idealismo Transcendental*, Schelling insiste particularmente sobre a do consciente e do inconsciente.

> O consciente e o inconsciente devem juntar-se no produto da arte (III, p. 614). A obra de arte representa para nós a identidade do consciente e do inconsciente (III, p. 619).

Na *Filosofia da Arte*, este par de categorias junta-se a outro, liberdade e necessidade, continuando a afirmação global a ser a mesma:

> A arte é uma síntese absoluta ou uma interpretação mútua da liberdade e da necessidade (V, p. 3–83). Necessidade e liberdade relacionam-se como o inconsciente

> e o consciente. A arte baseia-se, portanto, na identidade das atividades consciente e inconsciente (V, p. 384).

Friedrich Schlegel utiliza os termos «intencional» e «instintivo»: «Em todo o bom poema, tudo deve ser intenção e tudo deve ser instinto. É assim que ele se torna ideal» (*Lyceum*, 23). Ou até arte e natureza: «Está completo o que, ao mesmo tempo, é natural e artificial» (*Athenaeum*, 419); também falará de «essa permuta maravilhosa e eterna de entusiasmo e de ironia» (*Gesprach Über die Poesie*, pp. 318–319).

Esta primeira oposição e a sua fusão referem-se ao processo de criação; estamos já familiarizados com a fusão forma-conteúdo, ou matéria-espírito, ou real-irreal, etc., como características da própria obra de arte. Eis sobre isso algumas formulações entre muitas. Segundo Schelling, forma e matéria não podem brotar separadas da arte (V, p. 360), a arte é a indiferença do ideal e do real (V, p. 380). Fr. Schlegel descreve a arte como a interpenetração da alegoria e da personificação, que define, por sua vez, da seguinte maneira: «Na base da personificação, encontramos o imperativo: *Tornar todo o sensível espiritual.* Da alegoria: *Tornar todo o espiritual sensível.* Os dois conjuntos provam a determinação da arte» (*Literary Notebooks*, 221). Novalis é mais lacónico e mais geral: «Para o homem, a equação é: corpo e alma; para a espécie humana: homem = mulher» (VI. 624).

A interpenetração do masculino e do feminino encontra-se em Schelling, que estaria pronto a afirmar que a única razão da castração, na Antiguidade, era criar para a arte objetos que lhe permitissem atingir a maior perfeição.

> Além da moderação geral, os artistas gregos procuravam imitar na arte essas naturezas que misturavam o masculino e o feminino, que a languidez asiática produzia por meio da

> castração de rapazes delicados; procuravam assim representar, de certo modo, um estado de não-separação e de identidade dos géneros. Este estado, atingido por uma espécie de equilíbrio que não é uma simples anulação, mas uma verdadeira amálgama dos dois carateres opostos, pertence aos pontos mais altos que a arte conseguiu atingir (V, pp. 615–616).

Mais do que sobre qualquer outra coisa, Schelling insiste na fusão, na arte, da oposição entre geral e particular. «O *em si* da poesia é o de toda a arte: é a representação do absoluto ou do universo num particular» (V, p. 634). Cada parte da obra é, ao mesmo tempo, um todo.

> É uma reunião do particular e do geral que encontramos em cada ser orgânico, assim como em cada obra poética, em que, por exemplo, as diferentes figuras são todas um membro servindo o todo, e, no entanto, na perfeita formação da obra, cada uma delas é um absoluto em si própria (V, p. 367).

O modo de significação artística é essa interpenetração do geral e do particular (o que equivale, aqui, ao significado e ao significante):

> A exigência da representação artística absoluta é representação com *completa indiferença* e, especialmente, de tal modo que o geral seja inteiramente o particular, e o particular seja, ao mesmo tempo, todo o geral, e não que o signifique (V, p. 411).

A oposição entre geral e particular é, por sua vez, solidária com várias outras, como espírito e matéria, ideal e real, verdade e ação:

> Pode dizer-se que a beleza está presente em toda a parte em que luz e matéria, ideal e real se tocam. A beleza não é nem só o geral ou o ideal (isto é a verdade), nem o simples real (isto está na ação), portanto, não é mais do que a perfeita interpenetração ou incorporação mútua de ambos (V, p. 382).

Faz parte da natureza do espírito romântico aspirar à fusão dos contrários, quaisquer que sejam, como testemunham estas enumerações um tanto caóticas de A. W. Schlegel: «os românticos amalgamam do modo mais íntimo todos os contrários, natureza e arte, poesia e prosa, seriedade e gracejo, recordação e pressentimento, espiritualidade e sensualidade, o terrestre e o divino, a vida e a morte» (*Volesungen*, II, p. 112); ou, de Novalis: «São misturas cheias de espírito, por exemplo, judeu e cosmopolita, infância e prudência, banditismo e nobreza de coração, heterismo e virtude, excesso e falta de juízo na inocência, e assim sucessivamente até ao infinito» (t. I, p. 365). Fr. Schlegel soube aplicar a si próprio as consequências irónicas desse princípio: «É tão mortal para o espírito ter um sistema como não ter nenhum. Portanto, ele deve, na verdade, decidir-se a reunir ambas as coisas (*Athenaeum*, 53).

Esta valorização da amálgama em relação às essências separadas tem implicações no sistema romântico dos géneros. Friedrich Schlegel, que se ocupou do assunto mais do que os outros, tem sobre isso uma posição ambígua: por um lado, fiel aos ensinamentos de Lessing, reconhece as coações exercidas pela forma literária sobre a obra individual; por outro, no entanto, aprecia a diferença irredutível de cada obra, anunciando assim a atitude extrema de um Croce: «As espécies poéticas modernas são uma única, ou então em número infinito. Cada poema é por si um género» (*Literary*

Notebooks, 1090). É justamente a sua admiração pelo sintetismo que fará pender a balança no sentido do ultrapassar dos géneros: porá no vértice da pirâmide poética um género — que seria a amálgama de todos os outros géneros, puros ou já misturados; é o romance no sentido romântico da palavra. «O romance é uma mistura de todas as espécies poéticas, da poesia natural desprovida de artifícios e dos géneros mistos da poesia de arte» (*Literary Notebooks*, 55). E esta mistura ultrapassa os limites da literatura única: engloba todos os discursos.

> Toda a história da poesia moderna é um comentário contínuo ao breve discurso da filosofia: toda a arte deve tornar-se ciência, e toda a ciência arte; poesia e filosofia devem estar reunidas (*Lyceum*, 115).

A própria palavra «romantismo» determina-se em referência a essa síntese dos contrários. «Romântico» (que envia para a época da arte cristã e da arte da Renascença, por oposição à arte grega) define-se, por certo, na sua relação com «clássico»; e ambos os termos estão em relação com a fusão dos contrários; simplesmente, essa relação não é a mesma. Os textos fundamentais são ainda os de Schelling, que não opõe clássico a romântico, mas natureza a arte: cada uma realiza uma amálgama dos contrários; mas a amálgama da natureza é, de certa maneira, anterior à separação dos contrários: é *sincretismo*; ao passo que a da arte lhe é posterior, e é a essa que chamo aqui *sintetismo*. Schelling escreve, no *Sistema*:

> A obra de arte difere do produto natural pelo facto de o ser orgânico apresentar ainda no estado de indivisão aquilo que a produção artística apresenta depois da divisão, mas reunido (III, p. 621).

e na *Filosofia da Arte*:

> A obra orgânica da natureza apresenta a mesma indiferença ainda não separada, ao passo que a obra de arte a apresenta *depois da* separação, mas ainda como indiferença (V, p. 384).

É a A. W. Schlegel que pertence a formulação mais popular da distinção entre clássicos e românticos; será decalcada da que existe entre natureza e arte, como a encontramos em Schelling. Os clássicos estão no sincretismo, os românticos praticam o sintetismo.

> O ideal grego da humanidade era a perfeita concórdia e proporção de todas as faculdades, uma harmonia natural. Os modernos, pelo contrário, adquiriram a consciência de um desdobramento interior, que torna esse ideal impossível. Por isso a sua poesia tem tendência para conciliar, para amalgamar de forma inseparável, esses dois mundos, entre os quais nos sentimos partilhados, o espiritual e o sensível. [...] Na arte e poesia gregas, há uma unidade original e inconsciente de forma e de matéria; nos modernos, na medida em que continuam fiéis ao seu espírito particular, procurar-se-á uma interpenetração interna das duas como sendo dois contrários (*Vorlesungen*, I, p. 26).

Esta definição dos modernos ou dos românticos não deixa de criar um problema, que se poderia prever em lógica e que não deixa de se pôr na prática. Se o romantismo se define pela absorção de todos os contrários, reencontrará fatalmente, no seu caminho, o par do clássico e do romântico; se o subverte, realizará um desses paradoxos que Russell sabia explicar, em que um conjunto é obrigado a figurar como elemento de si próprio. Tal voracidade tem aqui, evidentemente, consequências nefastas: deixa de permitir a separação dos clássicos e dos românticos e, de facto, esvazia todo o sentido do próprio termo «romântico». Esta transformação do conceito observa-se particularmente em Fr. Schlegel. Na *Conversa sobre a Poesia*, este define, pela boca de uma das suas personagens, Marcus, a «tarefa suprema de toda a poesia» como «harmonia do clássico e do romântico» (p. 346); e, pela boca de outra personagem, António, declara — o que é ao mesmo tempo a afirmação da supremacia do romantismo e da sua dissolução — «Toda a poesia deve ser romântica» (p. 336).

O indizível

A arte exprime qualquer coisa que não se pode dizer de nenhum outro modo. Esta afirmação dos românticos aparece mais frequentemente como constatação de uma diferença tipológica do que como credo místico (embora isto também aconteça). Friedrich Schlegel tivera o cuidado de se distinguir daqueles que, pretextando que só a arte é capaz de exprimir o que ela exprime, recusam qualquer análise do facto poético:

> Se certos místicos amadores da arte, que consideram toda a crítica como uma dissecação e toda a dissecação como destruição do prazer, pensassem de forma consequente, «com os diabos!» seria a melhor opinião sobre a obra de arte mais apreciada. Aliás, existem críticas que nada mais dizem que isso, mas de maneira muito mais extensa (*Lyceum*, 57).

O próprio Novalis também é muito categórico:

> Estou persuadido de que se conseguem mais depressa *verdadeiras revelações* através de uma fria compreensão técnica e de um calmo sentido moral do que pela fantasia, que parece conduzir-nos unicamente ao reino dos espectros, esse antípoda do verdadeiro céu.

E fará que Klingsihr diga, em *Heinrich von Ofterdingen*:

> O fresco e vivificante calor de uma alma poética é inteiramente o contrário da furiosa febre de um coração doente. Esta febre é pobre, entontece e é apenas momentânea; o outro calor, lúcido e puro, capaz de discernir nitidamente todas as formas e cada um dos contornos, favorece a multiplicação de relações diferentes, é eterno por si mesmo (t. I, p. 166).

Quando se chega a este ponto — o conteúdo indizível da arte —, é difícil não partir deste parágrafo da *Crítica da Faculdade de Julgar* em que Kant trata das ideias estéticas, conceito essencial para o seu sistema: «Em geral podemos chamar beleza (quer se trate de beleza natural ou de beleza artística) à *expressão* de ideias estéticas» (p. 149). As «ideias estéticas» são, portanto, o conteúdo das obras de arte. Mas o que é uma ideia estética?

> Pela expressão Ideia estética entendo essa representação da imaginação que dá muito que pensar, sem que nenhum pensamento determinado, ou seja, nenhum *conceito*, lhe possa ser adequado, e que, por conseguinte, nenhuma língua pode atingir completamente e tornar inteligível (pp. 143–144). Numa palavra: a Ideia estética é uma

> representação da imaginação associada a um dado con ceito, que se encontra ligada a uma tal diversidade de representações parciais na utilização livre destas que nenhuma expressão, designando um determinado conceito, pode ser encontrada para ela e que faz pensar, para além de um conceito, muitas coisas indizíveis, cujo sentimento anima a capacidade de conhecimento e insufla um espírito ao sentido literal da linguagem (p. 146).

Ponho de parte a situação desta categoria no conjunto conceptual kantiano. Podemos limitar-nos aqui às seguintes características da ideia estética: é o que a arte exprime; a mesma coisa não pode ser dita por nenhuma fórmula linguística: a arte exprime o que a língua não pode dizer; esta impossibilidade inicial provoca uma atividade de compensação, que, em lugar do indizível central, diz uma infinidade de associações marginais. Esquivando-se à língua, a ideia estética oferece-lhe, de facto, uma função invejável porque interminável: temos mais onde julgávamos possuir menos.

As formas que transmitem as ideias estéticas são os atributos estéticos.

> Chama-se a essas formas, que não constituem a própria apresentação de um conceito dado, mas que exprimem unicamente, na qualidade de representações secundárias da imaginação, as consequências que a ele se ligam e o parentesco desse conceito com outros, *atributos* (estéticos) de um objeto cujo conceito, como ideia da razão, nunca pode ser adequadamente apresentado (pp. 144–145).

O vocabulário utilizado por Kant, para designar a relação entre o conceito indizível e as formas que o evocam, é revelador: as «consequências», o «parentesco»; funciona, diz ele noutra altura, «sempre segundo leis analógicas» (p. 144): não estamos longe da matriz trópica estabelecida pela retórica e baseada nas categorias de participação, de causalidade e de semelhança.

Embora a linguagem seja o seu material, a poesia é dotada de atributos estéticos e pode, por isso, exprimir as ideias estéticas inacessíveis a essa mesma linguagem; ela é, no interior da linguagem, o que permite transmitir o indizível.

> A arte não realiza isso unicamente na pintura ou na escultura (em que vulgarmente se usa o termo atributo), mas também a poesia e a eloquência devem a alma que anima as suas obras unicamente aos atributos estéticos dos objetos, que acompanham os atributos lógicos, e dão à imaginação um ímpeto de pensar, embora de maneira não explícita, mais do que se pode pensar num determinado conceito, e, por consequência, mais do que pode ser entendido numa determinada expressão (p. 145).

A linguagem poética (a arte na linguagem) opõe-se à linguagem não poética por esta superabundância de sentidos — mesmo quando a explicação dos atributos lógicos e dos conceitos não possui a necessária clareza. Ou, como diz ainda Kant, «suscita em nós uma multidão de sensações e de representações secundárias, para as quais não se encontra nenhuma expressão» (p. 145). A pluralidade de representações secundárias completa a falta de uma representação principal; a linguagem lógica é adequada, a linguagem poética não o é, mas, graças à pluralidade, exprime o indizível. Aí está também uma definição do génio (diferente da de Schelling).

Entre os românticos alemães, Wackenroder é o que mais se aproxima da imagem que tradicionalmente fazemos da personagem romântica: é sentimental, irracional e ama a arte sobre todas as coisas. Não é, de maneira nenhuma, por acaso que encontramos na obra deste aluno de Moritz os mais extensos desenvolvimentos sobre a arte como expressão do indizível. Além disso, a arte não está isolada no ponto mais alto das atividades humanas: partilha esse lugar com a religião; mantém-se essa comparação ao longo dos escritos de Wackenroder, em nome de uma irracionalidade comum.

Esse caráter irracional da arte manifesta-se em todo o processo que vai do criador ao consumidor: aquele nunca poderia explicar como produziu tal forma, e este nunca conseguirá compreendê-la por completo. Mas a insistência sobre o irracional acentua-se quando se trata de caracterizar a própria obra de arte. E, se a natureza é, por vezes, assimilada à arte, é porque são duas «linguagens maravilhosas», contrastando com a pobre língua das palavras.

A linguagem verbal só pode exprimir o racional, o terrestre, o visível.

> Pelas palavras, reinamos sobre toda a terra; pelas palavras, adquirimos sem grande esforço todos os tesouros da terra. Só o invisível que plana sobre nós não pode descer sobre a nossa alma ao ser chamado pelas palavras (p. 171). A linguagem pode apenas contar e nomear miseravelmente as mudanças, mas não pode tornar visíveis as contínuas transformações das gotas de água (p. 367).

A linguagem das palavras não apreende o invisível nem o contínuo; é «o túmulo do íntimo arrebatamento do coração» (p. 367). Por isso é, muito particularmente, inapta para a descrição das obras de arte. «Quanto a mim, não existe verdadeiramente nenhum meio de descrever uma bela imagem ou um quadro belo» (p. 133).

A arte (e a natureza), pelo contrário, permite aos homens «apreender e compreender as coisas celestes e todo o seu poder» (p. 171). A arte exprime «coisas misteriosas que não posso exprimir por meio de palavras» (p. 173). Essas coisas misteriosas ou celestes, equivalentes às «ideias estéticas» de Kant, constituem o conteúdo das obras de arte; por conseguinte, percebidas do ponto de vista da razão, parecerão sempre obscuras, misteriosas, indescritíveis. A música cria a impressão de algo de obscuro e de indescritível (p. 359), a sua linguagem é obscura e misteriosa (p. 249). A linguagem da arte é intraduzível na língua das palavras (p. 345); e Wackenroder diz:

> Que valor têm os argumentadores timoratos e inseguros que reclamam para cada uma dessas centenas de obras musicais uma explicação feita por palavras, e não se podem resignar a admitir que não existe para cada uma delas uma significação nomeável, como para um quadro pintado? Pretenderão medir a mais rica linguagem com a vara da linguagem mais pobre e fundir na palavra aquilo que despreza a palavra? (p. 367).

Como em Kant, esta impossibilidade de nomear com palavras o conteúdo da arte, essa impossibilidade de traduzir a obra artística, é, de algum modo, compensada pela interpretação plural, infinita, que essa obra suscita.

> Um quadro precioso não é um parágrafo de um livro de ensino que posso abandonar, como uma casca inútil, depois de, a troco de um pouco de esforço, tirar dele a significação das palavras: muito pelo contrário, quando se trata de obras de arte excelentes, a fruição dura sempre, sem cessar. Julgamos sempre penetrá-las mais profundamente,

> e no entanto elas continuam a excitar-nos os sentidos, e não vemos o limite em que a nossa alma as poderia esgotar (p. 199).

O indizível provoca, mais uma vez, uma superabundância de palavras, um extravasar do significante pelo significado. Será preciso acrescentar que Wackenroder não hesita ao escolher a sua linguagem preferida? Só se sente feliz «no país da música, onde todas as nossas dúvidas e sofrimentos se perdem num mar sonoro — onde esquecemos todos os grasnidos dos humanos, onde nenhuma gritaria de palavras e de linguagem, nenhuma confusão de letras e de hieróglifos monstruosos nos provoca vertigens, mas onde um doce contacto cura subitamente qualquer angústia do nosso coração» (p. 329).

Este conjunto de afirmações — o que a arte exprime não pode ser traduzido pelas palavras da linguagem quotidiana, e semelhante impossibilidade dá origem a uma infinidade de interpretações — encontra-se exatamente em todos os membros do *Athenaeum*. Isso não nos deveria surpreender: que a poesia seja intraduzível é uma afirmação solidária com a da sua intransitividade; que o seu sentido seja inesgotável concorda com a sua natureza perpetuamente em devir e com o seu caráter orgânico. Friedrich Schlegel dedicar-se-á a descrever os dois termos desta relação, a arte e o seu conteúdo; ao fazê-lo, vai reencontrar uma ideia que já era familiar a Orígenes ou a Clemente de Alexandria: do divino só poderemos falar de maneira indireta (Orígenes escrevia, por exemplo: «Existem matérias cuja significação não pode ser exposta convenientemente por nenhuma palavra da linguagem humana», *Tratado dos Princípios*, IV, 3, 15; e Clemente: «Todos aqueles que abordaram a divindade, tanto os bárbaros como os gregos, esconderam os princípios das coisas, e transmitiram a verdade por meio de enigmas, de símbolos, de alegorias, de metáforas e de outros processos análogos; como, por exemplo, os oráculos dos gregos, e Apolo Pítico foi com justiça apodado de "oblíquo"» *Stromates*, V, 4, 21, 4). Ludovico declara na *Conversa sobre a Poesia*: «Não se pode exprimir o mais alto senão alegoricamente, precisamente porque ele é inexprimível» (p. 324); e António: «O divino não pode ser comunicado e exteriorizado na esfera da natureza senão de maneira indireta» (p. 334; a segunda versão deste texto substitui «o divino» por «o puramente espiritual»). Uma nota inédita chega ao ponto de estabelecer uma solidariedade mútua entre o modo de expressão indireta, ou alegoria, e o conteúdo divino de tal mensagem: o sentido da alegoria participa necessariamente do divino (devemos lembrar aqui que, para Friedrich Schlegel, o termo «alegoria» tem um sentido genérico e não se opõe, como acontece nos textos de outros românticos, a «símbolo»). «Toda a alegoria significa Deus, e só se pode falar de Deus alegoricamente» (XVIII, V. 315). Este conteúdo, a que Wackenroder chamava «celeste», exprime-se não só pela arte, mas também por toda a expressão indireta ou alegórica. Assim, por um lado, «qualquer obra de arte é uma alusão ao infinito» (XVIII, V. 1140); por outro lado, «os símbolos são signos, representantes dos elementos que nunca são representáveis em si mesmos» (XVIII, V. 1197). Reciprocamente, a expressão indireta não está apenas presente na poesia, é o princípio construtivo da poesia.

> A alegoria é o centro do jogo e da aparência poéticos (XVIII, IV. 666). A alegoria, a simbólica, a personificação, assim como a simetria e as figuras de retórica, são *princípios* da poesia e não elementos: os *elementos* são uma massa inerte (XVIII, IV. 148).

A linguagem comum é incapaz de atingir essas alturas, a poesia é intraduzível em prosa, e a *crítica da arte* é uma contradição de termos. «A crítica da poesia é um contrassenso», escreve Novalis (VII. 304). Ou antes, só é possível, como sugeria Moritz, na condição de ser ela própria poesia, música, pintura. «Não podemos falar propriamente de poesia senão em poesia», «uma teoria do romance deveria ser um romance», afirmam as personagens da *Conversa*; e um fragmento do *Lyceum*:

> A poesia não pode ser criticada senão pela poesia. Um juízo sobre a arte que não seja uma obra de arte, quer na sua matéria, como representação da impressão necessária no seu devir, quer por meio de uma bela forma e de um tom liberal, no espírito das antigas sátiras romanas, não tem nenhum direito de cidadania no reino da arte (*Lyceum*, 117).

Como a arte exprime o indizível, a sua interpretação é infinita. Segundo Schelling, «toda a verdadeira obra de arte... se presta a infinitas interpretações sem que se possa dizer se essa infinidade é obra do próprio artista ou reside apenas na obra» (III, p. 620). Para A. W. Schlegel, «a perspetiva não poética das coisas é aquela que as considera reguladas pela perceção dos sentidos e pelas determinações da razão; a perspetiva poética é a que continuamente as interpreta e vê nelas o inesgotável caráter figurado» (*Die Kunstlehre*, p. 81). A poesia define-se pela pluralidade dos sentidos.

Athenaeum 116

> [1] A poesia romântica é uma poesia universal progressiva. [2] A sua vocação não é apenas unificar de novo todos os géneros separados da poesia e pôr a poesia em contacto

com a filosofia e a retórica. [3] Pretende e deve também misturar ou amalgamar poesia e prosa, genialidade e crítica, poesia de arte e poesia natural, tornar a poesia viva e social, e a vida e a sociedade poéticas, poetizar o *Witz* e preencher e saturar as formas de arte de todas as espécies de matérias criadoras e sólidas, e animá-las com expressões de humor. [4] Abrange tudo o que é unicamente poético, desde o sistema de arte mais vasto que, por sua vez, inclui vários outros, até ao suspiro e ao beijo, soprados pela criança-poeta numa canção sem arte. [5] Pode perder-se a tal ponto no representado que gostaríamos de acreditar que o seu único e último objetivo fosse caracterizar as individualidades poéticas de todas as espécies; e, no entanto, não existe nenhuma forma que seja capaz de exprimir plenamente o espírito do autor: de tal maneira que determinado artista que apenas pretendia escrever um romance representou-se a si próprio casualmente. [6] Só ela pode tornar-se, como a epopeia, um espelho de todo o mundo envolvente, um quadro do século. [7] E, todavia, ainda pode vogar no meio, entre o representado e o representante, nas asas da reflexão poética, livre de qualquer interesse real e ideal, e dar a essa reflexão um poder sempre maior, e multiplicá-la como uma infinita série de espelhos. [8] É capaz da formação mais elevada e completa, não apenas do interior para o exterior, mas também do exterior para o interior; de maneira que organiza de forma semelhante todas as partes daquilo que deve ser um todo nos seus produtos, e assim se lhe abre a perspetiva de um classicismo ilimitadamente crescente. [9] A poesia romântica é, entre as artes, o que o *Witz* é para a filosofia, e o que a sociedade, as relações, a amizade e o amor são para a vida. [10] As outras formas de poesia são acabadas, e podem agora ser inteiramente dissecadas. [11] A poesia romântica está ainda em devir, esta é até a

> sua natureza específica: não poder senão transformar-se eternamente, e nunca estar completa. [12] Não pode ser esgotada por nenhuma teoria, e só uma crítica divinatória deveria ousar procurar o seu ideal. [13] Só ela é infinita como também só ela é livre, e a sua primeira lei é que o arbitrário do poeta não suporte nenhuma lei. [14] O género romântico é o único a ser mais do que um género, a ser de algum modo a própria poesia: porque, em certo sentido, toda a poesia é ou deve ser romântica.

Este fragmento 116 do *Athenaeum* é obra de Friedrich Schlegel, e é geralmente considerado como o manifesto da escola romântica. Lembro-o aqui para nele encontrar, com efeito, de forma condensada, todos os traços característicos da estética romântica, como até agora os enumerei (8).

Como se constitui este fragmento? A frase [1] é uma definição da poesia romântica, que comporta dois termos prenhes, «universal» e «progressiva». As frases [2] a [8] comentam o termo «universal»; as frases [8] a [13] dizem respeito à palavra «progressiva». A última frase, [14] qualifica de novo o objeto na sua generalidade; está, de certo modo, no mesmo plano de [1].

«Universal», que as frases [2] a [8] explicam, toma aqui um sentido próximo daquele que atribui a «sintetismo» (e, casualmente, a «intransitividade»): a poesia romântica é universal no sentido em que ultrapassa as habituais oposições. Dão-nos vários exemplos em gradação. Em primeiro lugar, no próprio seio da poesia, ela sintetiza todos os géneros, incluindo a poesia artificial e a poesia natural (popular); em seguida, valorizando-se um pouco mais, a síntese refere-se às diferentes espécies de discurso (de que a poesia é apenas um exemplo): poesia, eloquência, filosofia, ou ainda poesia e prosa. Depois, ultrapassa-se o domínio da linguagem: a síntese concerne poesia e vida, forma e matéria, espírito e intuição, ou, no domínio da criação, génio e sentido crítico. De passagem, Schlegel aboliu uma antiga separação entre a poesia e o que não é poesia, transformando assim a própria definição da poesia: existe um movimento ininterrupto desde o suspiro da criança, que desse modo participa na poesia (*Das Dichtende Kind*), até às construções poéticas mais complexas: a poesia apercebe-se na sua génese a partir das formas discursivas mais elementares.

A frase [5] explora outras duas oposições salientadas pela poesia romântica; a dificuldade da sua interpretação deriva do facto de a própria expressão de Schlegel participar nessa troca dos contrários que constitui o seu objeto. Depois da primeira proposição («Pode perder-se a tal ponto no representado») e do início da segunda («que gostaríamos de acreditar que o seu único e último objetivo fosse...»), esperamos uma continuação do género: «representar o mundo e não exprimir o individual»; procedendo como se o início dissesse exatamente o contrário do que disse (unificação das oposições), Schlegel retoma o fio do discurso; «caracterizar as individualidades poéticas de todas as espécies». Reproduz-se a mesma inversão na segunda metade da frase: depois de «no entanto, não existe nenhuma forma que seja capaz de exprimir plenamente o espírito do autor», esperamos algo como «de maneira que determinado artista, que só pretendia representar-se a si próprio, escreveu, casualmente, um romance»; mas o consequente é de novo invertido: «que apenas pretendia escrever um romance, representou-se a si próprio, casualmente». Estes encadeamentos são, se quisermos, contrários à lógica; mas é assim a poesia romântica, e Schlegel encontra aqui um meio de simbolizar o que está a dizer. Assim se desfazem as oposições entre expressão e imitação, entre transparência (subjetiva) e opacidade.

O que se segue retoma as formas de expressão mais convencionais: a distância entre fora e dentro será percorrida nos dois sentidos (do mesmo modo, a poesia apresentava-se como síntese da personificação e da alegoria), assim como serão mantidos, simultaneamente, o «realismo» e o «formalismo» da obra de arte — que «voga entre o representado e o representante». A metáfora aparentemente banal da arte como espelho do mundo, que aparece em [6], mudará de sentido em [7]: a «infinita série de espelhos» poderá derivar de algo que não seja um espelho em frente de outro? Mas nesse caso o próprio mundo seria, sempre, já um reflexo? À intransitividade da arte seria aqui concedida uma rápida menção: a arte está «livre de qualquer interesse».

[8] representa a transição de «universal» para «progressiva». Mas, antes, Schlegel evoca, de passagem, outra propriedade canónica da poesia romântica: é a sua coerência interna, devida simultaneamente à semelhança entre as partes e à sua integração num todo. Daqui se passa ao «ilimitadamente crescente» que qualifica um «classicismo», que decididamente não está em oposição com a poesia romântica.

De [8] a [13], Schlegel evoca características que designei como «produção» ou «expressão do indizível»; para ele, ambas parecem solidárias. O *Witz*, o amor e a poesia são, cada um no seu domínio, agentes de transformação, movimentos motores muito mais do que substâncias percetíveis; até ao [11] (inclusive), o acento recai sobre esse aspeto de «devir» da poesia romântica; e, neste plano, opõe-se a «outras formas de poesia»;

[12] e [13] desviam a atenção para o aspeto inefável desta arte; é como que uma consequência do seu caráter ilimitado. A teoria, que depende da razão e do discurso, não poderia esgotá-la; e a única crítica eficaz da poesia é ainda poesia: é o que significa a expressão «crítica divinatória». Schlegel vai

mesmo mais longe, ao formular uma máxima que bem sabe ser negada por outros fragmentos do *Athenaeum*: ou seja, que o arbitrário do poeta não suporta nenhuma lei.

Por fim, [14] retoma diretamente [1], ao repegar numa pergunta que [2] e [10] esclareciam de maneira oposta: a poesia romântica será um género entre os outros? A resposta não é nem afirmativa nem negativa: como princípio gerador, está na base de toda a poesia e, portanto, não se deixa fechar num género; mas, ao mesmo tempo, existem obras que encarnam esse princípio com mais êxito do que outras; e é ao que vulgarmente se chama «género romântico» (*Die Romantiche Dichtart*). Daí esta frase paradoxal mas perfeitamente explicável: este género não é um género...

Athenaeum 116 realiza como que o inverso da sinfilosofia: mais do que o único pensamento de vários, é a afirmação plural de um único.

SÍMBOLO E ALEGORIA

Quando A. W. Schlegel expõe, em 1801, a doutrina romântica de forma sistemática, não deixa de se referir ao trabalho publicado no ano anterior pelo seu amigo Schelling. Com efeito, esse trabalho já contém os princípios da doutrina romântica; Schlegel aprova-o inteiramente e não sugere senão uma modificação terminológica.

> Segundo Schelling, o *infinito representado de uma maneira finita* [III, p. 620] é beleza, definição na qual já está incluído o sublime, como é devido. Estou inteiramente de acordo com isso, gostaria somente de formular melhor essa expressão: o belo é uma representação simbólica do infinito; porque, assim, também se torna claro como o infinito

> pode aparecer no finito; [...] Como é que o infinito pode ser conduzido até à superfície, até ao aparecimento? Apenas simbolicamente, em imagens e signos. [...] Fazer poesia (no sentido mais lato do poético que se encontra na base de todas as artes) não é mais do que um eterno simbolizar (*Die Kunstlehre*, pp. 81–82).

Poderíamos dizer, sem exagero, que, se fosse preciso condensar a estética romântica numa só palavra, seria na verdade essa que A. W. Schlegel aqui introduz: *símbolo*; toda a estética romântica seria então, no fim de contas, uma teoria semiótica. Reciprocamente, para compreender o sentido moderno da palavra «símbolo», é necessário e suficiente reler os textos românticos. Em parte alguma o sentido de «símbolo» aparece de forma tão clara como na oposição entre símbolo e alegoria — oposição inventada pelos românticos e que lhes permite oporem-se a tudo o que não seja eles. Examinarei rapidamente as principais posições desta oposição.

Goethe

> Os objetos serão determinados por um sentimento profundo que, quando é puro e natural, coincidirá com os melhores objetos e com os mais elevados e torná-los-á, por fim, simbólicos. Os objetos assim representados parecem existir unicamente por si próprios, e no entanto são significativos no mais profundo do seu ser, e isto devido ao ideal que arrasta sempre consigo uma generalidade. Se o simbólico indicar ainda algo que não está representado, será sempre de forma indireta. [...] Presentemente, também existem obras de arte que brilham pela razão, o dito espirituoso, a galanteria, e também incluímos nelas todas

> as obras alegóricas; é destas últimas que devemos esperar o pior, porque elas destroem igualmente o interesse pela própria representação e, por assim dizer, repelem o espírito em si mesmo, e retiram do seu olhar o que é verdadeiramente representado. O alegórico distingue-se do simbólico neste ponto: o simbólico designa indiretamente, o alegórico designa diretamente (1797; *Jubilaumsausgabe*, 33, p. 94).

Esta citação foi tirada de um pequeno artigo intitulado *Sobre os Objetos das Artes Figurativas*, escrito em 1797, mas publicado muito tempo depois da morte de Goethe. É a primeira vez que Goethe formula a oposição símbolo-alegoria num escrito destinado à publicidade (ainda que, em definitivo, não o consiga).

Hoje conhece-se muito bem a pré-história desta oposição na obra de Goethe. Até 1790, a palavra símbolo não tem ainda, de maneira nenhuma, o sentido que lhe será dado na época romântica: ou é o simples sinónimo de uma série de outros termos mais vulgares (tais como alegoria, hieróglifo, cifra, emblema, etc.) ou então designa, de preferência, o signo puramente arbitrário e abstrato (os símbolos matemáticos). Este segundo sentido é particularmente corrente nos textos leibnizianos: nos de Wolff, por exemplo. É Kant quem, na *Crítica da Faculdade de Julgar*, inverte essa utilização e dá à palavra «símbolo» um sentido muito próximo do moderno. Longe de caracterizar a razão abstrata, o símbolo é próprio da maneira intuitiva e sensitiva de apreender as coisas.

> Os lógicos modernos admitem uma utilização da palavra *simbólico*, que é absurda e inexata, pois opõem-na ao modo de representação *intuitivo*; a representação simbólica não é, com efeito, senão um modo da representação intuitiva (59, p. 174).

Schiller será um leitor imediato e atento de Kant; adotará a nova utilização da palavra «símbolo»; ora, é na correspondência entre Goethe e Schiller, ao longo dos anos que precedem a redação do pequeno artigo que aqui nos interessa, que a palavra «símbolo» aparece em Goethe com o seu novo sentido (o que, todavia, não quer dizer que Kant, Schiller e Goethe tenham a mesma conceção do símbolo; simplesmente, a utilização que fazem opõe-se em bloco à dos autores precedentes). Em consequência dessas cartas, Goethe decide redigir um pequeno texto em colaboração com o seu amigo Heinrich Meyer, historiador da arte; finalmente, cada um deles escreve um artigo com o mesmo título, e só o de Meyer é publicado ([9]).

Seja qual for o contributo dos predecessores de Goethe na determinação do significante ou do significado de «símbolo», se pusermos de parte o ensaio de Meyer — ao qual voltaremos —, foi na verdade Goethe quem introduziu a oposição entre símbolo e alegoria.

Nos *Objetos das Artes Figurativas*, esta oposição aparece finalmente desenvolvida. Goethe comparou já os méritos respetivos dos diferentes objetos na opinião do pintor. Passa depois para a maneira de tratar (*Die Behandlung*) os objetos, e é então que surgem os termos símbolo e alegoria. Em que consiste a diferença?

Afirmemos, em primeiro lugar, um caráter comum: símbolo e alegoria permitem representar ou designar; introduzindo um termo que, na verdade, não está presente no texto de Goethe, poderíamos dizer que são duas espécies de signos.

A primeira diferença provém então do facto de, na alegoria, a face significante ser instantaneamente contrariada devido ao conhecimento do que é significado; ao passo que no símbolo ela conserva o seu valor próprio, a sua opacidade. A alegoria é transitiva, o símbolo intransitivo — mas nem por isso significa menos; por outras palavras: a sua intransitividade alia-se ao seu sintetismo. Assim, o símbolo dirige-se à perceção (e à inteleção); a alegoria, de facto, só se dirige à inteleção. Notemos que Goethe chama «o representado» àquilo que para nós é o representante (o objeto sensível).

Este modo de significação específica permite-nos formular uma segunda diferença. A alegoria significa diretamente, ou seja, a sua face sensível não tem outra razão de ser além de a de transmitir um sentido. O símbolo só significa indiretamente, de maneira secundária: existe em primeiro lugar por si mesmo, e só depois descobrimos que também significa. Na alegoria, a designação é primária, no símbolo é secundária. Talvez pudesse dizer ainda, forçando um pouco o vocabulário de Goethe: o símbolo representa e (eventualmente) designa; a alegoria designa, mas não representa.

Daquilo que Goethe atribui ao símbolo pode deduzir-se uma terceira diferença: diz respeito à natureza da relação significante. No caso do símbolo, tem um caráter bem determinado: é uma passagem do particular (o objeto) para o geral (e para o ideal); por outras palavras, a significação simbólica, para Goethe, é necessariamente da espécie do *exemplo*: ou seja, um caso particular através do qual (mas não em vez do qual) vemos, de certo modo à transparência, a lei geral de que ele é a emanação. O simbólico é o exemplar, o típico, o que permite que seja considerado como a manifestação de uma lei geral. Assim se confirma o valor que a relação de participação tem para a estética romântica, em detrimento da relação de semelhança, que reinara indubitavelmente nas doutrinas clássicas (especialmente por meio da imitação). A relação significante que se encontra na base da alegoria não está ainda determinada.

Uma quarta e última diferença reside no modo de perceção. No caso do símbolo, há como que uma surpresa derivada de uma ilusão: julgava-se que a coisa existia simplesmente por si própria; depois descobre-se que também tem um sentido (secundário). Quanto à alegoria, Goethe insiste no seu parentesco com as outras manifestações da razão (o espírito, a galanteria). A oposição não está verdadeiramente articulada, e no entanto sentimos que essa articulação está iminente: a razão domina, no caso da alegoria, mas não no caso do símbolo.

*

> 916. Poderíamos, portanto, chamar simbólica à utilização que estivesse em perfeito acordo com a natureza, a cor seria utilizada em conformidade com o seu efeito, e a relação real exprimiria logo a significação. Por exemplo, se se usa o púrpura para designar a majestade, não há dúvida nenhuma de que se encontrou a expressão adequada, como já explicámos suficientemente mais acima. 917. A isto está estreitamente ligada outra utilização a que poderíamos chamar alegórica. Esta é mais fortuita e arbitrária, poderíamos mesmo dizer convencional, pois em primeiro lugar deve transmitir-nos o sentido do signo, antes de sabermos o que significa, como acontece, por exemplo, com a cor verde, que atribuímos à esperança (1808; *Jubilaumsausgabe* 40, p. 116–117).

Estes dois breves parágrafos pertencem à *Doutrina das Cores*, no final da exposição didática, com o título «Utilização alegórica, simbólica e mística das cores». Existe aqui, com efeito, um terceiro termo, o místico; mas podia conservar-se afastado; porque simbólico e alegórico partilham de novo entre si a qualidade significante, que não é determinante na utilização mística da cor.

A oposição enunciada na passagem citada é muito simples; a única surpresa provém de ser diferente das dicotomias formuladas no ensaio *Sobre os Objetos das Artes Figurativas*. É que se trata, desta vez, dos signos motivados e imotivados, ou ainda dos signos naturais e arbitrários (convencionais). Desta primeira diferença deriva uma segunda: a significação do símbolo, sendo natural, é imediatamente compreendida por todos; a da alegoria, procedendo de uma convenção «arbitrária», tem de ser aprendida antes de ser compreendida; o inato e o adquirido sobrepõem-se aqui ao universal e ao particular. Os exemplos dados talvez sejam menos convincentes: a majestade será mais natural em relação ao púrpura do que a esperança em relação à cor verde? A quarta diferença, destacada pelo texto precedente, reaparece aqui em último plano: o símbolo produz um efeito e, só através dele, uma significação; a alegoria tem um sentido que se transmite e que se aprende; a função da razão parece ser de novo diferente num e noutro caso.

*

> O fogo natural será apresentado, e só em último caso submetido a uma finalidade artística, e dizemos justamente que tais apresentações são simbólicas. [...] É a coisa, sem ser a coisa, e apesar de tudo é a coisa; uma imagem resumida no espelho do espírito e apesar de tudo idêntica ao objeto. Em compensação, a alegoria fica muito aquém; será talvez cheia de espírito, mas, apesar disso, na maior parte das vezes é retórica e convencional, e vale sempre mais na medida em que se aproxima daquilo a que chamamos símbolo (1820; *Weimarer Ausgabe* 41–1, p. 142).

Este texto aparece no comentário das pinturas de Filóstrato e apresenta-se explicitamente como uma defesa do conceito e da palavra *simbólico*. Goethe descreve como exemplo um quadro (São Pedro perto do fogo, na noite da detenção de Jesus), que classifica de muito «lacónico» e que, por conseguinte, ninguém ousaria qualificar de alegórico; é, pelo contrário, simbólico. Destaquemos, mais uma vez, os traços característicos do símbolo em oposição à alegoria.

O primeiro envia à diferença, notada no primeiro texto, entre designação direta e indireta: o fogo representado é, em primeiro lugar, um fogo; se, além disso, significa mais qualquer coisa, é só em último caso, num segundo momento.

Segunda diferença, que nos é familiar: embora provido de uma significação, o simbólico é intransitivo. Neste estatuto paradoxal: o símbolo é a coisa sem o ser, e, sendo-a..., a intransitividade está mais uma vez aliada ao sintetismo. O objeto simbólico é e, ao mesmo tempo, não é idêntico a si próprio. Pelo contrário, a alegoria é transitiva, funcional, utilitária, sem valor próprio: é este, sem dúvida, o sentido do adjetivo «retórica» neste contexto.

Terceira diferença já familiar: a alegoria é convencional, e portanto pode ser arbitrária, imotivada. O símbolo é uma imagem (*Bild*) e depende do natural.

Quarta diferença: a alegoria é «cheia de espírito»; o símbolo tem apenas uma relação oblíqua com o «espelho do espírito». Reconhecemos aqui o caráter racional da alegoria, oposto à natureza intuitiva do símbolo.

Por fim, Goethe insiste por duas vezes no caráter lacónico, condensado, do símbolo. O que parece apontar para a densidade simbólica, por oposição à expansão discursiva: só se representa um fogo, e é a interpretação simbólica que lhe acrescenta novos valores. A alegoria seria menos lacónica, neste sentido: tem como que uma obrigação de interpretar; a expansão está quase tão presente como no discurso explícito.

Acrescentemos que, aqui, como nos textos anteriores (particularmente no primeiro), Goethe não esconde as suas preferências pelo símbolo.

*

> Há uma grande diferença entre estes dois factos: o poeta procura o particular no geral ou vê o geral no particular. Do primeiro facto nasce a alegoria, em que o particular vale unicamente como exemplo do geral; no entanto, o segundo é, propriamente, a natureza da poesia: diz um particular sem pensar a partir do geral e sem o indicar. Mas aquele que apreende vivamente esse particular recebe, ao mesmo tempo, o geral, sem disso se aperceber, ou apercebendo-se apenas mais tarde (1822; *Jubilaumsausgabe* 38, p. 261).

É a mais célebre formulação da oposição entre símbolo e alegoria. Aparece a seguir a uma comparação entre o próprio Goethe e Schiller; a diferença entre os dois conceitos é a que existe também entre os dois poetas, reservando Goethe para si, como é evidente, o papel do poeta simbólico. A valorização de um dos termos opostos continua: não só porque Goethe se identifica com ele, mas também porque a poesia, toda a poesia, é ou deve ser fundamentalmente simbólica. Notemos que é a primeira vez que a oposição é aplicada à poesia e não a uma matéria visível.

A instância sobre a passagem do particular ao geral é aqui mais forte; ao mesmo tempo, é precisada. Obrigatória no símbolo, está igualmente presente na alegoria: não se distinguem, portanto, pela natureza lógica da relação entre simbolizante e simbolizado, mas a partir do modo de evocação do geral pelo particular.

Goethe parece conceder, assim, mais atenção ao processo de produção e de receção dos símbolos e das alegorias. Na obra completada, estamos sempre em presença de um particular; e esse particular pode sempre evocar um geral. Mas existe diferença no processo de criação; ou se parte do particular e nele se descobre imediatamente o geral (é o símbolo) ou temos, em primeiro lugar, o geral e procuramos em seguida a sua representação particular. Esta diferença de percurso influencia a própria obra: não se pode separar a produção do produto. É esta, portanto, a oposição mais importante: na alegoria, a significação é obrigatória («direta», dizia o primeiro texto), e a imagem presente na obra é transitiva; no símbolo, a imagem presente não indica só por si que tem outro sentido, só «mais tarde», ou inconscientemente, somos levados a um trabalho de reinterpretação. Eis como passamos do processo de produção, por intermédio da própria obra, ao de receção: no fim de contas, a diferença decisiva parece residir especialmente nisso, na maneira como se interpreta; ou, usando os termos de Goethe, no modo como se passa de um particular para um geral.

Goethe não afirma aqui ideias radicalmente novas em relação aos textos precedentes, e no entanto consegue um novo esclarecimento ao evocar de relance o percurso autor-obra-leitor e, sobretudo, pela instância referente à diferença dos processos psíquicos (de produção e de receção), mais do que sobre as diferenças lógicas inerentes à própria obra.

*

> A alegoria transforma o fenómeno em conceito, o conceito em imagem, mas de tal modo que o conceito, apesar de tudo, continua contido na imagem, e podemos conservá-lo e tê-lo e exprimi-lo por meio dela. A simbólica transforma

> o fenómeno em ideia, a ideia em imagem, de tal modo que a ideia continua sempre infinitamente ativa e inacessível na imagem e, mesmo dita em todas as línguas, continua a ser indizível (*Nachlass*; *Jubilaumsausgabe* 35, pp. 325–326).

É a última máxima que Goethe consagra à oposição símbolo-alegoria; data dos seus anos de velhice. Aqui, como no texto precedente, a atenção dirige-se para uma génese ideal. As analogias entre as duas noções estão firmes, ainda mais firmes do que no texto precedente, pois agora desaparece a diferença de percurso (do particular ao geral no símbolo, do geral ao particular na alegoria); qualquer produção segue o trajeto particular-geral-particular. Há sempre, a princípio, um fenómeno concreto, depois um estado de abstração, para chegar por fim à imagem, igualmente concreta (sendo a única que está presente na obra realizada). Mas depois estabelecem-se as diferenças. Em primeiro lugar, a abstração não é a mesma num e noutro caso: ao *conceito* que pertence estritamente à razão, na alegoria, opõe-se a ideia, no símbolo, podendo pensar-se que as ressonâncias kantianas o arrastam no sentido de uma apreensão global e «intuitiva». Esta diferença é nova e importante: pela primeira vez, Goethe afirma que o conteúdo do símbolo e da alegoria não é idêntico, que não se exprime «a mesma coisa» por meio de um ou de outra. Para voltar à distinção inicial do nosso primeiro texto, a diferença deixa de estar na maneira de abordar, encontrando-se no próprio objeto abordado.

Uma segunda diferença tinha sido preparada pelos outros textos, mas nunca encontrara uma formulação tão firme: é a que existe entre o dizível, a alegoria e o indizível (*Unaussprechliche*), no símbolo; segue-se, como vemos, à que existe entre conceito e ideia. Desdobra-se noutra, que não é senão uma consequência dela, e que nos leva à diferença entre produção e produto, entre devir e ser: o sentido da alegoria é finito, o do símbolo é infinito, inesgotável; ou então: o sentido é realizado, terminado e, portanto, está de certo modo morto, na alegoria; está ativo e vivo no símbolo. Mais uma vez a diferença entre símbolo e alegoria é fixada sobretudo pelo trabalho que um e outra impõem ao espírito do recetor, mesmo quando essas diferenças de atitude são determinadas pelas propriedades da própria obra (que Goethe, desta vez, não menciona).

Consideraremos todas estas evocações do par símbolo-alegoria na obra de Goethe mais como complementares do que como divergentes; só o confronto destes enunciados pode produzir a definição completa. No que respeita ao símbolo, encontramos de novo a panóplia das características valorizadas pelos românticos: é produtor, intransitivo, motivado; realiza a fusão dos contrários: exprime o indizível. Contrastando com ele, a alegoria é, evidentemente, já feita, transitiva, arbitrária, simples significação, expressão da razão. A este estereótipo romântico acrescentam-se algumas observações mais particulares. Mais do que pelas suas formas lógicas (símbolo e alegoria designam de igual modo o geral por intermédio do particular), os dois tipos de desvio significante distinguem-se pelo processo de produção e de receção de que são a consequência ou o ponto de partida: o símbolo é produzido inconscientemente e provoca um trabalho de interpretação infinito; a alegoria é intencional e pode ser entendida sem «remanescente». Igualmente pessoal é a interpretação do símbolo como representação do típico. Há, por fim, uma diferença morfológica (e, portanto, particularmente interessante) entre caráter direto e indireto de designação; embora presente, esta não parece desempenhar, nos textos de Goethe, uma função primordial.

Schelling

Sensível à sugestão de A. W. Schlegel e, sem dúvida, também à vizinhança espiritual de Goethe, Schelling introduz a noção de símbolo no seu sistema conceptual, tal como se encontra exposta nos seus cursos de 1802–1803, publicados depois da sua morte com o título *Filosofia da Arte*. Mais ainda, esta noção de símbolo, definida por oposição à alegoria, ocupa o ponto mais elevado de todo o edifício, tal como esta obra o descreve. Para ser mais exato, o par símbolo-alegoria aparece em dois lugares do texto, e não parece evidente que o sentido dos termos seja o mesmo num e noutro. Portanto, é preferível examiná-los separadamente.

A palavra símbolo aparece pela primeira vez não em oposição à alegoria, mas no seio de uma série de três termos: esquemático, alegórico e simbólico. Será preciso lembrar mais uma vez a utilização kantiana dessas palavras. Vimos que Kant era responsável pela inversão do sentido da palavra símbolo; no mesmo parágrafo da *Crítica da Faculdade de Julgar*, opõe-se o simbólico ao esquemático (o qual já estava presente na *Crítica da Razão Pura*).

> Qualquer *hipotipose* (apresentação, *subjectio sub adspectum*), como ato que consiste em tornar sensível, é dupla: ou é *esquemática*, quando a intuição correspondente é dada *a priori* a um conceito que o entendimento apreende; ou então é *simbólica*, quando a um conceito, que só a razão pode pensar e ao qual não pode convir nenhuma intuição sensível, se submete uma intuição, de tal modo que, em relação a esta última, o processo da faculdade de julgar é simplesmente análogo àquele que ela observa quando esquematiza (p. 173).

Esquemas e símbolos têm algo em comum, para além do facto de significarem, são hipotiposes ou apresentações, ou seja, unidades cuja parte sensível não é simplesmente transparente e indiferente, como acontece no caso dos carateres, das palavras ou dos signos algébricos; por outras palavras, são signos motivados por oposição aos outros, signos imotivados, em que essa mesma parte sensível «não contém nada do que pertence à intuição dos objetos» (p. 174). Esta primeira propriedade comum serve para melhor os opor por outra via: o significado esquemático pode ser adequadamente expresso, por conseguinte, a sua designação é direta; o significado simbólico, pelo contrário, tal como uma ideia estética, não possui designação adequada, não existe «intuição sensível» que lhe convenha; só pode ser evocado de maneira indireta, por analogia com outra esquematização. O exprimível é solidário do direto; o inefável do indireto, e, logo, do símbolo.

Schelling reúne, de certo modo, as duas oposições: a de Kant, entre esquemático e simbólico, e a de Goethe, entre alegórico e simbólico; obtém uma série de três termos. Mas o conteúdo das palavras não é o mesmo. As definições de Schelling dependem muito mais da lógica do que as dos seus predecessores: a diferença entre as três noções resulta das combinações de duas categorias fundamentais — o geral e o particular.

> Esta representação (*Darstellung*) na qual o geral significa o particular, em que o particular é entendido através do geral, é a *esquemática*. No entanto, esta representação, na qual o particular significa o geral, ou na qual o geral é entendido através do particular, é *alegórica*. A síntese de ambas, em que nem o geral significa o particular, nem o particular o geral, mas em que ambos são absolutamente um, é o *simbólico* (V, p. 407).

O esquematismo transformou-se na designação do particular pelo geral. O caso mais comum de esquematismo é, evidentemente, a linguagem: as palavras, sempre gerais, são no entanto suscetíveis de designar realidades individuais. Schelling cita outro exemplo: o artesão, que fabrica um objeto segundo um desenho ou uma ideia, realiza a mesma relação entre geral e particular.

Inversamente, a alegoria é a designação do geral pelo particular. Esta utilização da palavra é nova em relação à tradição antiga, para a qual a relação entre as duas partes da alegoria, quando é especificada, é de semelhança, ligando, portanto, dois particulares. Mesmo no século XVIII, Lessing opunha, nos *Tratados sobre a Fábula*, a *alegoria*, designação de um particular por outro particular, ao *exemplo*, designação do geral pelo particular. A «alegoria» de Schelling está, assim, mais próxima daquilo a que Lessing chama exemplo (e, evidentemente, da alegoria de Goethe) do que da alegoria clássica. Schelling acrescenta que há uma diferença entre o texto alegórico e a leitura alegórica: pode ler-se alegoricamente qualquer livro. «O encanto da poesia homérica e de toda a mitologia reside, a bem dizer, no facto de ela incluir também a significação alegórica como *possibilidade* — com efeito, tudo se poderia alegorizar. Nisso reside a infinidade do sentido na mitologia grega» (V, p. 409).

Quanto ao símbolo, caracteriza-se pela fusão desses dois contrários que são o geral e o particular; ou, segundo a formulação preferida de Schelling, pelo facto de o símbolo não só significar, mas *ser*; por outras palavras, pela intransitividade do simbolizante. No símbolo, «o finito é, ao mesmo tempo, o próprio infinito, e não se limita a significá-lo» (V, pp. 452–453). «É simbólica uma imagem cujo objeto não significa apenas a ideia, mas é a *própria ideia*» (V, pp. 554–555). Os exemplos analisados têm o mesmo sentido:

> Não se deve dizer, por exemplo, que Júpiter ou Minerva *significam* ou *devem* significar isto. Ter-se-ia anulado assim toda a independência poética dessas figuras. Elas não a significam, *são* a própria coisa (V, pp. 400–401).

Ou ainda:

> Assim, Maria Madalena não *significa* apenas o arrependimento, é o próprio arrependimento vivo. A imagem de Santa Cecília, a santa protetora da música, é uma imagem não alegórica, mas simbólica, pois tem uma existência independente da significação, sem perder a significação (V, p. 555).

Notaram que, mesmo quando repete Moritz nesta insistência sobre o heterotelismo da alegoria e o autotelismo do símbolo («o que não existe por si próprio, mas por outro, *significa* este», escreve ainda, V, p. 556), Schelling nunca esquece que o símbolo é e, *ao mesmo tempo*, significa (ao passo que Moritz tinha mais tendência para dizer que é, *em vez* de significar). Nisto, o símbolo é diferente da imagem, que, essa sim, pode entender-se por completo pela perceção sensível.

> Não nos contentamos, é certo, nem com o ser puramente insignificante (por exemplo, aquele que dá a imagem pura), nem com a pura significação, mas pretendemos que o que deve ser o objeto de uma representação artística absoluta seja tão concreto que seja igual a si mesmo como a imagem e ao mesmo tempo tão geral e carregado de sentido como o conceito; é por isso que a língua alemã representa muito bem a palavra símbolo por *Sinnbild*, imagem significativa (V, pp. 411–412) .

Definido assim, o símbolo coincide na sua extensão com a arte, ou, pelo menos, com a essência da arte.

> O pensamento é puro esquematismo; pelo contrário, qualquer ação é alegórica (porque significa um geral como particular); a arte é simbólica (V, p. 411).

Ao mesmo tempo, o símbolo coincide com o belo:

> Estas observações podem levar-nos a reunir numa única todas as exigências do quadro no estilo simbólico: tudo está submetido à beleza, pois a beleza é sempre simbólica (V, p. 558).

Mais forte ainda é a assimilação entre símbolo e mitologia (é a este propósito que Schelling reconhece quanto deve a Moritz).

> Na alegoria, o particular apenas *significa* o geral; na mitologia, *é*, simultaneamente, o geral (V, p. 409). De toda esta investigação depreende-se uma consequência necessária: a mitologia em geral, e cada uma das suas poesias em particular, não devem ser entendidas esquematicamente nem alegoricamente, mas *simbolicamente* (p. 411). Portanto, a mitologia exige, justamente, *não* que os seus símbolos signifiquem simplesmente ideias, mas que sejam seres significantes por eles próprios, independentes (p. 447).

Como no caso do símbolo em geral, no caso da mitologia Schelling insiste particularmente na faceta paradoxal da sua definição: a mitologia é *simultaneamente* geral e particular, existe e significa; mais ainda, só significa porque existe:

> Cada figura da mitologia deve ser tomada pelo que é, pois precisamente por isso é que será entendida pelo que significa. Aqui a significação é, ao mesmo tempo, o próprio ser, passou para o objeto, fazendo com ele uma unidade. Logo que deixamos esses seres *significarem* alguma coisa, *deixam de* ser eles próprios. [...] O seu maior atrativo reside mesmo no facto de, quando se limitam a ser, sem qualquer relação, absolutos em si mesmos, deixarem, ao mesmo tempo, manifestar através deles a significação (V, p. 411).

É esta a primeira aceção dos termos símbolo e alegoria em Schelling. Aparece no § 39 da *Filosofia da Arte*; e os termos conservam o mesmo sentido noutras passagens. No entanto, existe outra discussão, bastante longa, destas duas noções; vem a propósito da pintura.

Em primeiro lugar, a tríade esquemático-alegórico-simbólico ficará reduzida a dois termos, pelo facto de, em arte, não apercebermos senão o particular, e, portanto, nunca se poder partir do geral.

> Ou a arte figurativa faz significar o geral através do particular, ou então este último, ao significar aquele, também é, simultaneamente, geral. A primeira espécie de representação é a alegórica, a outra é a simbólica... (V, p. 549).

As palavras simbólico e alegórico conservam aqui o sentido anterior, mas a situação não tardará a mudar. Com efeito, na análise concreta da pintura simbólica e alegórica, Schelling parece partir de uma velha oposição, já característica da hermenêutica dos Estoicos: a oposição entre sentido literal ou histórico e sentido alegórico. «A pintura simbólica coincide completamente com aquela a que se chama histórica, designa simplesmente o seu poder superior. [...] Segundo a nossa explicação, o próprio histórico não passa de uma espécie do simbólico» (V, p. 555). Quanto à alegoria, subdivide-se em categorias igualmente familiares à antiga hermenêutica: «Nos quadros, a alegoria pode ser física, relacionando-se com objetos naturais, ou então moral, ou histórica» (V, p. 552).

Esta última alegoria não é idêntica à dos textos anteriores; a prova está no facto de, nos exemplos evocados, a relação constituída não ser já entre um particular e um geral, mas sim, como na conceção antiga da alegoria, entre dois particulares. Eis um exemplo de alegoria física:

> O Nilo e a sua inundação até dezasseis pés, que significa, segundo os antigos, prenúncio de maior fertilidade, seria reproduzido por igual número de crianças, sentadas junto à colossal figura (V, p. 552).

E de alegoria histórica, tendo esta última palavra, aqui, uma significação diferente daquela que tem na expressão «sentido histórico» (ou literal):

> O renascer de uma cidade graças a um príncipe será representado em moedas antigas por um corpo feminino erguido acima da terra por um corpo masculino (V, p. 554).

Ora, o rio e as crianças, a cidade e o corpo humano são outras tantas entidades particulares: a relação entre eles não pode ser senão de semelhança, e já não de exemplificação.

Uma passagem desta segunda secção dedicada à alegoria (e ao símbolo) ilustra particularmente bem essa mudança de sentido. Schelling parece distinguir entre uma alegoria em sentido débil, que corresponde à sua primeira definição da alegoria (o particular designa o geral), e uma alegoria no sentido forte, que se limita (quanto a nós, de maneira muito mais débil) a marcar a diferença entre o que designa e o que é designado. Curiosamente, é precisamente nesta ocasião que Schelling se lembra (como fazia Kant) de outra teoria clássica, a que opõem signos motivados e imotivados.

> Geralmente, pode comparar-se a alegoria a uma língua *geral*, que, ao contrário das línguas particulares, não se basearia em signos arbitrários, mas em signos naturais e objetivamente válidos. Ela é significação de ideias através das imagens reais e concretas, e é por isso que a linguagem da arte, e da arte figurativa em particular, que, segundo a expressão de um antigo, é uma poesia muda, deve apresentar os seus pensamentos, por assim dizer, pessoalmente, por meio de figuras. Mas o conceito sólido de alegoria, que aqui pressupomos igualmente, é que aquilo que é representado significa algo para além de si mesmo, indica alguma coisa que é diferente dele (V, p. 549).

É surpreendente constatar que, ao chegar às análises concretas, Schelling volta ao sentido antigo — e, logo, no seu contexto, banal — da oposição entre alegoria e símbolo (embora este último termo não tivesse sido utilizado assim anteriormente). Apesar disso, a utilização das palavras, pela qual Schelling se liga ao conjunto da tradição romântica, é na verdade a primeira, aquela que desenvolverá na parte geral da sua obra.

Outros

O primeiro que publicamente opôs símbolo e alegoria não foi Kant (que não evoca a alegoria nas páginas em que redefine o símbolo), nem Schiller (que só reflete sobre o assunto nas suas cartas a Goethe), nem Goethe (que fecha numa gaveta o escrito que lhe consagra), nem Schelling (que não publica em vida a *Filosofia da Arte*), mas Heinrich Meyer, historiador da arte e amigo de Goethe. No mesmo ano (1797) em que Goethe redige a sua primeira exposição da dicotomia, Meyer publica, por seu turno, um ensaio com o mesmo título, *Sobre os Objetos das Artes Figurativas*, ensaio aparentemente inspirado nas discussões que tem com Goethe. Mesmo que não se deva atribuir a Goethe a paternidade deste ensaio, compreende-se por que razão Meyer não desempenha uma função essencial na história destes dois conceitos: emprega as palavras sem qualquer espírito crítico e sem se preocupar em precisar em que consiste exatamente a diferença entre elas. Eis as passagens do seu ensaio que contêm o que mais se parece com definições:

> Chamaremos puramente alegóricos aos objetos que escondem, sob a superfície da imagem poética, histórica ou simbólica, uma verdade importante e profunda que a razão só descobre depois de satisfeito o sentido, não esperando mais nada. [...] Nas imagens simbólicas das divindades ou das suas propriedades, a arte figurativa elabora os objetos mais elevados, impõe às ideias e aos próprios conceitos não aparecerem de maneira sensível e obriga-os a entrarem no espaço, a tomarem forma, e a oferecerem-se ao olhar (*Kleine Schriften*, pp. 14, 20).

No símbolo, é o próprio significado que se torna significante, há uma fusão das duas faces do signo. Na alegoria, pelo contrário, as duas faces encontram-se bem separadas: em primeiro lugar, contemplamos o sensível; logo que os sentidos deixam de encontrar alguma coisa, intervém a razão, que descobre um sentido independente dessas imagens sensíveis. Notaremos, no entanto, que os percursos evocados por Meyer são opostos aos que se encontravam em Goethe (é certo que numa formulação feita mais de vinte anos depois): aqui, é a alegoria que vai do particular para o geral (da «imagem à «verdade»), e o simbólico do geral ao particular (das «ideias e conceitos» àquilo que se oferece ao olhar). A evidência de Meyer não dar atenção suficiente à oposição é sublinhada pelo facto de, na primeira frase, que é no entanto quase uma definição da alegoria, a palavra «símbolo» aparecer com um sentido não técnico.

Outra fórmula de Meyer chamará mais a atenção dos contemporâneos, mas só sai da sua pena uma dezena de anos depois. Para explicar a oposição entre símbolo e alegoria, recorre à oposição entre ser e significar, que já encontrámos, com a mesma finalidade, em Schelling. A junção dos dois verbos é, até, ainda mais antiga, e estabelecida de melhor forma. Precisamente numa carta a Meyer, datada de 13 de março de 1791, Goethe escrevia («alegoria» designa, aqui, aquilo a que chamará mais tarde «símbolo»): «No que diz respeito à invenção, tocou, ao que me parece, a linha satisfatória que a alegoria não deveria ultrapassar. São figuras significando o todo, mas não significam mais do que aquilo que mostram, e, ouso mesmo dizer, mais do que são.» Entretanto, em 1800, também Herder escrevera em *Calígone* que os tons musicais «não só significam como são...». Eis agora as frases de Meyer respeitantes ao símbolo e à alegoria (acusando ele Winckelmann de não os ter distinguido):

> [Os símbolos] não têm nenhuma outra relação, mas são realmente aquilo que representam: Júpiter, a imagem de maior dignidade no poder ilimitado [...]; Vénus, a mulher criada para o amor, etc.; portanto, carateres da mais elevada espécie, ou conceitos gerais representados pela arte; chamam-se símbolos a tais representações, diferentes das

> alegorias propriamente ditas [...]. A representação simbólica é o próprio conceito geral tornado sensível; a representação alegórica significa apenas um conceito geral diferente dela («Notas» para a ed. de *Winckelmann*, pp. 684–685).

O símbolo é, a alegoria significa; o primeiro faz a fusão significante-significado, a segunda separa-os.

Entre os dois textos de Meyer, será publicada outra formulação que, mais do que de Goethe, deriva de Schelling. Encontramo-la em Friedrich Ast; a sua obra, *System der Kunstlehre*, que aparece em 1805, contém, poderíamos dizer, uma exposição esquemática e dogmática da estética (então inédita) de Schelling. A distinção que se segue encontra-se numa página que opõe natureza e arte, segundo a categoria da transitividade. Escreve Ast:

> O produto particular do universo não é senão uma alegoria do absoluto, ou seja, volta a ligar-se ao absoluto e significa o todo sem o representar, portanto, sem representar o absoluto; a obra de arte, pelo contrário, é símbolo do absoluto, ou seja, significação e, simultaneamente, representação do absoluto (*System der Kunstlehre*, p. 6).

Ast volta a encontrar, sem dúvida sem o saber, os termos de que se servia Diderot, para opor a utilização poética à utilização utilitária da linguagem: na primeira, significa-se e representa-se ao mesmo tempo; na segunda, limitamo-nos à significação. Referindo-nos às ideias que Ast desenvolve noutras páginas sobre a natureza da obra de arte ou até do discurso em geral, podemos interpretar esta diferença sem hesitação. A relação entre o sensível e o inteligível é motivada no caso do símbolo e imotivada no da alegoria; o que, por sua vez, reenvia à maior ou menor coerência entre os diferentes planos da obra (com o que, como vimos anteriormente, Ast tanto se preocupa).

Outro autor que tratou o mesmo problema nessa época foi W. von Humboldt. A sua discussão sobre a relação entre símbolo e alegoria aparece no final de um ensaio consagrado ao Estado grego; Humboldt interroga-se sobre as formas de arte características dos gregos (omito os exemplos):

> Nem sempre entendemos corretamente o conceito de símbolo, e confundimo-lo muitas vezes com o de alegoria. É verdade que em ambos se exprime uma ideia invisível por uma figura visível, mas de modo muito diferente num e noutro caso. [...] [Nas] representações alegóricas, [...] uma ideia claramente pensada está arbitrariamente ligada a uma imagem. [...] [Nos] verdadeiros e autênticos símbolos, [...] embora partam de objetos simples e naturais, [...] chegam às ideias que não conheciam antecipadamente, que ficam até eternamente incompreensíveis em si mesmas, sem que as despojemos o mínimo que seja da sua própria natureza. [...] Pois é característico do símbolo que a representação e o representado, em constante troca mútua, incitem e obriguem o espírito a retardar mais lentamente e a penetrar mais profundamente, ao passo que a alegoria, pelo contrário, desde que a ideia transmitida é encontrada, tal como um enigma resolvido, apenas produz uma admiração fria ou uma ligeira satisfação pela figura graciosamente conseguida (III, pp. 216–218).

Semelhante a Goethe neste ponto, Humboldt não esquece as características comuns ao símbolo e à alegoria: são, como diria Kant, apresentações ou hipotiposes. Mas o acento recai sobre as diferenças. A alegoria é caracterizada de modo mais sucinto: é, por um lado, arbitrária, provavelmente no sentido de imotivada; por outro, tem um sentido finito, que se nomeia exaustivamente. Não se disse que o símbolo é motivado, mas podemos deduzi-lo da oposição com a alegoria. Enquanto o sentido desta última era um produto acabado, existe no símbolo uma simultaneidade entre o processo de produção e a sua finalização: o sentido só existe no momento em que surge. Do mesmo modo, o caráter fechado do sentido alegórico opõe-se ao processo significante inesgotável, característico do símbolo; por isso mesmo, o símbolo é próprio para exprimir o indizível. Por outro lado, a face simbolizante e a face simbolizada estão em constante interpretação; por outras palavras, o simbolizante significa, mas não é por essa razão que deixa de *ser.*

Este texto de Humboldt merece a nossa atenção: numa época em que, mesmo que lesse os inéditos dos seus contemporâneos, não podia encontrar neles senão simples oposições entre símbolo e alegoria, produz uma descrição que sintetiza todas as categorias que caracterizam a doutrina romântica da arte: o símbolo é simultaneamente produção, intransitividade, motivação, sintetismo, expressão do indizível; além disso, a diferença entre as duas noções situa-se mais nas atitudes que suscitam os objetos de interpretação do que nestes objetos. Para reter, é também a afirmação de uma incessante troca mútua entre simbolizante e simbolizado.

É interessante notar que, quinze anos mais tarde (em 1822), quando Humboldt se dedica exclusivamente ao seu trabalho sobre a linguagem, utilizará de novo a mesma oposição, mas mudando-lhe os termos; já não se trata de símbolo e de alegoria, mas de arte e linguagem. Desta vez é a arte que faz a fusão do sensível e do inteligível, ao passo que a linguagem os separa; a arte é que é natural, enquanto a linguagem é arbitrária. Formemos a nossa opinião:

> Por um lado, a linguagem [...] pode comparar-se à arte, pois, exatamente como esta, pretende representar o invisível

de maneira sensível. [...] Mas, por outro lado, a linguagem é, em certa medida, oposta à arte, porque não se considera senão como um meio de representação, ao passo que a arte, abolindo realidade e ideia, por estas se apresentarem separadamente, substitui-as pela sua obra. Desta propriedade mais limitada da linguagem como signo nascem outras diferenças de caráter entre as duas. Uma língua mostra mais marcas da utilização do que da convenção, é mais arbitrária; ao passo que a outra é em si mesmo mais natural... (IV, p. 433).

Creuzer e Solger

As ideias expostas nos textos que acabamos de analisar são, como facilmente se vê, inteiramente dependentes da doutrina estética dos românticos. O mesmo não acontece com os nossos dois últimos autores, Creuzer e Solger; é bem verdade que mais de dez anos os separam da época de *Athenaeum*, Ambos se movem na sombra dos românticos e retomam textualmente algumas das suas ideias. Mas cada um deles traz um contributo original, se não à doutrina em geral, pelo menos à articulação da oposição e ao sentido de ambos os termos — símbolo e alegoria.

Creuzer necessita da distinção entre as duas noções, como muitos outros, para a utilizar numa construção gigantesca dedicada à mitologia dos povos antigos; o título da obra começa, significativamente, pelas palavras *Simbólico e Mitologia*... Creuzer participa da maneira mais ativa na revalorização do mito e na exata posição da dicotomia signo-símbolo, *logos-mythos*; na sua obra, fala mesmo do Ocidente como de um «mundo silogístico». Na introdução à *Simbólica e Mitologia* (1810), define os dois termos que nos interessam, assim como vários outros, no seio de um quadro geral do «iconísmo». Atribui ao símbolo muitas propriedades que já nos são familiares: é uma «expressão do infinito» (pp. 57, 62), do «ilimitado» (p. 62), do «indizível» (p. 63), aquilo que simultaneamente significa e é, ao passo que a alegoria apenas significa (p. 70), etc. Mas a contribuição original de Creuzer é ligar de novo ao par símbolo-alegoria a categoria do tempo. Eis como caracteriza a metáfora, que para ele é uma subespécie do símbolo:

> A propriedade essencial desta forma de representação é que produz algo de uno e indiviso. Aquilo que a razão analítica e sintética reúne numa série sucessiva como traços particulares, com vista à formação de um conceito, esta outra maneira de perceber consegue-o por completo e simultaneamente. Com um único olhar; a intuição realiza-se de repente (p. 57).

A oposição geral entre símbolo e alegoria está de acordo com esse caráter instantâneo da metáfora (noutra passagem, Creuzer compara o símbolo a «o relâmpago que instantaneamente ilumina a noite sombria», p. 59; e esta fórmula lembra muito uma expressão de Schelling, que figura na *Filosofia da Arte*, então inédita: «No poema lírico, como na tragédia, a metáfora funciona muitas vezes apenas como um relâmpago que ilumina de súbito um lugar obscuro, e que de novo se desvanece na noite. Na epopeia, vive em si mesma e torna-se, por sua vez, uma pequena epopeia», V, p. 654):

> A diferença entre as duas formas [símbolo e alegoria] deve ser considerada pelo instantâneo, que falta à alegoria. O símbolo faz surgir, num momento e inteiramente, uma ideia que atinge todas as forças da nossa alma. É um clarão que cai, a direito, do fundo obscuro do ser e do pensar, nos

> nossos olhos, e atravessa toda a nossa natureza. A alegoria leva-nos a respeitar e seguir a marcha que toma o pensamento escondido na imagem. No primeiro caso, é a totalidade instantânea; no segundo, a progressão numa série de momentos. Por isso é que é a alegoria e não o símbolo que compreende o mito, ao qual convém perfeitamente a epopeia em progressão, e que não pretende condensar-se em simbolismo senão na teomitia, como veremos mais tarde. Existe, portanto, uma grande verdade no facto de certos retóricos chamarem alegoria à realização ou, por assim dizer, ao desdobramento de uma única e mesma imagem (tropo, metáfora, etc.); porque essa realização e direção da imagem é, em geral, uma tendência inata da alegoria (pp. 7071).

A alegoria é sucessiva, o símbolo simultâneo. A referência aos retóricos antigos é enganadora. Creuzer evoca a oposição que um Quintiliano estabelece entre metáfora e alegoria, sendo esta última definida como uma metáfora recorrente. Mas a duração de que fala Quintiliano está no significante linguístico (várias palavras em vez de uma só), ao passo que aquela a que se refere Creuzer concerne visivelmente a atividade psíquica de compreensão e interpretação. A utilização que Creuzer faz dos termos símbolo e alegoria é diferente da dos Antigos e também do modo como os seus contemporâneos reagrupam várias categorias dentro de uma noção única: para um Schelling, por exemplo, como, segundo penso, para todos nós, o mito liga-se ao símbolo (e não à alegoria) pelo facto de tanto um como o outro tenderem para o literalismo; de modo mais geral, é a alegoria que suspende o tempo, obrigando-nos a uma interpretação atemporal, ao passo que o símbolo tem uma parte ligada ao narrativo, logo, ao desenrolar temporal. No entanto, bem vemos de onde provém a conclusão de Creuzer: não dos ensinamentos da retórica clássica, mas da utilização de outras características do símbolo e da alegoria. A instantaneidade do símbolo está ligada à sua importância no processo de produção, à fusão entre simbolizante e simbolizado, à incapacidade da razão analisar e dizer de outro modo o simbolizado. Creuzer acrescentou ao repertório romântico uma categoria em que não se pensara antes, mas que se vai voltar a encontrar na estética do século XX (e que será reavivada particularmente por Benjamin).

Passemos, por fim, a Solger. O símbolo é a principal noção da sua estética; é coextensivo ao belo, e, portanto, à arte, e só se opõe a outras relações significantes como o signo, a imagem ou o esquema. O símbolo, neste sentido, caracteriza-se por diversos traços que já nos são familiares: mais atividade que obra, entidade intransitiva e não instrumental, realiza a fusão dos contrários, neste caso do espiritual e do material, do geral e do particular, do ser e do significar. Mas, no seio deste simbolismo-em-geral, podem distinguir-se várias formas, a que Solger, de modo um tanto ou quanto desconcertante, dá o nome de símbolo e de alegoria. É esta oposição entre símbolo no sentido restrito e alegoria que vamos aqui examinar.

A forma mais simples de explicar o sentido que Solger dá a esses termos seria dizer que projeta a distinção entre clássicos e românticos, tal como se encontra, por exemplo, em A. W. Schlegel, na distinção entre símbolo e alegoria, associando, portanto, de maneira surpreendente, a arte moderna e romântica à alegoria — que se torna o seu modo de expressão fundamental (10). Esta projeção é assumida pelo próprio Solger, que escreve:

> A alegoria reina na arte cristã. [...] Em compensação, na arte antiga reina o símbolo [frase cuja sequência já sugere

qual é o conteúdo da oposição], na qual se mantém indissolúvel a unidade que a alegoria dissolve (*Erwin*, p. 301).

E noutra passagem mais complexa:

> Exatamente como no espírito da arte antiga, em que a essência e a manifestação já estão sempre unificadas simbolicamente na própria atividade, elas encontram-se aqui [na arte moderna] numa oposição alegórica que só pode ser mediatizada pelo *Witz*, que reúne as relações isoladas das coisas e assim substitui o seu caráter isolado... (*Erwin*, p. 376).

Símbolo e alegoria são caracterizados por uma reunião dos contrários. Mas esta reunião pode ter diversas modalidades, como se sabe desde a oposição da arte grega e da arte cristã (ou até, segundo Schelling, da natureza e da arte): os contrários podem concordar harmoniosamente, ou então estar copresentes na sua irredutibilidade essencial. A unidade é abolida ou mantida, como poderia ser consciente ou não. O *Witz* vem aqui desempenhar uma função que não poderemos especificar: no caso da alegoria — precisamente o caso da copresença irredutível e, de certo modo, desesperada dos contrários —, vem oferecer um meio de de-tensão ou, como diz Solger, de substituição (*Aufhebung*): a alegoria é uma negação da negação.

Desta primeira característica resulta uma segunda, que já não diz respeito ao sintetismo próprio tanto de uma como do outro, mas ao facto de estar em perpétuo devir. Ambos estão; mas, como a alegoria é sobretudo um dilaceramento e o símbolo uma união, aquela situa-se, de certo modo, antes deste, e, portanto, está mais próxima do devir puro, ao passo que o símbolo se encontra do lado do resultado a que conduz o processo (encontramos aqui, de novo, a introdução de uma dimensão temporal).

> A alegoria contém a mesma coisa que o símbolo; só que nela apreendemos melhor o percurso da ideia que se realizou no símbolo. [...] Ao considerarmos o símbolo [no sentido lato] do ponto de vista da atividade, reconhecemos especialmente: 1. toda a ação como esgotada nele, logo, como sendo ela própria objeto ou matéria, na qual, no entanto, é ainda percebida como ação. É o símbolo no sentido restrito. Reconhecemos: 2. o belo como matéria percebida ainda em atividade, como um momento da atividade, que ainda está ligada aos dois lados. É a alegoria (*Vorlesungen*, pp. 131, 129).

Os contrários e o devir estão presentes num e noutro caso; mas a dualidade é mais forte na alegoria e mais harmoniosamente absorvida no símbolo. Ou, como diz outra formulação: a atividade é, na alegoria, colorida de matéria; no símbolo, a matéria é colorida de atividade (*ibid.*).

A oposição *entre* símbolo e alegoria faz-se, portanto, no caso de Solger, com a ajuda de categorias familiares à estética romântica, mas que habitualmente servem para caracterizar apenas o símbolo romântico. Dessa forma, desaparece a depreciação, obrigatória em Goethe, Schelling, Ast, Humboldt, etc., da alegoria, pois esta participa agora das mesmas qualidades do símbolo em sentido lato — e, por vezes, possui-as até num grau mais elevado do que o símbolo no sentido restrito. Nisso comparável a Creuzer, Solger afirmará explicitamente os direitos iguais do símbolo e da alegoria: «As duas formas têm os mesmos direitos, e nenhuma delas deve ser incondicionalmente preferível à outra» (*Vorlesungen*, p. 134); limitar-se-á a atribuir a cada um deles uma esfera de ação, em que um seria mais apropriado que o outro.

> O símbolo tem a grande vantagem de ser capaz de representar tudo como uma presença sensível, pois encerra toda a ideia num ponto da manifestação. [...] Mas a alegoria tem vantagens infinitas para um pensamento mais profundo. Pode perceber o objeto real como puro pensamento, sem o perder como objeto (*Vorlesungen*, pp. 134–135).

Existem muitos outros autores que escreveram sobre o símbolo e a alegoria entre 1797 e 1827 (data aproximada do último fragmento de Goethe), mas limito-me a analisar estes. Se se aceitar reconhecer os traços principais da estética romântica nas categorias que acima enumerei — produção, intransitividade, coerência, sintetismo, expressão do indizível —, admitir-se-á também que a noção de símbolo se opõe à de alegoria por uma ou outra dessas mesmas categorias e, portanto, que esta noção reúne, só por si, o conjunto, ou pelo menos as grandes linhas, da estética romântica.

NOTA BIBLIOGRÁFICA

Friedrich Ast: cito as seguintes obras: *System der Kunstleher*, Leipzig, 1805; *Grundriss der Philosophie*, Landshut, 1808; *Grundlinien der Grammatik, Hermeneutik und Kritik*, Landshut, 1808.

Friedrich Creuzer: *Symbolik und Mythologie der Allen Volker* (1810), 1819, t. I.

As obras de Goethe são citadas do *Jubiläumsausgabe* ou, na sua falta, do *Weimarer Ausgabe*; depois de citarmos a edição, segue-se um primeiro número que indica o volume e um segundo indicando a página.

Wilhelm von Humboldt é citado a partir de uma edição da Academia da Prússia; o número romano indica o volume, o número árabe, a página.

Kant: cito a *Critique de la faculté de juger*, tradução Philonenko, Paris, 1974.

Heinrich Meyer: cito, umas vezes, o volume *Kleine Schriften zur Kunst*, Heilbronn, 1886; outras vezes, as suas notas incluídas em *Werke* de Winckelmann, t. II, 1808.

Os textos de Karl Phillip Moritz são citados da obra *Schriften zur Aesthetik und Poetik*, Kritische Ausgabe, Tubingen, 1962; ou então *Götterlehre, Oder Mythologische Dichtungen der Allen*, Lahr, 1948 (esta referência é precedida da menção: *Götterlehre*).

Quanto aos escritos de Novalis, resignei-me a referir as *Œuvres complètes*, 2 vol., Paris, 1975, edição certificada por Armel Guerne, pois é a mais completa que existe em francês. As minhas referências comportam: para o tomo II, o número da secção (em números romanos) e o número do fragmento (em algarismos árabes); quanto ao tomo I, indico o número deste tomo e o da página. Nem sempre segui a tradução de Guerne, que por vezes tem falhas e é, muitas vezes, inexata. Preferimos, quanto ao texto, a tradução de M. Gandillac, publicada com o título *L'Encyclopédie*, Paris, 1960 (mas que é menos completa).

Todas as referências a Schelling reenviam para a edição original *Sämmtlich Werke*, Estugarda e Augsburgo: o número romano indica o número do volume (da primeira série, salvo menção em contrário), o algarismo árabe indica o da página.

As referências a August Wilhelm Schlegel reenviam para: *Vorlesungen über schöne Literatur und Kunst*, t. I, *Die Kunstlehre*, Stuttgart, 1963 e para os *Volrlesungen über dramatische Kunst und Literatur*, Estugarda, t. I, 1966, t. II, 1967.

Quanto aos escritos de Friedrich Schlegel: os fragmentos publicados por Schlegel são designados pelo nome da coleção (*Lyceum*; *Athenaeum*) e por algarismos que são o número do fragmento; o texto é o do tomo II da *Kritisch Ausgabe*. Para os fragmentos inéditos, enquanto era vivo: *Literary Notebooks 1797–1801*, Londres, 1957, e o número do fragmento; «Philosophie der Philosophie» reenvia para J. Korner, «Friedrich Schlegel "Philosophie der Philosophie"», *Logos*, 17 (1928), pp. 1–72, os algarismos indicam a página; por fim, o volume XVIII da *Kritische Ausgabe* é designado pelo seu número, seguido do número da secção (romano) e do número do fragmento (árabe). *Gespräch über die Poesie*, seguido do número da página, reenvia para o volume II da *Kritische Ausgabe*.

De Friedrich Schleiermacher cito *Hermeneutik*, Heidelberg, 1959.

K. W. F. Solger: *Erwin*, Munique, 1971 (retoma a edição de 1907); *Vorlesungen über Aesthetik*, 1829.

W. H. Wackenroder: as minhas referências reenviam para a edição bilingue publicada em Paris em 1945 com o título *Fantaisies sur l'art, par un religieux ami de l'art*.

7

A LINGUAGEM E OS SEUS DUPLOS

A linguagem original. A linguagem selvagem.

O deus do conhecimento não sorri a quem despreza os antigos.

Bhartrhari

Santo Agostinho admite a existência de signos próprios e transpostos; os retóricos habituaram-se a falar de sentido próprio e sentido figurado; a estética romântica separa a alegoria do símbolo. Estas dicotomias, como vimos, não são coincidentes; no entanto, todas elas testemunham uma consciência da diferença entre várias formas, que (por vezes) foram reunidas na rubrica geral dos signos. Ao mesmo tempo, raramente se limitam a constatar que os signos são variados: logo que é formulada, e até mesmo antes de o ser, a oposição é fortemente valorizada. É a uma das formas desta valorização, particularmente influente na tradição das ciências humanas, que se consagra o presente capítulo.

Com efeito, a existência de signos e de símbolos (adotemos por enquanto estes termos das duas grandes formas de evocação do sentido) provoca, de forma surpreendentemente frequente, duas atitudes contraditórias:

Por um lado, na prática, convertem-se incessantemente os signos em símbolos, inserem-se em cada signo numerosos símbolos;

Por outro lado, nas declarações teóricas, afirma-se sem cessar que não existe, ou não deveria existir, nenhum signo, nenhum símbolo.

Quanto mais intensa é a atividade simbolizante, mais ela segrega esse anticorpo que é a afirmação metassimbólica segundo a qual desconhecemos o símbolo. Salvo as devidas proporções, do mesmo modo que não se quis admitir que a Terra não era o centro do universo, ou que o homem provinha dos animais, ou que a razão não é a única responsável pelos seus gestos, afirma-se que a linguagem é o único modo de representação e que essa linguagem é feita apenas de signos, em sentido restrito — portanto, de lógica; logo, de razão. Mais exatamente: como é difícil ignorar por completo o símbolo, declaramos que nós — os homens adultos normais do Ocidente contemporâneo — somos isentos de fraquezas ligadas ao pensamento simbólico e que este só existe nos *outros*: os animais, as crianças, as mulheres, os loucos, os poetas — esses loucos inofensivos —, os selvagens, os antepassados — que, em compensação, só conhecem esse pensamento simbólico. Daí resulta uma situação curiosa: durante séculos, os homens descreveram os seus símbolos, pretendendo observar os signos dos outros. É de crer que uma censura vigilante não autorizava que se falasse do simbólico senão no caso de se utilizarem nomes emprestados, tais como «loucura», «infância», «selvagens», «pré-história». Um tabu territorial (os selvagens), temporal (os homúnculos, as crianças), biológico (os animais e as mulheres) ou ideológico (os loucos e os artistas) impediu que o simbólico fosse admitido na nossa vida e, muito particularmente, na nossa língua. Ora (aqui se situará a minha tese), as descrições do signo «selvagem» (o dos outros) são descrições selvagens do símbolo (o nosso).

Tal situação implica uma dupla reação.

Primeiramente, pode provar-se que o nosso pensamento conhece os mesmos processos que o dos «primitivos» ou dos «doentes». É um trabalho muito difícil de realizar, na medida em que atinge de muito perto os nossos próprios hábitos; apesar disso, começou com a denúncia de uma série de «centrismos»: o etnocentrismo, o antropocentrismo, o adultocentrismo (palavra de Piaget), o logocentrismo. Paralelamente, podemos habituar-nos a assinalar, no nosso pensamento, os processos pretensamente primitivos. Desejaria dar aqui dois exemplos, escolhidos entre outros porque se situam exatamente nesses raciocínios segundo os quais o nosso pensamento não conhece senão signos, e o *outro* só conhece símbolos.

O primeiro deve-se a Lévy-Bruhl. A enunciação original da «mentalidade primitiva», provocando uma ampla adesão, também provocara alguns protestos em relação à utilização das palavras «primitivo», «pré-lógico», «participação», «místico». Durante quase trinta anos, Lévy-Bruhl teve de explicar longamente, nas páginas de introdução ou de conclusão, o sentido que dava a essas palavras. «Primitivo» não queria dizer *primitivo*, era apenas uma designação convencional; «místico» não significava *místico*, mas sim a crença na existência real das coisas invisíveis... No entanto, nunca quis substituir essas *palavras* (arbitrárias, segundo a sua própria teoria, que opõe, neste aspeto, línguas ocidentais e línguas primitivas) por outras. Maurice Leenhardt escreve no prefácio dos *Carnets* ([1]): «Não será essa mesma razão que explica a novidade da sua obra para a época e a escolha, no seu vocabulário, do termo místico, apesar de insuficiente e até apesar de não o satisfazer? Se lhe sugeríssemos que suprimisse o *s* e dissesse mítico, enfrentar-nos-ia com o seu sorriso delicado...»

Mas eram os leitores de Lévy-Bruhl que tinham razão. Dezenas de páginas de explicações não bastaram para os convencer de que o sentido em que Lévy-Bruhl empregava a palavra «místico» e o sentido corrente dessa palavra nada tinham de comum. Lévy-Bruhl escrevia, a propósito dos nomes dados pelos primitivos: «Quanto a nós, dar um nome a um objeto não o modifica em nada, e uma homonímia arbitrariamente estabelecida não poderia produzir nenhum efeito real. Com os primitivos acontece tudo de modo diferente. Sendo o nome o próprio ser, pertença essencial, a homonímia equivale à identidade» ([2]).

Mas, na verdade, era deste modo que reagiam os seus leitores, para quem a homonímia dos dois «místicos» equivalia a uma identidade ou, pelo menos, a um parentesco! E, mais ainda, era também assim que ele próprio reagia, pois, se assim não fosse, por que razão teimaria em conservar a palavra se ela o não satisfazia? Nos seus *Carnets*, renuncia a falar de pré-lógico e de princípio de não-contradição nos primitivos, mas continua cego diante dos processos que regem o nosso pensamento: escreve, referindo-se aos seus exemplos: «Aquilo que mais atuou sobre os leitores, a dualidade Bororo-Araras...»; mas não se apercebe de que este exemplo obteve tanto sucesso não pela sua singularidade lógica, mas pela construção fónica perfeitamente análoga das duas palavras, *bororo* e *arara*...

O outro exemplo é tirado de Piaget. O ilustre psicólogo descreveu a grande quantidade de símbolos das crianças e de signos dos adultos. Demonstrou que, sobre o símbolo, se insere um tipo de raciocínio a que chama, seguindo Stern, a «transdução» (oposta à indução e à dedução) e que se define como uma «inferência não regulada (não necessária) porque se refere a esquemas que estão entre o individual e o geral» ([3]). Assim, Jacqueline, um rapazinho corcunda, acreditava que, como tinha gripe, logo que se curasse da gripe, deixaria de ser corcunda: as doenças são assimiladas diretamente uma à outra, sem passarem pela classe geral das doenças, em que se distinguiria a que produzira a corcunda e as outras. Ora, quando Piaget se volta para a evolução da função semiótica, afirma a quantidade de «símbolos» na criança, a sua quase-ausência no adulto, e conclui: «Apoiando-nos na função semiótica, não poderemos, aceitando a distinção saussuriana do signo e do símbolo, pensar que houve uma evolução do símbolo figurado para o signo analítico?» ([4])

Deixemos de lado a questão de saber se é verdade que os «signos analíticos» predominam no adulto, ou que o signo tem a sua origem no símbolo (o que Piaget nega explicitamente noutro texto); analisemos apenas a forma do raciocínio. Uma propriedade singular do símbolo (ser menos frequente) permite a Piaget inferir outra (ele evolui para signo). É como se se observasse que houve «mais» música do que pintura no século XIX, e inversamente, no século XX, e se concluísse que a música evolui para pintura... Aqui está um belo exemplo de «transdução» — que, no entanto, se encontra no pensamento de um adulto (Piaget), quando este não deveria dispor senão de «signos analíticos» e, portanto, de deduções corretas!

O primeiro trabalho consiste, por conseguinte, em referenciar os processos do «pensamento simbólico» exatamente naqueles que pretendam não o ter. Um segundo trabalho, complementar, tratará de reinterpretar as descrições que pretensamente se fizeram da «mentalidade primitiva» ou da «linguagem original». Descrições que não são forçosamente falsas, mas que se enganaram no objeto: ao julgar observar o *outro* signo, descreveu-se muitas vezes o *nosso* símbolo.

Com efeito, é preciso desconfiar de uma reação excessiva contra a ideia de «mentalidade primitiva», que não só recusaria a implantação obrigatória dessa «mentalidade» nos outros, mas também a própria existência de outra coisa para além do signo e da lógica do signo. Repetindo aquilo que julgava ser, no fim da sua vida, uma afirmação abusiva, Lévy-Bruhl escrevia nos seus *Carnets* (pp. 62–63): «A estrutura lógica do espírito é a mesma em todas as sociedades humanas conhecidas, assim como todas elas têm uma língua, costumes ou instituições; portanto, deixar de falar em "pré-lógico" é dizer explicitamente por que razão renuncio a este termo e a tudo o que ele parece implicar.» A estrutura do «espírito humano» é talvez a *mesma* em toda a parte e desde sempre ([5]), mas isto não quer dizer que seja *una*: o símbolo é irredutível ao signo, e inversamente. Quando Lévy-Bruhl escreve «Em vez de opor magia e ciência, seria melhor pô-las em paralelo, com dois modos de conhecimento, desiguais quanto aos resultados teóricos e práticos, [...] mas não no género de operações mentais que ambas supõem, e que diferem menos na natureza do que em função dos tipos de fenómenos a que se aplicam ([6])», podemos perguntar se tal afirmação não procede de um etnocentrismo (ou de um logocentrismo) invertido, que, depois de ter por demais recusado a magia, lhe dá agora demasiado valor: existe magia na ciência, e não apenas ciência na magia; estes dois princípios não estarão enraizados no signo e no símbolo, que diferem na natureza e não apenas na função, nas operações mentais implicadas e não apenas nos resultados? Mais uma vez, ciência e magia são talvez a mesma coisa; mas será uma coisa una? Portanto, mais do que lançar no esquecimento as pesquisas do passado sobre o signo primitivo, deveria verificar-se se nelas não estarão as primeiras descrições, sempre úteis, do símbolo.

As atitudes que aqui descrevo não têm uma inscrição histórica exata, e os exemplos que as ilustram podem proceder de autores afastados no tempo. As especulações sobre a língua original são muito antigas; as especulações sobre a linguagem dos loucos ainda hoje continuam. Podemos constatar que a crise romântica não as fez desaparecer; seríamos tentados a dizer: muito pelo contrário. Quando um Wackenroder opõe linguagem verbal e linguagem da arte, segundo as categorias que separam, noutros casos, signo e símbolo, participa do mesmo paradigma de Vico e Lévy-Bruhl; a diferença — que, mais uma vez, nem sempre está presente — está nas marcas apreciativas, aqui negativas, positivas noutros casos, ligadas ao símbolo (esta apreciação não esgota, evidentemente, a conceção romântica do símbolo). Mais do que «clássica» ou «romântica», a tradição a que me refiro não aparece como um complemento, difícil de evitar, de todas as teorias: o seu duplo; de que escolho aqui duas versões: a «linguagem original» e a «linguagem selvagem» ([7]).

A LINGUAGEM ORIGINAL

A minha hipótese será, portanto, a seguinte: julgando descrever a origem da linguagem e do signo linguístico, ou a sua infância, projetou-se, de facto, sobre o passado, um conhecimento implícito do símbolo, tal como ele existe presentemente.

As especulações sobre a origem da linguagem são tão abundantes que não bastaria um livro inteiro para as resumir ([8]). Por isso, não tentarei dar aqui uma perspetiva, forçosamente superficial, da história dessas especulações; mas antes propor um retrato-robô, acrónico em si mesmo, que retenha apenas alguns traços típicos. Além disso, limitar-nos-emos a um dos seus aspetos: o que se liga à relação entre significante e significado.

A divisão clássica dessas teorias opõe *phusei* a *thesei*, a origem natural à origem convencional. Estes termos podem abranger duas oposições: a oposição entre motivado (natural) e imotivado; ou a que existe entre social (convencional) e individual. Ora, ninguém, ou quase ninguém (veremos mais tarde as exceções), afirmou que a linguagem *natural* era, por essa mesma razão, *individual*; o caráter convencional — no sentido de social e obrigatório — da linguagem é, de facto, admitido pelos defensores das duas opiniões opostas. Daí podermos concluir que a oposição real está entre motivado e imotivado. Mas então só a primeira opção pode ser qualificada de hipótese sobre a linguagem original, mais exatamente sobre a relação que une significante e significado: com efeito, é renunciar a procurar outra diferença para além da diferença temporal entre linguagem presente e passada o facto de ver esta à imagem daquela. Por outras palavras, todas as hipóteses, no sentido construtivo, sobre a linguagem original se concentram na procura de uma *motivação* entre as duas faces constitutivas do signo; ou, segundo a fórmula de A. W. Schlegel: «A protolíngua consistirá em signos naturais, ou seja, signos que têm uma relação essencial com o designado» (*Die Kunstlehre*, p. 239). Portanto, iremos analisar sobretudo as formas desta motivação.

De modo ainda muito esquemático, poderíamos distinguir três etapas principais que a pesquisa da motivação atravessa, por ordem: 1. da linguagem abstrata (atual) à linguagem figurada; 2. da linguagem figurada à onomatopeia; 3. da onomatopeia à linguagem gestual. Esta gradação baseia-se no grau de presença do referente no signo. Com efeito, postulando *a priori* a presença de motivação, mas continuando a considerar o signo, só se poderia considerar a relação de denotação (entre signo e referente) ou de simbolização (não existe motivação possível entre significante e significado). No caso do tropo, ou símbolo verbal, confrontamos dois termos homogéneos, o sentido próprio e o sentido figurado. No caso da onomatopeia, é uma parte do referente que se torna, em geral, o seu signo. Por fim, na linguagem dos gestos, o referente está presente na sua quase totalidade. Examinemos agora, rapidamente, cada um desses três escalões.

Quando a pesquisa da origem permanece no campo *verbal* e não se refere a outro modo de significação (como, por exemplo, o símbolo), recebe o nome de *etimologia*. Ora, a etimologia, no plano semântico, desconhece outras relações para além das trópicas. Para exemplificar esta afirmação, recordarei uma apresentação sintética e lúcida das suas práticas, que se encontra em Stephen Ullman ([9]). Depois de ter examinado as múltiplas classificações das operações praticadas pelos etimologistas, o autor estabelece dois princípios irredutíveis, que levam a uma «classificação lógica» e a uma «classificação psicológica». Observemos primeiro a classificação lógica. Esta «liga-se às tradições da retórica clássica e medieval», pois «os pioneiros de semântica, Darmesteter, Bréal, Clédat e outros, não puderam ainda libertar-se do ponto de vista retórico» (p. 271). O resultado é o seguinte:

> A classificação opera-se com a ajuda de uma comparação puramente quantitativa da área da significação antes e depois da mudança. Haverá, portanto, três possibilidades: a nova área poderá ser mais extensa do que antes; poderá ser mais restrita; por último, as duas noções podem encontrar-se na mesma situação (pp. 271–272).

Portanto, três casos: *extensão*: por exemplo, *arripare* em latim significa «tocar na margem» e dá, em francês *arriver* [em português, *arribar*], cujo sentido é mais geral; *restrição*: por exemplo *vivenda*, em latim, significa «os víveres» (qualquer espécie de alimento), produz em francês *viande* [em português *vianda*], cujo sentido é, evidentemente, mais restrito; e *deslocamento*: por exemplo, *canard*, pássaro e jornal — «aqui, qualquer comparação das suas áreas seria absurda» (p. 273).

Com efeito, bem vemos as marcas do «ponto de vista retórico». Quer nos reportemos aos retóricos clássicos ou nos voltemos para as apresentações modernas, observamos sempre as mesmas relações trópicas: a sinédoque, que pode ir da espécie ao género ou do género à espécie, e portanto aumentar ou restringir a sua extensão; e, por outro lado, a metáfora e a metonímia, que deslocam a extensão sem lhe modificar as dimensões. Continuamos, portanto, explicitamente no campo das figuras retóricas.

A segunda classificação é psicológica, quer dizer, utiliza a classificação das associações mentais. Distinguem-se aqui quatro casos:

> 1.º semelhança entre os dois sentidos (metáfora); 2.º contiguidade entre os dois sentidos (metonímia); 3.º semelhança entre os dois nomes; 4.º contiguidade entre os dois nomes (p. 277).

Os *dentes* de um pente correspondem a uma mudança por metáfora; o *estilo* vem de *stilus*, buril para escrever, estilete, por metonímia. O terceiro caso é ilustrado com o exemplo de *forain* [feirante], que se liga à palavra *foire* [feira], embora à partida significasse *étranger* [estranho, forasteiro]. Mas, por ser falsa, essa etimologia não deixa de funcionar como tropo, mais exatamente, por metonímia («os feirantes» substituem muitas vezes «as feiras»): não constitui, portanto, um caso à parte. Por fim, a quarta possibilidade é ilustrada com a palavra *capitale* [capital], utilizada em vez de *ville capitale* [«cidade capital»]: trata-se de uma sinédoque generalizante, em que a propriedade se substitui à coisa que qualifica. Falar de contiguidade e de semelhança é o mesmo que especificar uma das categorias da classificação precedente, justamente aquela em que a metáfora e a metonímia se encontrariam juntas. Portanto, a segunda classificação, longe de ser independente da primeira, não passa de uma das suas subdivisões. A etimologia continua a ser uma secção da retórica.

Mas talvez tenha escolhido mal o meu ponto de partida. Nunca poderei citar exemplos suficientes para *com eles* provar a minha afirmação; limitar-me-ei, portanto, a lembrar rapidamente as perspetivas de um dos mais brilhantes etimologistas contemporâneos, Émile Benveniste. Num artigo de metodologia intitulado «Problemas semânticos da reconstrução ([10])», Benveniste formula assim a principal regra da etimologia: «Em presença de morfemas idênticos com sentidos diferentes, devemos perguntar se existe uma forma de emprego em que esses dois sentidos recuperem a sua unidade» (p. 290). Aqui estão dois exemplos. Em inglês *story* (narrativa) e *story* (andar de uma casa) são homófonas perfeitas. «O que dificulta a sua identificação não é o nosso sentimento de que uma "narrativa" e um "andar" são inconciliáveis, mas a impossibilidade de encontrar um modo de emprego em que um sentido seja comutável com o outro» (p. 290). A verificação histórica confirma a diferença existente entre as duas palavras. O caso inverso é ilustrado com o verbo francês *valer*, ao mesmo tempo sinónimo de *fly* [voar] e de *steal* [roubar]. Aqui existe o contexto comum. «Encontra-se esse contexto na língua da falcoaria, é a expressão "le faucon vole la perdrix"» [= o falcão atinge e prende a perdiz durante o voo] (p. 290).

À primeira vista, o critério retórico de sentido foi substituído por um critério formal de distribuição. Mas analisemos este último. O que nos permite afirmar que os dois sentidos de *valer* têm uma origem comum é a possibilidade de encontrar um contexto em que um dos sentidos faz parte do outro: o sentido original é *fly*, o sentido *steal* é, visivelmente, uma sinédoque do primeiro: é um voo específico do falcão. Ou, a propósito de outro exemplo: em indo-europeu, *colher* e *outono* são aparentados, porque, de facto, outono significa «tempo de colher»; ora, «colher» e «tempo de colher» estão numa relação metonímica. Portanto, é de novo o velho sistema trópico que está aqui em jogo, conjugado, bem entendido, com a erudição infalível de Benveniste.

Para chegar à origem, apoiamo-nos na matriz trópica, que, no entanto, caracteriza o presente da linguagem e não o seu passado (vimos que esta assimilação se operara pela primeira vez na teoria de Santo Agostinho). Por isso, não nos surpreenderá encontrar afirmações sobre a natureza metafórica da linguagem antiga, embora não se inscrevam no quadro etimológico por essa razão. Assim, diz Vico:

> A segunda língua, que corresponde à idade dos heróis, teria utilizado, segundo os egípcios, símbolos que podemos comparar aos emblemas heroicos, e que deviam consistir em imitações mudas; a esses signos, de que os heróis se serviam para escrever Homero chama *sémata*; eram metáforas, imagens e comparações que, com o aparecimento da linguagem articulada, constituiriam toda a riqueza da poesia ([11]).

Renan:

> O *transporte* ou a metáfora foi, deste modo, o grande processo da formação da linguagem ([12]).

Jespersen:

> A expressão do pensamento tende a tornar-se cada vez mais mecânica ou prosaica. No entanto, o homem primitivo, a julgar pela natureza da sua linguagem, era constantemente obrigado a utilizar palavras e expressões de forma figurada: era forçado a exprimir os seus pensamentos na linguagem da poesia. A língua dos selvagens modernos é descrita muitas vezes como muito metafórica e rica em todas as espécies de expressões figuradas e metafóricas ([13]).

Esta conclusão é, de resto, menos necessária do que parece. Com efeito, poderíamos esperar que, ao descobrir que todas as palavras são derivadas por metáfora, sinédoque, etc., se considerasse a linguagem atual como figurada, ao passo que a linguagem primeira seria não figurada, «própria»; ora, em princípio, é o inverso que se afirma. Vico dirá que essas mudanças de sentido se teriam verificado desde o princípio, e que hoje esquecemos a origem metafórica da maioria das palavras: portanto, é o passado e não o presente que é o tempo da metáfora. Para Condillac, existe uma diferença qualitativa entre os tropos das primeiras épocas e os tropos atuais: aqueles eram autênticos, pois eram frutos da necessidade (dispunha-se de poucas palavras), ao passo que os últimos são um signo de decadência e de morte próxima, porque servem apenas de adorno (reencontramos aqui a oposição tropos de sentido — tropos de beleza, presente em Quintiliano); portanto, é o processo trópico e não os tropos particulares que faz com que o passado mereça o título de tempo figurativo. Jespersen também diz que, se existem tantos tropos mortos na língua moderna, é porque houve tempo em que eles estavam vivos: logo, a primeira língua era figurada, etc. Seja qual for a explicação dada, a conclusão é sempre a mesma: os signos primitivos baseiam-se na possibilidade de motivação.

A segunda grande etapa na pesquisa da linguagem original consiste na passagem às onomatopeias e às interjeições (conforme se baseiam na teoria mimética ou expressiva da linguagem). Condillac, que defende a interjeição, dirá que «os gritos das paixões contribuem para o desenvolvimento de operações da alma, ao ocasionarem, naturalmente, a linguagem de ação», e, falando dos primeiros homens, que «os gritos naturais lhes serviram de modelo para construírem uma nova linguagem ([14])». Renan, partidário da onomatopeia, afirma, por seu turno, que «o motivo determinante para a escolha das palavras deve ter sido, na maior parte dos casos, o desejo de imitar o objeto que se pretendia exprimir [...]. Portanto, em certa medida, a língua dos primeiros homens não foi senão um eco da natureza na consciência humana» (p. 136). A. W. Schlegel, gracejando, resume assim essas teorias:

> Portanto, eis que os primeiros homens, além de lançarem gritos inarticulados de alegria, de dor, de cólera, assobiam como a tempestade, bramem como as vagas do mar agitado, fazem com as suas vozes o barulho das pedras que rolam, uivam como lobos, arrulham como pombas, zurram como burros ([15]).

Lembro que estas teorias têm defensores entre os linguistas contemporâneos. Um autor soviético, A. M. Gazov-Ginzberg, expõe, no seu livro intitulado *Seria a Linguagem Representativa na sua Origem?* ([16]), uma nova versão da tese mimética. A onomatopeia recebeu o nome pomposo de *mimema*, e o seu estudo, o de *mimologia*. Os mimemas estão divididos em quatro classes, segundo a origem do som: 1.º reprodução de sons humanos internos; 2.º reprodução de sons externos; 3.º sonorização de gestos e mímicas insonoras da boca e do nariz; 4.º o palrar, em que as combinações de sons mais fáceis designam as situações e experiências mais acessíveis. O autor analisa então as raízes da língua proto-hebraica e demonstra a presença da onomatopeia em 140 casos sobre 180, sendo as outras palavras estrangeiras ou de origem desconhecida.

É outro linguista, Jacques van Ginneken, que consegue ilustrar as recentes formas consideradas pela teoria da interjeição; isto num livro intitulado *A Reconstrução Tipológica das Línguas Arcaicas da Humanidade* ([17]). Van Ginneken alarga, por sua vez, a noção de interjeição e substitui-a pela de *clic*. O *clic* é um complexo sonoro que comporta, muitas vezes, sons desconhecidos ao sistema fonológico da língua; e nasceu dos movimentos naturais do homem. Van Ginneken escreve:

> O movimento bucal do *signo-clic* era e é, realmente, um movimento inato e universalmente humano, que serve para a criança sugar, e cujas diferenciações acidentais foram mais tarde adotadas como signos dos nossos diferentes estados de consciência. [...] Na ausência da mãe, cada criança normal, no segundo ou terceiro mês da sua existência, sente o desejo de mamar e começa a imaginar as refeições (p. 63).

Os exemplos de Van Ginneken são extraídos de todas as «línguas arcaicas da humanidade».

Por fim, a terceira etapa na escalada em direção à linguagem original conduz-nos para a linguagem gestual ou, como se dizia no século XVIII, linguagem de ação. Vico, Warburton e sobretudo Condillac, dela farão detalhadas descrições. Condillac escreve no primeiro capítulo da sua *Gramática*:

> Os gestos, os movimentos do rosto e as inflexões não articuladas são, Monsenhor, os primeiros meios que os homens tiveram para comunicarem entre si os seus pensamentos. A linguagem que se forma com esses signos chama-se *linguagem de ação* (*ibid.*, p. 428).

Essa linguagem é, ao mesmo tempo, natural (quer dizer, motivada) e adquirida; é a única a estar em conformidade com aquilo que exprime, pois não sofre a coação da linearidade; ora as próprias ideias aparecem de forma simultânea e não sucessivamente («a linguagem das ideias simultâneas é a única linguagem natural», p. 430).

O que é uma simples perspetiva do espírito, para Condillac, não apoiada pelos dados empíricos (embora ele fale dessa «instituição para surdos e mudos» dirigida pelo abade de l'Épée, p. 429), transforma-se em matéria de pesquisas concretas nos séculos XIX e XX. Particularmente, a descoberta de vários códigos gestuais nos índios da América do Norte encoraja as pesquisas sobre uma «linguagem de ação» autónoma e até primeira. Deve mencionar-se aqui, em particular, um estudo que marcou as pesquisas neste domínio, o de Cushing, intitulado *Manual Concepts* ([18]). Mas é ainda Can Ginneken quem tenta sistematizar todos os dados da linguagem gestual, para elevar esta última à categoria de origem absoluta da linguagem. Segundo ele, o gesto é primeiro, pois faz parte da ação que vai designar; atingimos o grau zero do signo, pois este signo significa-se a si próprio.

> O gesto, neste caso, não é mais do que o trabalho começado ao ar livre, no exterior, e o conceito manual revificado

> no interior. É, portanto, a linguagem natural. Não existe aqui qualquer convenção. O signo é o signo natural, porque é o próprio significado (*ibid.*, p. 127).

Para completar o quadro, deveríamos lembrar as pesquisas paralelas sobre a escrita. Vico estabelecera já um paralelismo rigoroso entre as «três línguas» da humanidade e as três escritas dos egípcios (hieroglífica, simbólica e epistolar). E é um contemporâneo de Vico, o bispo de Gloucester, William Warburton, que desenvolverá longamente essa analogia, em *The Divine Legation of Moses*, de que logo se traduziu uma parte para francês sob o título *Essai sur les hiéroglyphes des egypciens* (1744) ([19]). As etapas da língua são: linguagem abstrata atual, linguagem metafórica e linguagem de ação; quanto à escrita, são: «A primeira tentativa de escrita foi uma simples pintura» (p. 5); o exemplo evocado é o dos Astecas, que reenvia, digamos que grosseiramente, ao pictograma. — Em seguida vem a etapa dos hieróglifos. A passagem de uma para outra produz-se por três meios. «A primeira maneira consistia em utilizar a principal circunstância de um assunto para ser considerada como o todo. [...] Se se tratasse de exprimir um tumulto, ou um motim popular, pintavam um homem armado que lançava flechas» (pp. 19–20): é, diríamos nós, uma sinédoque. «Há mais arte no segundo método, que consistia em substituir o instrumento real ou metafórico da coisa pela própria coisa. Assim, um olho colocado de maneira eminente destinava-se a representar toda a ciência de Deus» (p. 20): o instrumento pela coisa, em termos retóricos é uma metonímia (eventualmente já metafórica, previne-nos Warburton). «O terceiro método de que o Egito se servia para reduzir a escrita à pintura ainda demonstra mais arte. Consistia em fazer que uma coisa ocupasse o lugar de outra e a representasse, quando havia naquela que servia para representar alguma semelhança ou delicada analogia com a outra, tirada das observações da natureza ou das tradições supersticiosas dos Egípcios» (pp. 21–23): estamos perante a metáfora. — Mesmo dentro desta segunda etapa, distinguem-se duas fases: a dos hieróglifos e a dos ideogramas chineses, altamente estilizados. — Quanto à terceira etapa, é constituída pelos alfabetos, marcas não motivadas.

Notemos, finalmente, que Warburton não se limita a estabelecer a identidade formal do hieróglifo e do tropo, mas estende este tipo de relação a outras atividades simbólicas, e especialmente ao sonho (sente-se, mais uma vez, a influência de Clemente de Alexandria). Analisando a *Onirocrítica* [*Oneirokritikon*] de Artemidoro, observa que o meio de interpretar as imagens do sonho não é senão aquele que se vê executado no hieróglifo e no tropo. «Os antigos onirocríticos... baseavam as regras que lhes serviam para interpretar as coisas vistas em sonho na significação que essas mesmas coisas tinham na escrita hieroglífica» (p. 210). «Os onirocríticos copiaram símbolos hieroglíficos para a sua arte de decifrar» (p. 238). A interpretação do sonho terá então a sua origem no hieróglifo ([20])?

Observemos o conjunto destes dados. O traço dominante, aquele que determina direta ou indiretamente os outros, poderia ser formulado da seguinte forma: a linguagem original é pensada em termos de proximidade crescente entre o signo e o que ele designa, ou, como dizia mais acima, em termos de uma presença do referente no signo. A linguagem de ação é o mais original possível, porque se significa a si própria e, por esse motivo, realiza o grau superior da presença: *é* a coisa designada em vez de se limitar a designá-la (lembra-nos as fórmulas de Goethe e Schelling). O fantasma da linguagem primitiva é, ao mesmo tempo, o do desvanecimento da linguagem, já que as coisas substituem os signos e o afastamento introduzido pelo signo entre o homem e o mundo finalmente se suprime.

Esta conceção da linguagem, devemos recordá-lo, está em oposição com aquilo que hoje se julga ser a sua verdadeira natureza. Numa perspetiva sincrónica — os fundadores da semiótica moderna repetiram-no muitas vezes —, o objeto denotado não provoca no signo senão «um ligeiro efeito» (Peirce), é um «ser exterior» (Saussure). Diacronicamente, não se pode conceber a origem da linguagem sem considerar, à partida, a *ausência* dos objetos; como escreve Leroi-Gourhan, «isso equivale e fazer da linguagem o instrumento de libertação em relação ao vivido ([21])». Em contrapartida — e é a verdadeira justificação de toda a reflexão antiga —, o simbolizante pode ser uma parte do simbolizado, ou inversamente.

Uma consequência — ou variante — deste primeiro traço atribuído à linguagem original é acreditar que esta era composta exclusivamente de substantivos concretos. Como o objeto deve estar presente no signo, julgar-se-á sempre que a abstração apareceu tardiamente, sendo já uma ausência em si mesma. Esta opinião [de que encontramos a formulação canónica no *Ensaio* de Locke ([22])] serve de pedra angular a uma grande parte das pesquisas etimológicas atuais. Ora, uma contra-análise de Benveniste (em *Problèmes*, pp. 298 e segs.) demonstra como o preconceito «concretista» pode obrigar os linguistas a fecharem os olhos perante os factos. Trata-se da família etimológica *trust*, *true*, *truce*, ligada, portanto, à ideia de fidelidade, que se encontra aparentada fonética e morfologicamente com termos em grego, sânscrito, inglês, etc., de «árvore» (*tree*), «por vezes, especialmente o "carvalho" ou "madeira" em geral» (p. 299). A explicação tradicional dada por H. Osthoff «coloca na origem de todo o desenvolvimento morfológico e semântico a palavra indo-europeia, representada pelo gr. *drûs*, "carvalho", de onde procederiam os valores morais implicados em *Treue* e *truste*. O adjetivo got. *triggws*, v.h.a. *gitriuwi* "getreu, fiel" significaria propriamente "firme como um carvalho". Na mentalidade germânica, o "carvalho" inspiraria o conjunto das representações da "fidelidade"» (p. 299).

Benveniste não teve qualquer dificuldade em demonstrar a inconsistência desta explicação universalmente admitida, e que tão bem ilustraria a anterioridade do concreto em relação ao abstrato. Em primeiro lugar, a raiz *drū* só significa carvalho em grego, ao passo que um exame das outras línguas indo-europeias prova indiscutivelmente que o seu sentido é o de «madeira», «árvore» em geral; mesmo em grego, a outra significação é relativamente recente, o que é tanto mais compreensível quanto sabemos que a árvore «carvalho» não cresce no território de todas as línguas indo-europeias! Retomando, por sua vez, a análise, Benveniste mostra que o sentido indo-europeu não poderia ter sido senão «ser firme, sólido, são» (p. 300).

> Por consequência, é dessa significação comum que a designação da «árvore» também participa. Ao contrário do raciocínio de Osthoff, consideramos que o °*derwo-*, °*drwo-*, °*dreu-*, no sentido de «árvore», não é mais do que um emprego particular do sentido geral de «firme, sólido». Não é o nome «primitivo» do carvalho que criou a noção de solidez, foi, pelo contrário, pela expressão da solidez que se designou a árvore em geral e o carvalho em particular (p. 301).

E Benveniste cita uma série de casos paralelos.

Um terceiro traço geral da linguagem «primitiva» proviria do facto de, no princípio, todas as palavras terem sido substantivos próprios. Isto não é mais do que levar ao extremo a característica precedente: se se deve pensar que as palavras são cada vez mais concretas, acaba-se por dar um nome a cada coisa. O que Adam Smith não deixa de sugerir: «A determinação dos nomes próprios para designar cada objeto em particular, ou seja, a escolha dos nomes substantivos, seria provavelmente um dos primeiros passos para a formação de uma linguagem ([23])»; as outras palavras são depois derivadas por autonomásia (segundo o modelo «é um César»). As palavras originais seriam os nomes próprios dos objetos, a língua seria uma nomenclatura. Encontram-se afirmações análogas em Rousseau.

Sobre este assunto, Saussurre deixou uma página muito explícita, que desejaria lembrar aqui. Escreve ele:

> A base da linguagem não é constituída pelos nomes. Quando o signo linguístico corresponde a um objeto definido pelos sentidos, como um cavalo, o fogo, o Sol, é acidentalmente, mais do que quando corresponde a uma ideia como... «ele colocou». Seja qual for a importância deste caso, não existe nenhuma razão evidente (muito pelo contrário) de o considerar como tipo de linguagem. [...] há nisso, implicitamente, uma tendência que não podemos desconhecer, nem descurar, sobre o que seria em definitivo a linguagem; a saber, uma nomenclatura de objetos determinados. Em primeiro lugar o objeto, depois o signo; portanto (o que sempre negaremos), base exterior dada ao signo e figuração da linguagem pela relação seguinte:
>
> $$\text{objetos}\left\{\begin{array}{l} * \text{ ———————— } a \\ * \text{ ———————— } b \\ * \text{ ———————— } c \end{array}\right\}\text{nomes}$$
>
> ao passo que a verdadeira figuração é *a-b-c*, exterior a qualquer conhecimento de uma relação efetiva, como * — *a*,

> baseada no objeto. Se um objeto pudesse, onde quer que fosse, ser o termo sobre o qual é fixado o signo, a linguística deixaria imediatamente de ser o que é, desde o cimo à base ([24]).

Quarta característica da linguagem original: já que a palavra está próxima da coisa, existe por ela própria (significa «naturalmente») e não necessita, ao contrário do que acontece com as palavras atuais, de pertencer a um sistema rígido. Renan concluirá: «Nunca a linguagem foi mais individual do que na origem do homem» (*ibid.*, p. 176). O utente dispõe de uma certa liberdade na escolha de um ou de outro signo, pois todos eles são motivados por natureza e, portanto, imediatamente compreensíveis. Não nos parece ler, de novo, uma descrição das utilizações metafóricas da *nossa* linguagem?

Deixo de lado outras características igualmente derivadas das precedentes: a natureza afetiva, ou irracional, ou pobre, ou ainda sincrética ([25]) da linguagem original. Nessas especulações, signo e símbolo continuam confundidos; no entanto, os seus principais traços encontravam-se esboçados nelas, é certo que no meio de outras asserções que dificilmente admitiríamos. Mas isto não será suficiente para que não concordemos com Whitney, e com tantos outros depois dele, que afirmavam, lembrando as pesquisas sobre a origem da linguagem, que «a maior parte do que é dito e escrito sobre o assunto não passa de palavras sem fundamento...»?

A LINGUAGEM SELVAGEM

Voltemo-nos agora para uma segunda variante da mesma atitude: descrevem o símbolo pretendendo consagrar-se ao signo dos outros. Já não se trata de um outrora, mas de um «outro lugar»: o tempo é substituído pelo espaço, e a história pela etnografia.

Um típico representante desta atitude é Lucien Lévy-Bruhl. Típico mas não isolado: o que justifica que hoje nos debrucemos sobre a sua obra, apesar de um certo descrédito em que caiu. Não é necessário voltar à crítica das suas ideias mestras: é coisa já feita; devemos, sim, procurar formular a teoria do simbólico que ele esboça — em parte sem que o soubesse.

Mais uma vez, é pela *presença* do simbolizado no simbolizante que devemos começar.

> Não é uma relação distinta e muito menos uma convenção que os fez nascer. O símbolo é considerado como sendo, de certo modo, o ser ou o próprio objeto que representa, e «representar» tem aqui o sentido literal de tornar atualmente presente. [...] O maxilar da criança morta é, para a mãe, o seu «representante» no sentido pleno, ou seja, realiza a sua presença atual ([26]).

Não é uma relação de identidade, como outros acreditaram (caso em que deixaria de haver simbolização), mas de pertença; o símbolo é o ser, neste sentido: faz parte dele.

> Da pertença ao símbolo, tal como o entendem os primitivos, a transição pode ser impercetível. Porque o símbolo, como a pertença, participa do ser ou objeto que «representa», e por isso mesmo assegura-lhe a presença atual (*ibid.*, pp. 200–201).

Esta conceção do símbolo não se aplica apenas aos gestos e aos objetos (como o maxilar da criança), mas também às palavras, na medida em que estas denotam (ora a denotação aproxima-se da simbolização); os nomes próprios serão, portanto, como seria de esperar, o exemplo privilegiado.

> O nome, para eles, é uma coisa completamente diferente de um meio cómodo de designar alguém e de o reconhecer entre outros, uma espécie de etiqueta colocada em cada indivíduo, que pode ser arbitrariamente escolhida, e, se necessário, mudada, e que lhe é exterior, sem nada de comum com a sua personalidade íntima. Pelo contrário, o nome real... é uma pertença, no sentido pleno da palavra, consubstancial, como as outras, daquele que o usa (*ibid.*, p. 236).

Já vimos que esta atitude selvagem era partilhada pelo próprio Lévy-Bruhl, que se recusava a mudar as etiquetas, apesar da necessidade...

Não poderíamos lembrar também, a propósito, de que a pertença está na base de um tropo retórico, a sinédoque? Temos a impressão de que a variedade dos nomes (pertença, participação, *pars pro toto*, sinédoque) contribuiu, como supostamente acontecia apenas com os primitivos, para ocultar a identidade da coisa. «Observámos desde há muito as arrojadas aplicações da fórmula *pars pro toto*, que os primitivos fazem sem dificuldade. [...] Se os primitivos a usam tão livremente, é porque é assim que se exprime a participação íntima que sentem entre as partes de um ser vivo e a sua totalidade, entre o que lhe pertence e ele próprio» (*ibid.*, pp. 176–178). Lévy-Bruhl também escreve nos seus *Carnets*: «Concebemos então que uma parte pareça "representar o todo", ou seja, desempenhar a função de signo, de símbolo...: por uma espécie de convenção...» (*op. cit.*, p. 109).

Mas se os símbolos se aparentam com os tropos, poderemos pretender ainda que sejam apanágio exclusivo dos selvagens? Lévy-Bruhl admira-se porque não designam as cores por nomes abstratos como nós, mas pelos nomes dos objetos que têm essa cor (sinédoque conceptual generalizante); esquece, ao fazer isto, que falamos da mesma maneira de *laranja* (o fruto pela cor) ou de *rosa*. Não seria difícil encontrar os outros tropos entre os seus exemplos. O que não impede que um discípulo de Lévy-Bruhl escreva: «A nossa língua inicia-nos no pensamento lógico e não poderia traduzir outra forma de pensamento([27]).» De resto, o próprio Lévy-Bruhl se apercebe da semelhança formal entre simbolismo primitivo e tropos retóricos, mas para a rejeitar: «Afastemos do espírito a ideia de que isto não é mais do que uma metáfora, uma "figura" em ato» (*Symboles*, p. 270). Se procurarmos as razões desta recusa, apercebemo-nos de que, para Lévy-Bruhl, a metáfora, sendo «jogo», se opõe à «sociedade». Mas o tropo poético como ornato supérfluo não é, no fim de contas, senão uma ideia (falsa) entre muitas. Não é a figura que é rejeitada por Lévy-Bruhl, mas uma das suas descrições.

Existe uma segunda razão para o não-reconhecimento dos tropos nos símbolos primitivos: é que estamos habituados a reduzir todos os tropos a uma única metáfora, e até a uma variedade desta, que se baseia na similitude material, e já não sabemos identificar as outras. O que faz que Lévy-Bruhl escreva por vezes, perplexo: «Os símbolos dos primitivos... não consistem necessariamente em reproduções, ou imagens desses seres e desses objetos» (*ibid.*, p. 180); ou então: «Para *serem* os mortos que eles representam, não necessitam, de maneira nenhuma, que os símbolos reproduzam os seus traços» (*ibid.*, p. 204). Qual é então a relação em que se baseia o símbolo? Lévy-Bruhl cita o exemplo da casa, para a pessoa que a habita ou então esta descrição tirada da obra clássica de Spencer e Gillen:

> Quando se pergunta aos indígenas o que significam certos desenhos, respondem sempre que esses desenhos constituem apenas um jogo e não têm significação. Mas os mesmos

> desenhos, exatamente semelhantes aos primeiros quanto à forma, quando executados num objeto ritual ou num local particular, têm uma significação muito determinada ([28]).

Ou, nos *Carnets*:

> As marcas de passos não são uma parte do homem; mas um símbolo dele... (p. 206).

Lévy-Bruhl explica esses factos com a presença de uma abstração de novo tipo, a que chama abstração mística; no entanto, basta analisar os exemplos para se perceber que se trata daquilo a que a retórica chamava *metonímia*. O retrato não causa inquietação desde que não seja pintado pelo etnólogo: a relação metonímica agente-ação importa mais do que a relação metafórica (ou de sinédoque) entre a imagem e o ser representado. Determinado desenho só tem sentido quando gravado num objeto particular: é através da relação metonímica de lugar que adquire um sentido. O mesmo acontece com a habitação simbolizando o seu habitante, ou a pegada e o homem. A ausência aparente de tropos não é mais do que a presença de tropos diferentes da metáfora.

As propriedades dos sistemas simbólicos resultam, logicamente, da definição do símbolo.

Em primeiro lugar, ao nível dos símbolos isolados. Primeiramente, todo o acesso ao nome (ou ao símbolo) é um acesso ao ser — pois um faz parte do outro; ou, como escreve Lévy-Bruhl, «agir sobre o símbolo de um ser ou de um objeto é agir sobre ele próprio» (*Symboles*, p. 225). Eis um exemplo. Segundo J. Mooney, «o índio considera o seu nome não como uma simples etiqueta, mas como uma parte distinta da sua individualidade, como os seus olhos ou os seus dentes.

Acredita que sofreria tanto se o seu nome fosse usado com má intenção como com uma ferida infligida a uma parte do seu corpo» (*Fonctions*, p. 46). Seremos todos nós índios?

Segunda consequência, a identidade dos nomes significa a identidade, pelo menos parcial, dos seres nomeados. Vimos que Lévy-Bruhl conseguira formular este princípio, mas não compreendera que ele também se aplicava ao seu próprio discurso. Eis um exemplo tirado do livro de Cailliet:

> Pedia-se o parecer sobre outro jogo de palavras referente à denominação de «Sociedades das Missões». Aproximavam-na das palavras malgaches *asosay ity* (o que é muito parecido com a pronúncia inglesa da palavra *society*), que significam: «introduzam-nos na nossa terra». Esses enviados dos países de além-mar, dizia-se, receberam a missão de juntar ao seu país de origem a terra dos Hova.

E Cailliet conclui:

> A consonância das palavras importa mais do que o seu sentido. Onde nós procuramos sinónimos os não-civilizados espiam a homonímia: as palavras são consideradas como o foram as coisas (pp. 120–121).

Terceira consequência do facto de o simbolizante ser uma parte do simbolizado: representar, ou dizer uma coisa, já é fazer que ela exista. Assim, as predições realizam-se, não porque os adivinhos saibam ler o futuro, mas porque essas palavras dão vida àquilo que designam. Lévy-Bruhl conta casos em que se nomeia uma coisa do indicativo para que ela se realize (*Symboles*, pp. 286–288). Cailliet relata o terror que provoca a advertência sobre uma desgraça: essa palavra, só por si, torna-a já um pouco presente.

Quarta consequência: os selvagens confundem a sucessão com a causalidade. Segundo Gray, «se um deles, ao passar num caminho, vê cair sobre ele uma serpente que estava numa árvore, e, no dia ou na semana seguinte, vem a saber que o seu filho morreu em Queensland, relacionará os dois factos um com o outro» (*Fonctions*, p. 72). Lévy-Bruhl resume essas teorias da seguinte maneira: «Os primitivos... confundem o antecedente com a causa. Seria o erro de raciocínio muito vulgar que se designa com o nome do sofismo *post hoc, ergo propter hoc*» (*ibid.*, p. 73). O próprio Lévy-Bruhl veria nisso mais uma «relação mística... entre o antecedente e o consequente» (p. 714). Mas esse traço é ainda uma consequência das propriedades constitutivas do símbolo. Já que o simbolizante faz parte do simbolizado e a homonímia conduz à sinonímia, a proximidade dos simbolizantes implicará a dos simbolizados: não será «por acaso» que dois símbolos se encontram lado a lado. Lembremos, a propósito, que Roland Barthes define a lei da narrativa, literária ou não, nestes termos:

> A energia da atividade narrativa está na própria confusão da consecução com a consequência, lendo-se na narrativa o que vem *depois* como tendo sido *causado por*; a narrativa seria, nesse caso, uma aplicação sistemática do erro lógico, denunciado pela escolástica na fórmula *post hoc, ergo propter hoc*.

E que Freud — cada um falando do objeto que conhece — encontrava essa mesma lógica selvagem realizada no sonho:

> A psicanálise ensina-nos a reduzir a proximidade no tempo à interdependência dos factos. O sonho... apresenta as *relações lógicas* como *simultâneas*. [...] A *causa* é representada por uma *sucessão* ([29]).

Deveremos reservar a narrativa e o sonho para os selvagens ou para a participação mística?

No que respeita ao sistema simbólico, mais uma vez, a conceção de Lévy-Bruhl só se deixa perceber por inversão. Com efeito, o traço característico da utilização simbólica é, segundo ele, a ausência de sistema, que justifica assim: «o que eles [os símbolos] "representam" não parece estar senão muito vagamente definido no espírito dos primitivos» (*Symboles*, p. 195). Mas podemos perguntar se esse vago, essa pretensa ausência de sistema, não será antes o índice de outro sistema, que Lévy-Bruhl não pode perceber, mas que se poderia tentar esclarecer a partir dos seus exemplos.

Um simbolizante evoca vários simbolizados, não por falta de sistema, mas porque cada simbolizado pode converter-se, por seu turno, em simbolizante. Lévy-Bruhl cita o exemplo seguinte: uma folha de árvore simboliza a marca nela deixada (por metonímia), esta reenvia ao homem que caminhou por cima dela (ainda por metonímia); este homem simboliza a tribo a que pertence (por sinédoque) (*ibid.*, pp. 230 e segs.).

Encontra-se um exemplo de conversão particularmente eloquente no livro de Cilliet, *Symbolisme et âmes primitives*, que se pode resumir numa frase: «As pessoas nascidas na lua cheia (vermelha) serão reis.» Esta afirmação explica-se pelo facto de o vermelho ser associado ao sangue e, portanto, ao poder. Poderíamos representar o processo de simbolização da seguinte maneira:

simbolizante	sangue	vermelho	lua	pessoas	→	reis
simbolizado	poder	sangue	vermelho	lua		poder

O sangue é o simbolizante do poder (por metonímia), mas é o simbolizado do vermelho (por sinédoque). O vermelho é o simbolizante do sangue e o simbolizado da lua, mais exatamente, de um certo período da lua (outra sinédoque). Ora, este mesmo período (tendo assim adquirido o sentido de poder) converte-se em simbolizado das pessoas que nele nasceram, por metonímia temporal. Cada simbolizante é, por sua vez, simbolizado; a conversão desenrola-se numa cadeia que pode durar indefinidamente; e cada novo simbolizante adquire os simbolizados dos processos simbólicos anteriores: assim, o vermelho toma, por intermédio do sangue, o «sentido» de poder (do mesmo modo que um certo período da lua ou as pessoas nascidas durante esse período), embora aí não haja relação simbólica direta. Depois, este processo para, e a relação muda (designei-a por uma dupla seta, diferente das setas simples): o rei simboliza igualmente o poder; é um encontro de duas cadeias simbólicas distintas, que se pode efetuar graças à identidade de um simbolizado («poder»). Portanto, estamos em face de uma nova relação, própria dos sistemas de símbolos; poderíamos chamar-lhe *pôr em equivalência*.

Outra operação característica do simbolismo é a sobredeterminação; ignorando-a, podemos ainda julgá-la como o índice de uma ausência de sistema. Cailliet dá o seguinte exemplo desta característica:

> Um jovem indígena, tendo perdido o primeiro filho, chamou ao segundo *Roalahy*. A meu pedido, explicou: chamei-lhe assim, Roalahy (= dois + homem), porque é ele e substitui o primeiro, e também porque a pronúncia do seu nome lembra a de Roland, que foi, ao que parece, um branco famoso (*op. cit.*, p. 119).

Joyce não é, portanto, o inventor deste processo: qualquer pessoa que utilize sistemas simbólicos faz o mesmo.

Adiante...

8

A RETÓRICA DE FREUD

Espírito das palavras — espírito do pensamento. Condensação, sobredeterminação, alusão, representação indireta. Unificação, deslocamento. Calembur, emprego múltiplo, duplo sentido. A parcimónia e o contrassenso. Retórica e simbólica de Freud.

Poucos autores se interessaram mais pela descrição geral das formas discursivas do que pela interpretação de textos particulares; os resultados das suas pesquisas merecem, por isso mesmo, a nossa maior atenção. Entre estes solitários destaca-se, ocupando um lugar de honra, algures, talvez entre os *Tratados Sobre a Fábula* de Lessing e a *Morfologia do Conto* de Propp, o *Dito de Espírito e as Suas Relações com o Inconsciente*, de Freud.

Como se sabe, os clássicos merecem mais do que uma simples veneração: ora, infelizmente, foi apenas isso o que esta obra obteve. A admiração global impediu numerosos leitores de adotarem a atitude que o próprio Freud ensina, ou seja: fazer uma descrição, tão exata e completa quanto possível, do objeto observado. É a via que Freud apontava ao longo do *Dito de Espírito*, fazendo depender os resultados gerais do seu estudo do trabalho de análise linguística e retórica de exemplos particulares: «Para resolver a questão [do valor da sua tese], basta decidir se uma crítica judiciosa, debruçando-se sobre cada exemplo em particular, pode provar que tal conceção da técnica do espírito [como a sua] distorce a verdade e, assim, força o sentido de qualquer outra conceção mais simples e mais profunda, ou se, pelo contrário, a crítica deve admitir que as proposições sugeridas pelo estudo dos sonhos são verdadeiramente confirmadas pelo estudo do espírito» ([1]). É precisamente à prova aqui sugerida que gostaria de submeter o texto de Freud, «debruçando[-me] sobre cada exemplo em particular».

O funcionamento do dito de espírito é análogo ao do sonho; depois de ter estudado o primeiro, Freud interessou-se pelo segundo. Todavia, o dito de espírito tem um privilégio em relação ao sonho (pelo menos a meu ver), o qual, ao que parece, não tem sido muito notado: é que é mais facilmente observável. Para analisarmos o sonho, temos de nos basear nas interpretações e associações do sonhador — difícil de controlar — ao passo que, quando se trata do dito de espírito, dispomos de uma matéria verbal fixa e incontestável; e do testemunho social, comum aos que partilham uma mesma cultura, sobre a maneira como esses ditos devem ser interpretados (como diz Freud, o sonho «não constitui uma manifestação social nem um meio de nos fazermos entender», *Nouvelles conférences sur la psychanalyse*, Gallimard, Paris, 1971, p. 14). Partirei, portanto, ao contrário do que exigiria a hierarquia interna da obra freudiana, do dito de espírito, confrontando-o, depois, unicamente com outros domínios, como o sonho.

O dito de espírito, como o seu nome indica [em francês: *mot d'esprit* (*)], é um produto de linguagem (uma *palavra*...).

(*) Tradução à letra: palavra de espírito. [*N. da T.*]

Qualquer afirmação que lhe diga respeito deve poder basear-se numa observação da sua natureza verbal. Freud obedece a esta regra na maior parte dos casos, mas nem sempre; assim, não o seguiremos quando as suas distinções se baseiem em traços que não sejam linguísticos. Escreve, por exemplo (p. 57): «Uma nova variedade da técnica do duplo sentido...: a graça de todos eles depende particularmente do sentido sexual. Poderíamos dar a este grupo o nome de *equívoco* (*Zweideutigkeit*)». Ora, não há diferença linguística entre *Doppelsinn*, ou duplo sentido (nome do grupo em geral), e esta *Zweideutigkeit*, ou equívoco (nome do subgrupo), como, aliás, essas denominações testemunham; o «sentido sexual» não é uma categoria linguística. Limitar-nos-emos, portanto, à descrição do *discurso do espírito*. A minha perspetiva não é a de Freud ou dos psicanalistas que o seguiram: o dito de espírito, em si mesmo, não tem qualquer interesse para a psicanálise; para ela é apenas um meio de conhecer o inconsciente (ou o psiquismo humano em geral). Será razão para se dizer que o trabalho de descrição linguística empreendido por Freud (em particular no primeiro capítulo do seu livro) pode ser posto de parte sem grande inconveniente? Creio que não: apesar de os problemas do funcionamento textual não ocuparem um lugar central, Freud consegue percebê-los e trata-os de forma notável. Assim, devemos ler atentamente essas páginas, tentando explicar as intuições, mostrar a razão das contradições, atingir a lógica do conjunto.

De outro ponto de vista, desde o início se impõe uma precaução metodológica, que volta a pôr em questão, de maneira fundamental, o trabalho descritivo de Freud, mas que, paradoxalmente, não provoca consequências importantes. Ao longo de todo o capítulo «Técnica do dito de espírito», Freud dá a impressão de descrever *classes* de ditos de espírito; ora a sua descrição só seria aceitável em bloco se se tratasse de *categorias*, que não formam classes mutuamente exclusivas. A própria prática da separação em subcapítulos prova que, para Freud, são classes exclusivas: «um grupo importante» (p. 64), «os grupos precedentes» (p. 68), «estes dois grupos de exemplos» (p. 86), «a técnica de um novo grupo» (p. 107), etc. A observação de um exemplo bastará para mostrar que, pelo contrário, a única maneira de manter essas subdivisões é considerar que não correspondem a grupos impermeáveis, mas constituem características que se podem identificar sucessivamente, e que poderiam eventualmente aplicar-se a um único dito de espírito.

No princípio do livro, Freud definiu um grupo pela característica «condensação com palavras compósitas»; por outras palavras, segundo um princípio de construção *morfológica*; por exemplo:

> Quando Flaubert publicou o seu célebre romance *Salammbô*, que tinha Cartago como cenário, Saint-Beuve chamou, ironicamente, a esse romance «cartaginice», por causa da procura meticulosa do pormenor (p. 30).

Ora, cerca de oitenta páginas à frente, Freud identifica um novo grupo, o da «representação por semelhança», de que um dos subgrupos é a alusão por semelhança, onde figura o seguinte dito:

> *Dichteritis*. Esta alusão compara o perigo das epidemias de difteria ao das manifestações de poetas (*Dichter*) sem inspiração (p. 112).

O que permite que este exemplo seja incluído no grupo das alusões é a afirmação de uma semelhança *semântica* entre a difteria e os poetas. Ora, é evidente que cada um destes dois exemplos poderia ter sido descrito como o outro. A Cartago de Flaubert *assemelha-se* a uma chinesice; e *Dichteritis* é, na verdade, uma «palavra compósita» (=*Dichter* + *Diphteritis*)! Freud apenas utilizou um dos exemplos para ilustrar o processo morfológico, e o outro para mostrar o processo semântico. Trata-se de dois processos (duas categorias) diferentes, e não de duas classes exclusivas. O mesmo acontece com muitos outros «grupos» de ditos de espírito, e, por vezes, o próprio Freud se apercebe disso (um dito do grupo *unificação* não deixa de poder pertencer ao da *alusão* e até ao da *condensação*...; cf. também o reaparecimento forçado dos mesmos exemplos nos vários grupos, por exemplo, nas pp. 47 e 58).

Mas esta confusão, embora fundamental, em nada influencia o sistema classificatório: basta lembrarmos constantemente a diferença entre classe e categoria. No entanto, não iremos aqui reclassificar, em função desta correção, os exemplos mal distribuídos.

Aqui está como se apresenta a classificação de conjunto a que Freud chega ao longo do primeiro capítulo do *Dito de Espírito*.

- ditos de espírito
  - espírito das palavras
    - condensação
      - com palavras compósitas
      - com modificações
    - emprego do mesmo material
      - palavras completas e seus componentes
      - interversão
      - ligeira modificação
      - as mesmas palavras no sentido pleno ou vazio
    - duplo sentido
      - nome próprio e nome do objeto
      - sentido metafórico e sentido literal
      - jogo de palavras
      - equívoco
      - duplo sentido com alusão
    - calembur
      - —
  - espírito do pensamento
    - erros de raciocínio
      - deslocamento
      - contrassenso
      - outros erros
    - unificação
      - —
    - representação indireta
      - pelo contrário
      - por semelhança
      - comparações

Este quadro nunca aparece na sua totalidade no livro de Freud, mas as partes que o formam são identificáveis nas pp. 59 e 86 (onde o deslocamento e o contrassenso são descritos como erros de raciocínio) e na p. 116: «*Erros de raciocínio — Unificação — Representação indireta* seriam, portanto, as rubricas essenciais a que se reduziriam as técnicas, nossas conhecidas, do espírito do pensamento.»

ESPÍRITO DAS PALAVRAS — ESPÍRITO DO PENSAMENTO

Detenhamo-nos em primeiro lugar na grande oposição entre espírito das palavras e espírito do pensamento. Curiosamente, esta dicotomia nunca é introduzida; ora, Freud refere-se a ela como a uma categoria bem estabelecida; por exemplo: «conforme os materiais utilizados pela técnica do dito de espírito, distinguimos já o espírito das palavras e o espírito do pensamento» (p. 132). Todavia, a função dessa dicotomia é, manifestamente, capital; assim, escreve Freud: «A dupla origem do prazer espirituoso — jogo com as palavras, jogo com os pensamentos — e, por conseguinte, *a principal distinção entre o espírito das palavras e o espírito do pensamento* tornam difíceis as formulações curtas e precisas das proposições gerais relativas ao espírito» (p. 209, o sublinhado é meu). Oposição fundamental que resiste à perturbação da classificação na segunda parte, quando Freud se coloca no ponto de vista da «psicogénese do espírito» (e deixa o da técnica verbal).

A articulação destas duas classificações, linguística e psicogenética, também merece que nela nos detenhamos um pouco. Do ponto de vista psicogenético, Freud divide todos os ditos de espírito em três grupos: 1. Os jogos de palavras (pp. 180 e segs.). 2. As palavras em que «encontramos algo de conhecido» (pp. 183 e segs.). 3. O contrassenso (pp. 188 e segs.). Como correspondem estes três grupos à oposição espírito das palavras/espírito do pensamento? Freud diz, em primeiro lugar, que o terceiro subgrupo (o contrassenso) «engloba a maior parte dos ditos de espírito do pensamento» (p. 188); temos assim a impressão de que 1 e 2 pertencem ao espírito das palavras. No entanto, algumas páginas depois, Freud continua: «O primeiro e o terceiro [grupos de técnicas do espírito]... são descargas psíquicas que, em certa medida, podemos opor à parcimónia, que constitui a técnica do segundo grupo. Assim, qualquer técnica do espírito e, portanto, qualquer prazer causado por essas técnicas se reduz a estes dois princípios... Estas duas ordens de técnica e de "prazer benéfico" correspondem, pelo menos de um modo geral, à distinção entre o espírito das palavras e o espírito do pensamento» (pp. 192–193). Aqui está o que nos surpreende: 1 e 3 dependem do espírito das palavras, 2 do espírito do pensamento. 2 e 3 mudaram o seu lugar no espaço de algumas páginas...

Seja qual for a sua articulação com a nova subdivisão, a oposição espírito das palavras/espírito do pensamento persiste e testemunha assim a sua importância na descrição de Freud. Mas, como já dissemos, ele refere muitas vezes esta oposição sem nunca a definir (cf. outros exemplos nas pp. 107, 110). O melhor seria, sem dúvida, procurar perceber a diferença no próprio momento em que introduz o primeiro grupo de palavras que dependem do espírito do pensamento; é o dos deslocamentos. «O nosso exemplo (*saumon mayonnaise*), escreve ele, mostra que o dito de espírito por deslocamento é independente da sua expressão verbal. Não está ligado à sequência das palavras, mas à das ideias» (p. 74). Hoje designaríamos a oposição entre «expressão verbal» e «ideias» pelos termos *significante* e *significado*. Poderá então dizer-se que a oposição se situa entre um espírito que se realiza apenas no significante e um que se realiza só no significado?

Aparentemente é essa a interpretação da dicotomia sugerida por Freud; no entanto, ela exige algumas explicações. É que nenhum *dito de espírito* [*mot d'esprit*] (como o nome francês testemunha muito bem) pode existir sem os dois. Uma palavra como «cartaginice» liga-se com o significante, mas também se liga, como é evidente, com o significado (se não não haveria espírito); e o espírito não se pode realizar sem ser por meio das palavras, ou seja, por meio dos significantes. Tratar-se-ia de uma *modificação* do significante, no primeiro caso (precisamente, como em «cartaginice»)? Mas, então, é preciso eliminar desse primeiro grupo duas das suas subclasses, o «emprego do mesmo material» e o «duplo sentido» (cujo nome já indica que se liga com o significado); o grupo ficaria, assim, muito reduzido.

Portanto, temos de interpretar a oposição de modo diferente. O significado é sempre pertinente, e o significante sempre necessário. Mas, além disso, o significante (a palavra) pode ou não prestar-se à substituição. Se quisermos substituir a palavra de onde vem o espírito por um dos seus sinónimos, e continuarmos a ter vontade de rir, estamos no domínio do «pensamento». Se essa substituição é impossível — se ao fazê-la se perde o espírito da expressão —, estamos no domínio das «palavras» (para isso não é necessário que haja modificação do significante).

CONDENSAÇÃO, SOBREDETERMINAÇÃO, ALUSÃO, REPRESENTAÇÃO INDIRETA

O termo condensação desempenha um papel particularmente importante na argumentação de Freud; por isso começaremos por observá-lo nas suas várias utilizações([2]).

Aparece pela primeira vez para designar a contaminação que chega, a partir de «familiar» e «milionário», a «familionário» (p. 26); aqui a condensação consiste na omissão de algumas *sílabas*.

Mas o sentido de «condensação» alarga-se quando se analisa outro exemplo, o do *rote Fadian* (pp. 33–34):

> Não será esse *vermelho Fadian* que se estende através de toda a história dos Napoleónidos? (p. 31).

Resulta de duas frases assim reconstituídas: «É assim esse homem *vermelho* que escreve tolices [*fadaises*] sobre Napoleão» e «O fio *vermelho* (*Faden*) que se estende através de tudo» (*). «A condensação realiza, por um lado, uma abreviação considerável, e, por outro, não consegue produzir uma palavra composta evidente, mas antes a interpenetração dos elementos das duas componentes» (p. 34). Aqui, o termo já não designa a eliminação de sílabas, mas sim de *frases* completas, que reconstituímos ao longo da interpretação. E não é tudo; o fio vermelho evoca, por seu turno, por metáfora, a unidade de um conjunto (cf. pp. 31–32); ora, isso também é condensação. Poderíamos dizer, portanto, que há condensação sempre que um único significante nos leva ao conhecimento de mais de um significado; ou, mais simplesmente: *sempre que o significado é mais abundante que o significante*. Era assim que o grande mitólogo romântico Creuzer já definia o símbolo: por «a inadequação do ser e da forma e pelo extravasar do conteúdo em comparação com a sua expressão» (*Symbolik und Mythologie*..., p. 59).

Na continuação do livro, o termo conserva a sua ambiguidade.

Ora, é utilizado no sentido de «*qualquer extravasar do significante pelo significado...*». Na p. 60, Freud renuncia à distinção que acaba de estabelecer (entre condensação e duplo sentido)

(*) *Rote Fadian* e *Faden* estão em alemão no original. [*N. da T.*]

e faz da condensação um termo genérico, englobando todos os grupos isolados até então (na verdade, com o auxílio da noção, ainda menos clara, e à qual me tornarei a referir, de parcimónia). Dá um exemplo de sentido duplo:

> Um dos primeiros atos do reinado de Napoleão III foi, como se sabe, confiscar os bens da família de Orleães. Fez-se logo um lindo jogo de palavras: «C'est le premier vol de l'aigle» (*) (p. 52).

E comenta-o desta forma: «Mas esse voo [*vol*] é um roubo; trata-se aqui do duplo sentido da palavra *vol*. Para justificar este dito, *vol* significa, simultaneamente, a ação de voar com asas e de furto. Não haverá, simultaneamente, condensação e parcimónia?» (p. 60). Ou ainda, na p. 250, para comparar os processos do espírito aos do sonho: «Um elemento do sonho representa, para os pensamentos oníricos, um ponto de interseção, um cruzamento, e deve, em geral, ser considerado como "sobredeterminado", em relação a esses pensamentos.» E, quando um elemento representa o ponto de interseção de duas cadeias, é porque pertence ao mesmo tempo às duas e possui, portanto, um «duplo emprego».

Ou então, pelo contrário, a condensação continua a *opor-se* a outros termos do mesmo nível, como, por exemplo, ao deslocamento e à representação indireta (cf. p. 253).

Devemos começar por explicar a oposição entre «condensação» e «duplo sentido», dissimulada pela hesitação entre uma relação de inclusão e uma relação de exclusão: a designação *simultânea* de vários significados (*familionário* reenvia

---

(*) O jogo de palavras faz-se como se entende depois, com o duplo sentido da palavra *vol* (voo e roubo) referida a *aigle* (águia) símbolo do poder. Jogo intraduzível. À letra: «É o primeiro voo [roubo] da águia». [*N. da T.*]

a *familiar* e a *milionário*) opõe-se à sua designação *sucessiva* (como no caso do fio vermelho). A questão que se põe em seguida é a de saber se o termo condensação designa as duas espécies de extravasamento do significante pelo significado, ou uma única, e, neste caso, qual delas? Seremos mais fiéis a Freud, segundo me parece (e também à utilização que se faz da palavra na *Interpretação dos Sonhos*), apesar das declarações contraditórias, se reservarmos à condensação o sentido genérico. Os dois exemplos que permitiram a sua introdução já nos incitam a isso: *der rote Fadian* comporta uma simbolização sucessiva; *familionário* depende de uma simbolização múltipla simultânea. *Condensação* seria, aliás, o nome de um processo cujo resultado é a *densidade* simbólica do dito de espírito, densidade coextensiva a todo o simbolismo linguístico; o mesmo processo da *sobredeterminação* (palavra que Freud emprega, em particular na *Interpretação dos Sonhos*, de forma permutável com «condensação([3])») e da *conversão*, termos pelos quais se podem designar mais propriamente as duas espécies de condensação, na simultaneidade ou na sucessão.

O termo «condensação», muito frequente na descrição do «espírito das palavras», desaparece na do «espírito do pensamento». Esse desaparecimento deve fazer-nos desconfiar: a noção não estaria dissimulada por detrás de outro vocábulo? Há uma frase de Freud que o faz pressentir: «A condensação com substituição pouco se distingue da alusão com modificação...» (p. 112). O parentesco estabelece-se através de um terceiro termo intermédio: a omissão, sinónimo da condensação, como se pode inferir das nossas observações precedentes([4]), mas também característica inseparável da alusão: «No fundo, qualquer alusão comporta uma omissão, que é a da sequência de pensamentos que conduz à alusão» (*ibid.*). A alusão desempenha agora uma função comparável àquela que tinha a condensação: «A alusão é talvez o processo mais corrente e mais cómodo da técnica do dito de espírito» (p. 115). Um exemplo de alusão:

> De novo encontramos os nossos dois Judeus diante de um balneário. Um deles suspira: Mais um ano que passou! (p. 114).

Trata-se de uma alusão à hidrofobia e, portanto, à falta de limpeza dos Judeus.

Como definir a alusão? «O seu traço característico reside na substituição, por meio de um elemento ligado à associação de ideias...» (p. 109). Por outras palavras, a alusão não é mais do que a evocação de um sentido que não é o sentido imediato e primeiro das palavras que se enunciam: a existência de mais de um significado para um único significante. Mas, desta vez, o termo não se aplica senão a um dos dois processos anteriormente distinguidos: o da evocação sucessiva (e não simultânea, como no caso da sobredeterminação). Noutro texto (*Introduction à la psychanalyse*, Payot, Paris, 1965, p. 159), Freud estabelece uma interessante comparação da alusão no discurso corrente, no dito de espírito e no sonho. A sua forma lógica é sempre a mesma; mas no discurso comum também tem de satisfazer outras duas condições: «a alusão deve ser facilmente inteligível, e deve haver entre a alusão e o verdadeiro pensamento uma relação de conteúdo». O dito de espírito pode dispensar a segunda condição; o sonho dispensa ambas (sentimos, mais uma vez, que as capacidades de observação de Freud ultrapassam a qualidade da sua descrição).

À mesma família semântica da condensação, sobre determinação e alusão, pertence ainda um quarto termo: o de *representação indireta*. Mas este desempenha uma função mais restrita e, além disso, encontra-se explicitamente ligado à alusão. É assim que Freud o introduz: «Defini, de passagem, a alusão como uma "representação indireta" e acabo de me aperceber de que os diferentes modos de alusão, tais como a representação pelo contrário e outras técnicas ainda em estudo [a única que falta é a comparação], podem constituir um grupo único, para o qual o nome de "representação indireta" me parece adequado» (p. 116). Mas estes diferentes modos de alusão foram descritos, na p. 107, como o que é «semelhante», o «que tem contacto» ou o «que pertence»: portanto, nada mais do que uma variante terminológica de metáfora, metonímia, sinédoque. Se acrescentarmos a «representação pelo contrário», ou seja, a antífrase, e a comparação, teremos uma lista quase completa dos tropos retóricos, que, como todos sabem, são, com efeito, «representações indiretas».

Os tropos aqui apresentados aparecem, pois, como modalidades da alusão. Não haveria nenhuma diferença entre eles e a alusão? Uma nota da página 35, onde figura a primeira ocorrência do termo «alusão», sugere-a: «A modificação que substitui a injúria omitida deve ser qualificada de alusão a esta última, *dado que não o consegue senão por intermédio de um silogismo*» (o sublinhado é meu). Tanto os tropos como as alusões dependem igualmente da simbolização sucessiva (a conversão); mas, de outro ponto de vista, distinguem-se; esse ponto de vista não é explorado no livro de Freud, e, de momento, teremos de pô-lo de parte. Com efeito, os tropos suspendem o sentido literal das palavras (sem o fazerem desaparecer por completo) e, no seu lugar, fixam um novo sentido; a alusão, pelo contrário, mantém o sentido inicial da frase, mas permite-nos associar-lhe, por dedução, uma nova asserção (5). De aí que o extravasar do significado esteja patente tanto num caso como noutro, e isso justifica a utilização de um único termo: precisamente o de condensação.

UNIFICAÇÃO, DESLOCAMENTO

Debrucemo-nos agora sobre outras categorias da classificação freudiana.

Em primeiro lugar, a de *unificação*. O termo aparece na descrição de dois grupos de espírito, tanto no das palavras como no do pensamento. No primeiro, caracteriza uma técnica que se vem acrescentar a outros mecanismos já identificados. É utilizado, pela primeira vez, na descrição de um dito atribuído a Schleiermacher:

> *Eifersucht ist eine Leidenschaft die mit Eifer sucht was Leiden schafft* (p. 49)

Freud comenta: «É o facto de se estabelecer uma relação invulgar, uma espécie de *unificação*; ao definir *Eifersucht* com as próprias sílabas do seu nome, a palavra, por assim dizer, define-se a si própria» (p. 50). E a propósito de um exemplo semelhante: «Podemos alegar aqui o ponto de vista da unificação, a saber: estabelecer-se entre os elementos do enunciado uma relação mais íntima, que o seu caráter não deixaria prever» (p. 56).

Apesar da simplicidade do exemplo, é difícil saber a que facto linguístico preciso se refere Freud ao falar de unificação. Não é o processo pseudo-etimológico, que ele se preocupa em identificar na frase precedente (p. 56), mas a categoria mais geral e mais vaga de *proximidade semântica* (paradigmática) que se encontra *projetada numa proximidade sintagmática*. Mas como medir a «proximidade»?

A unificação volta a aparecer no segundo grande grupo; serve para delimitar uma subclasse dos ditos de espírito do pensamento. Particularmente, há dois exemplos que necessitam do emprego do termo unificação:

> O mês de janeiro é aquele em que desejamos tudo o que há de bom aos nossos melhores amigos, e os outros meses são aqueles em que nenhum desses desejos se realiza (p. 95). A vida humana compõe-se de duas partes: a primeira passa-se a desejar a segunda; a segunda, a desejar voltar à primeira (p. 95).

Escreve Freud: «Diria até que, aqui, se constituem novas e inesperadas unidades, relações recíprocas entre as representações, e definições permutáveis entre si ou com a sua relação com um terceiro fator comum. Proporia, para este processo, o nome de *unificação*; este é, evidentemente, análogo à condensação por compressão dos mesmos termos» (p. 96).

Portanto, Freud mantém, por um lado, a ideia de uma proximidade semântica; confirma-a, particularmente, na longa nota das páginas 97–98, em que a «unificação» se iguala à existência de uma ligação temática entre palavras: por exemplo «corda» — «enforcado» — «forca» são termos «unificados» (em rateio, como se diria na tradição da linguística inglesa). É na mesma direção que Freud vai um pouco mais longe: «A unificação, que não passa da repetição aplicada às relações entre as ideias, em vez de se aplicar ao material verbal...» (p. 187).

Mas acrescenta duas qualificações suplementares. Primeiro, a unidade em questão deve ser *nova* e *inesperada* (cf. p. 122: «é um caso de *unificação*, o estabelecer uma relação inesperada»; mas, já na p. 50, diz: «uma relação invulgar»). As afirmações precedentes são, portanto, contraditórias: já não são unidades próximas, do ponto de vista paradigmático, que aparecem numa proximidade sintagmática; mas, muito pelo contrário, são unidades paradigmaticamente independentes, e até afastadas. São duas definições de unificação que não podem ser simultaneamente verdadeiras: a menos que se suponha ser particularmente surpreendente reunir unidades tematicamente próximas. Admitamos, por um momento, que seja assim; como medir essa «surpresa»? Além disso, a julgar pela maior parte dos exemplos dados, é a primeira definição (a que implicava a proximidade paradigmática) que se deve fixar; pois o que há de surpreendente na aproximação de «corda», «enforcado» e «forca»?

A confusão é ainda mais importante na segunda nova característica da unificação, quando Freud a aproxima da condensação. Esta última, como vimos, consistia no facto de um significante qualquer evocar mais de um significado. A condensação é a relação entre uma frase presente e uma ou várias frases ausentes (que a primeira simboliza segundo este ou aquele processo). É uma relação *in absentia*. Em contrapartida, a unificação, quaisquer que sejam as hesitações sobre a sua exata definição, é uma relação entre duas ou várias unidades, todas elas presentes, como o testemunham todos os exemplos citados (*Eifersucht*, *Eifer*, *sucht*; *Leidenschaft*, *Leiden*, *schaft*; etc.). É, portanto, uma relação *in praesentia*. Dificilmente as podemos confundir (de resto, Freud voltará, com razão, à análise da frase de Schleiermacher, para a classificar como um simples gracejo, ou seja, uma simples relação *in praesentia*, cf. p. 195).

Sendo assim, como se subdivide «o espírito do pensamento», entre outras, em «representação indireta» e «unificação»? Como pode subdividir-se em duas unidades incomensuráveis? Seria como acrescentar uma classe de «animais amarelos» à dos «animais aquáticos» ([6]). Mesmo supondo que sejam categorias e não classes, as coisas não melhoram: as duas noções não pertencem ao mesmo «género comum». Vimos o parentesco da representação indireta com a condensação; é, evidentemente, uma relação *in absentia*; e não pode opor-se a uma relação do tipo *in praesentia*.

E que dizer do terceiro grupo que faz parte do «espírito do pensamento»: os «erros de raciocínio»? Para o entendermos, examinaremos a sua espécie mais importante e a mais interessante, o *deslocamento*; este termo desempenha uma função importante noutros escritos de Freud, particularmente na *Interpretação dos Sonhos*.

Salientemos, no nosso texto, as suas principais ocorrências. A primeira definição proposta por Freud não nos satisfaz. Diz ele que o «elemento essencial consiste no desvio do curso do pensamento, no deslocamento do acento psíquico do tema primitivo para um tema diferente» (p. 74). O deslocamento consiste no deslocamento... No entanto, a indicação referente a uma mudança na posição do acento psíquico é preciosa. As outras definições de Freud vão todas no mesmo sentido. Para que haja deslocamento, tem de haver, pelo menos, duas réplicas, e o «acento psíquico não deve incidir em ambas no mesmo lugar». «O deslocamento funciona sempre entre um discurso e uma resposta (*zwischen einer Rede und einer Autwort*), cuja sequência das ideias toma um caminho diferente daquele que o discurso inicial indicava» (p. 78, nota). Para caracterizar o comportamento do segundo locutor, Freud diz que este «responde de través» (p. 72), que «se afasta do pensamento sugerido», que «passa uma tangente» ou que «parte de um dos elementos da frase... como se essa palavra fosse o próprio centro dessa frase» (p. 73), e volta a falar do «desvio do sentido na resposta», da «mudança de ponto de vista» ou do «deslocamento do acento psíquico» (p. 72).

Para que estas observações sejam explícitas, teremos de introduzir algumas noções suplementares. O dito de espírito comporta um duplo contexto de enunciação. Em primeiro lugar, o das réplicas trocadas entre as personagens. Depois, o do narrador e do seu auditor (7). Numeremos esses interlocutores: 1 e 2 (ou autores das réplicas), 3 e 4 (narrador e alocutário).

Observemos agora as diferentes fases por que passa a troca verbal. O interlocutor 1 enuncia uma frase de que escolhe um sentido entre todos os outros sentidos possíveis; este sentido é, portanto, «acentuado». O interlocutor 2, voluntariamente ou não, equivoca-se sobre a interpretação desse primeiro enunciado; substitui-o por um segundo enunciado e formula uma resposta ao enunciado assim transformado, a qual não é adequada ao enunciado inicial. Este conjunto é transmitido pelo interlocutor 3; o interlocutor 4 (nós, o auditor) deve refazer o mesmo percurso, mas em sentido inverso. Apercebe, em primeiro lugar, o enunciado do primeiro interlocutor; na ausência de qualquer contexto sintagmático, interpreta-o da mesma maneira que este; percebendo a réplica do segundo, constata que ela não responde ao primeiro enunciado; para explicar esta incoerência, substitui a sua primeira interpretação do enunciado inicial por uma nova interpretação. O processo comporta, assim, dois tempos qualitativamente diferentes que são seguidos em ordem inversa pelo interlocutor 2 e pelo interlocutor 4 (nisso, este último assemelha-se, sem dúvida, ao interlocutor 1): *interpretação* errónea, seguida de *incoerência* entre réplicas que dela resultam, no primeiro; constatação da *incoerência* das réplicas e *reinterpretação* que a vá abolir, pelo último.

Descreverá o termo deslocamento o conjunto desse processo, ou de uma das suas partes, e, neste caso, qual delas? A nota já citada, da p. 78, não deixa dúvidas: o deslocamento não é o «duplo sentido» do enunciado inicial que permite interpretá-lo desta ou daquela maneira, mas o facto de haver rutura entre as duas réplicas que se seguem. Freud acrescenta: «A diferença entre deslocamento e duplo sentido encontra a sua melhor justificação nos exemplos em que ambos se combinam, em que, por conseguinte, os termos do discurso admitem um duplo sentido que não está no espírito do locutor, mas que permite o deslocamento na resposta.»

Verifiquemos se esta descrição está correta num exemplo em que Freud qualifica o deslocamento de «patente»:

> Um cigano oferece ao seu cliente um cavalo de sela: — Se ficar com este cavalo, pode partir daqui às quatro horas da manhã e chegar às seis e meia a Presbourg. — E que diabo farei eu em Presbourg às seis e meia da manhã? (p. 78).

A primeira réplica, considerada como um enunciado global, pode ter várias *utilizações* (trata-se aqui, portanto, de uma ambiguidade que não é semântica, mas pragmática): pode ser tomada como exemplo da qualidade do cavalo (e, nesse caso, a viagem a Presbourg é hipotética) ou como a descrição de uma viagem real: é a construção condicional — e, através dela, o valor alocutório global do enunciado — que permite uma dupla interpretação. Mas, quando era só esse primeiro enunciado que estava presente, apenas tínhamos retido uma das interpretações: a do condicional irreal e, portanto, do valor de «exemplo». A partir desta primeira interpretação, a réplica do interlocutor 2 parece incoerente; para encontrar um sentido para a resposta, temos de optar por outra interpretação do condicional e do primeiro enunciado na sua globalidade (temos de o «acentuar» de modo diferente). O deslocamento consiste na incoerência de dois segmentos de um texto, incoerência que abolimos ao modificar a nossa interpretação.

O que confirma esta definição do deslocamento é a análise de um «exemplo típico que contrasta com o dito de espírito por deslocamento»:

> Um corretor da bolsa e diretor de banco muito conhecido passeia com um dos seus amigos pela Ringstrasse de Viena. Ao chegarem diante de um café, o banqueiro

> propõe: — Entremos, vamos tomar(*) alguma coisa. — O amigo retém-no, dizendo: — Mas, senhor conselheiro, está muita gente lá dentro (p. 74).

O mecanismo é, à primeira vista, idêntico ao do deslocamento. O primeiro enunciado tem vários sentidos. Nós (interlocutor 4) tínhamos instintivamente escolhido um primeiro sentido, mas a réplica faz que compreendamos que o interlocutor 2 escolheu outro sentido. Por que razão não há deslocamento? Porque os dois propósitos não formam um discurso incoerente. O amigo do banqueiro poderia referir-se ao simples facto de evitar a multidão, o barulho, o ar viciado. O que nos põe «de pé atrás» não é o deslocamento, mas o contexto no qual percebemos o seu enunciado: sabemos (graças a um comentário metadiscursivo) que se trata de um dito de espírito se a frase fosse entendida no sentido inocente que acabamos de referir (acrescenta-se ainda o facto de o interlocutor ser da bolsa, personagem de reputação ambígua). Não pode, portanto, haver qualquer dúvida sobre o sentido específico da palavra «deslocamento»: do que se trata, na verdade, é da *incoerência entre «um discurso e uma resposta»*.

Vários outros exemplos de deslocamento citados por Freud condizem exatamente com esta descrição: o dito de Heine diante de Soulié, sobre o bezerro de oiro; a história do salmão de maionese; a do «crava» judeu que quer ir a Ostende. No entanto, há um exemplo que merece o nosso interesse, exatamente por causa da atenção que Freud lhe concede e da relativa complexidade que apresenta.

(*) *Prendre*, mais do que o «tomar» português, emprega-se também no sentido de roubar, tomar por violência o que é do alheio... [*N. da T.*]

> Dois judeus encontram-se perto de um balneário: — Apanhaste(*) um banho? pergunta um deles. — Porquê? diz o outro, faltava algum? (p. 70).

Comenta Freud: «Temos... a impressão de que, na resposta do segundo judeu, o facto de não compreender a ideia de banho importa mais do que o mal-entendido referente à palavra "apanhar"» (p. 71). «O primeiro pergunta: "Apanhaste um *banho*?" O acento está sobre o elemento "banho". O segundo responde como se a pergunta tivesse sido assim acentuada: "*Apanhaste* um banho?"» (p. 73).

O deslocamento é aqui um facto mais específico do que os que até agora foram descritos: o acento passa, a nossos olhos, de uma *palavra* para outra (e já não de um sentido ou de uma utilização para outra). Mas vejamos a análise feita por Freud. O acento recai, realmente, sobre a palavra «banho», na primeira frase? Se admitirmos, como parece ser indispensável, que o «acento» recai sobre o que constitui o *propósito* de um enunciado por oposição ao seu *tema*, há na verdade uma mudança de acento neste exemplo; mas não é exatamente a que Freud descreve. Na primeira interpretação da frase inicial, o acento recai sobre a palavra «banho» (não esperamos uma resposta do género: «não, tomei um chuveiro»), mas sobre todo o predicado representado pela locução «apanhar um banho». Em compensação, a segunda interpretação põe o acento apenas no verbo «apanhar», como nota Freud; a locução é decomposta, e a palavra «banho» deixa de fazer parte do «verbo», volta a ocupar o lugar de complemento direto.

Apesar do erro de descrição, Freud tem razão em ver aqui um novo efeito, que não resulta apenas da reinterpretação de

(*) De novo, *prendre* com o sentido anterior; a tradução está um pouco forçada, mas não chega a ser «incoerente». [*N. da T.*]

um segmento do enunciado (a escolha de um sentido de preferência a outro), mas também de uma diferença entre os segmentos sobre os quais recai o acento, pois o «propósito» ora é o predicado completo, ora é apenas o verbo. Talvez tenha ainda razão quando pensa que esta segunda diferença importa mais do que a primeira (neste dito de espírito particular). Mas não concordamos com ele quando tenta apresentar todos os casos precedentes como análogos a este: afirmando a identidade do «deslocamento» assim descrito, através de todos os exemplos. Se se exigisse a presença desse deslizar do acento em todas as frases como condição necessária do deslocamento, o exemplo do banho seria o *único* apropriado. Mas, em compensação, *todos* os exemplos, inclusive o do banho, se caracterizam pela sequência que acabo de descrever: incoerência — reinterpretação. A mudança do acento é um fenómeno bem real, mas que se junta à reinterpretação, sem a substituir; é uma condição facultativa, e estaríamos errados se a considerássemos como traço constitutivo. A sua oposição passa pela mesma categoria evocada a propósito da unificação: a escolha de um sentido faz-se entre termos *in absentia* (só um estará presente, estando os outros ausentes); a de um segmento faz-se entre termos *copresentes*.

O sentido de *deslocamento* que se acaba de estabelecer não é, todavia, mantido ao longo do texto de Freud e, sobretudo, não coincide com o sentido da mesma palavra na *Interpretação dos Sonhos*, onde Freud só dedica a sua atenção ao último processo, o da acentuação de um segmento em relação a outro: mas onde Freud não assinala as condições dessa «mudança de acento». «Os elementos que nos parecem essenciais para o conteúdo desempenhavam, nos pensamentos do sonho, apenas uma função muito restrita. Inversamente, o que é visivelmente o essencial dos pensamentos do sonho está, por vezes, completamente ausente na sua representação» (p. 263).

«No trabalho do sonho manifesta-se um poder psíquico que, por um lado, despoja da sua intensidade elementos de alto valor psíquico, e, por outro lado, graças à sobredeterminação, dá um valor maior a elementos de menor importância, de modo que estes possam penetrar no sonho» (pp. 265–266). A função essencial opõe-se à função restrita, a forte intensidade à fraca intensidade: trata-se, pois, de uma mudança de acento; mas Freud não se detém sobre a eventual incoerência que resulta dessa mudança, que, por seu turno, incita o interlocutor (o intérprete) a dedicar-se ao processo inverso, o da reinterpretação que lhe permitiria encontrar de novo um texto coerente.

Também na *Introdução à Psicanálise* Freud deixa de mencionar, a propósito do deslocamento, a incoerência inicial, mas dá-lhe outros dois sentidos, a nosso ver muito diferentes: «O deslocamento exprime-se de duas maneiras: em primeiro lugar, um elemento latente é substituído, não por um dos seus elementos constitutivos, mas por algo mais afastado, ou seja, uma alusão; em segundo lugar, o acento psíquico é transferido de um elemento importante para outro, pouco importante, de modo que o sonho recebe outro centro e parece estranho» (p. 158). Esta qualificação de «estranho» é a única marca que fica da utilização do termo no *Dito de Espírito*.

A razão desta modificação do sentido do termo talvez esteja na diferença de natureza entre o sonho e o dito de espírito: aquele é formado por quadros estáticos descontínuos, o que impede que se perceba a incoerência entre dois segmentos sucessivos (ou, pelo menos, torna-a menos importante); o dito de espírito participa da linearidade do discurso, em que cada parte está, necessariamente, *antes* e *depois* de outra. Não podendo dedicar-me à descrição do sonho, deixo a questão em aberto; mas é notável o facto de Freud, ao relatar, no *Dito de Espírito*, o funcionamento do mecanismo onírico, retomar a descrição do deslocamento exatamente como aparecia na *Interpretação dos Sonhos*, sem se aperceber da contradição que resulta da utilização desse termo no domínio do espírito: «Este deslocamento manifesta-se pelo facto de tudo o que se encontrava na periferia e era acessório nos pensamentos oníricos se encontrar, no sonho manifesto, transposto para o centro, impondo-se vivamente aos sentidos; e vice-versa» (p. 251).

Portanto, na parte descritiva do *Dito de Espírito*, a única que incide diretamente sobre factos verbais, o deslocamento, ou incoerência semântica, é bem diferente da reinterpretação que permite assimilá-lo; é uma relação que não se pode comparar com a condensação, ou com a representação indireta, etc. Em contrapartida, é análoga à da unificação, que corresponde igualmente a uma relação entre partes *in praesentia*, e até vemos esboçar-se uma relação simétrica: no caso da unificação, trata-se de um discurso superorganizado, em que a relação sintagmática dos termos vizinhos é reforçada por uma relação paradigmática; e, no caso do deslocamento (ou dos outros «erros de raciocínio»), trata-se de um discurso por assim dizer «suborganizado» — já não se obtém a coerência mínima das réplicas sucessivas. No fim de contas, pouco importa que Freud tenha utilizado esse termo com vários sentidos; o que nos interessa é distinguir entre: 1. qualquer substituição de sentido; 2. a mudança de acento de um segmento do enunciado para o outro; 3. a incoerência semântica entre segmentos contíguos. É evidente que a primeira aceção da palavra é a menos interessante (pois é a mais banal); as outras duas são mais ricas, mas, seja qual for aquela a que chamemos «deslocamento», não as devemos confundir.

Vemos, assim, como são parciais as tentativas, feitas na esteira de Lacan, de juntar os dois conceitos freudianos — condensação e deslocamento — a categorias retóricas como a metáfora e a metonímia (a menos que, bem entendido, se reestruture o sentido de um ou de outro destes pares terminológicos; mas, nesse caso, qual será o interesse da operação?). A condensação engloba todos os tropos: a metáfora, a metonímia e outras relações de evocação de sentido(8); o deslocamento não é uma metonímia (não é um tropo), pois não é uma substituição de sentido, mas uma relacionação de dois sentidos copresentes(9). Mas a ambiguidade, devemos dizê-lo, está no próprio texto freudiano. Depois de ter ilustrado tão bem o deslocamento como uma relação entre partes que se seguem, depois de ter distinguido o deslocamento da condensação e da representação indireta, Freud escreve, na *Interpretação dos Sonhos*: «Os deslocamentos que observámos parecem ser substituições de uma certa representação por outra que lhe estava estreitamente associada; servem para a condensação do sonho, pois, desse modo, em vez de dois elementos, só um — que tinha traços comuns a ambos — entrava no sonho» (pp. 291–292); e no *Dito de Espírito*: «Devem incluir-se entre os deslocamentos não só o desvio do curso das ideias, mas ainda todas as espécies de representação indireta, em particular a substituição por um elemento significativo (mas injurioso) de um elemento indiferente, mas aparentemente inofensivo para a censura, elemento que representa uma alusão muito longínqua ao primeiro, um símbolo, uma equivalência, um pormenor. [...] A elaboração do sonho utiliza até ao excesso esses meios da representação indireta. Qualquer espécie de conexão basta, sob a pressão da censura, para criar um substituto por alusão; parece ser permitido o deslocamento de um elemento para qualquer outro» (pp. 263–264). Assim, o deslocamento engloba o símbolo, os tropos, as alusões, as representações indiretas, que tanto trabalho deram a distinguir! A este nível de generalidade, o termo perde todo o interesse, tornando-se um sinónimo supérfluo; mas tem um inegável interesse na sua utilização específica([10]), pois permite identificar um processo semântico até então ignorado. Renunciaremos a seguir *este* Freud: se o dito de espírito cultiva voluntariamente o processo de deslocamento, custa-nos encontrar a razão por que a pesquisa científica fará o mesmo.

Continua a haver necessidade de manter uma distinção essencial, que não desempenha qualquer função nos textos de Freud: a das relações que se estabelecem entre as partes *presentes* de um enunciado e as relações que se formam entre essas mesmas partes e outras, *ausentes*.

CALEMBUR, EMPREGO MÚLTIPLO, DUPLO SENTIDO

Retomemos agora a classificação do primeiro grupo, o «espírito das palavras». Vimos que a condensação, mais do que um subgrupo, é uma categoria que se aplica a todos os ditos de espírito. Os outros dois grupos são «o emprego do mesmo material» e «o duplo sentido», a que acrescentei um quarto grupo, o do calembur, que não figura no quadro da página 59 do livro de Freud, mas que ele examinou antes da primeira subcategoria do «espírito do pensamento» — o deslocamento.

Porém, este lugar marginal concedido ao calembur não pode deixar de chamar a atenção. Freud atribui-o à influência do «desdém com que, em geral, é considerado esse género de ditos» (p. 64). Esse desdém está patente mesmo entre as raras pessoas que se interessam pelos jogos de palavras. «O calembur é um mau jogo de palavras, porque joga com a palavra não na sua qualidade de palavra, mas enquanto som», escreve K. Fischer citado por Freud (p. 66); e, para não dar senão mais um exemplo, um Louis Renou, sensibilizado, apesar de tudo, pela tradição sânscrita, fala igualmente do «processo bárbaro do calembur ou da aliteração([11])». O próprio Freud, que conhece esta tradição, não deixa de compartilhar esse desdém. «A técnica da sua expressão é das mais simples, ao passo que o jogo de palavras propriamente dito recorre às mais elevadas [técnicas]» (p. 64). «O calembur não é mais do que uma subvariedade do grupo em que o jogo de palavras propriamente dito continua a ser o tipo mais elevado» (pp. 67–68). O jogo de palavras é «elevado», o calembur, baixo... Porquê? Eis como Freud identifica a técnica do calembur: «basta que as duas palavras vetoras se sugiram uma à outra por uma semelhança qualquer: «semelhança geral na sua estrutura, assonância ou aliteração, etc.» (p. 64). Mas esta mesma descrição pode aplicar-se aos «jogos de palavras». O próprio Freud nota este facto: «nos jogos de palavras também se trata uma assonância à qual se associa um sentido ou outro. A linguagem corrente quase não estabelece diferença nítida entre as duas e, se trata o calembur com desprezo e o jogo de palavras com um certo respeito, é porque, aparentemente, esta apreciação não depende da técnica, mas de outras considerações» (pp. 66–67). Curiosa «consideração» num capítulo dedicado precisamente à técnica. E Freud nunca explica em que consiste a diferença «depreciativa».

Eis um exemplo representativo de todos os que são citados nessa secção do livro:

> Hevesi aplica a um poeta italiano — que, apesar das suas opiniões anti-imperialistas, se viu obrigado a celebrar em hexâmetros um imperador alemão — as seguintes palavras: «Não podendo escorraçar os Césares, conseguiu, pelo menos, dissipar as cesuras» (pp. 65–66).

Aqui, a «técnica» consiste em aproximar, na cadeia sintagmática, duas palavras cujos significantes se assemelham, mas cujos significados são independentes; obtém-se, assim, um certo efeito semântico.

Confrontemos agora, com esta descrição, os ditos de espírito pertencentes ao grupo «utilização múltipla do mesmo material», subespécie «com uma ligeira modificação». Por exemplo:

> Senhor Conselheiro, disse ele, conhecia o seu antessemitismo, mas ignorava o seu antissemitismo (p. 47).
>
> Traduttore – Traditore! [Tradutor — Traidor!] (p. 47).
>
> Amantes amentes [amantes, dementes] (p. 47).

Nenhuma relação de parentesco liga os significados *ante-anti*, *traduttore-traditore*, etc., mas os significantes assemelham-se, e a sua aproximação na cadeia cria um efeito semântico (de semelhança ou de oposição). Estes ditos de espírito são idênticos, do ponto de vista linguístico, ao exemplo precedente (Césares-cesuras). O erro da classificação de Freud provém do facto de falar de emprego do *mesmo* material, quando esse material está *modificado*, embora ligeiramente: *ante* não é *anti*, assim como *César* não é *cesura*.

Porquê esta recusa generalizada do calembur, porquê esta depreciação de «uma semelhança qualquer» entre duas palavras, qual a razão destes erros de descrição? A distinção entre «calembur» e «jogo de palavras», tal como está patente na frase de Fischer, rejeita, no calembur, as frases em que só está presente uma relação (de semelhança) entre significantes; e admite, nos jogos de palavras, frases em que a relação dos significantes é reforçada por uma relação entre significados. Assim formulada, a distinção poderia defender-se: a «gratuitidade» da aproximação fónica, num caso, opor-se-ia à sua «carga» semântica, no outro.

Acontece que a oposição é factícia: *a relação dos significantes* — e isto não é a lição menos importante da análise do calembur — *provoca sempre uma relação entre significados.*

As palavras «Césares» e «cesuras» não têm nenhum sema comum, se consultarmos o dicionário. Mas a *significância* de que são providos os signos no vocabulário não é idêntica ao *sentido* atualizado no discurso, para empregar a terminologia de Benveniste ([12]) (Beauzée teria dito *aceção* e *sentido*). Em relação à frase de Hevesi, César e cesura tornam-se antónimos; o essencial (escorraçar os Césares) opõe-se ao insignificante (conseguir dissipar as cesuras). A estrutura sémica de uma palavra, considerada na perspetiva do discurso, deixa de ser a interseção de um número finito de categorias elementares; qualquer aproximação pode fazer surgir um novo sema na palavra: a lista dos semas que constituem o sentido nunca está terminada (o que também quer dizer: não se pode deduzir o sentido da significância). A prática poética habituou-nos a este facto: basta que duas palavras rimem, ou sejam simplesmente vizinhas, para que dessa posição resulte um efeito semântico. Portanto, no discurso não há relação entre significantes sem que haja relação entre significados; neste sentido, não há diferença entre «calembur» e «jogos de palavras»; tudo o que podemos observar é a maior ou menor riqueza da relação semântica, a maior ou menor motivação da relação entre significantes.

Fica por estabelecer a questão, secundária, da terminologia. Pelo menos na tradição francesa dos tratados sobre este assunto, o processo aqui analisado tem outro nome, que é o de uma figura de retórica (nunca se lamentará o suficiente o esquecimento em que Freud mantém a retórica): é a *paranomásia*, definida vulgarmente como uma figura que «reúne na mesma frase palavras cujo som é pouco mais ou menos o mesmo, mas cujo sentido é completamente diferente» ([13]).

E o que é feito dos exemplos reunidos sob a rubrica «emprego do mesmo material»? Sobre os treze ditos de espírito analisados, apenas três justificam esta denominação.

> O casal X vive uma situação bastante difícil. Segundo alguns, o marido teria ganho muito dinheiro para se deitar em lençóis de seda; segundo outros, a mulher ter-se-ia deitado em lençóis de seda para ganhar muito dinheiro (*) (p. 46). *Put not your trust in money but put your money in trust* (14) (p. 46). O candidato [a um exame de direito] tem de traduzir uma passagem do código: *Labeo ait*... Passo!, diz ele, desistindo... — Passou, digo eu, retoma o examinador, e dá o exame por terminado (15) (pp. 47–48).

Em cada um destes casos, é na verdade um mesmo «material» que se retoma, quer dizer, as mesmas palavras; mas elas têm significados diferentes, o que justifica a denominação «emprego múltiplo do mesmo material». De resto, esta figura tem igualmente um nome retórico: é a *antanáclase*, que Fontanier definiu como «a repetição de uma mesma palavra, tomada em sentidos diferentes» (p. 348). A diferença entre paronomásia e antanáclase é a que existe entre semelhança e identidade; esta última inclui, como uma das suas subclasses, a derivação (ou a conjugação, ou a declinação): o essencial é que a raiz continue a mesma (16). Por outro lado, observa-se que a antanáclase está próxima do deslocamento, mas exige, além disso: 1.º que não haja segunda ocorrência da palavra, mas que se deduza o segundo significado por implicação; e 2.º que esses dois sentidos sejam evocados por réplicas atribuídas a interlocutores diferentes (não creio que se deva fixar a este nível o caráter voluntário ou involuntário da mudança de sentido).

Examinemos os outros exemplos de «empregos múltiplos do mesmo material» dados por Freud, ou seja, como escreverei de agora em diante, de antanáclases:

(*) Tradução muito «livre», mas que nos parece conservar a técnica do dito de espírito em questão. [*N. da T.*]

Como tem andado? diz o cego para o paralítico.
— Como vê, responde este último ao cego (p. 48).

A subclasse a que pertence este exemplo é assim identificada: as mesmas palavras são utilizadas no seu sentido *pleno* ou *vazio*; ou, mais exatamente, lexical ou idiomático. Mas poderá falar-se aqui de um «emprego múltiplo», como pretende Freud? Os verbos «andar» e «ver» aparecem apenas uma vez; são simultaneamente portadores de dois sentidos, o sentido do dicionário e o de uma locução. Trata-se de um *duplo sentido* e não de um *emprego múltiplo*.

É certo que Freud hesita muito antes de distinguir essas duas categorias. Por vezes, apoia-se na oposição («neste caso particular, o emprego múltiplo é muito mais aparente do que o duplo sentido», p. 56); outras vezes, considera-a vã: «As outras modalidades de emprego múltiplo, que, com o nome de *duplo sentido*, também se podem agrupar numa terceira categoria, são suscetíveis de ser subdivididas em grupos tão pouco diferentes um do outro como o são, no seu conjunto, a terceira e segunda categorias» (pp. 50–51) ou ainda: «Nenhuma dificuldade no que respeita à fusão da segunda e terceira categorias, como já dissemos. O duplo sentido e o jogo de palavras representam o caso ideal do emprego do mesmo material» (p. 60). Digamos que a primeira intuição era, retoricamente, a que convinha: o «duplo sentido» não é idêntico à antanáclase; uma única ocorrência da palavra (do significante) neste caso, opõe-se às múltiplas ocorrências do primeiro caso. A possibilidade de uma palavra ter simultaneamente vários sentidos, dentro de uma mesma frase, era inventariada pela retórica: é a *silepse*. Mas Freud não confiou na categoria por ele próprio articulada; daí o aparecimento de antanáclases no grupo do «duplo sentido»; e de silepses no do «emprego múltiplo».

Acabamos de destacar, a partir da análise dos exemplos de Freud, duas categorias mal identificadas por ele: a oposição entre *identidade* e *semelhança dos significantes*; a oposição entre *ocorrência única* e *ocorrência múltipla de um significante* idêntico ou semelhante (no caso de haver mais de um significado). Mas um sistema combinatório de duas dimensões produz quatro termos; ora, até agora apenas encontrámos três: ocorrência única do mesmo, *silepse*; ocorrência múltipla do mesmo, *antanáclase*; ocorrência múltipla do semelhante, *paronomásia*. Que é feito da quarta categoria, a ocorrência única do semelhante? Existe? Como imaginá-la?

Esta misteriosa classe existe, e tem até duas importantes variedades. A primeira é a que Freud descreve com o nome de «condensação, com palavras compósitas». Qual é o mecanismo destes ditos de espírito? Voltemos ao primeiro exemplo analisado:

> Hirsch-Hyacinthe gaba-se das suas relações com o rico barão de Rothschild e termina com estas palavras: — Doutor, assim Deus me proteja, como eu estava sentado ao lado de Salomon Rothschild e ele me tratou de igual para igual, de modo completamente *familionário* (p. 21).

O significante «familionário», ocorrência única, reenvia a dois significados, *familiar* e *milionário*, cujos significantes não são idênticos mas semelhantes. Para sugerir os dois significados, houve necessidade de construir um significante composto, que comporta partes de um e de outro. O termo linguístico para designar estas construções é *contaminação* [ou ainda, *palavra-saco* ([17])].

Esta forma de simbolização parece particularmente frequente no sonho, em que, por exemplo, chega à criação de «pessoas coletivas», e isto segundo várias modalidades: simples adição ou sobreimposição, do género das imagens «genéricas» de Galton (cf. *L'Interprétation des rêves*, pp. 254–255).

Mas é igualmente possível evocar dois significados cujos significantes são apenas semelhantes, sem produzir uma contaminação. No entanto, esta evocação exige a realização de outra condição: o significante 2 substitui o significante 1 no interior de um contexto que, todavia, evoca o significante 1. No caso mais simples, o contexto é uma locução, um provérbio, uma citação muito conhecida, em que uma palavra é substituída pelo seu parónimo. Eis alguns exemplos:

> Viajei com ele em *tête-à-tête* (p. 34).
>
> Um jovem que levara, até então, uma vida livre no estrangeiro faz uma visita a um amigo, depois de uma longa ausência. O amigo, admirado por ver que o outro trazia uma aliança no dedo, exclama: «O quê!, você casou? — Sim, responde o outro, *Trauring aber wahr* (pp. 28–29) (*).

Substitui-se, no meio da locução de um dito (*tête-à-tête*, *Traurig aber wahr*), um dos termos por uma palavra foneticamente semelhante, mas de sentido diferente; o termo excluído é, no entanto, evocado pelo contexto. Uma variante deste processo é ilustrada com os seguintes exemplos:

> *Jeder Klafter eine Konigin* (feito a partir de *Jeder Zoll ein Konig*) (p. 111).
>
> *Er hat ein Ideal vor dem Kopf* (em vez de *ein Brett*) (p. 112).

(*) Na impossibilidade de tradução, podemos imaginar um equivalente em português, por exemplo: O lisboeta pergunta ao amigo do Porto: — Achas que o ministro é *competente*? (Resposta do amigo: — Sim, é *cão potente*... [*N. da T.*]

Trata-se, mais uma vez, de uma substituição dentro de uma expressão feita (estereotipada), mas deixa de haver semelhança entre os significantes (*Zoll-Klafter*, *Ideal-Brett*); a relação não é semântica; no entanto, o contexto fixo basta para evocar o termo ausente.

Ora, este tipo de dito de espírito teve sempre um nome que os tradutores de Freud empregam, aliás, com razão: é, justamente, calembur.

Assim, propomos, em vez das «condensações», «empregos múltiplos», «duplo sentido» e «calembur», outros quatro grupos, baseados na oposição entre semelhança e identidade, ocorrência única e múltipla: *antanáclases*, *paronomásias*, *silepses*, e, no quarto caso, *contaminação* e *calembur*, quando o segundo significante está parcial ou totalmente ausente.

A PARCIMÓNIA E O CONTRASSENSO

Acabámos de analisar as principais categorias que Freud usa para descrever a técnica do dito de espírito. Devemos voltar-nos agora, ao concluir esta investigação, para a explicação de conjunto que dá do fenómeno do espírito.

Ao longo de todo o capítulo dedicado à técnica do dito de espírito, essa explicação de conjunto suspende-se na noção de «parcimónia». «Uma tendência para a compressão, ou melhor, para a *parcimónia*, domina todas essas técnicas» (p. 60); ou ainda: «Esta tendência para a parcimónia, único e último fator comum que as nossas investigações relativas à técnica do espírito das palavras deixam subsistir...» (p. 117). A mesma explicação é repetida e amplificada no capítulo dedicado ao «mecanismo do prazer e psicogénese do espírito»: «Em todos estes casos de repetição das mesmas relações ou do mesmo material verbal, de redescoberta do conhecido e do novo, teremos, sem dúvida, o direito de atribuir o prazer sentido à economia de dispêndio psíquico...» (p. 188).

Os exemplos citados por Freud, apoiando esta hipótese, são, no entanto, muito pouco elucidativos. No primeiro, a parcimónia viria da palavra *vol* [voo e roubo], utilizada simultaneamente com os dois sentidos. Mas a parcimónia de esforço físico, que teria sido necessário para pronunciar duas palavras em vez de uma, não será largamente compensada pelo dispêndio de esforço mental necessário para encontrar uma palavra que tão bem se aproprie aos dois sentidos visados? Ou ainda: «Testa de ferro — baú de ferro — coroa de ferro. Que extraordinária parcimónia de palavras em comparação com o comprimento das frases que traduziriam este pensamento na ausência do termo "de ferro"» (p. 61). Mas, nesse caso, qualquer palavra é uma economia: na sua ausência, não se poderia exprimir o seu conteúdo senão por uma perífrase; assim, deixa de ser possível caracterizar certos discursos por oposição a outros.

Do mesmo modo, Freud afirma que existe economia quando se encontra uma descrição do objeto no seu próprio nome, ou, ainda, quando se voltam a utilizar, como sentido diferente, as mesmas palavras que acabamos de ouvir: mas, nesse caso, ao dispêndio psíquico evidente (pois consegue exprimir-se outro sentido) nem sequer se junta uma «parcimónia» fonética. Ainda menos aceitável parece ser a tentativa de ligar a sinédoque (a representação pelo pormenor) à parcimónia (p. 117): a parte, com efeito, é mais pequena que o todo, mas o espírito tem de efetuar *mais* uma operação — e não *menos* uma —, para obter o mesmo resultado. Freud escreve, mais adiante: «Quanto mais as duas ordens de ideias que a mesma palavra aproxima estão afastadas, mais estranhas elas são a uma e a outra e maior é a parcimónia do trajeto que o pensamento realiza graças à técnica do espírito» (pp. 181–182); mas, poderíamos acrescentar: também é maior o dispêndio implicado no próprio dito de espírito.

A fragilidade deste conceito de parcimónia não escapou a Freud e, no mesmo momento em que o apresenta, faz esta cética observação: «Além disso, confessemo-lo, as economias realizadas pela técnica do espírito não nos conseguem iludir. Algumas lembram-nos, talvez, as das donas de casa que perdem tempo e gastam no transporte, na esperança de, num mercado afastado, pagarem menos uns tostões pelos legumes. Que economias consegue o espírito pela sua técnica? Economiza o conjunto de algumas palavras novas que, na maior parte das vezes, seriam facilmente encontradas; em troca, o espírito tem de dar-se ao trabalho de procurar a palavra capaz de revestir os dois pensamentos; muitas vezes, até tem de procurar primeiro, num dos seus pensamentos, uma expressão pouco usual mas suscetível de conseguir uma fusão com a segunda. Não seria mais simples, realmente mais económico, exprimir os dois pensamentos tal como se apresentam, com o risco de não lhes encontrar nenhuma expressão comum? A parcimónia de palavras não será mais do que compensada por um suplemento de dispêndio intelectual?» (pp. 63–64). E, mais à frente, Freud confirma esta dúvida: «A economia realizada ao empregar as mesmas palavras ou ao evitar novas combinações de pensamentos teria sido insignificante em relação ao colossal dispêndio da nossa atividade cogitiva» (p. 237).

Assim, ao que parece, a explicação sobre a parcimónia é eliminada. Mas, de facto, como acontece muitas vezes no interior de um mesmo texto de Freud, a mesma categoria é, primeiro afirmada, depois negada, sem nunca desaparecer — dá acesso ao estatuto de uma presença ambígua. Na versão revista da explicação do espírito, a noção de parcimónia mantém-se, mas limitada a uma única das suas espécies.

Escreve Freud: «As parcimónias realizadas pelo espírito com o esforço da inibição psíquica, parcimónias que, em relação ao esforço psíquico total, são insignificantes, continuam a ser para nós uma fonte de prazer, porque nos economizam um dispêndio particular a que estávamos habituados e que, mais uma vez, estávamos prontos a estabelecer» (p. 238). E conclui: «Assim, graças a uma compreensão mais justa dos processos psíquicos do espírito, o fator alívio vem substituir, para nós, o fator parcimónia» (p. 239). Este alívio específico é assim definido: «Descobrimos, por analogia com a elaboração do sonho, o caráter essencial do dito de espírito num compromisso, dirigido pela elaboração do espírito, entre as exigências da crítica racional, e a pulsão de não renunciar a esse prazer de antanho, ligado ao contrassenso e ao jogo com as palavras» (p. 314). O segredo do espírito reside num *retorno ao contrassenso primitivo.*

O facto de se pôr de novo em equivalência o espírito e o contrassenso merece uma atenção especial. Escreve Freud: «É mais fácil e mais cómodo abandonar o percurso já desbravado pelo pensamento do que percorrê-lo; é sem dúvida mais fácil misturar elementos heteróclitos do que opô-los uns aos outros; é particularmente cómodo admitir as fórmulas silogísticas repudiadas pela lógica, e, por fim, juntar as palavras e as ideias sem qualquer preocupação com o seu sentido; ora, são esses, precisamente, os métodos das técnicas espirituosas em questão» (p. 189). É ao que Freud chama «abreviadamente» o «prazer do contrassenso».

Estas frases não podem deixar de surpreender o leitor do capítulo dedicado à técnica do espírito. Fica a saber, o que não é de desprezar, que é mais difícil seguir os esquemas conhecidos do que abandoná-los; mas, além disso, como poderá o leitor conciliar as práticas do espírito descritas anteriormente por Freud com a afirmação depois enunciada de que as palavras, nas práticas do espírito, são «misturadas», sem qualquer «preocupação com o seu sentido»? No entanto, esta última afirmação é a única que permite reproduzir no espírito o «prazer do contrassenso», essa transformação da parcimónia.

Ao pretender afirmar a existência de uma experiência que se opõe ao «jugo da razão», o próprio Freud, na sua descrição, contribui para que esse jugo se mantenha. As frases precedentes só podem significar o seguinte: *tudo o que não é sentido é contrassenso*. Tudo o que não corresponde às nossas noções clássicas de sentido, de lógica, de razão só pode ser o seu contrário, não pode existir senão pelo prazer de conseguir um contrassenso. Em nenhum momento a ideia de que essa atividade possa ser regida por um princípio que não seja o do «sentido» vem contrabalançar este juízo negativo. O valor da explicação pelo contrassenso é, precisamente, este: não reconhecer senão o único «sentido» como princípio diretor da nossa atividade psíquica. Aqui está uma singular constatação, se pensarmos que é a conclusão de um texto de Freud que afirma a autonomia dos processos inconscientes; e, no entanto, é a única que permite perceber esta explicação do espírito pelo contrassenso ([18]). A economia da explicação freudiana não deixa lugar para um mecanismo simbólico, ao lado daquele que os signos e a sua lógica representam.

Mais exatamente, com um gesto repetido milhares de vezes antes e depois dele, Freud concede a existência do simbólico aos que não são semelhantes a *nós* — homens adultos e normais do Ocidente contemporâneo; reconhece a existência do «contrassenso» (ou seja, do simbólico), mas apenas nos *outros*: os loucos, os selvagens, as crianças... «A criança reúne as palavras sem se preocupar com o seu sentido, para fruir do prazer do ritmo e da rima» (p. 189): partindo do princípio de que o facto se confirma, por que razão restringir o prazer do ritmo ao do contrassenso? «Estes processos encontram-se em certas espécies de psicopatas» (p. 190). Ou nos bêbados: «O álcool faz do adulto uma verdadeira criança que tem prazer em se abandonar ao encadeamento das suas ideias, sem se preocupar com a ordem lógica» (p. 192). Freud não está longe de partilhar as ideias de Lévy-Bruhl ou de Renan sobre as línguas primitivas: «Todos os modos da linguagem próprios para traduzir as formas mais subtis do pensamento, conjunções, preposições, mudanças de declinação e de conjugação, tudo é abandonado, por falta de meios de expressão; só os materiais brutos do pensamento podem ainda exprimir-se como numa língua primitiva, sem gramática.» Quando os símbolos abundam, escreve ainda Freud, «esse facto pode atribuir-se a uma regressão arcaica no aparelho psíquico» (*Nouvelles conférences sur la psychanalyse*, Gallimard, Paris, 1971, p. 29). Com a sua recusa do simbólico, Freud chega a um racismo e elitismo declarados: «É fácil verificar que uma criança, um homem do povo ou um indivíduo de certas raças não se limita, nas suas narrativas e descrições, a palavras claras e explícitas para comunicar ao auditor a sua representação; traduz o seu conteúdo por uma mítica expressiva, associa a linguagem mímica à mensagem verbal, apoia-se sobretudo na quantidade e intensidade» (p. 296). Não podemos nem devemos pagar por este preço a explicação do espírito pela parcimónia ou pelo contrassenso, que é, nada mais nada menos, que a eliminação de todo o domínio do simbólico, quando não é a clara afirmação dessa espécie de egocentrismo que é o racismo. Se o simbólico existe — na criança como no adulto, nos selvagens de «certas raças» como em nós —, se a razão do símbolo não está apenas em ser simplesmente um signo, então essa explicação é inadmissível. O segredo do espírito continua por descobrir.

RETÓRICA E SIMBÓLICA DE FREUD

No seu trabalho sobre o dito de espírito e o sonho, Freud descreve um mecanismo específico a que quase sempre chama o «trabalho (do sonho)» e que ele calcula ser exclusivamente próprio ao — e portanto característico do — inconsciente. Os processos destacados por Freud, como a condensação, a representação indireta, o deslocamento, o calembur, etc., devem atribuir-se, segundo ele, não ao sonho em particular, mas a todas as atividades do inconsciente — e só a elas. «Não é necessário admitir, no trabalho do sonho, a existência de uma atividade simbólica especial do espírito. O sonho utiliza os símbolos já dispostos no inconsciente» (*Interprétation des rêves*, p. 300). Quando Freud compara o sonho e a histeria, mantém a mesma afirmação, ainda com mais vigor: trabalho do sonho e sintomas histéricos têm uma origem comum: «*Esta elaboração psíquica anormal de um pensamento normal só se pode realizar quando se transferiu para esse pensamento normal um desejo inconsciente de origem infantil que se encontra recalcado*» (*ibid.*, p. 508, o sublinhado é de Freud).

Ora, toda a análise a que acabamos de nos dedicar (e, nesse aspeto, o *Dito de Espírito* é simplesmente mais cómodo de analisar, mas os resultados não seriam diferentes depois de uma análise à *Interpretação dos Sonhos*) provam o contrário: o mecanismo simbólico que Freud descreveu nada tem de específico; as operações por ele identificadas (no caso do espírito) são, simplesmente, as de todo o simbolismo linguístico, tal como foram inventariadas particularmente pela tradição retórica. Num estudo que apareceu em 1956, Benveniste já percebera muito bem tudo isso: ao descrever o sonho e o espírito, Freud reencontrara, sem se aperceber, o «velho catálogo dos tropos».

Isto não quer dizer que todas as distinções e definições de Freud se encontrassem já num tratado de retórica; mas a natureza dos factos que descreve é, rigorosamente, a mesma. Em certos pontos ele fica aquém da descrição retórica (como no que respeita ao espírito das palavras e à delimitação das figuras como a paronomásia, a antanáclase, a silepse, etc.); noutros pontos, chega a resultados semelhantes (por exemplo, a confusão que faz entre factos copresentes, de um lado, e presentes e ausentes, do outro, encontra-se na incapacidade dos retóricos em definirem com clareza a diferença entre figura e tropo); finalmente, em certos momentos, destaca e descreve factos verbais que tinham escapado à atenção dos retóricos, como o deslocamento, apesar das incertezas que notámos na utilização dessa palavra. Se acrescentarmos que, nessa época (princípio do século XX), a tradição retórica tinha caído no esquecimento, o mérito de Freud aumenta: *O Dito de Espírito* é a obra de semântica mais importante do seu tempo.

Certas passagens da *Interpretação dos Sonhos* mostram Freud quase consciente do facto de estar a descrever as formas de todo o processo simbólico inconsciente. Assim, na célebre primeira página do capítulo sobre «O Trabalho do Sonho», Freud define globalmente o sonho pela transposição, *Übertragung*, palavra que traduz, com justeza, *metáfora*, na *Poética* de Aristóteles. «O conteúdo [manifesto] do sonho aparece-nos como uma transposição dos pensamentos [latentes] do sonho num modo de expressão... O conteúdo do sonho é-nos dado sob a forma de hieróglifos, cujos signos devem ser sucessivamente transpostos para a língua dos pensamentos do sonho» (*Interprétation des rêves*, pp. 241–242). A descrição do hieróglifo e do processo do enigma que se segue a essas frases lembra, mais do que nenhuma outra, a de Clemente de Alexandria (cf. neste livro pp. 310 e segs.). Freud opõe a imagem ao enigma: ora, é a oposição que Clemente fazia entre o primeiro e o segundo grau dos hieróglifos simbólicos, e vimos que essa diferença era paralela à diferença entre sentido próprio e sentido transposto ou tropo. Portanto, o sonho fala por tropos.

Quanto à aproximação entre os processos do sonho e a metáfora segundo Aristóteles, ela aparece superficialmente, uma vez, no texto de Freud. Depois de ter notado no sonho a ausência de certas relações lógicas, Freud escreve: «Apenas uma das relações lógicas é favorecida pelo mecanismo da formação do sonho. É a *semelhança*, a *concordância*, o *contacto*, o "do mesmo modo que"; para os representar, o sonho dispõe de inúmeros meios» (*L'Interprétation des rêves*, p. 275). Numa nota ligada a esta última palavra, acrescenta: «Veja-se a observação de Aristóteles sobre as capacidades necessárias à interpretação, cf. p. 91, nota 2.» E, na mencionada nota 2, lê-se: «Segundo Aristóteles, o melhor comentador de sonhos é aquele que melhor percebe as semelhanças...» Mas lembremos que, para Aristóteles, essa propriedade qualifica igualmente o sonho e os tropos, pois «saber fazer metáforas é, na verdade, perceber as semelhanças» (*Poética*, 14519, a). De resto, tanto Freud como Aristóteles entendem por «semelhança» qualquer equivalência simbólica, pois *metáfora* inclui, em Aristóteles, sinédoques e metáforas; e, para Freud, a transposição inclui a semelhança, mas também a «concordância» e o «contacto».

Ao processo simétrico e inverso da simbolização Freud dá o nome geral de *interpretação*. «O trabalho que transforma o sonho latente em sonho manifesto chama-se *elaboração do sonho*. O trabalho contrário, aquele que pretende chegar do sonho manifesto ao sonho latente, chama-se *trabalho de interpretação*» (*Introduction à la psychanalyse*, p. 155). «O trabalho do sonho, diz outra fórmula célebre, limita-se a transformar» (*Interprétation des rêves*, p. 432). Mas não será esta a definição de toda a simbolização?

Ao contrário do que ele próprio deveria pensar, o contributo original de Freud para a teoria do simbolismo em geral não está na descrição do trabalho do sonho ou da técnica do espírito: a sua originalidade não passa, neste caso, de um pormenor; no conjunto, limita-se a redescobrir as distinções retóricas e a aplicá-las sistematicamente a um novo domínio. Em contrapartida, quanto à *interpretação*, Freud é realmente inovador. Com efeito, distingue duas técnicas de interpretação: *simbólica* e *associativa*, ou, usando as suas próprias palavras, «Duas técnicas: apoiar-nos-emos nas associações de ideias do sonhador, supriremos aquilo que faltar por meio do conhecimento dos símbolos do intérprete» (*L'Interprétation des rêves*, p. 303). Ora, a delimitação e a descrição da técnica associativa (mais importante que a outra, aos olhos de Freud) nunca tinham sido tentadas anteriormente.

A técnica simbólica — anexa — consiste em servir-se de um inventário estabelecido definitivamente, tal como uma «chave dos sonhos», para traduzir, uma por uma, as imagens presentes em pensamentos latentes. Esta técnica não deve ser aplicada senão a uma parte do sonho, aquela que, como o seu nome indica, é constituída por símbolos (no sentido restrito). Para Freud, o traço constitutivo do símbolo é o facto de o seu sentido não variar: os símbolos são universais. «Entre os símbolos utilizados, existem muitos que têm sempre ou quase sempre o mesmo sentido» (*L'Interprétation des rêves*, p. 302). «A essa relação constante entre o elemento de um sonho e a sua tradução damos o nome de simbólica, sendo o próprio elemento um símbolo do pensamento inconsciente do sonho» (*Introduction à la Psychanalyse*, p. 135). Esta imobilidade do sentido não exclui, no entanto, a pluralidade: «Em comparação com os outros elementos do sonho, podemos atribuir-lhes uma significação fixa, mas que não é necessariamente única» (*Nouvelles conférences sur la psychanalyse*, p. 19).

A diferença entre a simbólica de Freud e as chaves dos sonhos populares (Freud, ao referir-se a elas, emprega também o termo «decifração», *L'Interprétation des rêves*, pp. 91–92) não está na forma lógica, mas na fonte que leva à descoberta do sentido latente: «Na interpretação simbólica [tradicional], a chave do símbolo é escolhida arbitrariamente pelo intérprete; nos nossos casos de disfarce verbal, essas chaves são conhecidas universalmente e comunicadas por locuções usuais» (*L'Interprétation des rêves*, p. 294). São as locuções da língua que nos comunicam essas equivalências universais; o mesmo fazem os mitos, os contos populares e outros hábitos. «Esta simbólica não existe só no sonho, encontramo-la em toda a imagística inconsciente, em todas as representações coletivas, especialmente nas populares: no folclore, nos mitos, nas lendas, nos ditados, nos provérbios, nos vulgares jogos de palavras» (*L'Interprétation des rêves*, p. 301; outra enumeração encadeia os «costumes, usos, provérbios e cantos de diferentes povos, linguagem poética e linguagem comum», *Introduction à la psychanalyse*, p. 144).

Mais uma vez, Freud admite que a simbólica do sonho não lhe é específica; mas acredita que é apenas própria da «imagística inconsciente». Haja ou não símbolos universais e constantes, não podemos impedir-nos de assinalar que Freud declara, sem hesitar, que o simbolismo é «inconsciente» em toda uma série de atividades que vão dos costumes à poesia: é o preço que tem de pagar para manter a sua afirmação, segundo a qual existe um simbolismo inconsciente específico. Notaremos também, de passagem, que a utilização que Freud faz da palavra «símbolo» se opõe à dos românticos (para quem o sentido fixo corresponde mais à alegoria); de resto, Freud é igualmente antirromântico quando afirma que os pensamentos latentes não são em nada diferentes dos pensamentos *tout court*, apesar do seu modo de transmissão simbólica: para os românticos, pelo contrário, o conteúdo do símbolo é diferente do do signo, e é por isso que o símbolo é intraduzível.

Se o traço constitutivo dos símbolos, e portanto da técnica de interpretação simbólica, é o seu sentido constante e universal, a técnica associativa define-se — como podemos adivinhar — pelo seu caráter individual, não sendo, evidentemente, o indivíduo em questão o intérprete, mas sim o produtor. «A técnica que exporei nas páginas seguintes difere da dos antigos por este facto essencial: encarrega o próprio sonhador do trabalho de interpretação. Tem em conta o que determinado elemento do sonho sugere não ao intérprete, mas ao sonhador» (*L'Interprétation des rêves*, p. 92). Esta técnica consiste em pedir ao sonhador, imediatamente depois de acabar de contar o seu sonho, que diga tudo aquilo que os elementos do sonho lhe fazem lembrar; consideram-se as associações assim estabelecidas como sendo a interpretação do sonho. «Convidaremos o sonhador... a voltar a sua atenção para os diferentes elementos do conteúdo do sonho e a comunicar-nos, à medida que eles se forem apresentando, as associações que esses fragmentos provocam» (*Nouvelles conférences*, p. 16). «Perguntaremos ao sonhador como foi levado a ter este ou aquele sonho e consideraremos a sua primeira resposta como uma explicação» (*Introduction à la psychanalyse*, p. 91). Esta interpretação do sonho contém, em primeiro lugar, uma parte dos pensamentos latentes (a outra é-nos comunicada pelo conhecimento dos símbolos) e, em segundo lugar, uma série de «desenvolvimentos, transições e relações» (*Nouvelles conférences*, p. 18) que, de novo, ligam os pensamentos latentes ao conteúdo manifesto. Essas associações do sonhador, relatadas num determinado momento da sua vida, são, como seria de esperar, desprovidas de qualquer universalidade. Um simbolizante pode evocar inúmeros simbolizados; inversamente, um simbolizado pode ser designado por uma infinidade de simbolizantes. «Não só os elementos do sonho são várias vezes determinados pelos pensamentos do sonho, mas, além disso, cada um dos pensamentos do sonho está representado neles por vários elementos» (*L'Interprétation des rêves*, p. 247).

Não ajuizarei da justeza do método de Freud (compete aos especialistas de onirologia fazerem-no); limitar-me-ei a assinalar a sua originalidade, que consiste ([19]) nesta valorização das associações que surgem no momento que se segue à narração do sonho, na assimilação das relações por contiguidade do significante com relações simbólicas. A explicação desta técnica permite, igualmente, compreender melhor o processo de condensação. Já que interpretar é associar, é óbvio que o enunciado simbólico é sempre «condensado»: a condensação é um efeito inevitável da interpretação.

Que o simbolismo inconsciente, se existe, não se define pelas suas operações é uma constatação com múltiplas consequências. Apenas me deterei, aqui, numa delas. Uma estratégia interpretativa pode codificar quer o seu ponto de chegada (o sentido a descobrir), quer o trajeto que liga texto de partida e texto de chegada: pode ser ou «finalista» ou «operacional». Freud apresenta a interpretação psicanalítica, de acordo com as suas exigências científicas, como uma estratégia que não faz conjeturas sobre o sentido final, mas que o descobre. Porém, sabemos agora, as operações interpretativas descritas por Freud são, salvo a terminologia, as de todo o simbolismo. Nenhuma coação operacional se exerce sobre a interpretação psicanalítica; portanto, não é a natureza dessas operações que explica os resultados obtidos. Se, realmente, a psicanálise é estratégia particular (e eu julgo que o é), não pode sê-lo senão pela codificação preliminar dos resultados a obter. A única definição possível da interpretação psicanalítica será: uma interpretação que descobre nos objetos analisados um conteúdo de acordo com a teoria psicanalítica.

Aliás, a prova não nos é dada unicamente pela análise da prática de Freud, mas também, ocasionalmente, pelas suas próprias formulações teóricas. Vimos que Freud estava consciente de que a relação entre simbolizante (conteúdo do manifesto) e simbolizado (pensamentos latentes) em nada era diferente da relação entre os dois sentidos de um tropo ou entre os dois termos de uma comparação. Mas não de qualquer comparação. Escreve Freud: «A essência da relação simbólica consiste numa comparação. Mas não basta uma qualquer comparação para que essa relação se estabeleça. Suspeitamos que a comparação requer certas condições, sem que possamos dizer de que género são essas condições. Tudo o que pode servir de comparação com um objeto ou um processo não aparece no sonho como um símbolo desse objeto ou processo. Por outro lado, o sonho está longe de simbolizar sem escolha; só escolhe, para esse efeito, certos elementos das ideias latentes do sonho. O simbolismo encontra-se, assim, limitado por todos os lados» (*Introduction à la psychanalyse*, p. 137).

Com efeito, Freud não se limita unicamente a essas suspeitas, particularmente no que respeita à escolha de ideias latentes. Na *Interpretação dos Sonhos*, delimita o desenvolvimento dos sentidos, um lugar em que um sentido deixa de reenviar a outro: existem simbolizados últimos, que, por seu turno, já não são convertíveis em simbolizantes. «O sonho, frequentemente, parece ter várias significações. Não realiza apenas vários desejos, mas um sentido; a realização de um desejo pode esconder outros, ao ponto de, gradualmente, se encontrar um desejo da primeira infância. Aqui, mais uma vez, nos podemos interrogar se, em vez de "frequentemente", não se deveria dizer "sempre"» (*L'Interprétation*, p. 193). Os desejos da primeira infância fazem parar o circuito simbólico.

A mesma interpretação dos possíveis sentidos, que faz da interpretação psicanalítica uma interpretação finalista, voltará a ser afirmada. «Os objetos que no sonho encontram uma representação simbólica são pouco numerosos. O corpo humano no seu conjunto, os pais, crianças, irmãs, irmãos, o nascimento, a morte, a nudez [...]. No sonho, a maior parte dos símbolos são símbolos sexuais» (*Introduction à la psychanalyse*, pp. 137–138). Assim está definida a estratégia interpretativa do psicanalista, uma das mais poderosas da nossa época. O seu caráter «finalista» está patente, e, involuntariamente, acorrem-nos ao espírito afinidades com a outra grande estratégia finalista, a da exegese patrística. Salvo a substância dos termos, a frase citada anteriormente não lembrará uma que figura no *Tratado dos Princípios* de Orígenes? Caracteriza assim os hermeneutas cristãos: na altura da interpretação, «é a doutrina respeitante a Deus, isto é, o Pai, o Filho e o Espírito Santo, a indicada principalmente por esses homens cheios do Espírito divino; depois são os mistérios relativos ao Filho de Deus — como o verbo se fez carne, por que razão veio, ao ponto de assumir a forma de escravo — , que, como dissemos, cheios do Espírito divino, eles deram a conhecer» (IV, 2, 7). Tanto aqui como no texto anterior, é a presciência do sentido a descobrir que guia a interpretação (o que não quer dizer que a psicanálise seja uma religião).

Poderíamos resumir com uma frase este longo percurso através dos textos de Freud dedicados à retórica e à simbólica: o contributo de Freud para estes domínios é considerável, mas nem sempre está onde o autor julgaria, nem onde o veem os seus discípulos. Mas nem por isso é menos pertinente.

9

O SIMBÓLICO NA TEORIA DE SAUSSURE

Por volta de meados do século XIX, a glossolália deixa o domínio restrito da religião e entra no da medicina. No princípio do século, o romântico alemão Justinius Kerner ainda conseguia considerar como revelações do céu as sequências sonoras incompreensíveis da «vidente de Prevorst» ([1]). Mas o espírito positivista não se fará esperar, e no fim do século irá falar-se de «glossolália» ou do «dom de línguas» de cada vez que uma pessoa enunciar sequências sonoras, incompreensíveis para quem quer que seja exceto para ela, mas que considerar como pertencentes a uma língua desconhecida. A seita religiosa dos irvingianos ([*]), na Inglaterra, os coletivos êxtases místicos, na Suécia, ou ainda um pastor iluminado, na Alemanha, Paulo (para não mencionar o seu homónimo São Paulo), serão tratados pelos psicólogos e médicos como

---

([*]) Adeptos da doutrina religiosa fundada por Eduardo Irving, teólogo protestante escocês. Doutrina propagada em Inglaterra na primeira metade do século XIX e que pretendia fundir os dogmas católico e protestante. Os inspirados tinham o dom de línguas e «faziam curas»... [*N. da T.*]

não sendo qualitativamente diferentes do caso do extravagante americano Le Baron (um pseudónimo) que julgava conversar com os faraós egípcios: tanto uns como outros imaginam, de repente, que entendem e falam uma estranha língua, embora não a conheçam senão durante esses estados de êxtase (2). Os linguistas depressa constatarão que essas pretensas línguas nada têm a ver com os idiomas que pretendem invocar, mas que, em compensação, são o produto «deformado» das línguas conhecidas pela mesma pessoa no seu estado normal. Assim, Wilhelm Grimm mostrara que a língua «divina» de uma das glossolálicas mais célebres, Santa Hildegarda, não era mais do que uma mistura de alemão e latim.

Um caso entre tantos outros merece a nossa maior atenção pelas reações que suscitou. É o de uma jovem conhecida pelo pseudónimo de Mlle Hélène Smith, que vivia em Genebra no fim do século XIX e princípio do século XX. Chama a atenção dos psicólogos da cidade por causa dos seus estados de sonambulismo e mediúnicos, tema do agrado da psicologia da época. É um notável, cooperante e franco sujeito de observação, pois a sua mediunidade nunca foi posta ao serviço de fins lucrativos. Durante os seus estados de mediunidade, começa a ter «dom de línguas»; este facto intriga a tal ponto um dos observadores que publica, pouco depois, um grosso volume contendo a descrição minuciosa do seu caso: trata-se de Téodore Flournoy, professor de Psicologia da Universidade de Genebra, e do seu livro *Des Indes à la planète Mars* (3) [*Da Índia ao Planeta Marte*].

Com efeito, Mlle Smith vive dois «romances», como lhes chama Flournoy: num deles, visita o planeta Marte e comunica com seres estelares; no outro, vive uma aventura oriental que se passa, em parte, na Índia. Consequentemente,

Flournoy identifica e transcreve duas «línguas»: o marciano e o hindu, ou sanscritoide. Sendo os seus conhecimentos das línguas do grupo hindu muito limitados, apela a vários colegas da Universidade de Genebra, e especialmente ao «eminente orientalista, Sr. Ferdinand de Saussure» ([4]). A ação desenrola-se entre 1895 e 1898.

A análise da língua «hindu» parece apaixonar Saussure de maneira difícil de imaginar. Dedica o maior cuidado aos comentários sobre as produções linguísticas de Mlle Smith, assiste às sessões mediúnicas e sugere interpretações possíveis para o seu caso. De modo que o capítulo de Flournoy que trata da língua hindu é, em grande parte, composto por extratos de cartas de Saussure.

O facto inicial, inexplicável, é que Mlle Smith nunca aprendera uma palavra de sânscrito (a sua honestidade não pode ser posta em dúvida: não se trata de uma mistificação); ora, o seu discurso hindu parece-se muito com o sânscrito. Apresentam-se várias soluções: ou ela vivera na Índia numa vida anterior; ou então a sua alma transporta-se à Índia enquanto o corpo continua a ser observado pelos professores de Genebra, e lá pratica a língua hindu. Ou ainda, solução mais aceitável para a psicologia científica, apodera-se, por comunhão telepática, dos conhecimentos de outras pessoas — mas não se conhece ninguém, nas redondezas, que saiba o sânscrito, e Saussure só assiste pela primeira vez a uma sessão dois anos depois das primeiras emissões glossolálicas. Por fim, supõe-se que Mlle Smith tenha ouvido um estudante de sânscrito, em Genebra, recitar em voz alta as conjugações, no quarto vizinho, ou então, por acaso, num dos seus passeios, que tenha encontrado um tratado de sânscrito, e esse facto ter-se-ia apagado da sua memória: esta seria a solução mais satisfatória, mas Flournoy nunca conseguiu comprová-la.

Eis a característica geral que Saussure dá desta língua sanscritoide:

> Quanto à pergunta que pretende saber se tudo isto representa positivamente o «sânscrito», é evidente que temos de responder *não*. Podemos apenas dizer: 1. Que é uma confusão de sílabas, no meio das quais há, incontestavelmente, sequências de oito a dez sílabas constituindo um fragmento de frase com um sentido [...]. 2. Que as outras sílabas, de aspeto ininteligível, nunca têm um caráter antissânscrito, isto é, não apresentam grupos materialmente contrários ou em oposição com a representação geral das palavras sânscritas (p. 303).

Saussure destaca, ao mesmo tempo, uma série de incompatibilidades ou de contradições. Eis dois exemplos.

> O mais surpreendente, escreve ele, é que a Senhora Simandini [a reincarnação indiana de Mlle Smith] falasse sânscrito e não prácrito [as mulheres, na Índia, falam o prácrito e não o sânscrito]... Ora, o idioma de Simandini, sendo embora um sânscrito muito irreconhecível, não é, de modo nenhum, o prácrito (p. 297).

E, ao comentar outro discurso:

> *Sumina* nada faz lembrar; *attamana* o mais que pode fazer lembrar é *âtmânam* (acusativo de *âtmâ*), a *alma*; digo já que no contexto em que figura *attamana* nem sequer nos poderíamos servir da palavra sânscrita que se lhe assemelha, e que, no fundo, só significa *alma* na linguagem filosófica e no sentido de alma universal ou noutros sentidos eruditos (p. 299).

Flournoy narra assim o último episódio da intervenção de Saussure:

> Já as páginas precedentes estavam no prelo quando Saussure teve uma ideia tão amável como engenhosa. [...] Fez questão de compor, em atenção aos leitores que não conhecem o sânscrito, um texto aparentemente latino que fosse, em relação à língua de Tito Lívio ou de Cícero, tão exato como o sânscrito de Simandini é em relação ao dos Brâmanes (p. 315).

Segue-se o texto paralatino em questão e os seus comentários. Saussure conclui:

> Impõem-se duas conclusões importantes:
>
> 1. O texto não mistura «duas línguas». Por pouco latinas que sejam estas palavras, pelo menos não observamos a interferência de uma terceira língua, como, por exemplo, o grego, o russo ou o inglês [...]. 2. Oferece igualmente um valor exato pelo facto de *não apresentar nada que seja contrário ao latim*, mesmo nos casos em que não corresponde a nada, porque as palavras não fazem sentido. Deixemos agora o latim e voltemos ao sânscrito de Mlle Smith: esse sânscrito *nunca* contém a consoante *f*. É um facto a considerar, embora negativo. O *f* é, efetivamente, estranho ao sânscrito; ora, numa invenção livre, teríamos vinte possibilidades contra uma de criar palavras sânscritas em que o *f* aparecesse, pois essa consoante parece tão legítima como qualquer outra quando não se está prevenido (p. 316).

A perturbadora ausência de *f* é incompreensível, e Flournoy conclui, perplexo: como explicar que Mlle Smith tenha adivinhado um traço tão específico da língua sânscrita sem recorrer a poderes ocultos (já que a fraude tinha sido posta de parte desde o princípio)? Teria sido suficiente folhear um tratado de sânscrito para se aperceber disso?

Mas a história de Mlle Smith e da falta do *f* não acaba aqui. Logo que aparece, a obra de Flournoy vai parar às mãos de outro linguista, professor de sânscrito como Saussure; entusiasmado com a curiosa matéria linguística oferecida pelo caso, escreve logo um pequeno livro que será publicado no ano seguinte: é a *Linguagem Marciana*, de Victor Henry ([5]). Este opúsculo é, efetivamente, dedicado à interpretação do marciano e não do hindu, sendo o primeiro representado de modo mais completo; além disso, Henry inclina-se diante da autoridade do seu eminente colega, F. de Saussure, que comentou largamente os textos sanscritoides. Existe apenas um pequeno ponto em que se permite fazer uma sugestão: precisamente o da ausência do *f*. Mas esta sugestão ilumina inesperadamente tudo o que a precede. Eis o que escreve Victor Henry:

> Se existe realmente um pensamento geral que ocupa todo o subconsciente de Mlle Smith no momento em que ela reúne sons do sanscritoide ou de marciano, é seguramente o de não falar «francês»: toda a sua atenção deve estar ligada a esse esforço. Ora, a palavra «francês» começa por um *f*; por esta razão, o *f* deve parecer-lhe a letra «francesa» por excelência, e, portanto, ela evita-a a todo o custo... (p. 23).

A ausência da letra *f* não se explicaria, portanto, por um conhecimento sobrenatural do sânscrito, mas pela atitude de Mlle Smith em relação à sua língua natal: a significação do *f* é fixada segundo o processo da acrofonia, muito conhecido desde a história da escrita. Para a descobrir basta admitir que a lógica do simbolismo não é forçosamente a mesma da língua;

ou ainda, mais simplesmente, que existem, a par da língua, outros modos de simbolização, que, em primeiro lugar, devemos aprender e perceber. *F* simboliza «francês» graças a uma relação que não é constitutiva da língua concebida como um sistema de signos.

Ora, Saussure não admite a diversidade dos sistemas simbólicos. Se voltássemos a examinar os seus comentários, aperceber-nos-íamos de que está mais inclinado — ao encontrar-se diante de um problema aparentemente insolúvel — a admitir o sobrenatural (as transmigrações da alma de Mlle Smith) do que a modificar o seu método de conhecimento — aproximando-se, aqui, dos princípios do funcionamento simbólico. Em vez de ligar esses enunciados com o francês (pois é evidente que Mlle Smith não conhece o sânscrito), fecha-se numa lógica do verosímil referencial: por que razão essa língua se assemelha ao sânscrito, quando as mulheres devem falar prácrito (como se Mlle Smith, aliás Simandini, assistisse na verdade às cerimónias que relata, cerimónias realizadas há dezenas de séculos e a uma distância de milhares de quilómetros)?; por que razão utilizará palavras filosóficas num contexto quotidiano? Incapaz de se deter na própria relação simbólica, Saussure só dá atenção ao contexto referencial — o que é tanto mais paradoxal quanto — a menos que admita as transmigrações da alma — esse contexto é puramente imaginário. A censura respeitante ao símbolo revela-se mais forte do que a vulgar censura científica, que exclui o recurso ao sobrenatural. Flournoy segue a mesma via, quando convoca Saussure para uma sessão, a fim de se assegurar de uma melhor transcrição do sanscritoide: «F. de Saussure, infinitamente mais apto que nós... para distinguir os sons hindus...» (p. 301). Mas para existirem «sons hindus» seria preciso que Mlle Smith tivesse visitado a Índia, o que não aconteceu em toda a sua vida... Tanto um como o outro admitiram implicitamente a versão sobrenatural dos acontecimentos, embora fossem professores e para mais em Genebra: e isto para não admitirem a existência de uma lógica do simbolismo diferente da da linguagem confundida com a da razão. Uma «escuta» (analítica) teria substituído com vantagem o ouvido sensível do especialista de sânscrito.

O incidente é ainda mais surpreendente devido ao facto de se falar continuamente, nesse livro, do *subconsciente* (e Flournoy cita, com aprovação, os *Estudos Sobre a Histeria* de Breuer e Freud). Por seu lado, Saussure não está longe da solução: ao apresentar o seu latinoide, comete um lapso significativo. Escreve: «o texto não mistura *duas* línguas»; e acrescenta imediatamente: «não observamos a intervenção de uma *terceira* língua, como seria o caso do grego, do russo ou do inglês.» O dois torna-se três com a adição da língua materna — do francês, que, significativamente, não figura entre as línguas citadas como possíveis exemplos. E noutra altura:

> Suponhamos que Simandini pretendesse dizer esta frase: *Abençoo-vos em nome de Ganapati*. Estando no estado de êxtase sivaísta, a única coisa que não lhe vem à ideia é enunciar, ou, antes, *pronunciar*, essas palavras francesas que continuam a ser o tema ou o substrato do que ela vai dizer; e a lei a que obedece o seu espírito é que cada uma dessas palavras familiares encontre um substituto de aspeto exótico. Pouco importa como: é necessário, antes de mais e unicamente, que para ela isso não pareça ser francês... (pp. 304–305).

Portanto, Saussure está muito perto da solução, mas ela escapa-se-lhe. Como acontecerá muitas vezes mais tarde, pressentirá a via, mas não conseguirá ultrapassar os limites das suas premissas, e deter-se-á no limiar da descoberta.

Voltemos agora à outra língua de Mlle Smith: o marciano. Os enunciados em marciano são mais numerosos do que os de língua hindu. Por outro lado, Mlle Smith fornece, algum tempo depois de os ter produzido, uma tradução literal de cada um deles; a sua transcrição completa encontra-se no livro de Flournoy. Este autor começa logo o trabalho de interpretação, optando imediatamente por uma hipótese de base: «o marciano, quanto a mim, não é mais que um disfarce infantil do francês» (p. 223). Para sustentar esta opinião, Flournoy baseia-se, primeiramente, nas propriedades fónicas e gráficas: «A fonética marciana não passa de uma reprodução incompleta da fonética francesa» (p. 227); e a escrita? «Mais uma vez estamos em presença de uma imitação empobrecida do nosso sistema de escrita» (p. 228). Em segundo lugar, e aqui temos de nos render à evidência, Flournoy apoia-se no sistema morfo-lexical, particularmente no facto de os homónimos franceses serem também homónimos em marciano:

> Em todos os momentos o marciano traduz a palavra francesa guiando-se pelas analogias auditivas, sem consideração pelo verdadeiro sentido, de modo que muito nos surpreende encontrar no idioma do planeta Marte as mesmas particularidades de homonímia que existem no nosso país (p. 233).

Assim, a preposição *à* e o verbo *a* [3.ª pessoa do singular do verbo *avoir*] traduzem-se pela mesma palavra *é*; o mesmo acontece com *si*, *le*, *de*, *te*, etc. No entanto, o que resiste à análise é o próprio léxico marciano: no entender de Flournoy, é perfeitamente arbitrário.

É à decifração desse léxico, ou, mais exatamente, ao seu modo de produção, que se consagra o livro de Victor Henry sobre a *Linguagem Marciana*. Devemos lembrar aqui que, cinco anos antes, o mesmo Henry publicara um trabalho de linguística geral intitulado *Antinomies linguistiques* (6), rico em ideias novas e audaciosas, cujo terceiro capítulo tem uma certa pertinência em relação às questões que nos preocupam. Esse capítulo trata do caráter consciente ou inconsciente da linguagem; essa é uma «antinomia» que Henry resolve da seguinte maneira: «A linguagem é o produto da atividade inconsciente de um sujeito consciente» (p. 65). Ou ainda: «Embora a linguagem seja um facto consciente, os processos da linguagem são inconscientes» (p. 78). Como exemplos de processos inconscientes figuram, entre outros, os lapsos, as contaminações de várias palavras ou frases, a etimologia popular, a transferência de sentido por meio dos tropos, etc.

Esta ideia servirá de base para o estudo da linguagem marciana, pois Henry supõe que Hélène Smith utilizou, inconscientemente, na criação da linguagem marciana, os mesmos processos da linguagem em geral: «A linguagem criada por uma glossolálica deve reproduzir e permitir-nos perceber, com a clareza que resulta da observação direta, os processos inconscientes e subconscientes da linguagem normal...» (p. V). Para a consciência desperta não existem certas vias do pensamento; no entanto, não se deve concluir que um qualquer sujeito não as possa observar; também ele dispõe de um eu subconsciente ou inconsciente; o subconsciente também se manifesta espontaneamente (fora da criação linguística) no sonho; e Henry justifica a cada passo a sua pesquisa com referências à lógica do sonho: «A lógica do sonho não é de modo nenhum a do homem acordado e plenamente consciente» (p. 23). «A lógica do sonho é mais ousada e vaga do que a do sujeito desperto» (p. 48). Vemos assim despontar essa outra lógica cuja existência Saussure não queria reconhecer.

Os processos destacados por Henry serão familiares a qualquer especialista de etimologia (ou mais frequentemente de retórica, pois os processos de derivação etimológica não são, como vimos, senão uma projeção da matriz trópica na história). No plano do significante, observamos a edição, a supressão e a permuta (metátese). No plano do significado, em que mais nos deteremos, encontram-se os tropos fundamentais (7). Para começar, eis algumas sinédoques: *miza*, derivado do francês *maison* [casa], significa em marciano «pavilhão locomóvel» (sinédoque material particularizante); *chéké*, do francês *chèque* [cheque], significa «papel» (sinédoque conceptual generalizante); *épizi*, do francês *épine* [espinho], significa «(a cor) rosa» (o que é uma dupla sinédoque: o espinho pela rosa, por sinédoque material particularizante, e a rosa pela cor, por sinédoque conceptual particularizante). E algumas metonímias: *zati*, do francês *myosotis* [miosótis], significa «recordação» (o signo pela coisa); *ziné*, do francês *Chine*, significa «porcelana» (o lugar de origem pela coisa). E ainda uma antífrase: *abadâ*, do francês *abondant* [abundante], significa «pouco»...

Outros processos, pela complexidade das operações que põem em jogo, despertam ainda maior interesse. Em primeiro lugar, contaminações (palavras-saco): a palavra marciana *midée*, contração de *misère* [desgraça] e de *hideux* [disforme], significa «feio»; *forimé*, de *forme* e *firme* [forma e firme], quer dizer «marcas (de escrita)». O mesmo acontece com os jogos de palavras de várias línguas (Henry apoia-se muito nos conhecimentos — por mais parciais que sejam — das línguas alemã e magiar, de que Mlle Smith dispõe. Assim, a palavra marciana *nazère* provém, segundo ele, da palavra *Nase*, que em alemão significa «nariz» e também «tromba (de elefante)»: em marciano significa a primeira pessoa do singular do verbo *tromper* [enganar]: (*je*) *trompe*. A homonímia francesa das duas palavras *trompe* [(eu) engano e tromba] permite designar uma delas pela equivalente alemã da outra (processo igualmente divulgado na história das escritas, sob o nome de «trocadilho»). Ou ainda, a palavra marciana *tiziné* derivaria da magiar *tiz*, que significa «dez (dedos)»: ora, dez dedos são *deux mains* [duas mãos]; e *tiziné* significa em marciano *demain* [amanhã; notar a semelhança fónica entre as duas expressões francesas: *deux mains* e *demain*]!

Este último exemplo aproximou-nos das interpretações que Freud fazia dos sonhos dos seus doentes; as duas transformações multilingues seguintes testemunham uma acrobacia mental que dificilmente se pode identificar. O nome próprio *Esenale*, no romance marciano, corresponde, com certeza, ao de uma pessoa que viveu na Terra, um certo *Alexis*; mas como se terá passado de Alexis a Esenale? A sequência — *al* — conservou-se intacta, passando do princípio da primeira para o final da segunda palavra; *exis* lembra a palavra magiar *csacsi*, que significa «burro», palavra que em alemão se diz *Esel*; o *l* transforma-se em *n* por dissimulação, e *Al-exis* transforma-se em *Esenale*. Último exemplo: a palavra marciana *érédute* significa «solitário». Eis como se operou a passagem: decompondo, em primeiro lugar, *érédute* em *éréd-* (que, por metátese, dá *Erde*, em alemão: «terra»), *-ut* [o nome da nota «sol» ([8])] e *-é*, que se transforma na vogal próxima *i*, *sol-i-terre* produz *solitaire* [solitário; *sol-i-terre* tem exatamente o mesmo som de *solitaire*]... Henry consegue assim demonstrar o processo de criação da quase totalidade dos termos que constituem o léxico da língua marciana.

Assim como Freud dizia ter aprendido tudo com os seus histéricos, também aqui não sabemos a quem admirar: o talento de Victor Henry ou o do «eu subconsciente» de Mlle Smith. No entanto, é evidente que, mesmo podendo fazer aproximações (manifestas, por causa da coincidência cronológica), as páginas de Henry estão unicamente *assombradas* por um espírito freudiano que nunca as possui verdadeiramente. A primeira ocasião de empenhar a nova linguística na via da simbólica falhou (e, assim, de a abrir à recente psicanálise). Será preciso esperar alguns decénios para que nova ocasião se apresente: *A Linguagem Marciana* não tem qualquer incidência na evolução da ciência.

A conclusão que Victor Henry tira é, pelo menos, clara: as palavras «inventadas» e «desprovidas de sentido» são, com efeito, derivadas de outras palavras; a linguagem do glossolálico é uma linguagem *motivada*. E escreve Henry:

> Nem mesmo aquele que se esforçasse constantemente por criar uma linguagem que *não se assemelhasse a nada* poderia escapar à fatalidade de nela trair e deixar adivinhar o jogo dos órgãos secretos que, no eu subconsciente, entram em acordo para a elaboração de qualquer mecanismo da linguagem humana (p. 7).

E ainda:

> O homem não poderá inventar uma língua quando lhe aprouver: não pode falar nem fala senão com as suas recordações imediatas, mediatas ou atávicas (p. 140).

Deveria acrescentar-se que a ausência de qualquer interpretação não é impossível; encontra-se até nessa variante, realizada noutro momento da vida de Mlle Smith. Apercebendo-se de que se identificavam as estruturas do francês através dos seus colóquios marcianos, passa a empregar outra «língua» descoberta por ela, a que Flournoy chama o «ultramarciano». Esta última não se presta visivelmente a qualquer interpretação, mas é esse precisamente o seu sentido: ser ininteligível.

Parafraseando Jakobson, poderíamos dizer que os neologismos do glossolálico ou são linguísticos ou antilinguísticos, mas nunca alinguísticos.

Outra característica das produções glossolálicas chamou a atenção de quase todos os observadores: é a abundância de aliterações e de figuras rítmicas. Como tantas vezes antes e depois, este outro processo do pensamento simbólico é considerado como um traço atávico — ou, na melhor das hipóteses, poético. Flournoy nota o «emprego frequente da aliteração, da assonância, da rima» (p. 204) e aproxima esse facto da poesia. Henry faz o mesmo («como em todas as línguas primitivas», escreve ele) e fala desse «subconsciente sempre pronto a versejar» (p. 34). Lombard escreve: «a propensão para versificar é muito marcada nos glossolálicos, como em geral nos profetas e nos videntes. É mais um traço regressivo, se for verdade que em todas as literaturas do mundo a poesia apareceu antes da prosa» (p. 140). Daí poder concluir-se que um sistema simbólico como o discurso do glossolálico reforça, por comparação com a língua, a «sintaxe», entendida no sentido lato (isto é, a relação dos elementos constitutivos com aquilo que eles designam).

O primeiro contacto de Saussure com o simbólico tem um fracasso como saldo. Se teimei em relatá-lo detalhadamente, é porque, tanto quanto sei, até agora ele passara despercebido; mas também porque prefigura estranhamente as relações de Saussure com os factos simbólicos até ao fim da sua carreira. Não se trata de lho censurar, mesmo retrospetivamente; o estado de «rascunho» em que ficaram *todas* as pesquisas de Saussure desde essa época mostra suficientemente o quanto ele próprio estava insatisfeito com os resultados obtidos. Mas os impasses de Saussure têm um valor exemplar: anunciam os de uma grande parte da linguística moderna.

Embora seja difícil datar os manuscritos de Saussure, parece que o primeiro grupo em que nos devemos deter é o dos estudos consagrados aos paragramas, entre 1906 e 1909 ([9]). Para dizer a verdade, o que nos faz deter nesses textos é, antes de mais, a ausência de qualquer problemática ligada às dimensões simbólicas da linguagem — ausência tanto mais surpreendente quanto se tratava de análises de factos poéticos. Saussure coloca-se numa perspetiva de extremo «formalismo», se assim se pode chamar à exclusiva atenção dedicada aos fenómenos «sintáticos». O que lhe interessa é a configuração formada por elementos do significante («*couplaisons*», «*diphones*», «*manequins*», ou ainda aquilo a que ele chama «paráfrase fónica», outras tantas variantes da paronomásia), e nunca as relações de evocação ou de sugestão simbólica. Quando a palavra que constitui o objeto da «paráfrase fónica» não está presente no verso, pode ser levado a preocupar-se com tais relações de evocação; mas, logo a seguir, reduz a zero a sua espessura semântica: os sons «fazem alusão» não a um sentido (e ainda menos, como tinham pretendido os românticos, a uma infinidade de sentidos), mas apenas a um *nome* — a palavra é reduzida ao seu significante; os «temas» que Saussure procura e descobre nos versos védicos, gregos e latinos são, antes de mais, nomes próprios.

Um segundo grupo de rascunhos, que, aparentemente, datam de 1909–1910 ([10]) e que são consagrados ao estudo dos *Nibelungen* e outras lendas, relaciona-se mais com o problema do símbolo. Mas, na maior parte dos casos, Saussure apenas fala de símbolos para afirmar que eles não existem nessas lendas; que aquilo que o leitor moderno considera como símbolo não é mais do que uma projeção dos seus próprios hábitos de leitura. Mais exatamente, esses textos antigos tornaram-se «simbólicos» à força de deformações: são as lacunas, os esquecimentos, os erros de transmissão que induzem o leitor moderno na interpretação simbólica.

> Um autor épico, ou mesmo histórico, conta a batalha entre dois exércitos e, entre outras coisas, o combate dos chefes. Em breve estarão apenas em jogo os chefes. Então o duelo do chefe *A* e do chefe *B* torna-se (inevitavelmente) simbólico, pois esse combate singular representa todo o resultado da batalha [...]. A redução da batalha a um duelo é um facto natural de transmissão semiológica, produzido por um intervalo temporal entre as narrativas, e o símbolo, por consequência, não existe senão na imaginação do crítico que chega tarde de mais e ajuíza mal (p. 30).

Ou ainda:

> Julgar-se-ia que existe *símbolo*, quando isso é apenas um simples erro de transmissão das palavras que tinham a princípio um sentido direto. — As criações simbólicas existem, mas são o produto de naturais erros de transmissão (p. 31). É admissível um símbolo que se explique como não tendo sido, primeiro, um símbolo. [...] A interpretação simbólica só existe no espírito do crítico [...]. Tanto aquele que escuta o que lhe contam imediatamente a seguir ao acontecimento como o rapsodo que o recolheu tal e qual como o cantava o seu predecessor acreditam que Hagen tenha lançado o tesouro ao Reno — e, *por conseguinte*, em última análise, não existe nesse facto nenhum símbolo, como *também não* existia nenhum a princípio (*ibid.*).

Se o símbolo não existe senão para aquele que «ajuíza mal», ou não existe mesmo, é porque Saussure, para o identificar, necessita de uma categoria que teria podido encontrar em Santo Agostinho: a do intencional (mas Santo

Agostinho reconhecia a existência de signos não intencionais ao lado dos intencionais). Para Saussure, de acordo com o quadro psicológico em que se coloca, a intencionalidade é um traço constitutivo do símbolo; ora ela não está presente nas lendas em questão, embora sejam «simbólicas» para o leitor de hoje.

> Não existiu em momento algum, durante esse tempo, uma *intenção* de *símbolo*. As criações simbólicas são sempre involuntárias (*ibid.*). Os símbolos nunca são, como qualquer espécie de signo, senão o resultado de uma evolução que criou uma relação involuntária entre as coisas: não se inventam nem se impõem no próprio momento (p. 31).

Não sendo intencionais, é difícil existirem símbolos.

É certo que se encontra, nesses mesmos cadernos, outra nota que reserva aos símbolos um lugar mais importante e que proclama a necessidade de uma *semiologia*. Mas, de facto, a palavra «símbolo» é utilizada aqui no sentido de *signo*:

> — A lenda compõe-se de uma série de símbolos num sentido a precisar.
>
> — Esses símbolos, sem se aperceberem disso, estão submetidos às mesmas vicissitudes e às mesmas leis de todas as outras séries de símbolos, por exemplo, os símbolos que são as palavras da língua.
>
> — Todos eles fazem parte da *semiologia* (p. 28).

Este «sentido a precisar» pode ser descoberto nos cursos de linguística geral, dados por Saussure entre 1907 e 1911, dos quais, infelizmente, não existem rascunhos, mas apenas notas dos alunos, muitas vezes divergentes ([11]).

Aqui, o termo geral será, sistematicamente, *signo*; *símbolo* terá o sentido de signo motivado; apesar de os termos não serem os mesmos, reencontramos uma oposição familiar a Port-Royal, Dubos, Lessing, etc. Por exemplo:

> 1131. 2. Os signos da língua são totalmente arbitrários, embora em certas fórmulas de delicadeza deixem de ter esse caráter de arbitrário para se aproximarem do símbolo. [...] 1137. 2. O caráter de símbolo é nunca ser completamente arbitrário; o símbolo não é vazio. Existe, no símbolo, um rudimento de ligação entre ideia e signo: 1138. 2. Balança, símbolo da justiça.

O «signo» de Saussure é aquilo a que Ast, ou por vezes Goethe, chamavam *alegoria*, opondo-a, como ele, ao *símbolo*.

No entanto, sabemos que o arbitrário não é, para Saussure, um traço do signo entre outros, mas a sua característica fundamental: o signo arbitrário é o signo por excelência. Este postulado tem implicações importantes que dizem respeito ao lugar dos símbolos no seio da futura semiologia: esse lugar é, forçosamente, dos mais reduzidos. O *Curso* editado por Bally e Sechehaye é, a este propósito, particularmente brutal: afirma que todos os signos devem ser compreendidos segundo o modelo do signo linguístico e que toda a semiologia deve ser decalcada da linguística.

> Pode dizer-se, pois, que os signos inteiramente arbitrários realizam melhor que os outros o ideal do processo semiológico; é por isso que a língua, o mais complexo e o mais divulgado dos sistemas de expressão, também é o mais característico de todos; neste sentido, a linguística pode tornar-se o padrão geral de toda a semiologia, embora a língua não seja senão um sistema particular ([12]).

A lição dos manuscritos é mais moderada. A proposição «é por isso que a língua... é também a mais característica» não tem, nesses manuscritos, nenhum sustentáculo; apenas um dos alunos (Riedlinger) anota a última proposição, e em particular a expressão «padrão geral de toda a semiologia»; a formulação mais comum é esta: «276. 4. A língua não é o único sistema de signos, mas é o mais importante.» Além disso, Riedlinger anota uma restrição omitida por Bally e Sechehaye: «290. 2. Mas é preciso dizer que, à primeira vista, a língua ocupará o compartimento principal dessa ciência [a semiologia]; ela será o seu padrão geral. Mas isso será *por acaso* [o sublinhado é meu]: teoricamente, será apenas *um* dos seus casos particulares.»

Os editores endureceram, assim, o pensamento de Saussure; mas não o traíram. Ora, semelhante afirmação significa claramente que no seio da semiologia não há lugar para os símbolos; a semiologia admite outros signos para além dos linguísticos apenas na medida em que em nada se distingam dos signos linguísticos! Com uma maior extensão, a semiologia, na sua compreensão, coincide exatamente com a linguística. Portanto, Saussure pode dizer: «1128. 2. Quando a semiologia estiver organizada, terá de ver se os sistemas não arbitrários serão também da sua competência.» A questão continua em aberto, como bem o entenderam os editores do *Curso*, que trocam, à margem do manuscrito que instituem, estas réplicas: «288. 6. *A. S.* A semiologia estudará os signos e os símbolos? *Ch. B.* De Saussure escreve algures: veremos!»

Não só os símbolos não linguísticos não merecem um lugar na semiologia, mas até os aspetos simbólicos do signo linguístico serão descurados: Saussure considera como símbolos, na língua, a onomatopeia e a interjeição (e a exclamação»), mas nunca os tropos ou as alusões [é certo que os tropos não existem senão naquilo a que ele chama *la parole* e não em *langue* (*)]. Um Lessing, por exemplo, tinha muito mais a ensinar-nos a este respeito. A única sugestão que poderia levar a uma real tipologia dos signos fica por acabar: lê-se nas notas: «276. 2. Na língua, [os] signos evocam *diretamente* as ideias...» «276. 5. Poderíamos dizer que quase todas as instituições têm signos na sua base, mas eles não evocam diretamente as coisas.» Esta oposição entre direto e indireto não será a única a não ser retomada ou explicitada; apercebemo-nos de que aparece apenas na confrontação de duas versões das mesmas palavras de Saussure (nenhum dos alunos anotou ambas as frases).

A obra de Saussure aparece-nos agora como notavelmente homogénea na sua recusa em reconhecer os factos simbólicos. Na correspondência com Flournoy, Saussure ignora-os pura e simplesmente, o que faz fracassar as suas tentativas de explicar a linguagem de Mlle Smith. Nas pesquisas sobre os anagramas, apenas está atento aos factos de repetição e não aos de evocação; quando a isso é obrigado, limita-se a identificar uma palavra, mais frequentemente um nome próprio, que não abre nenhuma perspetiva simbólica. Nos estudos sobre os *Nibelungen*, apenas reconhece os símbolos para os atribuir a leituras erróneas: como não foram intencionais, os símbolos não existem. Por fim, nos seus cursos de linguística geral, considera a existência da semiologia e, portanto, de outros signos além dos linguísticos; mas esta afirmação é instantaneamente limitada pelo facto de a semiologia se consagrar a uma única espécie de signos: os que são arbitrários, como os signos linguísticos. Em Saussure, não há lugar para o simbólico.

(*) *Parole* — fala (atualização da língua no discurso falado ou escrito) e *langue* — língua, competência virtual. [*N. da T.*]

Curiosamente, os efeitos da crise romântica só se fazem sentir nas ciências humanas por volta de 1900: na sua condenação, explícita ou implícita, do símbolo, na sua própria conceção do que é o símbolo, Saussure, Lévy-Bruhl e mesmo Freud são (é certo que em graus diferentes e nos aspetos inegavelmente importantes do seu pensamento) mais neoclássicos do que românticos, muito mais contemporâneos de Condillac do que netos de Moritz, Goethe ou Schlegel. Saussure é romântico quando concede uma importância particular ao sistema ou na sua recusa de explicar o sentido por uma relação ao referente externo; deixa de o ser quando dá provas de uma surdez simbólica.

10

A POÉTICA DE JAKOBSON

Quando se tenta apreender, numa visão de conjunto, a obra de um poético(*), surge logo um problema: o que é a literatura?

Acontece que, ao longo de todos os escritos de Jakobson, esta pergunta — e a respetiva resposta — estão sempre presentes: a ponto de um dos seus estudos ter como título: *Qu'est-ce que la poésie?* [*O que é a Poesia?*] A resposta, com ligeiras variações terminológicas, mantém-se espantosamente estável. Em 1919, Jakobson escreve([1]):

> Qualifico como momento essencial e único da poesia esse objetivo da expressão, da massa verbal... A poesia não é mais do que um *enunciado visando a expressão* (QP, pp. 20, 14).

(*) *Poético* — aquele que estuda a poética —, por analogia com retórico. [*N. da T.*]

Em 1933:

> O conteúdo da noção de *poesia* é instável e varia no tempo, mas a função poética, a *poeticidade*, como sublinharam os Formalistas, é um elemento *sui generis*... Mas como é que a poeticidade se manifesta? Pelo facto de a palavra ser sentida como palavra e não como simples substituto do objeto nomeado, nem como explosão de emoção (QP, pp. 123, 124).

E em 1960:

> O objetivo (*Einstellung*) da mensagem como tal, o acento posto na mensagem em seu proveito, é o que caracteriza a função *poética* da linguagem (ELG, p. 218).

A utilização poética da linguagem distingue-se das outras utilizações porque, nela, a linguagem é apercebida em si própria e não como um medidor transparente e transitivo de «outra coisa». O termo assim definido é, em 1919, a *poesia*; mais tarde passa a ser o *poético* (a função poética), isto é, a categoria abstrata que se entende através do fenómeno perceptível. Mas a definição em si não mudou. A linguagem poética é uma linguagem autotélica.

De onde provém esta definição? Um texto recente de Jakobson confirma a resposta que um leitor dos capítulos precedentes poderia ter dado a esta pergunta. Ao interrogar-se sobre as influências que o marcaram, escreve Jakobson:

> Mas já muito antes [de 1915, ano em que lê Husserl], por volta de 1912 [ou seja, com dezasseis anos de idade], como aluno do liceu, escolhera resolutamente a linguagem e a poesia como objeto de futuras pesquisas; vieram-me

> às mãos os escritos de Novalis, e fiquei sempre encantado por descobrir nele, como descobrira, na mesma época, em Mallarmé, a fusão do grande poeta com o profundo teórico da linguagem. [...] A chamada escola do Formalismo russo estava no seu período de germinação antes da Primeira Guerra Mundial. A controversa noção de *autorregulação [Selbstgesetzmässighkeit] da forma*, para falar como o poeta, sofreu uma evolução durante esse período agitado, desde as primeiras tomadas de posição mecanicista até uma conceção autenticamente dialética. Esta última encontrava já em Novalis, no seu célebre «Monólogo», uma incitação completamente sintética — que, desde o início, me tinha marcado, admirado e enfeitiçado (2)...

Novalis e Mallarmé são, com efeito, dois nomes que aparecem desde o início nos escritos de Jakobson. A segunda fonte encontra, aliás, por si própria a sua origem na primeira, embora a filiação seja indireta: Mallarmé vem a seguir a Baudelaire, que admira Poe, o qual absorve Coleridge, cujos escritos teóricos são um resumo da doutrina dos românticos alemães, logo, de Novalis... Mallarmé apresenta aos seus leitores franceses (ou russos) uma síntese das ideias românticas sobre a poesia — ideias que não tinham tido eco naquilo a que se chama o romantismo em França. E, com efeito, não nos é difícil reconhecer na definição jakobsoniana da poesia a ideia romântica da intransitividade, expressa por Novalis e pelos seus amigos, tanto no «Monólogo» como noutros fragmentos. Efetivamente, foi Novalis e não Jakobson quem definiu a poesia como uma «expressão pela expressão»... E não é grande a distância que existe entre a *Selbstsprache*, autolíngua, de Novalis, e a *smovitaja rech'*, discurso autónomo, de Khlebnikov, esse outro autor intermédio entre Novalis (ou Mallarmé) e Jakobson.

Jakobson e os Formalistas Russos não são os únicos, nos nossos dias, a defender a definição romântica. Depois de ter sido esquecida durante uma centena de anos, tornou-se, desde o princípio do século XX, a palavra de ordem de todas as escolas poéticas de vanguarda (mesmo quando se insurgem contra aquilo a que chamam o romantismo). Lembrarei aqui apenas outro testemunho: Sartre. Depois de ter declarado que «nunca ninguém se interrogara» sobre «o que é escrever», reformula assim o tropos romântico:

> Os poetas são homens que se recusam a *utilizar* a linguagem. [...] O poeta desviou-se, com um único gesto, da linguagem-instrumento; escolheu de uma vez para sempre a atitude poética que considera as palavras como coisas e não como signos. É que a ambiguidade do signo implica que se possa atravessá-lo à vontade como a um vidro e perseguir através dele a coisa significada, ou voltar o olhar para a sua *realidade* e considerá-lo como objeto (3).

Muitas vezes se pretendeu confundir a conceção formalista da poesia com a doutrina da arte pela arte. Que ambos tenham uma origem comum (a que chamámos aqui «romantismo alemão») é evidente: a ligação está explícita nos textos de Jakobson; quanto às primeiras formulações da ideia da arte pela arte, não são, como é sabido, senão um eco francês das ideias alemãs: o de Benjamin Constant, depois de uma conversa com Schiller, em 1804; o de Victor Cousin, a seguir a uma visita a Solger, em 1817. Mas as diferenças são igualmente importantes: no primeiro caso, o problema é a função da linguagem na literatura (ou do som na música, etc.); no segundo, o da função da literatura, ou da arte, na vida social. Jakobson terá, portanto, razão ao protestar contra as acusações abusivas:

> Nem Tyaninov, nem Mukarovski, nem Chklovski, nem eu pregámos que a arte se basta a si própria; pelo contrário, demonstrámos que a arte é uma parte do edifício social, um componente em correlação com os outros... (QP, p. 123).

A função social da poesia, que especialmente o vai preocupar (em *O Que é a Poesia?*, por exemplo) é a resumida pelo preceito de Mallarmé: «dar um sentido mais puro às palavras da tribo...» Jakobson dirá:

> A poesia protege-nos contra a ferrugem que ameaça a nossa fórmula do amor e do ódio, da revolta e da reconciliação, da fé e da negação. O número dos cidadãos da República Checoslovaca que leram, por exemplo, os versos de Nezval não é muito elevado. Na medida em que os leram e aceitaram, sem querer vão gracejar com os amigos, injuriar um adversário, exprimir a sua emoção, declarar e viver o seu amor, falar de política, de uma maneira um pouco diferente ([4])... (QP, p. 125).

Ao mesmo tempo, a reflexão de Jakobson sobre este problema não é estática, e a sua evolução é instrutiva. Em 1919, a recusa total da representação, da relação entre as palavras e o que elas designam, é, senão a norma da toda a poesia, pelo menos o seu ideal. «A poesia é indiferente ao objeto do enunciado.» «Aquilo a que Husserl chama *dinglicher Bezug* está ausente» (QP, pp. 14, 21). Em 1921, dedica um estudo integral ao «realismo na arte», denunciando a polissemia do termo, mas sem se decidir sobre a existência ou não de uma relação de representação. Dez anos depois, dissociando a poética da poesia, vê esta última como uma «estrutura complexa», em que o autotelismo poético não é mais do que um dos componentes. No estudo consagrado a Pasternak, considera que a «tendência para suprimir os objetos» é apenas característica de certas escolas poéticas, como o Futurismo russo («Constatámos, na poesia de Pasternak e dos poetas da sua geração, uma tendência para levar a um grau extremo a emancipação do signo em relação ao seu objeto», QP, p. 143). Por fim, em 1960, escreve: «A supremacia da função poética em relação à função referencial não faz desaparecer a referência (a denotação), mas torna-a ambígua» (ELG, p. 2318). Assim se terá percorrido, em cerca de quarenta anos, o trajeto integral da estética romântica.

Para ultrapassar a doutrina do autotelismo puro, Jakobson (nisto solidário com os outros Formalistas) indica duas direções principais. A primeira é o estudo da *motivação*: «por vezes chama-se realismo à motivação consequente, à justificação das construções poéticas» (QP, p. 38); estudar-se-á, portanto, não a «realidade» que a literatura designa, mas os meios pelos quais o texto nos dá a impressão de o fazer. A sua verosimilhança, de preferência à sua verdade.

Em segundo lugar, estender-se-á a análise dos elementos não significativos (sons, prosódia, formas gramaticais) ao *semântico*, à «estrutura temática»; não é, mais uma vez, a «realidade» como tal que se torna objeto de análise, mas o seu modo de apresentação no texto. O modelo inegável deste tipo de trabalho continua a ser *Notes marginales sur la prose du poète Pasternack*, em que, com verdadeira audácia, Jakobson engloba na mesma «figura» não só o jogo retórico e as configurações semânticas ou narrativas («Tomando como ponto de partida as particularidades estruturais fundamentais da sua poética, delas tentámos deduzir a temática de Pasternak e de Maiakovski» QP, p. 141), mas também a biografia *poética* (por oposição à anedótica) do escritor: «Tomando como ponto de partida a estrutura semântica da poesia de Maiakovski, dela pudemos deduzir o seu verdadeiro libreto e descobrir o núcleo central da biografia deste poeta» (QP, p. 133).

Mas a diferença entre Novalis (ou Sartre) e Jakobson não está apenas no facto de os primeiros definirem a poesia como puro autotelismo da linguagem, ao passo que o segundo permite vislumbrar a interação destes dois componentes: imitação e jogo. Há mais: o discurso poético ou profético de Novalis e o discurso panfletário de Sartre são qualitativamente distintos do discurso *científico* de Jakobson. Há, talvez, uma grande semelhança entre as fórmulas de uns e as do outro, quando as extraímos do seu contexto: mas a dissemelhança aparece, com a sua importância, quando se considera a utilização que se faz dessas fórmulas. O sentido é quase o mesmo, mas a função é diferente. O que interessa a Jakobson não é enunciar revelações ou denunciar os seus adversários, mas expor uma base a partir da qual será possível a descrição, o *conhecimento* dos factos literários particulares.

Logo no seu primeiro texto sobre a literatura, Jakobson escreve:

> O objeto da ciência literária não é a literatura, mas a literariedade... Se os estudos literários pretendem tornar-se uma ciência, devem reconhecer o *processo* como sua única «personagem» (QP, p. 115).

E, cinquenta anos depois, no «Post-scriptum» às suas *Questions de poétique*:

> A literariedade (*literaturnost'*), ou seja, a transformação da palavra numa obra poética e o sistema de processos que efetuam essa transformação, é o tema desenvolvido pelo linguista na sua análise da poesia (QP, p. 486).

O objeto da ciência não é, nem nunca foi, um objeto real, tomado tal como é; portanto, não são, no caso dos estudos literários, as próprias obras literárias (assim como não o são os «corpos» para a física, a química ou a geometria). Esse objeto só pode ser construído: é constituído pelas categorias abstratas que este ou aquele ponto de vista permite identificar no interior do objeto real, e pelas leis da sua interação. O discurso científico deve justificar factos observados, mas não tem *por finalidade* a descrição dos factos em si. O estudo da literatura, a que Jakobson chamará mais tarde *Poética*, terá por objeto não as obras, mas os «processos» literários.

Esta escolha fundamental coloca o discurso de Jakobson na perspetiva da ciência. Devem dissipar-se dois mal-entendidos frequentes e complementares. O primeiro é o que cometem os «técnicos»: julgam que a ciência começa pelos símbolos matemáticos, as verificações quantitativas e a austeridade de estilo. Não entendem que são, na maior parte dos casos, instrumentos da ciência; que o discurso científico não precisa deles para se constituir: consiste na adoção de uma certa atitude em relação aos factos. O segundo é o dos «estetas»: protestam contra o sacrilégio de se falar de abstração, que pode levar a suprimir a preciosa singularidade da obra de arte. Esquecem que o individual é inefável: entra-se na abstração no momento em que se aceita falar. Não podemos escolher entre servirmo-nos ou não de categorias abstratas, apenas podemos fazê-lo ou não com conhecimento de causa.

A evocação simultânea, por um lado, da ciência, na perspetiva da qual se coloca a poética, e, por outro lado, da semântica («são os problemas semânticos que, a todos os níveis da linguagem, preocupam presentemente o linguista, e, quando ele procura descrever aquilo de que o poema é feito, a significação do poema não representa mais do que uma parte integrante desse todo», escreve Jakobson em 1973,

QP, p. 486) não deixa de constituir um problema que merece a nossa atenção. Ao contrário das outras partes da linguística, a semântica não possui doutrina universalmente admitida; continua-se, nos nossos dias, a debater a sua própria possibilidade. Os críticos literários, cujo testemunho pesa no presente contexto, colocar-se-iam, neste debate, entre os céticos. Se lhes dermos ouvidos, desde que se trate do sentido, deixa de haver limite intransponível entre descrição e interpretação (logo, neste caso, entre ciência e crítica), qualquer nomeação do sentido é subjetiva, o que explicaria a extraordinária abundância de interpretações diferentes de um só texto, ao longo dos séculos ou mesmo simplesmente de indivíduo para indivíduo. As leituras poéticas de um linguista permitir-nos-ão acabar com essas objeções, levar-nos-ão a introduzir a certeza científica até mesmo nos problemas do sentido?

Para melhor podermos situar a posição um tanto ambígua de Jakobson face a este problema, observemos em pormenor a prática na análise literária.

Uma secção do seu estudo do soneto de Dante *Si vedi li occhi miei* é consagrada ao nível semântico. Que género de factos será evocado? Ele destaca quatro termos, *pietà*, *giustizia*, *paura* e *virtú*, e observa: «A *angústia* e o *medo* são as respetivas respostas do poeta e de todos nós, respostas que não se podem dissociar dos sofrimentos infligidos à *justiça-virtude*» (QP, p. 308); também nota que «as referências deslocadas se sucedem segundo uma alternância regular», ou que «se estabelece uma estreita ligação entre *pietà* e *virtù* (*ibid.*). Na análise de um soneto de Du Bellay, Jakobson afirma que «a atualidade de *i'adore* vem substituir o caráter potencial do verbo *pouras*» (QP, p. 315) ou que «os dois circunstantes designam um — *au plus hault ciel* (*) — a distância máxima, e o outro

(*) No mais alto céu. [*N. da T.*]

— *en ce monde* (*) — a mais íntima proximidade no espaço» (QP, p. 352). Ao falar do *Spleen* de Baudelaire, salienta que «o sujeito, *Angoisse* (**), substantivo abstrato personificado, em contraste com os *corbillards* (***) da primeira proposição, pertence à esfera do espiritual. Ora, a ação desse sujeito abstrato, assim como o complemento direto que ela rege, são, pelo contrário, muito concretos» (QP, p. 432), etc.

Qual o traço de união entre estes diversos exemplos de semântica? Poderíamos, num primeiro momento, distinguir duas séries: à primeira pertencem todos os factos de semântica *sintagmática*, todos os casos em que Jakobson identifica o valor posicional, relativo, de determinado segmento linguístico em relação a outro (relação de paralelismo, de contraste, de gradação, de subordinação, etc.). O segundo grupo é formado por factos que já não se estabelecem *in praesentia*, mas *in absentia*, no quadro de um *paradigma*, em que só um dos termos figura no poema analisado: observamos, assim, que determinado substantivo é abstrato e outro concreto; que determinada estrofe participa da substância e outra da casualidade; que o atual se opõe ao virtual e assim sucessivamente. Na verdade, as duas séries de factos, sintagmáticos e paradigmáticos, devem a sua unidade a serem sempre factos *relacionais*. Não se dará outro nome à *angústia*, mas indica-se com clareza que ela se aparenta com o *medo* e se articula com a virtude. Não se dirá o que «quer dizer» o *ciel* [céu] para Du Bellay, mas vai realçar-se que pertence à classe dos objetos distantes — e, por isso, contrasta com os termos pertencentes à classe oposta dos objetos próximos. Não se falará do sentido, mas sempre e unicamente dos sentidos.

(*) Neste mundo. [*N. da T.*]

(**) Angústia. [*N. da T.*]

(***) Carros fúnebres. [*N. da T.*]

Assim, no debate que reúne e opõe semânticos e críticos, a atitude de Jakobson seria a de atribuir a cada um deles um domínio que lhe é próprio, e para o qual ele está habilitado. Ao crítico que afirma a subjetividade do sentido Jakobson opõe implicitamente o facto de que a relação dos sentidos é identificável na e pela língua: as palavras falam entre si. Ao semântico, ávido de se apoderar da totalidade do domínio do sentido, Jakobson opõe, também implicitamente, outro argumento: não se pode *descrever*, com uma linguagem coerente e incontestável, senão relações formais (entre as quais as relações formais entre sentidos); os conteúdos semânticos individuais não se prestam à metalinguagem, mas apenas à paráfrase — que continua a ser problema do crítico. Mais próximo de Saussure do que pareceria à primeira vista, Jakobson reserva para a linguística apenas a semântica relacional, feita das diferenças e identidades dos termos no seio dos sintagmas e dos paradigmas, deixando à interpretação (à crítica) o cuidado de nomear o sentido de uma obra — para uma época, para um meio, para uma determinada sensibilidade.

Mas voltemos ao conjunto dos «processos» de que Jakobson fez o objeto da poética. Quais são? A sua identificação deriva da definição que Jakobson deu da poesia: uma linguagem com tendência para se tornar opaca. Serão, portanto, todos os meios trabalhados pelos poetas que nos levam a perceber a linguagem em si mesma, e não como um simples substituto das coisas ou das ideias: as figuras, os jogos com o tempo e o espaço, o léxico particular, a construção da frase, os epítetos, a derivação e a etimologia poéticas, a eufonia, a sinonímia e a homonímia, a rima, a decomposição da palavra...

Há uma tendência da linguagem poética que interessa particularmente a Jakobson: a tendência para a repetição; porque «Não percebemos a forma de uma palavra, a menos que ela se repita no sistema linguístico», escreve ele em 1919

(QP, p. 21). E em 1960, ao perguntar «Qual é o critério linguístico segundo o qual se reconhece empiricamente a função poética?», formula esta resposta: «A função poética projeta o princípio de equivalência do eixo da seleção sobre o eixo da combinação» (ELG, p. 220). É o que explica a particular atenção que concede, ao longo de todo o seu trabalho, às diferentes formas de repetição e, mais especificamente ainda, ao paralelismo (o qual inclui tanto a semelhança como a diferença). Gosta de citar esta frase de G. M. Hopkins: «A parte artificial da poesia, e talvez pudéssemos dizer com justeza, qualquer forma de artifício, se reduz ao princípio de paralelismo». E ele próprio escreve: «Em todos os níveis da linguagem, a essência do artifício poético consiste em retornos periódicos» (ELG, p. 235, e QP, p. 234).

A coerência interna é o melhor meio de realizar a intransitividade: eis uma relacionação familiar aos românticos alemães. O próprio pormenor desta afirmação, tão essencial para Jakobson (o ritmo poético testemunha que um discurso encontra a sua finalidade em si mesmo e que graças a tais processos a linguagem deixa de ser arbitrária), era estabelecido numa página de A. W. Schlegel, que gostaria de lembrar.

> Quanto mais um discurso é prosaico, mais perde a sua acentuação cantante, e apenas consegue articular-se secamente. A tendência da poesia é exatamente a inversa, e, por conseguinte, para anunciar que é um discurso que tem o seu fim em si mesmo, que não serve nenhum assunto exterior e que, portanto, vai interferir numa sucessão temporal determinada em qualquer outra parte: deve formar a sua própria sucessão temporal. Só assim o auditor será afastado da realidade e colocado numa sequência temporal imaginária; só assim receberá a imagem de uma subdivisão regular das sucessões, um compasso no próprio discurso;

> daí esse fenómeno maravilhoso: na sua mais livre aparição, quando é utilizada como puro jogo, a língua liberta-se voluntariamente do seu caráter arbitrário, que, por outro lado, continua a dominar fortemente o discurso, e submete-se a uma lei aparentemente estranha ao seu conteúdo. Esta lei é o compasso, a cadência, o ritmo [*Die Kunstlehre*, pp. 103–104 ([5])].

Na prática, Jakobson explora três níveis textuais na ótica do princípio de paralelismo: o dos sons ou das letras, o da prosódia e o das categorias gramaticais; mas esta escolha é ditada mais por razões práticas do que por razões teóricas. Desde 1960, consagra-se à ilustração desse princípio, com a ajuda de análises concretas de poemas que, voluntariamente, escolhe em línguas diferentes e de épocas muito afastadas umas das outras. Este mostruário universal inclui textos de Dante e Shakespeare, Pushkin e Baudelaire, Mácha e Norwid, Fernando Pessoa e Brecht... O objetivo destas análises é duplo: teórico, pois contribuem para ilustrar a sua hipótese sobre o funcionamento da poesia (embora o teorema inicial quase desapareça por detrás da abundância das provas); e histórico, pois tornam possível uma melhor compreensão de certos textos-chave da tradição literária europeia. Nomear o sentido de uma obra individual, como vimos, não faz parte das tarefas da poética, assim como a explicação do seu efeito estético; mas a descrição exata dos processos poéticos operados permite *invalidar* as interpretações abusivas. Para nos convencermos disso, basta ler a conclusão do seu estudo de um soneto de Shakespeare (escrita em colaboração com L. G. Jones; QP, pp. 366–377): uma boa dezena de leituras anteriores do mesmo soneto revela-se inconsistente, quando confrontada com a descrição rigorosa das estruturas verbais características do texto.

Dizia Valéry: «A literatura é e não pode ser senão uma espécie de extensão e aplicação de certas propriedades da linguagem.» E Paulhan: «Que toda a obra literária seja essencialmente uma máquina — ou, se quisermos, um monumento — de linguagem, eis o que logo salta aos olhos.» Vinte ou trinta anos antes, Jakobson já tinha dedicado a sua vida à *paixão da linguagem* — e, portanto, necessariamente, à literatura. Os que o acusam de «formalismo» ou se apressam a assegurar que o formalismo está ultrapassado não se compenetram de que as suas acusações se baseiam numa dicotomia preliminar, que opõe a «forma» ao «fundo», ou às «ideias». A escolha de Jakobson — nunca deixar de perceber a linguagem, não a deixar soçobrar na transparência e no «natural», quaisquer que sejam as desculpas dadas —, esta escolha tem uma justificação ideológica e filosófica muito mais grave do que esta ou aquela «ideia» que circula nos meios literários. No entanto, o facto de recusar reconhecer a autonomia da linguagem e de procurar conhecer as leis que lhe são próprias faz parte de um movimento secular, constitutivo de uma boa dose da nossa cultura — e é necessário muito mais do que um Jakobson para o combater.

Se Jakobson é simultaneamente linguista e poético, isso não se deve ao acaso: interroga a literatura como obra da linguagem. E não é apenas ao nível da frase que a observação das formas linguísticas será pertinente para o conhecimento da literatura: é também ao nível do discurso. Os tipos de discurso, tradicionalmente chamados *géneros*, formam-se, segundo Jakobson, em volta da expansão de certas categorias verbais. Os dois géneros literários mais divulgados, poesia lírica e poesia épica (ou, a outro nível, mas de forma paralela: poesia e prosa), atraíram muito frequentemente o seu interesse. Um romântico alemão, Jean Paul, já estabelecera uma filiação semelhante: entre o passado e o épico, o presente e o lírico, o futuro e o dramático. Por seu lado, escreve Jakobson, em 1934:

> Reduzindo o problema a uma simples formulação gramatical, pode dizer-se que a primeira pessoa do presente é, simultaneamente, o ponto de partida e o tema condutor da poesia lírica, ao passo que, na epopeia, essa função é desempenhada pela terceira pessoa de um tempo passado (QP, p. 130).

E, mais tarde, refere ainda:

> A poesia épica, centrada na terceira pessoa, apela fortemente para a função referencial; a poesia lírica, orientada para a primeira pessoa, está intimamente ligada à função emotiva; a poesia da segunda pessoa é marcada pela função conativa, e caracteriza-se como suplicatória se a primeira pessoa está subordinada à segunda, ou exortativa, no caso de a segunda estar subordinada à primeira (ELG, p. 219).

Mas é a aproximação entre esses mesmos dois tipos de discurso e duas figuras de retórica, a metáfora e a metonímia, que é a mais célebre tentativa de Jakobson para observar a projeção das categorias verbais nas unidades transfrásticas. Em 1923, outro formalista, Boris Eikhenbaum, já identificara assim as duas grandes escolas poéticas da época, simbolistas e acmanistas (*), num livro consagrado a Anna Akhmatova, um dos principais representantes do acmanismo:

> Os simbolistas põem o acento precisamente sobre a metáfora («assinalando-a entre todos os meios representativos da

(*) Sectários adidos a um dos sistemas do maniqueísmo. [*N. da T.*]

> linguagem»: André Biély), como uma maneira de aproximar séries semânticas afastadas. Akhmatova rejeita o princípio da extensão, que se baseia no poder associativo da palavra. As palavras não se fundem umas nas outras, mas tocam-se, semelhantes aos pedaços de um mosaico. [...] Em lugar das metáforas aparecem, com toda a sua variedade, os matizes laterais das palavras, baseados em perífrases e metonímias ([6]).

Jakobson generaliza esta observação no seu estudo sobre Pasternak, aplicando-o aos dois géneros fundamentais, e conclui, vinte anos mais tarde: «A metáfora para a poesia e a metonímia para a prosa constituem a linha de menor resistência» (ELG, p. 67).

Não há fronteira nítida entre os escritos de Jakobson que dependem da linguística e os que tratam dos problemas da poética; e esta na verdade não pode existir. O seu trabalho de gramático pode interessar tanto o especialista de literatura como o que consagra à prosódia: porque, precisamente, as categorias verbais projetam-se na organização dos discursos. Outros tentaram já prosseguir essa investigação, a partir da teoria dos tipos duplos (citação, nome próprio, antonímia, deíticos) ou das funções da linguagem; sem dúvida, outros ainda saberão encontrar um dia nos escritos do «linguista» Jakobson uma fonte de inspiração para o conhecimento dos discursos poético e outros.

Todas as categorias discursivas provêm da língua; mas, para as identificar, devemos reconhecer primeiro a pluralidade de sistemas que funcionam no interior da língua. Jakobson nunca deixou de se insurgir contra os redutores de todas as espécies, todos os que pretendem reduzir a linguagem a um único dos sistemas que se manifestam através dela. Assim como foi necessário reconhecer um dia que a Europa não era o centro da Terra, nem a Terra o centro do Universo, também devemos, no mesmo movimento de diferenciação entre nós e os outros, no mesmo combate contra o egocentrismo infantil, deixar de identificar a linguagem com a parte que melhor conhecemos: reconhecer os «duplos» da linguagem.

Reciprocamente, as mesmas figuras e os mesmos processos encontram-se fora da linguagem: no cinema, na pintura. Porque a linguagem em si própria, tal como as obras literárias, não poderá ser o objeto imediato de uma ciência. «Numerosos traços poéticos dependem não só da linguagem, mas também do conjunto da teoria dos signos, ou seja, da semiologia (ou semiótica) geral» (ELG, p. 210). Portanto, são os diferentes tipos de processo semiótico que constituirão o objeto de cada disciplina, e não as diferentes substâncias. A metáfora e a metonímia definem-se pela relação (diferentemente) motivada entre dois sentidos de uma palavra; mas qualquer imagem comporta uma relação motivada entre ela e aquilo que representa; logo, seria oportuno estudar, simultaneamente, todas as relações de significação motivadas; e, também, todas as que são imotivadas. Assim, o mesmo movimento que outrora conduziu os estudos literários à poética fará que um dia se passe da poética à semiótica e à simbólica.

Se tivesse de escolher um facto da biografia de Jakobson simbolicamente significativo, escolheria este: um adolescente de dezoito anos impressiona-se com os versos de três poetas contemporâneos, pouco mais velhos que ele — Khlebnikov, Maiakovski e Pasternak; promete a si próprio nunca mais esquecer essa experiência. Mesmo que esse facto não se tivesse realizado, seria necessário para compreender as linhas mestras da carreira de Jakobson.

Em primeiro lugar, há como que uma aposta, em ser linguista e, ao mesmo tempo, em viver intensamente uma poesia audaciosa. A solução de tranquilidade teria sido praticar a linguística, mas ler apenas enunciados «vulgares»; ou, inversamente, apaixonar-se pela poesia, mas deixar de lado a ciência da linguagem. Jakobson não quis renunciar a nada, e «ganhou»: a sua teoria da linguagem tem isto de excecional: não admite a oposição entre norma e exceção. Se uma teoria linguística é de qualidade, deve poder inteirar-se não só, digamos, da poesia utilitária neutra, mas das mais selvagens criações verbais de um Khlebnikov, por exemplo. É nesse ponto que o linguista Jakobson me parece uma figura particularmente exemplar.

Esta mesma experiência foi decisiva para a sua teoria poética. Não só consagrou três estudos fundamentais a esses poetas, como também toda a sua conceção de poesia se baseia numa generalização da sua primeira experiência. Poderia ter tido a mesma sorte com Pushkin? Não, a menos que tivesse nascido cem anos antes: a linguagem contemporânea faz parte da estrutura do texto, a poesia consuma-se febrilmente. A sua experiência nunca teria sido tão intensa com poetas de outra idade, e, portanto, não poderia ter determinado da mesma forma a sua visão da poesia em geral. Pôde ler Pushkin por intermédio de Maiakovski; a inversa teria dado o resultado medíocre que a todos nos é familiar desde os nossos estudos universitários. Moral da história, para o jovem poético: deve viver a poesia do seu tempo.

Há mais. É dar provas de uma extrema ambição, e, simultaneamente, de uma grande humildade, o ligar a sua vida ao conhecimento dos factos, que é o desejo de qualquer sábio: humildade, porque não se propõe senão descrever e explicar aquilo que os outros fizeram; ambição, porque esses outros se chamam Pasternak, Maiakovski e Khlebnikov. É, ao mesmo tempo, renunciar à facilidade do discurso não referencial e ao aborrecimento da descrição inútil. E, neste ponto, Jakobson é mais uma vez vencedor: hoje, ensina-nos tanto quanto nos faz pensar (sonhar).

ABERTURAS

Em 1767, nas vésperas da crise romântica, aparece o último grande trabalho de linguística clássica, a *Gramática Geral*, de Beauzée. Em 1835, quando o novo sistema já está devidamente inserido, será publicado um texto, talvez o mais importante de toda a linguística moderna, *Da Diversidade na Construção das Línguas Humanas*, de Wilhelm von Humboldt. A distância entre clássicos e românticos pode ser comparada à que existe entre os dois projetos que esses títulos anunciam: no lugar da generalidade encontra-se a diversidade, a afirmação da identidade cede perante a da diferença.

Reconhecer a diferença irredutível dos fenómenos, renunciar à procura de uma essência única e absoluta de que esses fenómenos seriam as manifestações mais ou menos perfeitas, é, com efeito, uma invenção romântica. Esta mudança é assumida de modo consciente por Humboldt e deriva de uma viragem observada ao longo da crise romântica: a que desvia a atenção da imitação para a produção. Numa perspetiva imitativa ou representativa (da arte ou da linguagem), predomina a unidade: as obras são determinadas pelo seu referente, que é o mundo e que é uno. Mas, se se considerar que o momento decisivo está na produção e, portanto, na relação entre produtor e produto, que chega à expressão, então impõe-se a diversidade: ela é o resultado da variedade entre os sujeitos que se exprimem.

A língua, em primeiro lugar, é expressão do indivíduo. «O primeiro [elemento na linguagem], escreve Humboldt, é, naturalmente, a personalidade do próprio sujeito falante, que está em contacto permanente e imediato com a natureza e que não pode deixar de lhe opor, até na linguagem, a expressão do seu eu» ([1]) (VII, p. 104). Mas o mais significativo limiar de mudança no domínio da linguagem é mesmo o das línguas — a expressão mais importante é a do povo. «O espírito da nação reflete-se na língua», escreve Humboldt desde 1821 (IV, p. 55; Herder dizia o mesmo desde o final do século XVIII), e nunca mais deixará de o repetir: «As línguas têm sempre uma forma nacional» (VII, p. 38). «Cada língua permite chegar até ao caráter nacional» (VII, p. 172). É mesmo o meio privilegiado de expressão do espírito de um povo, de modo que este é, por seu turno, formado pela língua: «Todas as línguas adquirem um certo caráter graças ao caráter da nação, e agem sobre este de modo igualmente determinante» (VII, p. 170).

Se, em primeiro lugar, a língua é expressão, então as línguas são essencialmente diversas. «Qualquer que seja o lugar de onde se fala e a maneira como se fala, as inúmeras particularidades tornadas necessárias à utilização da linguagem devem ser ligadas numa unidade que só pode ser individual, pois a linguagem tem as suas raízes mergulhadas em todas as fibras do espírito humano» (VII, p. 245). E, como a expressão é essencialmente nacional, a diversidade também o será: a diferença entre línguas é mais importante que a diferença entre dialetos. «A construção das línguas no género humano é diferente porque, e na medida em que, é a propriedade espiritual das nações» (VII, p. 43). «Em qualquer língua reside uma visão do mundo particular» (VII, p. 60).

À variabilidade sincrónica das línguas acrescenta-se a diacrónica, dos períodos (evidentemente que a sincronia não se opõe à diacronia; mas as duas em conjunto opõem-se à pancronia, ou mesmo à acronia, implicada pelas gramáticas gerais). Tanto no tempo como no espaço, as diferenças são irredutíveis, e por isso mais importantes que a identidade; a história, não no sentido de cronologia nem de exemplificação de uma essência eterna, mas de um desenrolar irreversível e irredutível, é ainda uma invenção romântica (mais uma vez, depois de Vico, Herder). A história (estudo das variações no tempo) não se opõe à etnologia (estudo das variações no espaço); ambas procedem desse espírito romântico que entroniza a diferença em lugar da identidade.

A. W. Schlegel exemplifica bem essa nova função da história em estudos literários. Na conceção clássica, a literatura tem apenas um ideal; geralmente situa-se no passado, e no lugar da «história» encontramos uma série de tentativas mais ou menos conseguidas para atingir esse mesmo e único ideal. O que caracteriza os românticos é precisamente a renúncia a esse ideal único: cada época possui o seu espírito e o seu ideal; a arte romântica não é uma arte clássica degradada, mas outra arte. Mais uma vez, é a relação de produção, e, portanto, de expressão, que justifica a mudança. «Sendo a poesia a mais íntima expressão de todo o nosso ser, deve tomar, ao longo das diferentes épocas, uma forma nova e particular», escreve A. W. Schlegel (*Vorlesungen*, I, p. 47). Já não há um, mas vários ideais, e nenhuma época é privilegiada em relação às outras (para falar como o seu irmão Friedrich: as épocas são como os cidadãos de uma república). «Para a poesia não existe monopólio em favor de certas épocas e de certos povos.

Por conseguinte, será sempre uma pretensão absurda estabelecer, relativamente ao gosto, o despotismo que faria que se impusessem em toda a parte regras fixadas, talvez muito arbitrariamente, por uma só pessoa» (I, p. 18). O tempo das monarquias despóticas terminou, sopra nas artes e nas ciências o espírito da revolução burguesa, e, com ele, vem a história, ou seja: o reconhecimento das diferenças irredutíveis.

É este novo ponto de vista que permite apreciar ao mesmo tempo os antigos e os modernos: cada um deles pode ser «exemplar *no seu género*» (I, p. 19, o sublinhado é meu). A atitude clássica consistia em acreditar na essência imutável da poesia, identificada com a sua manifestação grega, e em condenar, por consequência, a poesia moderna. «Eles proclamaram que a verdadeira cura do espírito humano não podia vir senão da imitação dos antigos escritores; não apreciaram as obras modernas senão quando elas ofereciam uma semelhança mais ou menos perfeita com as obras antigas. Rejeitaram todo o resto como uma degeneração bárbara» (*ibid.*). Em compensação, o ponto de vista romântico, de que A. W. Schlegel é um exemplo, é: cada período possui o seu próprio ideal, e é para a sua realização que se dirigem os esforços dos artistas. «A natureza particular do seu espírito forçou-os a desbravar uma via particular e a marcarem as suas produções com o cunho do seu génio» (*ibid.*); fazem «reconhecer que a natureza particular dos modernos é completamente diferente da dos antigos» (I, p. 21). A noção de originalidade e a valorização dessa noção aparecem sob a pressão dos postulados românticos.

Humboldt e A. W. Schlegel não são, no entanto, românticos extremistas. Vão procurar conciliar a unidade com a diversidade. Schlegel escreve: «A natureza humana é, sem dúvida, simples nos seus fundamentos; mas todas as experiências nos mostram que no universo não existe nenhuma força fundamental de tal modo simples que não seja suscetível de se dividir e agir em direções opostas» (*ibid.*); e Humboldt: «A individualização existe de forma tão maravilhosa no interior da harmonia geral que seria tão correto falar de uma só língua própria a todo o género humano como de uma língua particular, própria a cada um dos homens» (VII, p. 51). Tanto um como outro tentarão explicar também essa submissão a princípios opostos, recorrendo a metáforas apropriadas; Schlegel à do corpo e do espírito: «É evidente que o espírito da poesia, que é imperecível, mas que, de cada vez que reaparece no género humano, encarna em corpos diferentes, deve crescer num corpo dotado de outra aparência, a partir dos alimentos que lhe são oferecidos por uma época mudada» (II, p. 110); Humboldt à dos fins e dos meios: «A forma de todas as línguas deve ser essencialmente idêntica e atingir sempre um fim comum. A diversidade não pode residir senão nos meios operados e apenas em limites que a intenção desse fim designa» (VII, p. 251). Dito isto, mesmo que tentem manter um equilíbrio, o contexto em que enunciam a sua mensagem faz que uma das suas metades se faça ouvir muito mais fortemente que a outra. A identidade cedeu o lugar à diferença.

Entender que a ideia de diversidade e de história é uma ideia romântica e anticlássica no próprio momento em que se escreve a «história» da passagem de clássicos a românticos é, evidentemente, fazer uma constatação com graves consequências. Duas soluções opostas parecem oferecer-se aos que, como eu nas páginas anteriores, tentam — mas como formular esse projeto sem logo se comprometer com uma ou outra via? — reconstituir os sistemas conceptuais do passado; e ambas participam de uma deformação semelhante. Ou se acredita na essência eterna e imutável das coisas e dos conceitos, e então o sistema domina a história: as mudanças no tempo não passam de variações previstas pelo sistema combinatório inicial — não modificam o quadro único. Ou então postula-se que as mudanças são irreversíveis e as diferenças irredutíveis: a história domina o sistema, e renuncia-se ao quadro conceptual único. Escreve-se ou um tratado ou uma história. Ora, se a escolha é de certo modo livre em outros casos, deixa de o ser quando o objeto do estudo é, precisamente, o lugar onde se confrontam a ideia de tratado e a ideia de história. Já se é romântico se se escreve a história da passagem dos clássicos a românticos; ainda se pertence aos clássicos se se concebem ambos como simples variantes de uma essência única. Seja qual for a solução escolhida, adota-se o ponto de vista de um dos períodos para julgar — e deformar — o outro.

Perante este paradoxal constrangimento, poderíamos sonhar definir uma terceira posição, nem clássica, nem romântica, a partir da qual julgo uns e outros.

Não se trata de, no final de um trabalho, lhe estabelecer um programa — é demasiado tarde; mas de voltar sobre si mesmo o olhar de observação com que se olhou os outros — pergunta-se o que quer dizer esta pesquisa, não pelo conteúdo explícito das exposições que a constituem, mas pela sua própria existência, e pelas formas que foi levada a tomar. Será clássica ou romântica? Escrevi um livro sistemático ou histórico? Ou outra coisa qualquer?

O que me leva a crer que é possível uma terceira posição, que ela começa mesmo a instaurar-se e que, extrema presunção, está manifesta nesta pesquisa (não pode haver nisso qualquer mérito pessoal, pois o sentido estabelece-se através do texto, um pouco como no «Monólogo» de Novalis — mas de uma maneira muito mais longa e pesada!). Se o creio é, pois, em primeiro lugar, por causa da própria possibilidade de hoje se descrever a ideologia romântica: descrevê-la sem a repetir, como se fosse a verdade. A doutrina romântica ainda conserva, em certos domínios e em certas condições, uma força revolucionária; pode levar aqueles que a praticam a julgar que, longe de ser uma doutrina entre outras, constitui o advento de uma verdade. Não teria cabimento lamentarmo-lo. Mas, desde o momento em que se participa de uma doutrina, somos incapazes de a entender como um todo e, logo, como doutrina; reciprocamente, poder fazê-lo já é afastarmo-nos dela. Era «romântico» no momento em que começava a escrever estas páginas; tendo conseguido chegar ao fim, não poderia continuar a sê-lo: estou transformado.

O presente não é, evidentemente, nem a simples repetição, nem a negação total do passado. Se acreditássemos nas descrições que os românticos faziam de si próprios e dos clássicos, poderíamos imaginar uma espécie de imagem no espelho, uma perfeita simetria, sendo apenas o signo «menos» regularmente substituído pelo signo «mais». Esta imagem é falsa. Os românticos não invertem as proposições dos clássicos, não lhes substituem proposições rigorosamente contrárias. Trata-se de uma reorganização global e não de uma simetria termo a termo. As singulares proposições dos clássicos não são, forçosamente, negadas; recebem, isso sim, outra função (pudemos verificá-la no caso da imitação). O que muda são (sobretudo) as relações, as hierarquias; o elemento isolado pode sempre ser reencontrado nos predecessores.

O mesmo acontece connosco, em relação aos românticos (e também aos clássicos). O que caracteriza a nossa atitude não é, forçosamente, diferente do passado, desde que detalhemos cada um dos seus elementos. Mas a organização do conjunto é diferente, as valorizações mudaram, as servas, para empregar os termos de Dubos, tornaram-se muitas vezes senhoras.

A retórica clássica (a que vai de Quintiliano a Fontanier) só via uma única norma na linguagem; o resto era desvio, quer no significante, quer no significado; desvio desejável e, apesar disso, sempre ameaçado de ser condenado. A estética romântica chega a afirmar que cada obra é a sua própria norma, que cada mensagem constrói o seu código. Hoje, creio numa pluralidade das normas e dos discursos: nem apenas um, nem um número infinito; mas vários. Cada sociedade, cada cultura possui um conjunto de discursos, de que podemos formar a tipologia. Não tem cabimento condenar um em nome do outro (seria como chamar ao gelo água divergente, dizia Richards), mas isso também não quer dizer que cada discurso seja individual e não se assemelhe a nenhum outro. Entre o discurso e os discursos existem: os *tipos* de discurso.

A retórica e a estética clássicas (na medida em que esta última existisse) atribuíam à arte e à linguagem uma função puramente transitiva. A arte é funcional, e esta funcionalidade reduz-se finalmente a um único objetivo: imitar a natureza. A linguagem é igualmente transitiva, e a sua função também é única: serve para representar, ou para comunicar. Conhecemos a reação romântica: recusa qualquer função e afirma a intransitividade tanto da arte (Moritz) como da linguagem (Novalis). Hoje já não acreditamos na arte pela arte e, no entanto, não aderimos à ideia de que a arte seja simplesmente utilitária. É que, entre a unicidade clássica e o infinito (o zero) romântico, afirma-se a via da *pluralidade*. A linguagem tem múltiplas funções; a arte também; a sua distribuição e a sua hierarquia não são as mesmas nas diferentes culturas, nas diferentes épocas.

Para esses neoclássicos que são (de maneiras diferentes) Lévy-Bruhl, Freud e Saussure, o símbolo é um signo divergente, ou insuficiente. Também para Santo Agostinho o símbolo não é mais do que um meio diferente para dizer a mesma coisa que dizem os signos. A posição romântica, embora invertida, participa de uma simetria comparável: é o signo que, para Wackenroder, se torna um símbolo imperfeito. No entanto, tanto Santo Agostinho como Goethe esboçavam uma visão tipológica: reconhecer a diferença entre ambos e descrevê-la em termos estruturais (por exemplo, como uma oposição entre direto e indireto). Outros — Creuzer, Solger — iam demonstrar, por seu turno, a possibilidade de não valorizar um dos termos da oposição em detrimento do outro (tratava-se, neste caso, da diferença entre símbolo e alegoria), de não apresentar um como a degradação do outro. Estamos hoje prontos a afirmar a *heterologia*: os modos da significação são múltiplos, e irredutíveis um ao outro; a sua diferença não dá nenhum direito a juízos de valor: cada um pode ser, como dizia A. W. Schlegel, exemplar no seu género.

Estes são apenas alguns exemplos com os quais tento abranger a posição atual face à dos clássicos e românticos. Mais do que uma via média, ou uma conciliante mistura das duas, vejo-a como uma atitude que se opõe em bloco a ambas (embora as oposições possam tomar formas diferentes). Nem clássica, nem romântica, mas tipológica, plurifuncional, heterológica — assim me parece ser a perspetiva que hoje nos permite ler o passado; ou, de modo mais concreto, a que me levou a escrever as páginas anteriores. História ou tratado? A oposição histórica de clássicos e românticos ocupou-nos tanto como a outra, sistemática, entre signo e símbolo; portanto, não se trata de uma simples mistura. Não digo o suficiente, bem o sei; mas para o fazer seria necessário tentar uma «teoria do símbolo» própria — o que não era oportuno iniciar aqui; o que não poderá produzir-se senão com a construção de uma *simbólica da linguagem*.

APÊNDICE

FREUD: SOBRE A ENUNCIAÇÃO

Estrutura profunda da enunciação. Efeitos. O *transfert* como enunciação, a enunciação como *transfert*.

O trabalho de Freud sobre o simbolismo verbal não se limita à descrição do enunciado, tal como tivemos oportunidade de observar no capítulo 8. Conhecer a sua análise da enunciação (muito diferente dos assuntos abordados neste trabalho para poder figurar no seu lugar cronológico) é igualmente necessário para quem pretenda ter uma imagem completa da contribuição de Freud neste domínio.

ESTRUTURA PROFUNDA DA ENUNCIAÇÃO

Primeiro ponto em que Freud insiste: a enunciação presente num enunciado não poderia ser entendida se nos limitássemos apenas a ela. Para descrever corretamente um processo de enunciação, não basta anotar as circunstâncias presentes do ato de fala; é preciso reconstituir a história da enunciação. Cada enunciação é o resultado de uma série de transformações de uma primeira enunciação; cada enunciação possui, portanto, a sua história transformacional. Contentarmo-nos com a enunciação presente, imediatamente observável, é tomar a parte visível de um icebergue pelo icebergue inteiro. Se não reconstituirmos a história transformacional, arriscamo-nos a graves mal-entendidos: duas enunciações que parecem idênticas ao observador não são forçosamente semelhantes. De resto, na qualidade de locutores e interlocutores, fazemos intuitivamente o trabalho de reconstituição. Devemos tentar racionalizar essa intuição.

Freud deu vários exemplos de tal percurso. Em primeiro lugar, veremos o dito licencioso. A estrutura de base é a seguinte: *A* (o homem) dirige-se a *B* (a mulher) procurando satisfazer o seu desejo sexual; a intervenção de *C* (o desmancha-prazeres) torna impossível a satisfação do desejo. Deste facto resulta uma segunda situação: frustrado o desejo, *A* dirige a *B* palavras agressivas; apela a *C* como a um aliado. Nova transformação, provocada pela ausência da mulher ou pela observação de um código social: *A* já não se dirige a *B*, mas a *C*, contando-lhe a indecência; *B* pode estar ausente, mas, de alocutário, passou (implicitamente) a ser o objeto do enunciado; *C* goza o prazer que lhe proporciona o gracejo de *A*. Ou, como diz Freud: «O impulso libidinal do primeiro, não podendo ser satisfeito pela mulher, transforma-se numa tendência hostil em relação a ela e apela para o terceiro (que, primitivamente, era o desmancha-prazeres), como se se tratasse de um aliado» (*Le mot d'esprit*, p. 113). Se nos limitarmos a observar o processo de enunciação de um dito licencioso, identificaremos *A* como locutor, *C* como alocutário. Procedendo assim, omitiremos o elemento mais importante do processo, *B* — o alocutário inicial([1]). A narrativa de um dito de espírito não é, portanto, um caso isolado, mas o resultado de um ciclo transformacional. Freud diz que, no seu caso, a enunciação «procura completar o ciclo desse processo desconhecido» (*ibid.*, pp. 164–165).

Segundo exemplo: o cómico ingénuo. Enquanto no caso do dito licencioso se deveria procurar um alocutário anterior, para além do alocutário presente, aqui, o próprio alocutário presente é que é incumbido de desempenhar, sucessivamente, dois papéis. Para perceber o ingénuo enquanto tal, nós, enquanto alocutário, devemos em primeiro lugar colocar-nos no ponto de vista do locutor, e em seguida voltar ao nosso. «Com efeito, verificamos o estado psíquico da pessoa produtora, pomo-nos no seu lugar e procuramos compreender o seu estado psíquico comparando-o com o nosso» (*ibid*, p. 216). «Agora, consideramos esse dito de dois pontos de vista: da primeira vez, do ponto de vista da criança, da segunda, do nosso ponto de vista» (*ibid.*, p. 217). Se não houver diferença entre ambos, não pode haver efeito cómico do discurso ingénuo. «O efeito do dito de espírito está subordinado à condição de os dois sujeitos possuírem aproximadamente as mesmas inibições ou as mesmas resistências internas, mas verificamos que a condição do ingénuo reside no facto de um dos sujeitos possuir inibições que o outro não tem» (*ibid.*, p. 215). Falar de «condições» implica que as funções do locutor e do alocutário estejam inscritas no enunciado, e que não devemos confundi-los com o locutor e o alocutário presentes, que podem desempenhar bem ou mal a sua função (Freud fala da necessidade de «desempenhar o papel de terceiro», *ibid.*, p. 166). A identidade dos locutores é duplamente posta em questão: *a)* através dos locutores presentes, aparecem locutores ausentes (o ciclo transformacional); *b)* através dos locutores presentes, aparecem os papéis dos locutores inscritos no enunciado.

Terceiro exemplo: nem sempre basta adivinhar as transformações que precederam uma enunciação presente, temos de ver igualmente se não deve ser seguida de imediato por uma nova transformação; nesse caso, a enunciação presente só poderá ser compreendida através da enunciação seguinte. É o caso do dito de espírito em geral: aquele que o conta proporciona um prazer ao auditor, sabendo que, em seguida, ele próprio poderá aproveitar desse prazer. «Se eu conseguir, pela comunicação do meu dito de espírito, provocar o riso de outrem, na realidade sirvo-me desse terceiro para despertar o meu próprio riso» (*ibid.*, p. 179). Por intermédio do interlocutor, o locutor pode gozar de um prazer que, anteriormente, lhe era interdito; não se compenetrar desta «consequência» do ato verbal seria perder a possibilidade de o compreender e descrever corretamente ([2]).

Que sabemos nós do protótipo de qualquer enunciação — da enunciação original? Sem dar sobre este ponto uma resposta direta, Freud sugere a via a seguir, no seu comentário da diferença entre cómico e dito de espírito: «No cómico intervêm, em geral, duas personagens: para além de mim, o sujeito em que descubro o traço cómico; se acho cómicos os objetos, é porque, em virtude de um processo muito familiar à nossa representação, personifico esse objeto. Estas duas personagens, o eu e a pessoa-objeto, são suficientes para um processo cómico; a intervenção de uma terceira pessoa é possível, mas de modo nenhum indispensável. O dito de espírito, como jogo com as suas próprias palavras, os seus próprios pensamentos, primeiro dispensa a pessoa-objeto, mas depois do estado preliminar do gracejo, quando consegue desviar o jogo e o contrassenso das objeções da razão, necessita de um terceiro a quem possa participar o seu êxito. No caso do dito de espírito, esta segunda pessoa não corresponde à pessoa-objeto, mas ao terceiro, ao cúmplice do cómico» (*ibid.*, pp. 164–165).

O dito de espírito e o cómico opõem-se, assim, em dois planos: *a)* o primeiro implica três pessoas (três funções), o segundo, apenas duas (cf. também na p. 113: «O espírito tendencioso necessita, em geral, da intervenção de três personagens: o que faz o dito, o que debita a verve hostil ou sexual e, por fim, aquele em que se realiza a intenção do espírito, que é produzir prazer»); *b)* o primeiro implica a palavra, o segundo pode dispensá-la (cómico dos objetos).

Apoiando-nos nesta convergência, podemos tentar formular uma hipótese geral quanto à estrutura de qualquer situação *verbal*: essa situação é fundamentalmente *triangular*. O exercício da linguagem necessita da existência de três pessoas, e não apenas de duas. Quando não existe senão um *eu* e um *tu*, o discurso não é indispensável. É o aparecimento do terceiro que faz que o discurso seja necessário, e esse terceiro torna-se, por isso mesmo, como que um símbolo do discurso. Nessa altura produz-se uma complexa transformação: o *tu* transforma-se em *ele*, a terceira pessoa transforma-se em *tu*.

Como caracterizar essas três pessoas? Em primeiro lugar há aquele *que* fala (Lacan dirá que «recebe do recetor a sua própria mensagem sob uma forma invertida», p. 41). Também há aquele *de quem* se fala: pois, mesmo quando o discurso trata de objetos inanimados, estes representam uma pessoa. Já sabemos que, no dito licencioso, é a mulher o objeto implícito do discurso. Mas também sabemos que, para nele se transformar, foi necessário que tivesse sido um alocutário — o alocutário de outra enunciação que, por sua vez, tivera por objeto um alocutário anterior, e assim sucessivamente, até ao infinito: o discurso reenvia sempre para um discurso precedente, para um alocutário original e impossível. A enunciação «original» é um mito, qualquer enunciação pressupõe uma enunciação anterior.

Por fim, há aquele *a quem* se fala — no presente — a quem se proporciona prazer ao falarmos, e que, ao mesmo tempo, é, para Freud, um representante da lei: «Parece que, no gracejo, o cúmplice tem capacidade para decidir se a elaboração do espírito atingiu o seu fim, como se o eu não estivesse seguro do seu próprio juízo de valor» (p. 166). É aquele que julga a palavra, que a aceita ou recusa — o detentor das normas.

A palavra de ordem de qualquer pesquisa sobre a enunciação deveria ser: *Cherchez le tiers*! (*) [Procurem o terceiro!]

EFEITOS

Numa das suas cartas, Mme de Rosemonde escreve a Mme de Tourvel: «Quando esse infeliz amor, imperando demasiado em vós, vos forçar a falar dele, será melhor que isso aconteça comigo do que com *ele*» [*As Ligações Perigosas*] (*Les liaisons dangereuses*, 1. 103). Portanto, um enunciado não terá o mesmo efeito em destinatários (alocutários) diferentes. Esta afirmação de Laclos encontra-se também em Freud. Assim, o caráter espirituoso de um enunciado depende, de facto, e inteiramente, do estado de espírito do alocutário: «Diante de uma plateia de sujeitos dedicados ao meu adversário, as mais espirituosas invetivas que eu pudesse lançar-lhe não teriam o efeito de ditos de espírito, mas de invetivas puras e simples, e provocariam, não o riso, mas a indignação do auditório» (p. 166). Do mesmo modo, o médico que escuta o discurso do analisando pode transformar o seu teor

(*) Jogo com a conhecida exclamação *cherchez la femme!* [procurem a mulher!] para que se descubra o mistério... [*N. da T.*]

se deixar que as suas resistências façam uma escolha entre aquilo que ouve.

Como a do alocutário, a situação do locutor pode modificar o valor do enunciado. Mais uma vez poderíamos servir-nos de exemplos dados por Laclos. Valmont escreve a Mme de Tourvel «na cama e quase entre os braços de uma rapariga» uma carta «interrompida exatamente por uma infidelidade completa». O conhecimento deste fenómeno dá uma significação completamente diferente a frases como «Nunca senti tanto prazer ao escrever-vos», «e já prevejo que não acabarei esta carta sem ser obrigado a interrompê-la» (1. 47–48). O exemplo dado por Freud é o do discurso ingénuo que deixa de ser espirituoso quando aquele que o pronuncia não é sincero ou inocente. «Com efeito, isto seria algo que poderia ter sido contado como um verdadeiro dito de espírito, mas, nesse caso, não nos teria provocado senão um sorriso meio constrangido. Como exemplo de ingenuidade, pelo contrário, esse dito parece-nos excelente e faz-nos rir às gargalhadas» (*ibid.*, p. 215: aqui o jogo é duplo).

Impõem-se duas observações. Em primeiro lugar, ao contrário dos exemplos analisados na secção precedente, desta vez trata-se não de *papéis*, mas de *atores*, de pessoas reais que enunciam ou percebem o discurso. Deixa de ser o problema de uma *função* inscrita no enunciado, para ser o do comportamento (no sentido lato) real e presente dos locutores. Em segundo lugar, a mudança resultante não afeta, na verdade, o sentido do enunciado, mas o efeito que o dito enunciado produz no alocutário. Nos dois exemplos citados, é um comportamento posterior que se modifica: o alocutário ri ou não ri. O *efeito* será, portanto, cuidadosamente distinguido do *sentido*.

De uma forma mais geral, observam-se múltiplas analogias entre o locutor e o alocutário. A propósito do dito de espírito, observa Freud: «É preciso que [o terceiro] pela força do hábito, seja capaz de restabelecer em si próprio as mesmas inibições que o dito de espírito conseguiu vencer no primeiro» (*ibid.*, p. 173; mas já vimos que esse não é o único caso possível: o discurso ingénuo, pelo contrário, implica uma diferença entre os dois interlocutores). Na situação da cura, o analista terá de fazer um trabalho semelhante ao do analisando. «Assim como o paciente deve contar tudo o que lhe passa pela cabeça, eliminando qualquer objeção lógica e afetiva que o obrigaria a escolher, também o médico deve estar em condições de interpretar tudo o que ouve para descobrir tudo o que o inconsciente dissimula, e isso sem que substitua a escolha, a que o paciente renunciou, pela sua própria censura» (*La technique psychanalytique*, p. 66). A emissão de um enunciado, assim como a sua receção, comporta (consiste em) uma escolha.

O TRANSFERT *COMO ENUNCIAÇÃO, A ENUNCIAÇÃO COMO* TRANSFERT

Há uma situação discursiva que teve, mais do que nenhuma outra, a atenção dos psicanalistas: é a da própria cura analítica. No interior desta situação, pareceu particularmente importante um fenómeno a que Freud deu o nome de *transfert* (embora esta palavra se relacione por vezes com situações exteriores à cura). O *transfert* designa, no conjunto, a introdução da análise no discurso do analisando. Esta situação será, para nós, particularmente interessante: e uma introdução da enunciação no enunciado, uma cisão do *tu* (alocutário l) em *ele* (objeto do enunciado) e *tu* (alocutário 2).

Vejamos um pouco mais de perto os elementos constitutivos desta situação verbal. É esta a definição que Freud dá nas

Cinco Psicanálises: «Os *transferts* [...] são reimpressões, cópias das moções e dos fantasmas que devem ser despertos e tornados conscientes à medida que a análise vai progredindo; o que é característico da sua espécie é a substituição da pessoa do médico por uma pessoa conhecida anteriormente» (citado na trad. francesa de Laplanche e Pontalis, *Vocabulaire de la psychanalyse* [de agora em diante *L & P*], p. 494). Portanto, devemos ter em conta três elementos: *A*. As «moções e fantasmas» que não estão «despertos» nem «conscientes». *B*. A pessoa do médico, ou seja, o alocutário, logo, um elemento da enunciação. *C*. O enunciado do doente em que este elemento da enunciação se introduz. O *transfert* consiste no seguinte: *B* repete (e representa) *A* em *C*.

Retomemos cada um desses três termos segundo as características que Freud lhes atribui. O elemento *A* refere-se aos «desejos inconscientes» e aos «protótipos infantis» (*L & P*, p. 492). «É a relação do indivíduo com as figuras parentais que reviveu no *transfert*» (*ibid*., p. 494). «No *transfert* atualiza-se o essencial do conflito infantil» (*ibid*., p. 496; cf. Freud, *Essais de psychanalyse*, p. 19: a reprodução no *transfert* «tem sempre como conteúdo um fragmento da vida sexual infantil, portanto, do complexo de Édipo e das suas ramificações»).

O elemento *B* (por vezes, *transfert* não designa senão esse elemento) refere-se à pessoa do médico; se se introduzem outros elementos da situação presente no enunciado, estes, mais uma vez, não são mais do que metonímias para o alocutário: «Tudo o que diz respeito à situação presente corresponde a um *transfert* para a pessoa do médico» (*La technique*, p. 98). Esta introdução de um elemento da enunciação no enunciado é um fenómeno de duas faces, para não dizer contraditório: é, simultaneamente, a repetição de qualquer coisa antiga, e a integração do momento presente. «Freud constata que o mecanismo do *transfert* para a pessoa do médico se desencadeia no mesmo momento em que conteúdos recalcados particularmente importantes correriam o risco de ser revelados. Neste sentido, o *transfert... assinala* a proximidade do conflito inconsciente» (*L & P*, p. 495; o sublinhado é meu). Ao falar de «repetição», devemos precisar (como fazem *L & P*) que «as manifestações transferenciais não são exatamente repetições, mas equivalentes simbólicos daquilo que é transferido» (p. 497). Não podemos deixar de notar também que é o presente que assinala o passado, o único que representa o eterno. — Chamemos a este tipo de discurso *interpessoal*, por causa da presença ativa dos dois interlocutores. O próprio Freud teria tendência para falar aqui de um discurso-ação: põe um sinal de igualdade entre «repetição» e «atuação».

O nosso terceiro elemento — *C* — situa-se face a esse discurso interpessoal, ou seja, o enunciado «vulgar», que não conteria elementos da enunciação (de facto, todo o discurso é penetrado por elementos da enunciação; portanto, trata-se apenas de uma diferença de grau; mas esta não é de desprezar). Enquanto, anteriormente, Freud utilizava o termo repetição, agora fala de rememoração, de recordação; trata-se, portanto, de um discurso *impessoal*. De um lado, a palavra-narrativa, do outro, a palavra-ação. («Este fragmento de vida afetiva que já não pode *lembrar* na sua recordação também é *revivido* pelo doente nas suas relações com o médico»: *Cinq leçons sur la psychanalyse*, p. 61; o sublinhado é meu). Freud insiste muitas vezes nesta oposição, reenviando-a, de facto, à do dizer e do agir. Assim, a propósito do elemento *B*: «Aqui, o paciente *não tem nenhuma recordação daquilo que esqueceu e recalcou e limita-se a traduzi-lo em atos*. O facto esquecido não reaparece sob a forma de recordação, mas sob a forma de ação» (*La Technique*, p. 108). «Quanto maior for a resistência, mais a atuação (a repetição) substituirá a recordação» (*ibid.*, p. 109). O paciente, «por assim dizer, atua diante de nós, em vez de nos informar»

(*Abrégé de psychanalyse*, p. 44). A palavra informativa opõe-se incessantemente à palavra ativa.

O discurso interpessoal e o discurso impessoal formam, assim, uma oposição que poderia ser a base de uma tipologia dos enunciados (podemos, evidentemente, aproximá-la da oposição entre discurso e história, de Benveniste). Tentemos, a partir dos exemplos enumerados por Freud, perceber as propriedades de cada um dos termos. «O analisando não diz que se lembra de ter sido insolente e insubmisso em relação à autoridade parental, mas comporta-se dessa maneira em relação ao analista. Não se lembra de, ao longo das suas investigações infantis de ordem sexual, se ter sentido desesperado e desiludido, sem apoio, mas demonstra uma quantidade de ideias e de sonhos confusos; lamenta-se de não ter êxito em nada e acusa o destino de nunca encaminhar os seus empreendimentos para um fim feliz. Já não se lembra de ter experimentado um intenso sentimento de vergonha por certas atividades sexuais e de ter receado a sua descoberta, mas mostra ter vergonha do tratamento a que se submete e empenha-se muito em que este seja mantido em segredo» (*La technique*, pp. 108–109).

Aqui se encontram caracterizados dois tipos de comportamento verbal: um (que não se realizou) seria a narrativa das experiências infantis; o outro, efetivamente realizado, é composto pelas conversas dirigidas ao analista. Observemos que:

a) Em ambos os casos se trata de um comportamento verbal — de enunciados;

b) O primeiro tipo de discurso é centrado no passado, o segundo no presente;

c) Consequentemente, o primeiro tipo de discurso não contém referências à situação de enunciação. O *eu* que nele pode aparecer não é o *eu* que fala (embora se trate da «mesma» pessoa, quer dizer, do mesmo nome próprio); é um *eu* com valor indicial enfraquecido. Em compensação, o segundo tipo de discurso refere-se aos protagonistas da enunciação, àquele que escuta e àquele que fala;

d) O primeiro tipo de discurso corresponde sempre à mesma ação: lembrar-se, contar; ao passo que o segundo pode ter funções diferentes: a insolência, a insubmissão, a confusão, a depressão, a amargura, a vergonha, o medo. Esta lista parece poder prolongar-se indefinidamente: o próprio Freud liga as duas características à ausência ou presença de ação.

Eis outro exemplo do discurso interpessoal: «A confissão de um desejo interdito torna-se particularmente constrangedora quando deve ser feita à própria pessoa que é o objeto do desejo (*ibid.*, p. 56).

Poderíamos resumir assim todas as diferenças: o discurso impessoal procura separar nitidamente o enunciado da enunciação; o discurso interpessoal tem tendência para os confundir.

Esta diferença parece capital, e aqui não seguiremos *L & P*, que formulam algumas reservas em relação a ela: «Não vemos por que razão o analista estaria menos implicado quando o sujeito *lhe* conta determinado acontecimento do passado, *lhe* relata determinado sonho, do que quando se envolve com o analista através de determinado comportamento. — Tal como o «agir», o dizer do paciente é um modo de relação que pode, por exemplo, ter como finalidade agradar ao analista, pô-lo à distância, etc.; tal como o dizer, o agir é uma maneira de veicular uma comunicação» (p. 498). Com efeito, vimos que ambos eram discursos (evitaremos a fórmula «veículo de comunicação») e também ações; mas a oposição estrutural (interna) de Freud não poderia ser posta de parte em nome de um critério funcional (externo, finalista: «ter como finalidade»).

A tarefa do analista é dar a conhecer o fenómeno de transferência enquanto tal («adivinhá-lo de cada uma das vezes» e «explicar o seu sentido ao doente», *Cinq psychanalyses*, p. 88); obrigar o analisando a tomar consciência do seu caráter *secundário*. Trata-se de uma tarefa extremamente árdua, pois combate-se aqui a muito poderosa ilusão do *autêntico* e do *original*. Como observa Freud, para essa tarefa: «a vida real não comporta nada de análogo» (*La technique*, p. 124).

O percurso da cura psicanalítica reduz-se, pois, ao seguinte esquema: discurso impessoal 1 –> discurso interpessoal –> discurso pessoal 2; esquema que não faz mais do que reproduzir o esquema de base de qualquer narrativa (a menos que seja ele a fornecer o seu protótipo), que é: equilíbrio 1 –> desequilíbrio –> equilíbrio 2. O aparecimento do *transfert* (do discurso interpessoal) corresponde à rutura do equilíbrio; o aparecimento, no enunciado, daquilo que provoca o *transfert* corresponde ao restabelecimento de um novo equilíbrio. A cura psicanalítica seria, assim, de certo modo, uma introdução, depois uma expulsão daquilo a que Benveniste chama «a subjetividade na linguagem» (o discurso que tende para confundir enunciado e enunciação) — daquilo que é, na linguagem, individual e particular. Cf. Lacan: «Para o sujeito, não haverá progresso senão por meio da integração pela qual alcança a sua posição no universal» (p. 226). O discurso impessoal é a norma e a saúde psíquica. Felizmente, fica sempre um ato de enunciação por enunciar (precisamente o do enunciado impessoal), e o «progresso» nunca será total. O dizer nunca poderá excluir por completo o agir, na medida em que dizer é agir.

Voltemos ao *transfert*. A sua originalidade, que provinha, segundo Freud, do facto de a situação presente ser decalcada de uma situação passada («Não passa de um conjunto de réplicas e de *clichés* de certas situações passadas e também de reações infantis», *La technique*, p. 126; «Os seus sentimentos [do doente], em vez de serem produzidos pela situação atual e de se dirigirem à pessoa do médico, apenas produzem uma situação na qual ele já se encontrara anteriormente», *Introduction à la psychanalyse*, p. 42), corre o risco de se reencontrar em qualquer situação verbal e de, por isso, deixar de poder servir de signo distintivo. Freud percebeu muito bem o perigo, ao tratar do «amor de *transfert*»: «Há nele aquilo que é próprio a qualquer amor: não existe nenhum que não tenha o seu protótipo na infância» (*La technique*, pp. 126–127). Assim, ao contrário do que por vezes afirmara (o *transfert* «afasta-se... daquilo que seria normal, racional», *ibid.*, p. 52), Freud acaba por ver nisso o próprio tipo da situação verbal: «O *transfert* estabelece-se espontaneamente em todas as relações humanas, tanto como na relação doente-médico» (*Cinq leçons*, p. 62); ou: «O *transfert*... domina todas as relações de determinada pessoa com o seu envolvimento humano» (*Ma vie et la psychanalyse*, p. 53). A situação de *transfert* talvez seja uma verdadeira «nova edição» (e simples reimpressão» ou «edição revista e corrigida»); mas nunca poderemos dispor da edição original.

OBRAS CITADAS

Sendo sempre Paris o local de publicação:

S. Freud, *Abrégé de psychanalyse*, PUF, 1950.
—— *Cinq leçons sur la psychanalyse*, Payot, 1966.
—— *Cinq psychanalyses*, PUF, 1966.
—— *Essais de psychanalyse*, Payot, 1951.
—— *Introduction à la psychanalyse*, Payot, 1965.
—— *Ma vie et la psychanalyse*, Gallimard, 1968.
—— *Le mot d'esprit et ses rapports avec l'inconscient*, Gallimard, 1953.
—— *La technique psychanalytique*, PUF, 1967.
J. Lacan, *Écrits*, Seuil, 1966.
J. Laplanche e J.-B. Pontalis, *Vocabulaire de la psychanalyse*, PUF, 1968.

NOTAS

2. ESPLENDOR E MISÉRIA DA RETÓRICA

(1) Será por acaso que Goethe, outro romântico, estima mais esta condenação da retórica do que qualquer outra coisa da obra de Kant? «Se quiserem ler qualquer coisa dele [Kant], recomendo-vos a *Crítica da Faculdade de Julgar*, em que ele fala da retórica de forma excelente, assim como da poesia, e insuficientemente das artes plásticas» (*Conversas com Eckermann*, 14.04.1827).

(2) Os textos modernos a que me refiro neste capítulo são: A. Yon, «Introduction» a *Cicéron, l'orateur*, Paris, Les Belles Lettres, 1964, pp. XXXV–CXCVI («La réthorique»); J. Pépin, «Saint Agustin et la fonction protreptique de l'allégorie», *Recherches augustiniennes*, Paris, 1958, pp. 243–286. Cito Virgílio de Toulouse segundo D. Tardi, *Les Epitomae de Virgile de Toulouse*, Paris, 1928.

3. FIM DA RETÓRICA

(1) *Cours d'études pour l'instruction du prince de Parme.*

(2) *De l'art d'écrire.*

(3) *Manuel classique pour l'étude des tropes.*

(4) *Traité général des figures du discours autres que les tropes.*

(5) Cito as seguintes edições: C. C. Du Marsais, *Des tropes*, 1818, republicado em Genebra por Slatkine, em 1967; quanto aos outros textos: *Œuvres*,

7 vol., editados por Duchosal em Millon, 1797. — N. Beauzée, *Grammaire générale*, 1767; quanto aos artigos: *Encyclopédie méthodique. Grammaire et littérature*, 3 vol., 1782, 1784, 1786. — Condillac, todas as citações segundo as *Œuvres philosophiques*, 3 vol., editado por Georges Le Roy, Paris, 1947; *De l'art d'écrire* figura no vol. 1. — P. Fontanier, *Commentaire raisonné sur les tropes de Du Marsais*, 1818, republicado por Slatkine, em 1967; e *Figures du discours*, volume que reúne as duas partes do tratado, Paris, 1968.

As teorias retóricas aqui consideradas foram brevemente comentadas nos seguintes estudos (em geral fora do seu contexto histórico e das suas mútuas relações): G. Genette, *Figures*, Paris, 1966, pp. 205–222; T. Todorov, *Littérature et Signification*, Paris, 1967, pp. 91–118; G. Genette, «Préface» à republicação de Slatkine dos *Tropes*, 1967; do mesmo, «Introduction, la rhétorique des figures», na reedição das *Figures du discours* em 1968, pp. 5–17; J. Cohen, «Théorie de la figure», *Communications*, 16, 1970, pp. 3–25; G. Genette, *Figures III*, Paris, 1972, pp. 21–40; M. Charles, «Le discours des figures», *Poétique*, 4, (1973), 15, pp. 340–364; P. Ricoeur, *La Métaphore vive*, Paris, 1975, pp. 63–86. O sólido estudo de G. Sahlin, *C. C. Du Marsais...* , Paris, 1928, pouco se preocupa com o trabalho retórico de Du Marsais.

([6]) Sobre esta oposição, cf. «Le symbolisme linguistique», in *Savoir, faire, espérer: les limites de la raison*, t. II, Bruxelas, 1976, particularmente pp. 593–603.

([7]) Esta perspetiva não é, por certo, estranha à retórica clássica, mas não está aqui defendida de forma sistemática. Um Santo Agostinho, enumerando os benefícios das expressões figuradas, opõe assim aqueles que se servem delas e aqueles que não as usam: «Os primeiros, impelindo para o erro e arrastando os auditores com as suas palavras, poderiam atemorizá-los, contristá-los, diverti-los, exortá-los com ardor, e os segundos adormeceriam, insensíveis e frios, por amor à verdade» (*A Doutrina Cristã*, IV, II, 3).

([8]) Alguns anos antes, aparece uma aproximação semelhante nessa enciclopédia das «similitudes» que é a *Critische Abhandlung von der Natur, den Absichten und dem Gebrauche der Gleichnisse* de J. J. Breitinger (1740): «Quando reunimos elementos concordantes, nascem, na lógica da fantasia, as imagens de similitude, do mesmo modo que, na doutrina da razão, as proposições nascem a partir da junção dos conceitos que podemos pensar. Se quiséssemos desenvolver mais esta ideia, poderíamos pôr em paralelo as *antíteses*, ou contraproposições da eloquência, e as proposições negativas da doutrina da razão; exatamente do mesmo modo que as figuras de semelhança ocupam o lugar das proposições confirmativas» (pp. 8–9).

([9]) Não deixaremos de anotar, entre parênteses, outra formulação, quase contemporânea, da mesma distinção, feita pelo promotor de uma disciplina que seria considerada como a morte da retórica; trata-se do filósofo

F. A. Wolf, que escreve nas suas *Vorlesungen über die Altertumswissenschaft* (edição póstuma de 1831, p. 280): «Mas *propria* e *prima* não é a mesma coisa. O [sentido] primeiro é aquele que existe desde os princípios mais remotos da linguagem, ou que se pode considerar como tal. *Propria* refere-se à linguagem já formada e identifica a significação que, na língua formada, se opõe à significação figurada. *Propria* opõe-se a *figurata*, e *prima* a *derivata*.»

([10]) Eu digo: Não há palavras onde a ideia em puro voo
Não possa poisar, ainda húmida de azul;
[...] declarei as palavras iguais, livres, maiores.

4. OS INFORTÚNIOS DA IMITAÇÃO

([1]) F. A. Wolf, «Darstellung der Altertumwissenschaft nach Begriff, Umfang, Zweck und Wert», in F. A. Wolf e Ph. Buttmann (Hrsg.), *Museum der Altertumwissenschaft*, Bd. 1, Berlim, 1807, pp. 38–39.

([2]) E. Cassirer, *Philosophie des Lumières*, Paris, 1966, p. 279.

([3]) W. Folkierski, *Entre le Classicisme et le Romantisme*, Paris-Cracóvia, 1925, p. 117.

([4]) Além da história de Folkierski, também podemos referir a de A. Nivelle, *Les Théories Esthétiques en Allemagne de Baumgarten à Kant*, Paris, 1955. Foram dedicados vários estudos especificamente ao destino da imitação nesta época, por exemplo, A. Tumarkin, «Die Überwindung der Mimesislehre in der Kunsttheori des XVIII Jhdts», in *Festgabe für S. Singer*, Tübinga, 1930; W. Preisendanz, «Zur Poetik der Deutschen Romantik. I. Die Abkehr vom Grundsatz der Naturnachahmung», in H. Steffen (Hrag.), *Die Deutsche Romantik*, Gottinga, 1967, pp. 54–74; H. Dieckmann, «Die Wandlung des Nachahmungsbegriffes in der Franzosischen Ästhetik des XVIII. Jhdts», in H. R. Jauss (Hrsg.), *Nachahmung und Illusion*, Munique, 2.º, 1969, pp. 28–59. Mas devo acrescentar que nenhum destes estudos adota a posição que será a minha no decorrer deste capítulo.

([5]) *Theorie der Schonen Künste und Wissenschaften*, Iena, 1767, p. 146.

([6]) *Abhandlung dass die Nachahmung der Sache der man Nachahmet, Zuweilen Unahnlich Werden Müsse* (1745), recolhido em *J. E. Schlegel's Aesthetische und Dramaturgische Schriften*, Heilbronn, 1887; a mesma ideia encontra-se resumida no seu *Abhandlung von der Nachahmung*, *ibid*.

([7]) Lessing, *Laocoon*, ed. Blumner, 1880, p. 454.

([8]) Cito a edição de 1773.

([9]) Cito os escritos de Diderot segundo as seguintes edições: «Lettre sur les sourds et muets», in *Diderot Studiest*, 7, Genebra, 1965; *Œuvres esthétiques*, Garnier, Paris, 1968; *Œuvres romanesques*, Garnier, Paris, 1962; todas as outras obras segundo as *Œuvres complètes*, ed. Assezat-Tourneux.

([10]) *The Life and Art of Albrecht Dürer*, 4.º, Princeton, 1955, pp. 261 e 276. Para outra enumeração (um pouco caricatural) de tais opiniões, cf. L. Tartakiewicz, «Les deux concepts de la beauté», *Cahiers roumains d'études littéraires*, 4, 1974, p. 62. A citação de Alberti é proveniente de *De Re Aedificatoria*, liv. IX, cap. V. Outra obra de Panofsky, *Idea* (Leipsig, 1924), é igualmente pertinente para a história dos conceitos aqui discutidos.

([11]) Esta solidariedade (para não dizer indistinção) das grandes categorias, tão fortemente antikantiana, é característica da época. Não escrevia Shaftesbury «O que é belo é harmonioso e proporcional. O que é harmonioso e proporcional é verdadeiro, e o que é simultaneamente belo e verdadeiro é, por conseguinte, agradável e bom» (*Characteristics of Men, Matters, Opinions, Times*, t. 3, 1790, pp. 150–151)?

([12]) Diderot encontra um argumento semelhante em *Jacques le Fataliste*: «A natureza é tão variada, sobretudo no que respeita a instintos e carateres, que não há nada — por mais bizarro que seja — na imaginação de um poeta que não nos possa ser oferecido pela experiência e observação do modelo, na natureza» (*Œuvres romanesques*, p. 553).

([13]) *Dramaturgie de Hambourg*, Paris, 1869, p. 325.

([14]) Em contrapartida, escreve Rousseau (num texto que já não consigo situar): «Não sabemos ainda se o nosso sistema musical está baseado em puras convenções; não sabemos se os princípios são completamente arbitrários, e se um sistema inteiramente diferente deste conseguiria, pela força do hábito, agradar-nos da mesma forma. [...] Por uma analogia bastante natural, estas reflexões poderiam provocar outras, em relação à pintura, sobre o tom de um quadro, sobre a harmonia das cores, sobre alguns pormenores do desenho, onde talvez entre mais arbitrário do que se pensa, e em que a própria imitação pode obedecer a regras de convenção.»

5. IMITAÇÃO E MOTIVAÇÃO

([1]) Para o trabalho sobre este capítulo e o seguinte, a obra de B. A. Sorensen, *Symbol und Symbolismus in der Ästhetischen Theorien des 18. Jarhunderts und der Deutschen Romantik*, Copenhaga, 1963, foi-me particularmente útil.

([2]) Leonardo da Vinci, *Traité de la peinture*, ed. Chastel, Paris, 1960, p. 38.

([3]) Faz parte das suas *Three Treatises*, Londres, 1744.

([4]) Cf. também J. Doolittle, «Hieroglyph and emblem in Diderot's *Lettre sur les sourds et muets*», *Diderot Studies*, II, 1952, pp. 148–167.

([5]) Sabe-se que em francês não existe edição satisfatória do *Laocoonte*. Cito, a seguir, da edição de 1964, a única existente no mercado, os extratos que ela contém; a tradução de Courtin (2.ª ed. 1877) servir-me-á para o resto do texto principal; e a edição alemã de Blümner (Berlim, 1880) para os fragmentos póstumos.

(6) *Sämmtliche Werke*, vol. III, p. 136.

(7) No prefácio à edição Hermann de 1964, J. Bialostocka repete este *cliché* inconsistente: «Lessing... não era o único a tentar definir as diferenças entre poesia e pintura. [...] Também podemos encontrar em Dubos, Harris e Diderot uma distinção entre os signos naturais da pintura e os símbolos convencionais da poesia» (pp. 23–24). A originalidade de Lessing é, em contrapartida, muito notada na obra de M. Marache, *Le Symbole dans la pensée et l'oeuvre de Goethe* (Paris 1960), principalmente na p. 30. O primeiro capítulo deste livro é, em vários aspetos, paralelo à presente exposição.

(8) *Anfangsgründe aller schönen Wissenschaften*, 2.º, 1755, 2. Teil, pp. 626, 635.

(9) Breitinger insistirá ainda sobre isto na obra que consagra exclusivamente ao problema das figuras de semelhança: *Critische Abhandlung von der Natur, den Absichten und dem Gebrauche der Gleichnisse* (1740), por exemplo, pp. 7, 113, etc.

(10) *Lessings Briefwechsel mit Mendelssohn und Nicolai über das Trauerspiel*, hrsg. v. R. Petsch, Darmstadt, 2.º, 1967, pp. 319–320.

6. A CRISE ROMÂNTICA

(1) Para as referências das obras, ver a nota bibliográfica no fim deste capítulo.

(2) Sobre a história desta comparação cf. O. Walzel, *Das Prometheusymbol von Shaftesbury*, 2.º, Munique, 1932. Outro livro de Walzel, *Grenzen von Poesie und Unpoesie*, Francoforte, 1937, trata do conjunto das noções fundamentais para a estética da época.

(3) Sobre esta ideia de Moritz, cf. H. J. Schrimpf, «Vers ist tanzhafte Rede. Ein Beitrag zur Deutschen Prosodie aus dem Achtzehnten Jahrhundert», in W. Foerste & H. K. Borck (Hrsg.), *Festschrift für Jost Trier zum 70. Geburtstag*, Cologne-Gratz, 1964, pp. 386–410.

(4) Sobre o projeto e o método desta obra, cf. H. J. Schrimpf, «Die Sprache der Phantasie. K. Ph. Moritz' *Götterlehre*», in H. Singer & B. v. Wiese (Hrsg.), *Festschrift für Richard Aewyn*, Colónia-Gratz, 1967, pp. 165–192. K. Kerényi tinha reconhecido já em Moritz o fundador da mitologia moderna, cf. o seu estudo «Gedamken über die Zeitmassigkeit einer Darstellung der griechischen Mythologie», *Studium Generale*, 8, 1955, p. 272.

(5) Um estudo detalhado das metáforas orgânicas nas teorias literárias românticas pode encontrar-se no livro de M. H. Abrams, *The Miror and the Lamp*, Nova Iorque. 1953; o seu objeto é essencialmente o romantismo inglês.

([6]) Para a sua história cf. R. Schwinger, *Innere Form. Ein Beitrag zur Definition des Begriffes auf Grund seiner Geschichte von Shaftesbury bis W. v. Humboldt*, Munique, 1935 (trata-se, de facto, das 90 primeiras páginas de um livro coletivo).

([7]) Examino detalhadamente estas formas da interpretação, assim como as outras noções da hermenêutica contemporânea, em *Stratégies de l'interprétation*.

([8]) Encontrar-se-á um comentário justalinear do fragmento 116 na introdução ao volume II da *Kristische Ausgabe*, pp. LIX–LXIV, de Hans Eichner.

([9]) A génese e a estrutura do símbolo em Goethe são estudadas com toda a necessária atenção por: J. I. Rouge, «Goethe et la notion du symbole», in *Goethe*. Estudos publicados, quando do centenário da sua morte, pela Universidade de Estrasburgo, 1932, pp. 285–310; C. Müller, *Die Geschichtliche Vorausseteungen des Symbolbegriffs in Goethes Kumstanschuung*, 1937; id., «Der Symbolbegriffs in Goethes Kunstanschuung», in *Goethe. Viermonatsschrift der Goethe-Gesellschaft*, 8, 1943; M. Marache, *Le Symbole dans le pensée et l'oeuvre de Goethe*, Paris, 1960, em particular cap. VI (pp. 111–129) e X (pp. 206–219); B. A. Sorensen, obra citada, cap. VII (pp. 86–132). O estudo de Rouge dá uma boa perspetiva de conjunto; o de Sorensen funciona em todos os pormenores.

([10]) Do mesmo modo que Solger, Hegel procurará, na sua *Estética*, estabelecer solidariedades entre a tipologia das formas (símbolo, alegoria) e os períodos da história (clássico, romântico). Mas, segundo ele, símbolo e alegoria não se opõem diretamente, por isso a sua doutrina não se encontra na presente exposição.

Quanto aos períodos, dispomos de três termos e não de dois. O clássico continua a ser definido como A. W. Schlegel o definira, mas a categoria oposta subdivide-se em duas, numa predominando a forma, na outra a ideia. Só à última variedade é que Hegel dá o nome de «romântica»; quando a associação do sensível e do inteligível se dissolve para valorizar a forma, recebe o nome, desconcertante no contexto, de «simbólica». Assim, esta tríade aproximaria Hegel, não só de Solger e A. W. Schlegel, mas da sua fonte comum: Schelling. Os dois sistemas poderiam, por isso, ser postos em correspondência: Schelling, esquematismo-símbolo-alegoria; Hegel, simbólico-clássico-romântico.

Quanto às formas (que aparecem como uma subdivisão de uma das variedades da arte simbólica, mas poderemos responsabilizar Hegel por esta difícil articulação?), estabelece outra tríade, exatamente análoga à primeira, e composta de enigma, alegoria e imagem. As equivalências estabelecem-se assim: enigma-simbólico, imagem-clássico, alegoria-romântico (sendo esta última igual à de Solger).

A oposição mais geral de Hegel, aquela que desempenha uma função comparável à do par símbolo-alegoria dos românticos, articula-se entre símbolo e signo. O símbolo (que parece estar a uma grande distância do «simbólico» como período) define-se como sendo motivado e não necessário (secundário). Mas não podemos identificar a alegoria de Goethe com o signo de Hegel.

Quer nos ocupemos das palavras ou interroguemos os conceitos, temos de constatar que, embora a sua *Estética* se baseie em ideias românticas, Hegel não retoma a oposição símbolo-alegoria.

7. A LINGUAGEM E OS SEUS DUPLOS

(1) L. Lévy-Bruhl, *Carnets*, Paris, 1949, p. XIV.

(2) *L'Expérience mystique et les symboles chez les primitifs*, Paris, 1938, p. 236.

(3) *La formation du symbole chez l'enfant*, Paris-Neuchatel, 1945, p. 248.

(4) *Le structuralisme*, Paris, 1968, p. 97.

(5) Como demonstrou Leroi-Gourhan, o homem não descende do macaco, mas de outro homem.

(6) *La pensée sauvage*, Paris, 1962, p. 2l.

(7) É uma escolha arbitrária. Poderíamos, por exemplo, dedicar-nos ao mesmo trabalho a partir das descrições psiquiátricas da linguagem dos doentes mentais. Então teríamos de refletir sobre fórmulas do género: «Os nossos doentes, como o senhor Jourdain (*), são simbolistas inconscientes. [...] Basta-lhes a doença para que descubram as leis do simbolismo» (J. Pouderoux, *Remarques sur l'incohérence des propos de quelques aliénés*, Bordéus, 1929, pp. 56). «Para traduzir o seu pensamento, o esquizofrénico prefere essa espécie de interjeição simbólica à utilização de palavras banais, mas encadeadas numa proposição lógica obedecendo às leis da sintaxe» (C. Pottier, *Réflexions sur les troubles du langage dans les psychoses paranoides*, Paris, 1930, p. 129). Arieti, com a sua equação esquizofrenia = paleologia, seria um terreno fecundo para pesquisas.

(8) De resto, isso já foi feito: são os seis volumes de A. Borst, *Der Turmbau von Babel*, Estugarda, 1957–1963. Para perspetivas mais sintéticas, cf. B. Rosenkranz, *Der Ursprung der Sprache*, Heidelberg, 1961; ou A. Sommerfelt, «The Origine of Language. Theories and Hypotheses», *Cahiers de l'histoire mondiale*, I (1953–54), 4, pp. 885–902; ou W. S. Allen, «Ancient Ideas on the Origin and Development of Language», *Transactions of the Philological Society*, 1948, pp. 35–60. O livro de G. Révész, *Origine et préhistoire du langage*, trad. francesa, Paris, 1950, contém igualmente algumas informações úteis.

(*) Referência à personagem de Molière que fazia prosa sem saber... [*N. da T.*]

(9) Cito a sua obra francesa *Précis de sémantique française*, Berna, 3.ª ed., 1965.

(10) Recolha feita em *Problèmes de linguistique générale*, Paris, 1966.

(11) G. Vico, *La science nouvelle*, Paris, 1953, p. 438.

(12) E. Renan, *De l'origine du langage*, Paris, 2.ª ed, 1858, p. 123.

(13) O. Jespersen, *Progress in Language*. Londres, 1894, p. 353 ou *Language*, Londres, 1922, p. 432.

(14) *Essai sur l'origine des connaissances humaines, œuvres philosophiques*, t. I, Paris, 1947, p. 61.

(15) «De l'étymologie en général», *Œuvres écrites en français*, t. II, Leipzig, 1846, pp. 124–125.

(16) *Byl li Jazyk Izobrazitelen v Svoikh Istokakh?*, Moscovo, 1965.

(17) Amesterdão, 1939.

(18) Incluído no *American Anthropologist*, V (1892), pp. 289–317.

(19) Sobre a função de Warburton, cf. M.-V. David, *Le débat sur les écritures er l'hiéroglyph aux XVII et XVIII siècles...*, Paris, 1965.

(20) Não pretendo sugerir com isto que Warburton prefigure Freud. A classificação dos tropos (relações entre dois sentidos) baseia-se, na Antiguidade, na das associações psíquicas (relações entre duas entidades mentais). Isto parece ser a própria evidência. Custa-nos compreender por que razão se obstinam em afirmar que a grande descoberta de Freud consiste em ter batizado e metonímia de deslocamento, e a metáfora de condensação; e a de Lacan em ter «reconhecido nisso [nos termos freudianos] duas figuras essenciais designadas pela linguística: a metonímia e a metáfora». Será na verdade um passo em frente? Tanto mais que a oposição condensação-deslocamento *não é* equivalente à que existe entre as figuras de retórica. Ver, entre outros, J.-F. Lyotard, *Discours, figure*, Paris, 1971, pp. 239–270, e J. Bellemin-Nöel, «Psychanalyser le rêve de Swann?», *Poétique*, 1971, 8, p. 468. Voltaremos a este assunto, demoradamente, no próximo capítulo.

(21) *Le Geste et la parole*, t. II, Paris, 1965, p. 21. A escrita marca, neste sentido, mais um ponto na «hominização»: implica a possível ausência não só do referente, mas também dos interlocutores.

(22) «Não tenho dúvidas de que, se pudéssemos levar todas as palavras até à sua origem, chegaríamos apenas à conclusão de que em todas as línguas as palavras que se empregam para significar coisas que não são acessíveis aos sentidos tiveram a sua primeira origem em ideias sensíveis» (Liv. III, cap. I, 5). Lévi-Strauss demonstrou muito bem, em *La pensée sauvage*, pp. 3 e segs., a impossibilidade de defender este ponto de vista.

(23) «Considérations sur l'origine et la formation des langues», reproduzido em *Varia Linguística*, Bordeaux, 1970, p. 307.

(24) «Notes inédites», *Cahiers Ferdinand de Saussurre*, XII (1954), pp. 68–69; *Cours de linguistique générale*, edição crítica, Wiesbaden, 1967, fasc. II, n.º 1089–1091, p. 148.

([25]) No sentido de indistinção entre subjetivo e objetivo. Renan escreve, por exemplo: «Parece que o homem primitivo não viveu consigo próprio, mas espalhado pelo mundo de que ele pouco se distinguia» (p. 211), e cita, com a aprovação de Maine de Biran, para quem o homem primitivo «existe completamente fora de si» (*Œuvres*, III, pp. 42–43).

([26]) *L'Expérience mystique et les symboles chez les primitifs*, Paris, 1938.

([27]) E. Cailliet, *Symbolisme et âmes primitives*, Paris, 1935, p. 145.

([28]) *Les fonctions mentales dans les sociétés primitives*, Paris, 1910; cito a edição de 1951.

([29]) R. Barthes, «Introduction à l'analyse structurale des récits», in R. Barthes e outros, *Poétique du récit*, Paris, 1976, p. 22; Freud, *L'Interprétation des rêves*, Paris, 1967, pp. 216, 271–272.

8. A RETÓRICA DE FREUD

([1]) P. 255 (os números de página referem-se à edição de bolso publicada pela Gallimard em 1971). As citações sem menção especial referem-se a esta obra: *Le mot d'esprit et ses rapports avec l'inconscient*.

([2]) Será de grande utilidade ler a análise deste termo (principalmente na *Interpretação dos Sonhos*) feita por J.-F. Lyotard em *Discours, Figure*, Paris, 1971, em particular na p. 243, e a de Jean-Paul Martin, «La condensation», *Poétique*, 26, 197–6, pp. 180–206).

([3]) A propósito da *condensação*, escreve Freud: «Ainda podemos exprimir de outro modo o facto que explica tudo isto e dizer: cada um dos elementos do conteúdo do sonho é *sobredeterminado*, como representado várias vezes nos pensamentos do sonho» (*L'Interprétation des rêves*, p. 246). Esta proximidade dos termos tem sido, desde então, realçada muitas vezes: cf. E. Jones, «The Theory of Symbolism», in *Papers on Psychoanalysis*, Boston, 1961, p. 106, n.º 2: «Überdeterminierung...: this is the same as condensation»; ou Laplanche et Pontalis, *Vocabulaire de la psychanalyse*, Paris, 1918, p. 468: «A sobredeterminação é o efeito do trabalho de condensação». Quando tenta delimitar o sentido de «sobredeterminação», Freud insiste no caráter simultâneo da relação: «É mais frequente constatar-se uma sobredeterminação graças à qual um fragmento de sonho, cujo conteúdo sai da trama dos pensamentos, serve simultaneamente para representar algum estado funcional» (*L'Interprétation des rêves*, p. 430, o sublinhado é de Freud).

([4]) Sinónimo parcial, sem dúvida, mas, apesar de tudo, sinónimo. Cf. *L'Interprétation des rêves*, p. 244: «Parece que, em primeiro lugar, a condensação se opera através de *omissão*...»

([5]) Cf, pp. 93–99 e «Le symbolisme linguistique», *op. cit.*, pp. 593 e segs.

(6) Classificação comparável, na sua heterogeneidade, a outra, que encontro na *Introduction à la psychanalyse*: «Pretendíamos, especialmente estabelecer as relações existentes entre os elementos dos sonhos e os seus substratos, e descobrimos que essas relações eram quatro: relação de uma parte com o todo, aproximação ou alusão, relação simbólica e representação verbal plástica» (p. 155, cf. p. 135).

(7) Freud mostrou que, a este segundo nível, há três e não duas funções diferentes (cf. pp. 361–364). Mas esse facto não é pertinente na presente perspetiva.

(8) Como diz Freud: «Também há um certo número de relações que parecem mais úteis do que outras ao mecanismo da formação do sonho: são as associações por semelhança, por contacto e por correspondência. O sonho serve-se delas para apoiar o seu trabalho de condensação» (*Le rêve et son interprétation*, Gallimard, Paris, 1969, p. 66); na *Interprétation des rêves*, fala igualmente em «associações de ideias por contiguidade e por semelhança» (p. 268).

(9) Para ser mais preciso: a metonímia tem isto de paradoxal: participa simultaneamente naquilo a que se chama substituição (um sentido «substitui» outro) e na contiguidade (ambos os sentidos evocam objetos ou ações copresentes). Aqui, a presença e a ausência juntam-se.

(10) Que é essencial para a compreensão do mecanismo do espírito. Nesse ponto não concordo com Lyotard, que escreve: «O dito de espírito... constrói-se sobretudo condensando unidades linguísticas; como se deve manter na comunicação e obter um efeito fulgurante, reduz o deslocamento que torna particularmente difícil o reconhecimento» (*op. cit.*, p. 306, nota).

(11) «L'Énigme dans la littérature ancienne de l'Inde», *Diogène*, 29, 1960, p. 39.

(12) Em alguns dos seus últimos estudos, Émile Benveniste insistiu na necessidade de conceber esta clivagem inerente à linguagem, entre aquilo a que chama a semiótica, ou seja, os signos como inventário, e a semântica, ou seja, as palavras no seu encadeamento, formando o discurso. Desta oposição fixaremos os diferentes modos que a significação apresenta num e noutro caso. «O "sentido" (na aceção semântica que acaba de ser caracterizada) realiza-se em e por uma forma específica, a do sintagma, diferentemente do semiótico, que se define por uma relação de paradigma.» No semiótico, em que a unidade de base é o signo, este «tem sempre e unicamente um valor genérico e conceptual. Não admite, portanto, nenhum significado particular ou ocasional; é excluído tudo o que é individual; as situações de circunstâncias devem considerar-se nulas». Pelo contrário, do lado semântico, em que as unidades de base são a palavra e a frase, «o locutor junta palavras que nessa utilização têm um "sentido" particular». O sentido das *palavras* (e já não dos signos) «resulta precisamente da maneira como estão combinadas»

(*Problèmes de linguistique générale II*, Paris, 1974, pp. 225 e segs.). De resto, nessa altura, Freud consegue aproximar-se dessa distinção: «Seria talvez levado a dizer que o mesmo conteúdo [= significância] pode ter um sentido diferente em sujeitos diferentes e num contexto diferente» (*L'Interprétation des rêves*, PUF, 1967, p. 97).

(13) P. Fontanier, *Les figures du discours*. Paris, 1968, p. 347.

(14) Em inglês no original.

(15) Ver nota 2.

(16) Tabourot des Accords, notemo-lo, servia-se já desta diferença entre semelhança parcial e semelhança total (ou identidade) para distinguir entre paronomásia (a que chamava «alusão») e anfibologia, ou duplo sentido: «A alusão faz-se por meio de dicções aproximativas de um nome, ao passo que... a anfibologia representa duas ou três significações de um único nome» (*Les bigarrures du Seigneur des Accords* (1583), Genebra, Slatkine Reprints, 1969, p. 80).

(17) *Mot-valise*.

(18) Em vez de nos escandalizarmos, deveríamos ver nisso a prova, negativa, do caráter revolucionário do pensamento freudiano; como diz Heidegger (*Essais et conférences*, Paris, 1958, p. 142): «Quando um pensamento fica aquém daquilo que pensa, isso caracteriza o que ele tem de criativo.»

(19) Deixo de parte, para já, a função desempenhada pelo *transfert*. Cf. *Apêndice*, anexo (pág. 317 e segs. desta obra).

9. O SIMBÓLICO NA TEORIA DE SAUSURRE

(1) *Die Seherin von Prevorst*, Estugarda-Tubingen, 2.º, 1832.

(2) Para as perspetivas de conjunto, cf. Jean Bobon, *Introduction historique à l'étude des néologismes et des glossolalies en psychopathologie*, Paris-Liège, 1952; W. J. Samarin, *Tongues of Men and Angels*, Nova Iorque, 1972.

(3) Paris-Genebra, 1900.

(4) A expressão é de E. Lombard, *De la glossolalie chez les premiers chrétiens et des phénomènes similaires*, Lausanne, 1910, p. 62.

(5) *Le langage martien*, Paris, 1901.

(6) Paris, 1896.

(7) Utilizo aqui a terminologia proposta por Jacques Dubois e outros, *Rhétorique générale*, Paris, 1970.

(8) *Mas ut* quer dizer *dó* e não *sol*... Tratar-se-á de um esquecimento de Henry ou de uma confusão no espírito de Mlle Smith?

(9) Parcialmente publicados por J. Starobinski com o título *Les Mots sous les Mots*, Paris, 1971.

([10]) Foram publicados alguns extratos por D'Arco Silvio Avalle, com o título «La sémiologie de la narrativité chez Saussure», in *Essais de la Théorie du Texte*, Paris, 1973.

([11]) Estas notas foram editadas por R. Engler no *Cours de Linguistique Générale*, edição crítica, Wiesbaden, 1967, fases 1 e 2 (quanto ao que nos interessa). As referências a esta edição compõem-se de um primeiro número que reenvia para o número da frase, e de um segundo que indica o caderno de notas utilizado (correspondente ao número da coluna, na edição de Engler).

([12]) *Cours de linguistique générale*, Paris, 1962, p. 101.

10. A POÉTICA DE JAKOBSON

([1]) As referências aos textos de Jakobson reenviam, salvo indicação em contrário, para as antologias *Essais de linguistique générale*, Paris, 1963 (abreviados com as letras ELG) e *Questions de poétique*, Paris, 1973 (com a abreviatura QP).

([2]) *Form and Sinn*, Munique, 1974, pp. 176–177.

([3]) *Qu'est-ce que la littérature?*, Paris, 1969 (col. Idées), pp. 16–17.

([4]) Desenvolvimento paralelo de Eliot, dez anos mais tarde: «O primeiro dever do poeta, na sua qualidade de poeta, é para com a sua língua, que deve salvaguardar em primeiro lugar, depois enriquecer e melhorar. [...] Com o tempo, a influência da poesia exerce-se sobre a língua, a sensibilidade e a vida de todos os membros de uma sociedade, de todos os membros da comunidade, e de todo o povo, quer as pessoas leiam e sintam ou não a poesia», etc. («La fonction sociale de la poésie», *De la poésie et quelques poètes*. Paris, 1964, pp. 17, 22).

([5]) Gérard Genette pôs em evidência, na análise minuciosa que dedicou à poética de Jakobson (*Mimologiques*, Paris, 1976, pp. 302–312), uma ambiguidade que aqui não tomei em conta. Numerosos desenvolvimentos atestam uma posição que se confunde no espírito de Jakobson com a que ele julga defender, embora, de facto, ambas estejam longe de ser idênticas; Jakobson seria partidário tanto da motivação vertical como da repetição horizontal: seguindo o sulco romântico, estaria mais do lado de A. W. Schlegel do que de Novalis. Não podemos negar os factos estabelecidos por Genette; apesar disso, continuo a ter a impressão de que lhes concede um valor desmesurado.

([6]) B. Eikhenbaum, *O Poèzii*, Leninegrado, 1969, pp. 87–88, 133.

ABERTURAS

([1]) As referências reenviam para os textos, citados no cap. 6.

APÊNDICE. FREUD: SOBRE A ENUNCIAÇÃO

([1]) Esta transformação, aparentemente simples, decompõe-se, para uma análise formal, em três transformações elementares: *a)* a passagem do optativo ao indicativo: o pedido de prazer é substituído por um prazer real; *b)* uma permuta intraproposicional: *B* e *C*, que eram sujeitos, transformam-se em objetos (de prazer, de agressão); e, inversamente, no caso de *A*, *c)* uma permuta interproposicional: *B* estava ligado ao predicado do prazer, agora está ligado ao de agressão; inversamente, para o caso de *C*. Ou, numa notação abreviada:

(*B* dá a *A*) opt *A* + *C* agride *A* ⟶
A agride *B* + *A* dá a *C*

em que os parênteses significam que uma proposição é modal (aqui optativo); + indica a sucessão no tempo; ⟶ se transforma em.

([2]) Lacan insistiu igualmente na necessidade de franquear o plano do enunciado, na descrição de uma situação verbal. Assim, o silêncio do interlocutor já não equivale de modo nenhum à sua ausência; a resposta deve ser descoberta e registada, mesmo se não a ouvirmos. «Não existe palavra sem resposta, mesmo quando ela apenas encontra o silêncio, desde que tenha um auditor» (p. 247); ou ainda: «A presença do psicanalista, só por si, já constitui, antes de qualquer intervenção, a dimensão do diálogo» (p. 216).

ÍNDICE